Tilmann Sutter · Alexander Mehler (Hrsg.)

Medienwandel als Wandel von Interaktionsformen

Tilmann Sutter · Alexander Mehler (Hrsg.)

Medienwandel als Wandel von Interaktionsformen

Bibliografische Information der Deutschen Nationalbibliothek
Die Deutsche Nationalbibliothek verzeichnet diese Publikation in der
Deutschen Nationalbibliografie; detaillierte bibliografische Daten sind im Internet über
<http://dnb.d-nb.de> abrufbar.

1. Auflage 2010

Alle Rechte vorbehalten
© VS Verlag für Sozialwissenschaften | Springer Fachmedien Wiesbaden GmbH 2010

Lektorat: Frank Engelhardt

VS Verlag für Sozialwissenschaften ist eine Marke von Springer Fachmedien.
Springer Fachmedien ist Teil der Fachverlagsgruppe Springer Science+Business Media.
www.vs-verlag.de

Das Werk einschließlich aller seiner Teile ist urheberrechtlich geschützt. Jede Verwertung außerhalb der engen Grenzen des Urheberrechtsgesetzes ist ohne Zustimmung des Verlags unzulässig und strafbar. Das gilt insbesondere für Vervielfältigungen, Übersetzungen, Mikroverfilmungen und die Einspeicherung und Verarbeitung in elektronischen Systemen.

Die Wiedergabe von Gebrauchsnamen, Handelsnamen, Warenbezeichnungen usw. in diesem Werk berechtigt auch ohne besondere Kennzeichnung nicht zu der Annahme, dass solche Namen im Sinne der Warenzeichen- und Markenschutz-Gesetzgebung als frei zu betrachten wären und daher von jedermann benutzt werden dürften.

Umschlaggestaltung: KünkelLopka Medienentwicklung, Heidelberg
Gedruckt auf säurefreiem und chlorfrei gebleichtem Papier
Printed in the Netherlands

ISBN 978-3-531-15642-2

Inhalt

Einleitung: Der aktuelle Medienwandel im Blick einer interdisziplinären
Medienwissenschaft 7
Tilmann Sutter & Alexander Mehler

Medienwandel als Wandel von Interaktionsformen in frühen europäischen
Medienkulturen 17
Lore Benz

Medienwandel und der Wandel von Diskurstraditionen 27
Barbara Frank-Job

Empirische Untersuchungen zur Produktion von Chat-Beiträgen 47
Michael Beißwenger

Der Wandel von der Massenkommunikation zur Interaktivität neuer
Medien 83
Tilmann Sutter

Artifizielle Interaktivität. Eine semiotische Betrachtung 107
Alexander Mehler

„Ich, Max" – Kommunikation mit künstlicher Intelligenz 135
Ipke Wachsmuth

>Open Access< – Wandel des wissenschaftlichen Publikationssystems 159
Niels C. Taubert & Peter Weingart

„Numerische Inklusion" – Wie die Medien ihr Publikum beobachten 183
Josef Wehner

Die Infrastruktur der Blogosphäre. Medienwandel als Wandel von
Interobjektivitätsformen 211
Jan-Hendrik Passoth

Die Entstehung einer positionalen Struktur durch Konflikt und
Kooperation bei Wikipedia. Eine Netzwerkanalyse 231
Christian Stegbauer & Elisabeth Bauer

Über die Entstehungsbedingungen von technisch unterstützten
Gemeinschaften 257
Michael Hahne & Corinna Jung

Autorinnen und Autoren 285

Einleitung: Der aktuelle Medienwandel im Blick einer interdisziplinären Medienwissenschaft

Tilmann Sutter & Alexander Mehler

Die Herausforderung, die der Wandel von Kommunikationsmedien für die Medienwissenschaft darstellt, resultiert nicht nur aus der ungeheuren Beschleunigung des Medienwandels. Die Herausforderung stellt sich auch mit der Frage, welches die neuen Formen und Strukturen sind, die aus dem Wandel der Medien hervorgehen. Rückt man diese Frage in den Fokus der Überlegungen, kommen erstens Entwicklungen im Wechsel von Massenmedien zu neuen, „interaktiven" Medien in den Blick. Dies betrifft den Wandel von den alten Medien in Form von Einwegkommunikation zu den neuen Medien in Form von Netzkommunikation. Dieser Wandel wurde in zahlreichen Analysen als eine Revolution beschrieben: Im Unterschied zur einseitigen, rückkopplungsarmen Kommunikationsform der Massenmedien sollen neue, computergestützte Formen der Medienkommunikation „interaktiv" sein, d.h. gesteigerte Rückkopplungs- und Eingriffsmöglichkeiten für die Adressaten und Nutzer bieten. Sozialwissenschaftlich bedeutsam ist dabei die Einschätzung der Qualität und des Umfangs dieser neuen Möglichkeiten und Leistungen. Denn bislang bedeutete Medienwandel im Kern eine zunehmende Ausdifferenzierung alter und neuer Medien mit je spezifischen Leistungen, d.h. neue Medien ersetzen die älteren nicht, sondern sie ergänzen und erweitern sie. Allerdings wird im Zuge des aktuellen Medienwandels immer deutlicher, dass die neuen Medien durchaus imstande sind, die Leistungen massenmedialer Verbreitung von Kommunikation zu übernehmen. Stehen wir also, wie das schon seit längerem kühn vorhergesagt wird, vor der Etablierung eines Universalmediums, das in der Lage ist, die Formen und Funktionen anderer Medien zu übernehmen?

Mit dem Aufkommen des Web 2.0 vollzieht sich zweitens ein weiterer, kaum vorhergesehener Medienwandel. An die Stelle des klassischen WWW-Nutzers in Form des passiven Informationskonsumenten tritt vielfach der aktive Informationsproduzent, der sein Informationsangebot als Mitglied soziotechnischer Gemeinschaften und somit in Kooperation mit Gleichgesinnten erbringt. Das Web formiert sich in einigen Bereichen als ein Medium der verteilten Kognition, und zwar unter Verwendung von so genannter Social Software ausgehend von Newsgroups über vernetzte Weblogs bis hin zu den unzähligen

Wikis u. a. der Wissens- und Technikkommunikation – in allen diesen Fällen weitgehend ohne jede zentrale Kontrollinstanz. Parallel zu dieser Entwicklung der Netzkommunikation etablieren sich über die Grenzen der Informatik hinweg künstliche Agenten und Roboter als dienstbare Lebensgefährten, deren Vernetzung zu künstlichen Gemeinschaften (Beispiel Robocup 2006) die Grundlage eines neuen Wissenschaftsparadigmas bildet, und zwar in Form von Multiagenten-Simulationen. Aus dieser Ko-Evolution von Social Software als Grundlage der Netzkommunikation und künstlichen Agenten ergibt sich die Perspektive auf die Herausbildung sozio-technischer Gemeinschaften, an denen natürliche oder künstliche Agenten zum Zweck der kooperativen/konkurrierenden Aufgabenbewältigung teilhaben.

Damit stehen wir vor der Frage, welche Konsequenzen aus dieser Entwicklung für den Begriffsapparat der Medienwissenschaft resultieren. Dies betrifft insbesondere den Begriff der Interaktion, welcher nicht mehr nur unter Loslösung von der Face-to-Face-Kommunikation zu untersuchen ist, sondern die Integration künstlicher Agenten wie auch die medienbasierte Vernetzung zu großen sozio-technischen Gemeinschaften zu bewältigen hat. Der Wandel von Interaktionsformen lässt sich dabei generell auf fünf, teils konkurrierenden Ebenen beschreiben:

- auf der Ebene des semiotischen Wandels im Hinblick auf die Multimodalität und Multimedialität der produzierten Zeichen,
- auf der Ebene des Wandels der beteiligten Medien und Informationstechnologien,
- auf der Ebene des Wandels der Partizipation und Interaktion natürlicher oder künstlicher Agenten,
- auf der Ebene der Art und des Umfangs dieser Interaktion – insbesondere im Hinblick auf die Herausbildung sozio-technischer Gemeinschaften – und schließlich
- auf der Ebene der Interpretation dieses Wandels im Wissenschaftsprozess.

Vor diesem Hintergrund stellen sich unter anderem folgende Forschungsfragen: Was kann die „Interaktivität" neuer Medien bedeuten und welche neuen Möglichkeiten können damit realistischerweise verbunden werden? Welche Möglichkeiten und Grenzen besitzen die im Zuge des Medienwandels aufkommenden Interaktionsformen? Wie sind sie tradiert und inwiefern übersteigen sie althergebrachte Interaktionsformen? Die Beantwortung dieser Fragen erfordert ein interdisziplinäres Vorgehen, das unter anderem folgende Bereiche integriert, ohne auf diese beschränkt zu sein:

Einleitung

- *Mediengeschichtlicher Zugang:* Wie „neu" sind die neuen Interaktionsformen unter mediengeschichtlicher Perspektive?
- *Mediensoziologischer Zugang:* Welchen Veränderungs- oder Anpassungsdruck induzieren die neuen Interaktionsformen in Bezug auf mediensoziologische Begriffe wie z.b. Face-to-Face-Kommunikation, Gemeinschaftsbildung, Partizipation, Rückkopplung, informationelle Nachhaltigkeit und Transparenz.
- *Medienepistemologischer Zugang:* Wie sind künstliche Agenten oder Roboter als potentielle Interaktionspartner einzuordnen? Inwiefern erfüllen sie die Kriterien der Selbstregulation und Selbstorganisation? Inwiefern unterscheiden sich diese Artefakte von computerbasierten Systemen, denen kein Agentenstatus zugesprochen wird?
- *Informationswissenschaftlicher Zugang:* Welche Charakteristika besitzen sozio-technische Netzwerke, wie sind sie strukturiert, wie bilden sie sich heraus, wie lassen sie sich simulieren? Welche zeichentheoretischen Grundlagen besitzen sie? Welche neuen Dokumenttypen bilden sich heraus?
- *Sozionik:* Was bedeutet Interaktion mit künstlichen Agenten und Partizipation künstlicher Agenten an sozialen Netzwerken? Wie lassen sich Interaktionsprozesse und die Herausbildung sozialer Gemeinschaften simulieren?
- *Medientypologischer Zugang:* Wie vollzieht sich der angesprochene Wandel innerhalb der verschiedenen Kommunikationsbereiche wie z. B. der Wissenschaftskommunikation oder der technischen Kommunikation? Welche Gemeinsamkeiten treten auf, welche Unterschiede ergeben sich?
- *Technologischer und wissenssoziologischer Zugang:* Welche Bedeutung besitzt der Technologiewandel für die Wissenschafts- und Technikkommunikation und welche Anforderungen ergeben sich im Hinblick auf die Weiterentwicklung von Social Software?

Die genannten Forschungsfragen und medienwissenschaftlichen Perspektiven zum Problembereich des Medienwandels als Wandel von Interaktionsformen werden im vorliegenden Band erörtert, der damit sicherlich ein ausgeprägtes interdisziplinäres Profil aufweist, das in dieser Form bislang nur vereinzelt aufzufinden ist. Das Problem des Medienwandels kommt in den ersten drei Beiträgen des Bandes unter mediengeschichtlicher und sprachwissenschaftlicher Perspektive in den Blick. Im ersten Beitrag beschreibt Lore Benz den „Medienwandel als Wandel von Interaktionsformen in frühen europäischen Medienkulturen", und sie baut in diese Beschreibung jene Begriffe ein, mit denen wir den aktuellen Medienwandel von Massenmedien hin zu den neuen, interaktiven Medien zu fassen versuchen. Während üblicherweise Techniken der Verbreitung als konstitutiv für Massenmedien gelten, werden hier massenmediale Formen und Funktionen auch schon für das antike Theater reklamiert. Bereits hier, so die zentrale These, lässt sich der Wandel von massenmedialen zu interaktiven Formen von Kommunikationsmedien beobachten. Und bereits hier kann der Wechsel von einem überwiegend passiven, Inhalte bloß rezipierenden Publikum zu Personen nachgezeichnet werden, die sich aktiv am Geschehen beteiligen. Schließlich handelte es sich auch damals nicht um eine Verdrängung, sondern eine Ausdifferenzierung massenmedialer und interaktiver Formen öffentlicher Äußerungen.

„Medienwandel und der Wandel von Diskurstraditionen" bilden einen grundlegenden Zusammenhang, dem Barbara Frank-Job in ihrem Beitrag nachgeht. Dabei erweitert sie das bekannte Modell von Koch/Oesterreicher zur Beziehung zwischen Kommunikationsbedingungen und Distanz- bzw. Nähesprache um neue Formen computervermittelter Kommunikation. Unter Bedingungen gewandelter Medien werden die bewährten sprachlichen Routinen problematisch, und es werden angesichts neuer kommunikativer Bedingungen veränderte sprachliche Formen ausgebildet und zu Diskurstraditionen verfestigt. Dies wird an einer historischen und einer aktuellen Konstellation anschaulich gezeigt: dem Ausbau und der Nutzung schriftlicher Distanzsprache für Volkssprachen im Mittelalter und der aktuellen Nutzung des Internet für nähesprachliche Interaktionsformen. Beide Beispiele zeigen, wie im Zuge des Medienwandels neue Diskurstraditionen auf neue Gegebenheiten des Trägermediums reagieren. So tiefgreifend die Veränderungen mittelalterlicher Verschriftlichungsprozesse erscheinen, so weittragend und damit vergleichbar stellt sich der aktuelle Medienwandel dar: Am Beispiel der Kommunikationsbedingungen der Chatkommunikation wird der Ausbau schriftlicher Nähesprache nachgezeichnet.

Welche spezifische Form diese Art der Kommunikation annimmt, diese Frage wird von Michael Beißwenger – ebenfalls aus sprachwissenschaftlicher Sicht – eingehend untersucht („Empirische Untersuchungen zur Produktion von Chat-Beiträgen"). Auch hier geht es um den Zusammenhang von neuen Kommunikationsbedingungen und den Strategien schriftlich geführter Chatkommunikation. Der entscheidende Ansatzpunkt hierbei ist die These, dass die Textprotokolle der Chatkommunikation allein nicht ausreichen, um diese Strategien der Nutzer angemessen zu analysieren. Vielmehr müssen weitere Aspekte des Verhaltens der Beteiligten hinzutreten. Insbesondere können die schriftlichen Äußerungen auf vielfache Weise bearbeitet werden, bevor sie abgeschickt werden. Dies begründet einen technologisch ermöglichten, wesentlichen Unterschied zu mündlich geführten Gesprächen. Überraschend häufig werden dabei Teile oder der gesamte Umfang bereits geschriebener

Kommunikationsbeiträge gelöscht. Ein markanter Grund hierfür ist der Umstand, dass sich die jeweilige Kommunikationssituation für alle Beteiligten je individuell verschieden darstellt, was oftmals zu Korrekturen an den ursprünglich gefassten Handlungsplänen führt. Auf diese Weise werden spezielle Koordinationsprobleme der Chatkommunikation bearbeitet. Der Beitrag stellt ein eindrückliches Beispiel für einen Medienwandel als Wandel von Interaktionsformen vor.

Medienwandel als Wandel von Interaktionsformen zu begreifen versteht sich nicht von selbst und bildet ein voraussetzungsreiches Thema. Diese Voraussetzungen kommen vor allem dann in den Blick, wenn man von den älteren Massenmedien ausgehend die neuen „interaktiven" Medien betrachtet. Die Leistungen der Massenmedien beruhen auf einseitigen, interaktionsfreien Kommunikationsformen, die Abkopplung von Interaktion ist für Massenmedien konstitutiv. Demgegenüber werden neue Medien als „interaktiv" bezeichnet, sie bieten im Unterschied zu den Massenmedien vielfältige Rückkopplungs- und Eingriffsmöglichkeiten, was mit Merkmalen der Interaktivität beschrieben wird.

Vor diesem Hintergrund stehen die folgenden Beiträge. „Der Wandel von der Massenkommunikation zur Interaktivität neuer Medien" wird im Beitrag von Tilmann Sutter in zwei größeren Schritten näher betrachtet: Es wird erstens der Wandel von Massenmedien zur Interaktivität neuer Medien in der modernen Gesellschaft in den wesentlichen Grundzügen nachgezeichnet. Und es werden zweitens Begriffe der Interaktivität und die Frage des damit bezeichneten Medienwandels kritisch aufgearbeitet. Die vorliegenden Konzeptionen von Interaktivität arbeiten mit (mehr oder weniger) breiten oder aber engen Begriffen der Interaktivität, wobei beide Strategien problematisch erscheinen. Zudem bleibt der Begriff der Interaktivität zu sehr an Kategorien sozialer Interaktionen und handelnder Personen gebunden, um kommunikationssoziologisch das Neue neuer Medien angemessen zu erfassen. Schließlich erweist es sich als zentrales Desiderat, Interaktivität differenziert als mediale Form und als Nutzungsweise (Stichwort: Web 2.0) zu analysieren: nicht alle durch die mediale Form eröffneten Möglichkeiten werden auch genutzt, und oftmals werden lediglich von wenigen Personen erstellte massenattraktive Inhalte rezipiert (besonders augenscheinlich: YouTube). Es geht also nicht nur um die Ausdifferenzierung alter und neuer Medien, sondern auch massenmedialer Formen und individueller Zugriffs-, Eingriffs- und Mitwirkungsmöglichkeiten im Internet.

Bevor der Aspekt des Wandels von massenmedialen zu vernetzten Kommunikationsformen in weiteren mediensoziologischen Beiträgen zur Sprache kommt, werden neue mediale Interaktionsformen aus der Sicht der Semiotik, der Informatik und der Medienepistemologie betrachtet. Alexander Mehler schließt mit seinem Beitrag „Artifizielle Interaktivität. Eine semiotische Betrachtung" an die mediensoziologischen Überlegungen zur Interaktivität neuer Medien an, um von da aus die spezifischen Konturen eines semiotischen Begriffs der Interaktivität herauszuarbeiten. Die zeichentheoretischen Grundlagen dieses Begriffs liefert die Zeichenphilosophie von Peirce. Die artifizielle Interaktion, an der Bedeutung und Gewinn eines semiotischen Interaktivitätsbegriffs gezeigt werden, meint die Beteiligung eines technischen Artefakts (z.b. eines künstlichen Agenten oder eines Software-Systems) an der Interaktion. Im Unterschied zu anderen Definitionen hebt der semiotische Begriff der Interaktivität die Rolle des Köpergedächtnisses und insbesondere des Lernens in sozialen Interaktionen hervor. Damit tritt die oftmals als zentral behandelte Kategorie der Intentionalität von Artefakten als Interaktionspartner in den Hintergrund. An ihre Stelle rückt der Begriff des kommunikativen Alignments bzw. allgemeiner der strukturellen Koppelung von Interaktionspartnern. Den solcherart semiotisch fundierten Begriff der artifiziellen Interaktivität wendet Mehler auf drei klassische Beispiele für künstliche Interaktivität kritisch an. Dies betrifft unter anderem das oft zitierte Beispiel der webbasierten Kommunikation, für die konstatiert wird, dass Aufbau und Rezeption von Websites kaum als dialogartige, interaktive Kommunikation aufgefasst werden können. Weitere Kandidaten für artifizielle Interaktion, wie z.B. künstliche Agenten, sind demgegenüber schwerer zu beurteilen, da sie im Kontext noch immer nicht absehbarer technischer Entwicklungen stehen.

Der Frage, ob diese Vermutung zutrifft, geht Ipke Wachsmuth nach, wobei der Titel seines Beitrages „'Ich, Max' – Kommunikation mit künstlicher Intelligenz" auf die Bedeutung intentionalen Bewusstseins bei der Erforschung von Kommunikationsfähigkeiten künstlicher Agenten hinweist. Unter welchen Bedingungen könnte der künstliche Agent „Max", mit dessen Hilfe die Grundlagen kommunikativer Intelligenz erforscht werden, ein Bewusstsein von sich selbst als Ich ausbilden? Was würde das für seine Kommunikationsfähigkeiten und die Kommunikation zwischen Menschen und Maschinen bedeuten, die für Menschen nicht künstlich, sondern möglichst echt wirken? Zur Vorklärung dieser Fragen dienen allgemeine Explikationen von Kommunikation, Intention, (Selbst-)Bewusstsein, Emotion und Gedächtnis beim Menschen und Darlegungen zum Stand der Erforschung von Bewusstsein in künstlichen Systemen. Der künstliche Agent „Max" ist in einer Weise ausgestattet, die eine Diskussion darüber nahelegt, inwiefern bzw. inwieweit diesem Agenten Intentionalität zugeschrieben werden kann. Die entscheidende und viel weitergehende Frage ist aber, ob „Max" auch von seinen intentionalen Zuständen und denen seiner Kommunikationspartner wissen kann. Immerhin ist „Max" in der Lage, aktiv an der Sprecherrollenverteilung mitzuwirken. Je mehr Leistungen wie Selbstidentifikation, Selbstwahrnehmung, Metarepräsentationen, Erinnerungen

Einleitung 13

und emotionale Bewertungen von einem künstlichen System erbracht werden können, desto mehr würden Menschen einen Agenten wie „Max" als vollwertigen Interaktionspartner akzeptieren.

Nachdem der thematische Raum „Medienwandel als Wandel von Interaktionsformen" aus unterschiedlichen disziplinären Perspektiven bis hin zu den kühnen Ausblicken auf Möglichkeiten künstlicher Kommunikation durchschritten wurde, folgen Beiträge, die schwerpunktmäßig der Mediensoziologie zuzurechnen sind. Zunächst wird die Frage nach dem Wandel von Massenmedien zu neuen „interaktiven" Medien aufgenommen. Die Folgen dieses Wandels für die Wissenschaftskommunikation beleuchten Nils C. Taubert und Peter Weingart in dem Beitrag „'Open Access' – Wandel des wissenschaftlichen Publikationssystems." Zunächst wird eine medientheoretische Betrachtung von Wissenschaft und wissenschaftlichem Publikationssystem vorgestellt, die Gemeinsamkeiten, aber auch spezifische Unterschiede zwischen diesem Publikationssystem und Massenmedien sichtbar macht. Diese vergleichende Betrachtung lässt sich auf die Informationsselektion in Medien und Wissenschaft ausweiten. Relevant für wissenschaftliche Publikationsentscheidungen sind Faktoren wie thematische Passung, aber auch Reputation, deren Rolle indessen zurückhaltend eingeschätzt werden sollte. Besondere Beachtung kommt den Zusammenhängen von wissenschaftlichem Publikations- und Reputationssystem als zentraler Selbststeuerungsinstanz des Wissenschaftssystems sowie der Organisationsebene zu. In diesem Rahmen können erste Präzisierungen und Fragen hinsichtlich des Medienwandels, d.h. neuer Formen von Publikationsmedien und deren Folgen für die Wissenschaftskommunikation vorgenommen werden. Wenn es etwa in Open Access Medien zu Veränderungen von (zunehmend depersonalisierten) Kommunikationsadressen kommt, ist zu fragen, wie dann Leistungen und Reputation zugerechnet werden können. Insgesamt wird die zentrale Bedeutung einer Theorie gewandelter Medien für die Wissenschaft und die Wissenschaftssoziologie deutlich.

Fragen der Selbst- und Fremdbeobachtung sind auch in Josef Wehners vergleichenden Analysen von Massenmedien und neuen Medien zentral. Medien sind, wie der Titel „'Numerische Inklusion' – Wie Medien ihr Publikum beobachten" zum Ausdruck bringt, in besonderer Weise auf Quantifizierungen angewiesen, um sich intern koordinieren und äußere Erwartungen des Publikums erfassen zu können. Aber auch in anderen Bereichen der modernen Gesellschaft spielen quantitative Klassifizierungs-, Positionierungs- und Vergleichsstrategien eine zentrale Rolle. Diese Rolle wird in den klassischen, auf Quoten fokussierten Massenmedien jedoch besonders augenscheinlich. Dadurch wird ein heterogenes, unüberschaubares Publikum errechen- und berechenbar, es wird numerisch inkludiert und konstruiert. Mit dem Aufkommen neuer Medien kommt

Bewegung auch in diese Verhältnisse: Es werden einerseits die Kontingenzen der massenmedialen Fernkommunikation, die Mitteilungs- und Verstehensprozesse entkoppelt, nochmals durch die Veränderbarkeit der Inhalte und vielfältige Nutzeraktivitäten erhöht, andererseits können diese Aktivitäten im Internet verfolgt, registriert, gespeichert, gemessen und verglichen werden, was zu erheblichen Kontingenzreduktionen führt. Es entstehen Nutzerprofile und vielfältige, gezielt adressierbare Kollektive. Hier wird eine soziologisch hoch relevante Dimension des Medienwandels als Wandel von Interaktionsformen sichtbar, in der Kontingenzen durch Vernetzungen und Vermessungen zugleich gesteigert und reduziert werden.

Neue Möglichkeiten der Vernetzung und Vermessung setzen neue technische Infrastrukturen voraus: Der Beitrag von Jan Passoth „Die Infrastruktur der Blogosphäre. Medienwandel als Wandel von Interobjektivitätsformen" hebt pointiert die techniksoziologische Dimension des aktuellen Medienwandels hervor. Schrittweise wird die zentrale These entfaltet, dass Medienwandel – auch als Wandel von Interaktionsformen – vor allem ein Wandel von Interobjektivitätsformen ist. Damit sind hintergründige technische Infrastrukturen gemeint, in die Regelungen und Standardisierungen nicht nur, aber auch des Internet eingebettet sind. Die üblichen mediensoziologischen Kategorien der Analyse des Medienwandels (wie etwa zunehmende Interaktivität) greifen zu kurz, weil sie an diese Hintergründe nicht heranreichen. Dies kann unter Rückgriff auf das Konzept der Interobjektivität von Latour gezeigt werden, das neben den Körpern auch die umgebenden Dinge erfasst und damit enger angelegte Konzepte des Wandels durch Massenmedien und neue Medien überschreitet. Auf diese Weise werden – in Anlehnung an die Aktor-Netzwerk-Theorie – auch die Beiträge nicht-menschlicher Entitäten bzw. Artefakte zu sozialen Vorgängen sichtbar. Das Beispiel der Abfolge verschiedener Technologien, die schließlich zur Social Software führen, zeigt eindrücklich, wie sich Infrastrukturen in den Hintergrund schieben, und was es bedeutet, sie in medienwissenschaftlichen Analysen wieder in den Vordergrund zu rücken.

Einer der faszinierendsten Bereiche des Web 2.0 bildet sicherlich die Internetenzyklopädie Wikipedia, die trotz eines geringen Grades an Organisation und allgemeiner Mitwirkungsmöglichkeiten einen hohen Grad an Qualität und Koordination bei der Erstellung von Artikeln erreicht. Auch im Beitrag von Christian Stegbauer und Elisabeth Bauer „Die Entstehung einer positionalen Struktur durch Konflikt und Kooperation bei Wikipedia: Eine Netzwerkanalyse" geht es darum, Hintergründiges sichtbar zu machen: Was vordergründig als wenig organisierter, für alle leicht und prinzipiell gleich zugänglicher Kommunikationsraum erscheint, weist hintergründig positionale Strukturen auf, deren Entstehung am Beispiel der (teilweise moralisch aufgeladenen und konflikthaften) Auseinandersetzungen um die Inhalte des Artikels „Massaker von Srebrenica" gezeigt wird. Mittels Netzwerkanalysen und Inhaltsanalysen werden die sozialen Beziehungsstrukturen und -dynamiken in diesen Auseinandersetzungen quantitativ und qualitativ analysiert. Es können Faktoren identifiziert werden, die bei der Herausbildung zentraler und randständiger Positionen eine Rolle spielen. Eine wichtige Rolle spielt der Zeitfaktor: So schafft eine gewisse Ermüdung der zunächst hoch aufgeladenen Auseinandersetzungen um den Artikel eine gute Voraussetzung dafür, dass ein Teilnehmer die Führung bei der Artikelkoordination übernehmen kann. In dieser Weise entstehen auch in offenen Räumen mit gleichen Mitwirkungsmöglichkeiten stabile Zentrum-Peripherie-Strukturen.

Oftmals werden die besonderen interaktiven Qualitäten vernetzter Internetkommunikation mit dem Begriff der Gemeinschaft beschrieben. Allerdings, so heben Michael Hahne und Corinna Jung in ihrem Beitrag „Über die Entstehungsbedingungen von technisch unterstützten Gemeinschaften" hervor, ist es schwierig, einen einzigen Begriff von Gemeinschaft zu fixieren. Sie gehen deshalb von einem graduell abgestuften Modell von Gemeinschaftstypen aus und fragen, welche Unterstützungstechnologien für welche Gemeinschaftstypen konstitutiv sind. Weiterhin ist von Interesse, wie die unterschiedlichen Unterstützungstechnologien mit den mitgebrachten Vorstellungen und Gewohnheiten der Nutzer zusammenpassen. Es lassen sich lose und dichte Austausch- und Kooperationsbeziehungen unterscheiden, für die bestimmte Praktiken konstitutiv sind. Das Kontinuum reicht von zwei Praktiken für lose Austauschbeziehungen bis zu acht Praktiken für dichte Kooperationsbeziehungen. Die Frage der soziotechnischen Passung von Unterstützungstechnologien wird an zwei kontrastiven Beispielen analysiert, dem kollaborativen Terminkalender (schlechte Passung) und Email (gute Passung), wobei die Passung fördernde und hemmende Aspekte unterschieden werden können. Alles in allem sind die Möglichkeiten von Unterstützungstechnologien hinsichtlich anspruchsvoller Kooperationsbeziehungen noch zurückhaltend einzuschätzen.

Dieser letzte Beitrag ist damit von einem Tenor geprägt, der auch die meisten anderen Artikel in diesem Band durchzieht: Wir erleben einen tiefgreifenden Medienwandel, dessen Bedeutung und weiterer Verlauf nur schwer abzusehen sind. Wir schwanken zwischen Faszination und Skepsis, hochgesteckten Erwartungen und Vorsicht, kulturoptimistischen und kulturpessimistischen Einstellungen. Gerade deshalb sind zwei Perspektiven von zentraler Bedeutung, die in diesem Band prominent vertreten sind: Der historische, vergleichende Blick auf den Medienwandel ist für eine realistische Einschätzung dieser Entwicklung hilfreich, der innovative, nach vorn gerichtete Blick, der auch vertraute Begriffstraditionen und Abgrenzungen versuchsweise in Frage stellt, ist notwendig, um die gewandelten Verhältnisse erfassen zu können. Der vorliegende Band weist einen engen und einen weiten Fokus auf: Der Kreis der Autorinnen und Autoren arbeitet zu einem guten Teil an einem Ort, der Universität Bielefeld, und er umfasst ein weites Spektrum medienwissenschaftlicher Disziplinen, das von Kultur- und Sprachwissenschaften über die Soziologie bis zur Informatik reicht. Gerade im Bereich der Erforschung neuer Medien wird man ohne solche weitgespannten interdisziplinären Kooperationen nicht auskommen, gleichwohl sind solche Kooperationen noch keineswegs selbstverständlich. Um Anstöße in diese Richtung zu geben, wurde an der Universität Bielefeld eine Tagung zum Thema „Medienwandel als Wandel von Interaktionsformen" durchgeführt, die möglichst viele der vor Ort vorhandenen medienwissenschaftlichen Disziplinen zusammenführen sollte, und deren Ergebnisse – mit einigen wenigen Ergänzungen – hier vorgestellt werden.[1]

---

[1] Wir danken der Bertelsmann AG für die finanzielle Unterstützung dieses Vorhabens. Für wertvolle Unterstützung bei der Herstellung dieses Bandes danken wir Sabine Adam, Dietmar Esch und Arne Seemann.

Medienwandel als Wandel von Interaktionsformen in frühen europäischen Medienkulturen

Lore Benz

Im Kontext des Themas dieses Bandes mit seiner Fokussierung von „Medienwandel als Wandel von Interaktionsformen" sei hier die Aufmerksamkeit auf eines der ersten Massenmedien des europäischen Kulturraumes gelenkt, mithin das antike Theater. Anhand der Entwicklung dieses frühen Massenmediums zur Zeit der römischen Kaiser soll im folgenden aufgezeigt werden, wie der strukturelle Wandel dieses Mediums zugleich einen komplexen Wandel der Kommunikationsform beinhaltete, wonach sich im Laufe der Zeit neue Rückkoppelungs- und Eingriffsmöglichkeiten für die Adressaten auftaten und schließlich der passive Informationskonsument zum aktiven Produzenten wurde, der sein Informationsangebot als Mitglied „sozio-technischer" Gemeinschaften und somit in Kooperation mit Gleichgesinnten erbrachte.

Am Ende des ersten Jahrhunderts n. Chr. ließ Tacitus in seinem *Dialogus de oratoribus* den Historiker und Stadtrömer Vipstanus Messalla klagen:

> Iam vero propria et peculiaria huius urbis vitia paene in utero matris concipi mihi videntur, histrionalis favor et gladiatorum equorumque studia: quibus occupatus et obsessus animus quantulum loci bonis artibus relinquit? quotum quemque invenies qui domi quicquam aliud loquatur? quos alios adulescentulorum sermones excipimus, si quando auditoria intravimus? ne praeceptores quidem ullas crebriores cum auditoribus suis fabulas habent; colligunt enim discipulos non severitate disciplinae nec ingenii experimento, sed ambitione salutationum et illecebris adulationis.

> Aber mir scheinen die dieser Stadt (scil. Rom) besonders eigentümlichen Laster beinahe schon im Mutterleib aufgenommen zu werden, die Vorliebe für Schauspieler und die Leidenschaft für Gladiatoren und Pferde: wie wenig Platz lässt ein Geist, der davon eingenommen und erfüllt ist, noch für edle Beschäftigungen übrig? Wie viele wird man noch finden, die zu Hause über etwas anderes sprechen? Welche anderen Gespräche junger Leute hören wir, wenn wir einmal die Hörsäle betreten haben? Nicht einmal die Lehrer reden mit ihren Schülern über irgend etwas häufiger, denn sie ziehen ihre Schüler nicht durch die Strenge der Zucht und die Erprobung ihrer

Begabung an sich, sondern durch eifriges Begrüßen und schmeichlerische Verlockungen.[1]

Vor Augen hatte Tacitus, als er diese Sätze schrieb, jene Scharen Schaulustiger, die sich regelmäßig im Circus, im Amphitheater und Theater drängten, wenn dort Wagen- und Pferderennen, Gladiatorenkämpfe, Naumachien, mithin nachgestellte Seeschlachten, Tierhetzen oder Bühnendarbietungen gegeben wurden. Ein beredtes Zeugnis für die Massenbegeisterung, die damals etwa Gladiatorenkämpfe auslösten, war die Katastrophe von Fidenae, einer Kleinstadt an der Via Salaria, wo 27 n. Chr. zwischen 20.000 und 50.000 Menschen aus der Umgebung und dem nahe gelegenen Rom den Tod fanden, als das allzu nachlässig errichtete hölzerne Amphitheater des Freigelassenen Atilius unter dem gewaltigen Andrang der Massen einstürzte.[2] Kaiser Caligula pflegte öffentlich zu beklagen, dass nicht auch seine Regierungszeit durch ein ‚Fidenae' unvergesslich geworden sei[3] – und war doch selbst schuld an einer ähnlichen Katastrophe, diesmal unter den Scharen der Circus-Begeisterten. So ließ er einmal die nächtlich im Circus lärmende Menge, die sich noch vor Tagesanbruch aufgemacht hatte, um die begehrten Freiplätze zu besetzen, mit Stöcken auseinandertreiben, wobei in der allgemeinen Panik eine Unzahl von Menschen erdrückt wurde.[4] Schon der Umstand, dass sich unter den Toten, die regelmäßig in dem Gedränge in und um die Amphitheater und Circusanlagen zu beklagen waren,[5] immer wieder vornehme Römer befanden,[6] zusammen mit der Tatsache, dass die reglementierte Sitzordnung für die Senatoren und Ritter reservierte Plätze vorsah,[7] belegt, dass die amphitheatralischen und circensischen Darbietungen nicht allein Angelegenheit des Volkes, sondern aller Bevölkerungsschichten waren.

Wenn in Rom und im römischen Reich zur Zeit der Kaiser auch die Gladiatoren- und Circusdarbietungen als die Attraktionen schlechthin galten, so folgten ihnen in der Gunst des Publikums doch unmittelbar die Bühnenspiele in den Theatern nach. Wie groß in der Kaiserzeit der Andrang gerade auch vor den Theatern war, belegt etwa die Nachricht, wonach der Praetor L. Caesianus, als er

---

1 29, 3-4. Hier zitiert nach der zweisprachigen Reclam-Ausgabe v. H. Gugel – D. Klose 1981, 62/63.
2 Tacitus ann. 4, 62 und Sueton Tib. 40.
3 Sueton Cal. 31.
4 Sueton Cal. 26, 4. Noch toller trieb es mit den circusbegeisterten Römern im 3. Jh. n. Chr. Kaiser Elagabal, der Schlangen in die Menge werfen ließ und dadurch eine verheerende Hysterie mit vielen Verletzten verursachte (hist. Aug. Ant. Heliog. 23, 2).
5 S. etwa Tacitus ann. 4, 62-63 mit Sueton Tib. 40; Tacitus ann. 14, 17; Sueton Cal. 26, 4; hist. Aug. Ant. Helog. 23, 3.
6 S. Sueton Caes. 39, 4; Cal. 26, 4.
7 S. Fugmann 1988, 12-14.

31 n. Chr. die *ludi Floralia* veranstaltete, abends 5000 Fackelträger aufstellen ließ, die den vom Theater nach Hause zurückkehrenden Zuschauern den Weg erleuchten sollten.[8] Gelegenheiten für die allseits beliebten Bühnendarbietungen in den Theatern gab es zudem übergenug. Es waren dies zunächst die regelmäßig wiederkehrenden Feiertage des römischen Festkalenders, ebenso die große Fülle außerordentlicher Festlichkeiten wie Siegesfeiern, Kaisergeburtstage, Amtsantritte, glückliche Ereignisse u.v.m. Bedenkt man, dass zu jener Zeit jede größere Stadt Italiens über eigene offizielle und private Festspiele verfügte[9] und zudem nicht selten noch lange vor Rom neben den provisorischen Bühnen feste Steintheater hatte erbauen lassen,[10] so wird man leicht ermessen können, welche Möglichkeiten sich damals für Theaterdarbietungen auftaten und welch große Massen sie erreichten.

Doch welche Art von Theater konnte sich neben den Sensationen, die Circus und Arena boten, in der Gunst der römischen Zuschauer auf Dauer behaupten? Es war tatsächlich nicht mehr das kunstmäßige Drama, mithin die Literaturtragödie oder die Literaturkomödie, mit dem man das römische Massenpublikum fesseln konnte. An die Stelle der kunstmäßigen Tragödie und Komödie traten in der Kaiserzeit vielmehr deutlich volkstümlichere Gattungen, so an die Stelle der Tragödie der so genannte Pantomimus, eine Art Tanztheater zur Musikbegleitung, und an die Stelle der Komödie der so genannte Mimus, ein locker gefügtes, in der Regel improvisiertes Possenspiel. Auf den offiziellen Bühnen, mithin in den Steintheatern Roms und des römischen Reichs aufgeführt wurden in der Kaiserzeit neben einzelnen zugkräftigeren Komödien alter Art sowie, seltener, dem Zeitgeschmack entsprechend prunkvoll ausgestatteten Tragödien vor allem und in erster Linie die nunmehr alles beherrschenden Genera Mimus und Pantomimus: Sie waren die jetzt zeitgemäßen dramatischen Gattungen, bei denen der auf Schaulust und Volkstümlich-Derbes ausgerichtete Geschmack der Menge voll auf seine Kosten kam. Tatsächlich konnten es allein Mimus und Pantomimus mit den Sensationen in Circus und Arena aufnehmen, für die das römische Volk inzwischen durch alle Gesellschaftsschichten hindurch heftig entbrannt war. Gerade auch unter den Kaisern fand vor allem das Mimentheater und sein Personal immer wieder tatkräftige Förderer. Die Kaiser wollten die Massen ruhig halten und gewogen machen, indem sie ihnen in ausreichendem Maße gaben, wonach diese so stürmisch verlangten – und taten es nicht

---

8   Cassius Dio 58, 19, 2.
9   S. Balsdon 1969: 329-339.
10 Eine Übersicht über die Theateranlagen Italiens und der westlichen Provinzen gibt F. Drexler, Gebäude für die öffentlichen Schauspiele in Italien und den Provinzen, in: Friedländer 1922: 205-257, hier: 243-257.

ungern, waren die Theaterdarbietungen doch gegenüber den Veranstaltungen in Circus und Arena die weitaus kostengünstigere Art von Massenunterhaltung. Für das Thema dieses Bandes relevant ist nun die Tatsache, dass das Theater der Kaiserzeit zu einem großen und zugleich komplexen Kommunikationsraum und das Bühnenspiel selbst zu einem Massenmedium geworden war. Der Begriff des Massenmediums soll hierbei nach Ernst-Ulrich Große gemäß der „wortgeschichtlich inspirierten Definition" verwendet werden: „Ein Massenmedium ist ein Mittel, mit dem ein Adressant einer großen Menge von Adressaten eine (prinzipiell beliebige) Botschaft (*message*) oder Summe von Botschaften ausrichtet, unabhängig davon, ob die Erwartungen der Adressaten darin berücksichtigt sind oder nicht."[11] Tatsächlich war das Theater der Griechen und Römer im Sinne dieser Definition schon immer ein Massenmedium gewesen, was freilich nicht erstaunen dürfte: In einer radio-, fernseh- und computerlosen Zeit, zudem in einer Zeit, in der die Herstellung und Verbreitung von Schriftmedien mit einigen Schwierigkeiten verbunden waren, hatte das Theaterspiel der Tragödien und Komödien, das sämtliche Bevölkerungsschichten zu allen Zeiten ebenso magnetisch wie in Scharen anzog, die Funktion eines Massenmediums übernommen. Aber erst in der römischen Kaiserzeit vollzog sich ein bezeichnender und zugleich folgenreicher Wandel, wonach der strukturelle Wandel der Stücke, die jetzt auf die Bühne kamen, zugleich einen umfassenden Wandel der bisherigen Kommunikationsform implizierte: Hatte das Literaturtheater dem Publikum bislang Weltdeutung bzw. eine allgemeine Deutung des Mensch-Seins vermittelt, und war der Zuschauer im Zuge dieser Einwegkommunikation lediglich passiver Informationskonsument gewesen, so taten sich in der Kaiserzeit infolge der gewandelten Bühnenkultur neue Rückkoppelungs- und Eingriffsmöglichkeiten für die Zuschauer auf. Das geschah vor allem im Rahmen des bereits genannten Mimus, der nach seinem Debüt auf Sizilien (6./5. Jh. v. Chr.) und seiner Blüte im griechischen Osten und Orient (ca. 5.-3. Jh. v. Chr.) in Rom eine dritte Heimat gefunden hatte, um schließlich in der Kaiserzeit nach dem Ausklang des römischen Kunstdramas endgültig auch die offiziellen Bühnen Roms und des römischen Reichs zu beherrschen. Der Mimus war ein volkstümliches Stegreifspiel, in dem einerseits Geschehnisse und Situationen des zeitgenössischen Lebens und andererseits Personen, seien es bestimmte Typen, seien es Privatpersonen oder aber Personen des öffentlichen Interesses in einem buntturbulenten Spiel karikiert, verspottet und verlacht wurden. Chorikios von Gaza, der im 6. Jh. n. Chr., als der Mimus wegen der ihm unterstellten Anleitung zur Sittenverderbnis zunehmend angeprangert wurde, eine *Apologia mimorum* verfasste, hob den allgemeinen Nutzen des mimischen Spotts hervor, der sich

---

11   2001, hier: 405.

furchtlos bis an die Mächtigen heranwage und dort mit scharf zupackendem Witz geißele und auf den Weg der Heilung entlasse, was die Untertanen und Freunde niemals auch nur anzudeuten gewagt hätten.[12] Wird man dem freimütigen Mimenspiel eine parainetische Absicht, zumal bei der Verspottung der Mächtigen, nicht absprechen wollen, so war der mimische Spott doch oft genug auch komischer Selbstzweck. Die ausgeprägte Spottlust des Mimus, seine Aktualität und Satire waren tatsächlich die Gründe, warum die Gattung nach ihrer ersten Blüte auf Sizilien und im ägyptischen Alexandria in Rom eine dritte Heimat fand: Die römische *tam maledica civitas*[13] mit dem *Italum acetum*[14] als nationalem Attribut gewährleistete eben jenes geistige Klima, in dem der von jeher spottlustige Mimus auf das Beste gedeihen konnte. Tatsächlich wurden die Theater zur Zeit der römischen Kaiser dergestalt zu Freiräumen für mehr oder weniger schonungslose Kritik, ebenso wie für Spott und satirische Schmähungen, und zwar nicht nur gegenüber Privatpersonen, sondern gerade auch gegenüber dem Kaiser. So flochten die Mimenschauspieler in ihre Stücke gezielt kritische oder spöttische Wendungen ein, die nicht zuletzt auf den Kaiser und sein Tun gemünzt waren, häufig unterstrichen durch eine das Gesagte unmissverständlich unterstreichende Gestik und Mimik, welche die Schauspieler entweder im direkten Blickkontakt mit dem Kaiser oder zumindest doch deutlich in Richtung der Kaiser-Loge hin gewandt ausführten. Die Zuschauer ihrerseits unterstützten im Zusammenspiel mit den Schauspielern deren spöttisches Bühnentreiben, indem sie einerseits jede Gelegenheit wahrnahmen, deren Worte und Gesten, immer wieder auch losgelöst vom eigentlichen Kontext, auf Personen und Ereignisse des öffentlichen Interesses zu beziehen und diese Ad-hoc-Interpretationen vernehmlich zu artikulieren, und andererseits, indem sie die Schauspieler durch ihren punktuell frenetischen Applaus in deren Spott und Kritik bestätigten und sie zudem zweifellos auch durch entsprechende Zurufe ermunterten, ihre Spöttereien und verbalen Hiebe im Rahmen von Improvisationen und *extra causam*-Einlagen zu perpetuieren, dem einen Scherz noch einen weiteren hinzuzufügen.[15]

Mit Recht wird man fragen, warum ausgerechnet die Kaiser diese öffentliche Kritik an ihrer Person und ihrem Tun zuließen und anders etwa als im 18. und 19. Jahrhundert die Mächtigen im Rahmen des Wiener Volkstheaters kein

---

12   119-122.
13   Cicero pro Cael. 16, 38.
14   Horaz sat. 1, 7, 32.
15   Beispiele für den Spott der Mimen an den Herrschenden etwa bei Macrobius 2, 7, 5 (an Caesar), Sueton Aug. 68 (an Augustus – unter rauschemdem Beifall des Publikums), Sueton Tib. 45 (an Tiberius, hier im Rahmen einer sog. Atellane, wiederum unter rauschendem Beifall des Publikums), Sueton Dom. 10, 4 (an Domitian), hist. Aug. Marc. Ant. Phil. 8, 1; 29, 1-3 (an M. Aurelius und L. Verus).

Extemporierverbot aussprachen. Die Erklärung freilich ist einfach: So hatten die römischen Kaiser die Ventilwirkung des Theaters begriffen, wonach der zeitlich und räumlich kontrollierte Spott der Bühne vor der schnell unkontrollierbaren Kritik im Staat bewahren konnte. Das Theater war mithin zu einer Art Freiraum für die Stimme des Volkes und dessen Meinungen und Gefühle geworden, für seine Kritik und seinen Spott, ein Freiraum, in dem die Schauspieler und nicht zuletzt das Publikum tun konnte, was ihm außerhalb des Theaters natürlich strikt verwehrt war. Darüber hinaus sahen die Kaiser in dem Mimenspiel sowie gerade auch in den Reaktionen und den Interaktionen des Publikums in den Theatern eine Art Stimmungs- und Beliebtheitsbarometer, das sie sich entsprechend zunutze machen wollten.[16] Ganz und gar ungeahndet blieben die Ausfälle der Mimen-Schauspieler freilich nicht: Allzu Dreistes wurde von uneinsichtigen Kaisern zuweilen dann doch mit dem Tod bestraft.[17] Neben dem Kaiser und den übrigen Mächtigen stand im Blickpunkt des spöttischen Mimenspiels freilich vor allem auch das Treiben der Menschen in ihrem Alltagsleben. Entsprechend wurden bestimmte Menschen- und Berufstypen, aber auch bestimmte Situationen des zeitgenössischen Alltagslebens auf die Mimenbühne gebracht und dort im derb-lauten Spiel kräftig karikiert und tüchtig verlacht.

Ob nun für die Kritik an den Mächtigen oder an Privatpersonen oder aber zur Karikatur von bestimmten Typen und Situationen des Alltagslebens: Das mimische Bühnenspiel bot sich für all das *eo ipso* an: Der Mimus war von Haus aus Improvisationstheater, der Plot nur mehr locker gefügt, die lose geknüpften Auftritte und Szenen beliebig dehn- oder verkürzbar. In dieser Art war der Mimus stets und umfassend aufnahmebereit für das unterschiedlichste Material, sei es, dass es zuvor ausgearbeitet worden war, sei es, dass es im Moment improvisiert wurde. Das mimische Bühnenspiel wurde aus der Sicht des römischen Volkes zum Medium der öffentlichen Äußerung von Meinungen, von Kritik an Herrschenden, an Privatpersonen, ebenso wie an gesellschaftlichen Erscheinungen, von Urteilen und Gefühlen. Dergestalt war das Mimenspiel ein Massenmedium, mit dessen Hilfe die Schauspieler ihre Botschaften an die zahlreichen römischen Theatergänger weitergaben. Mit diesem Wandel der Bühnenkultur in der römischen Kaiserzeit verließen die Zuschauer zugleich auch nachhaltig ihre angestammte Rolle als passive Informationskonsumenten und griffen nun auch selbst in einer Form von Interaktion mit den Schauspielern und damit in Kooperation mit Gleichgesinnten in das Bühnenspiel und seine Botschaften ein und gestalteten das bisher einwegkommunizierende Massenmedium auf diese Weise zu einem interaktiven Medium um. Dieser letzte

---

16 S. hierzu schon Cicero epist. ad Att. 14, 3, 2; epist. ad fam. 7, 11, 2.
17 Sueton Dom. 10, 4.

Aspekt wird umso augenfälliger, wenn man bedenkt, dass infolge der alle erfassenden Beliebtheit des mimischen Bühnenspiels sich die Zuschauer mit der Zeit nicht allein damit begnügten, in den Zuschauerrängen zu sitzen, sondern sich gleich selbst auf den Bühnen als Mimenschauspieler produzieren wollten. So entstand in der Kaiserzeit eine Reihe von Schulen, die von professionellen Mimenschauspielern geleitet wurden und in denen sich römische Männer und Frauen jedweden Standes in der Kunst und in den Techniken des Mimenspiels unterweisen ließen,[18] um sodann, als sie nun auch selbst die Techniken beherrschten, gleich selbst die Bühnen zu betreten[19] und vollends die Rolle des aktiven Informationsproduzenten zu übernehmen. Man ging sogar noch einen Schritt weiter, indem zumindest die Wohlhabenden sich in ihren Stadt- und Landvillen Privatbühnen errichten ließen, um sich fortan das beliebte Mimenspiel auch nach Hause zu holen, wobei man entweder professionelle Mimenschauspieler engagierte oder aber sich gleich selbst auf der Bühne produzierte.[20]

Interessant für den medienwissenschaftlichen Ansatz ist nun gerade auch das Verhalten der Gebildeten. So konnten sich zunächst auch die Gebildeten nicht der Begeisterung für das Mimenspiel entziehen. Wenn man in ihren Kreisen auch nicht müde wurde, den Verfall der Sitten im Rahmen des mimischen Bühnenspiels zu geißeln, so treffen wir doch gerade auch die Gebildeten immer wieder in den Theatern Roms an, wo sie sich belegtermaßen ebenso glänzend amüsierten wie das gemeine Volk. Einer dieser Gebildeten, nämlich der römische Schriftsteller Plinius d. J. sah sich angesichts seines Verhaltens, wonach er sich neben allerlei anderer Kurzweil auch den Besuch von Mimendarbietungen gönnte, dann doch einmal genötigt, sich für sein Tun zu rechtfertigen. Und er tat es mit einer nachgerade entwaffnenden Ehrlichkeit, indem er einfach nur sagte: *homo sum* – „ich bin ein Mensch".[21]

Gleichwohl: Nicht zuletzt angesichts der zunehmenden Verflachung und Verrohung der mimischen Darbietungen auf den offiziellen Bühnen Roms und des römischen Reichs besannen sich zumindest die Gebildeten mit der Zeit zunehmend und gezielt der auch in ihren Häusern errichteten Privatbühnen und damit der Möglichkeit, das Massenmedium *Mimus* in ihrem Sinne zu re-individualisieren. So wollten sie ihre Meinungen, Urteile und Gefühle nun nicht mehr

---

18   Cassius Dio 62, 19, 2.
19   Tacitus hist. 3, 62, Iuvenal sat. 8, 185-197, Chorikios apol. mim. 95.
20   Tatsächlich verfügte man jetzt zunehmend allenthalben über Privatbühnen, auf denen man ganz nach Belieben und jederzeit seine privaten Bühnenspiele veranstaltete und bei denen sich angesehene und ehrbare Römer und Römerinnen immer wieder selbst als Darsteller produzierten (Seneca nat. quaest. 7, 32.)
21   epist. 5, 3, 2.

in aller Öffentlichkeit verhandeln, sondern stellten sie in Kooperation und Interaktion mit Gleichgesinnten in der Exklusivität geschlossener Zirkel im Rahmen von mimischen Privatdarbietungen zur Diskussion. In diesem Sinne bildete sich mit der Zeit eine Art ‚Netzwerk' der gleichgesinnten Gebildeten heraus, wonach man in ihren Kreisen die Kunst und die Techniken des Massenmediums Mimus gezielt nutzte, sich jedoch mit einer entsprechend nobilitierten Programmgestaltung von dem verflachten und verrohten Treiben in den öffentlichen Theatern bewusst abhob – oder doch: abheben wollte. In diesem Sinne wurden die Gebildeten aktive Informationsproduzenten, die ihr Informationsangebot als Mitglied „sozio-technischer" Gemeinschaften und somit in Kooperation mit Gleichgesinnten erbrachten. Auf diese Weise steuerten die Gebildeten dem Qualitätsverlust entgegen – oder meinten es doch zu tun –, indem sie ihrerseits das, was auf den offiziellen Bühnen nur mehr unkontrolliert daherkam, jetzt ihrem Qualitätsanspruch oder doch ihren Vorstellungen unterwarfen. Gleichwohl: Verdrängt wurde der Mimus durch diesen Re-Individualisierungs- und Nobilitierungsprozess keineswegs von den offiziellen Bühnen. Im Gegenteil: Der Mimus als Massenmedium des Volkes beherrschte auch fortan untangiert die kaiserzeitlichen Theater Roms und des römischen Reichs und nahm in seiner besonderen Art immer wieder Einfluss auf das politische, gesellschaftliche und kulturelle Leben. Er überdauerte zudem das weströmische Reich und feierte schließlich auch auf den Bühnen Ostroms seine Triumphe, wo ihm im Jahr 527 n. Chr. durch den Aufstieg der ehemaligen Mimenschauspielerin Theodora zur Gattin des oströmischen Kaisers Iustinian I. schließlich ein krönender Höhepunkt zuteil wurde.

Was lehrt nun dieses Beispiel hinsichtlich des medienwissenschaftlichen Ansatzes? Zunächst lehrt es, dass man irrt, wenn man die Geschichte der Massenmedien in der Regel mit dem Buchdruck im 15. Jahrhundert beginnen lässt. So konnte für die römische Antike das Bühnenspiel, hier in der besonderen Form des Mimus als Medium der öffentlichen Äußerung und zugleich als eines der ersten Massenmedien zur gezielten Übermittlung von Botschaften an eine große Menge von Adressaten festgehalten werden. Zugleich wird einmal mehr deutlich, in welch engem Zusammenhang Medien, Gesellschaft und Kultur[22] miteinander verquickt sind und einander nachhaltig bestimmen. Denn auch die Selbstdeutung und der Weltbezug des Einzelnen wurde unter dem Einfluss dieses frühen Massenmediums nachhaltig beeinflusst, insofern nun Meinungen, Urteile und Gefühle in aller Öffentlichkeit verhandelt und in einen gesamtgesellschaftlichen Kontext gestellt wurden.

---

22 Zu dem umfassenden Einfluss des Mimus zumal auf die zeitgenössische römische Literatur s. demnächst L. Benz, Der griechisch-römische Mimus und die antike Literatur (erscheint).

Hinsichtlich der Fragestellung dieses Bandes mit seiner Fokussierung von „Medienwandel als Wandel von Interaktionsformen" konnte darüber hinaus festgestellt werden, dass der strukturelle Wandel des bisherigen Massenmediums ‚Kunstdrama' bzw. ‚Literaturtheater' zum Massenmedium ‚Mimus' zugleich einen Wandel der bisherigen Kommunikationsform beinhaltete, wonach sich nun neue Rückkoppelungs- und Eingriffsmöglichkeiten für die Adressaten auftaten und der passive Informationskonsument zum aktiven Produzenten wurde, sei es, dass die Zuschauer in der genannten Art während des Mimenspiels mit den Schauspielern interagierten, sei es, dass sie nach dem Erlernen der Mimentechniken gleich selbst die Mimenbühnen bestiegen. Unter anderem der zunehmende Qualitätsverlust dieses Massenmediums sowie seine mangelnde Kontrolliertheit, die auf den öffentlichen Bühnen zu manchen Auswüchsen führte, brachte es zudem mit sich, dass sich die Gebildeten im Sinne „sozio-technischer" Gemeinschaften zusammenfanden und sich die Techniken dieses Massenmediums zunutze machten, um nun in Kooperation und in Interaktion mit Gleichgesinnten und in der Exklusivität einer Privatdarbietung ihr Informationsangebot darzubringen.

Schließlich konnte aber auch festgestellt werden, dass dieser Re-Individualisierungsprozess, der zugleich mit dem Anspruch der Qualitätssteigerung verknüpft war, keineswegs dazu führte, dass das eigentliche Massenmedium verdrängt wurde. Vielmehr blieb der Mimus auch in den folgenden Jahrhunderten auf den Bühnen West- und Ostroms omnipräsent und nahm dergestalt immer wieder nachhaltig Einfluss auf das zeitgenössische politische, gesellschaftliche und kulturelle Leben.

Literatur

Balsdon, John P. V. D. (1969): Life and Leisure in Ancient Rome. New York u.a.: Bodley Head.
Benz, Lore (2010): Der griechisch-römische Mimus und die antike Literatur (erscheint).
Friedländer, Ludwig (1922): Darstellungen aus der Sittengeschichte Roms in der Zeit von Augustus bis zum Ausgang der Antonine. 10. Aufl., bes. v. G. Wissowa, IV. Leipzig: Hirzel.
Fugmann, Joachim (1988): Römisches Theater in der Provinz. Eine Einführung in das Theaterwesen im Imperium Romanum. Schriften des Limesmuseums Aalen, Nr. 41. Stuttgart: Württemberg. Landesmuseum.
Große, Ernst-Ulrich (2001): Art. Massenmedien, in: A. Nünning (Hg.), Metzler Lexikon Literatur- und Kulturtheorie. Ansätze – Personen – Grundbegriffe. 2., überarb. u. erweit. Auflage. Stuttgart/Weimar: Metzler, S. 405-407.

Gugel, Helmut; Klose, Dietrich (1981): P. Cornelius Tacitus, Dialogus de oratoribus: Dialog über die Redner, lateinisch/deutsch, nach der Ausgabe v. Helmut Gugel, hrsg. v. Dietrich Klose. Stuttgart: Reclam.

Medienwandel und der Wandel von Diskurstraditionen

Barbara Frank-Job

Der folgende Beitrag untersucht den Zusammenhang zwischen Medienwandel und dem Wandel von Diskurstraditionen. Ausgangspunkt der Überlegungen ist die Feststellung, dass unter Bedingungen von Medienwandel Kommunikationsteilnehmern das sprachliche Routinehandeln problematisch wird. In Auseinandersetzung mit den bewährten sprachlichen Routinen und Handlungsmustern werden daher den durch das neue Medium veränderten kommunikativen Bedingungen angemessenere sprachliche Formen ausgebildet. Über Imitation und explizite metasprachliche Propagierung werden diese neuen Routinen in der Sprachgemeinschaft verbreitet und als Diskurstraditionen konventionalisiert.

Diesen Zusammenhang zwischen Interaktionsformen, Medium und Sprache unter den Bedingungen des Medienwandels zeichnet der folgende Beitrag an zwei zeitlich weit auseinander liegenden Fällen von Medienwandel nach: der Nutzung schriftlicher Distanzsprache für Volkssprachen im Mittelalter und der aktuellen Nutzung des Internet für nähesprachliche Interaktionsformen.

1 Medium und Konzeption sprachlicher Äußerungen

In einer traditionell sprachwissenschaftlichen Definition bezeichnet das Medium die rein physikalische Realisierung einer sprachlichen Äußerung und damit die Dichotomie phonisch oder graphisch.

In einer weiteren und außerhalb der Sprachwissenschaft sicherlich geläufigeren Verwendungsweise bezeichnet Medium die verschiedenen Trägerformen für Zeichensysteme, wobei die typischerweise im Gefolge eines Trägers auftretenden Kommunikationsbedingungen zu den Eigenschaften des Trägers selbst hinzugezählt werden: In dieser Verwendung des Medienbegriffs stellen etwa das gedruckte Buch, der auf Leinwand projizierte Text oder ein auf dem Bildschirm sichtbarer Text aufgrund der unterschiedlichen Eigenschaften und situativen Verwendungsbedingungen ihrer Träger drei unterschiedliche Typen von Medien dar.

Die Eigenschaften und typischen Verwendungsweisen von Trägermedien für sprachliche Äußerungen lassen sich nun mit Koch/Oesterreicher (1985, 1990, 1994) zu den Kommunikationsbedingungen fassen, die auf universeller Ebene die Konzeption sprachlicher Äußerungen bestimmen. Zu diesen Parametern gehören beispielsweise der Grad der Öffentlichkeit einer Äußerung, die Vertrautheit der Kommunikationspartner oder der Grad der emotionalen Beteiligung der Kommunikationspartner.[1] Die gesamte Bandbreite dieser Parameter in allen Kombinationsmöglichkeiten bildet das konzeptionelle Kontinuum von Äußerungen, das universell, d.h. für jede natürliche Sprachgemeinschaft gültig ist und sich zwischen den beiden Extrempolen der „Sprache der Nähe" auf der einen und der „Sprache der Distanz" auf der anderen Seite erstreckt (Abbildung 1).

Die offene Liste von Kommunikationsbedingungen, die damals noch ohne Berücksichtigung der computervermittelten Kommunikationsformen erstellt wurde, lässt sich nun um einige Parameter (und damit das gesamte Schema um neue Dimensionen) erweitern, die mit den typischen Verwendungsweisen des digitalen Mediums verbunden sind. So hat Christa Dürscheid (2004) zu Recht darauf hingewiesen, dass für die interaktive Kommunikation via Computer die Zeitlichkeit (Synchronizität, Asynchronizität und Quasi-Synchronizität[2] der Beiträge von Interaktionspartnern) als wichtiges, die Kommunikationsgestaltung prägendes Merkmal des Trägermediums berücksichtigt werden muss. Zusammen mit weiteren kommunikativen Bedingungen und Möglichkeiten der computervermittelten Kommunikation erweitert der Parameter der Zeit-Entbindung oder -Einbindung von Kommunikationshandlungen das konzeptuelle Kontinuum sprachlicher Äußerungen für die aktuellen Sprachgemeinschaften um zahlreiche neue Dimensionen.[3]

---

1 Vgl. hierzu Oesterreicher 1997: 22ss.
2 Dürscheid 2004, 10: „Die Kommunikation im herkömmlichen Chat ist zwar wechselseitig, sie ist aber im strengen Sinne nicht synchron. Die Beiträge werden nicht während ihres Entstehens, sondern erst nach ihrem Entstehen angezeigt. Dies ist im mündlichen Gespräch anders. Hier hört der Kommunikationspartner Wort für Wort, er kann intervenieren, simultan sprechen und ggfs. reagieren, bevor der andere seine Äußerung zu Ende gebracht hat." – Zur Quasi-Synchronizität als Kommunikationsparameter und deren Auswirkungen auf die sprachliche Gestaltung vgl. auch Beißwenger, in diesem Band.
3 Wichtig sind in diesem Zusammenhang die Beobachtungen von Dürscheid (2004) und Stein/Zitzen (2004) zu den medialen und konzeptionellen Bedingungen der Chatkommunikation. Nicht folgen kann ich Dürscheid in ihrer Zuordnung des Parameters der Zeitlichkeit zum Medium und der daraus folgenden Konsequenz, den dichotomischen Charakter der Realisierungsform graphisch-phonisch aufzulösen. Hier setzt Dürscheid eben nicht mehr den traditionellen Medienbegriff der Linguistik an, sondern übernimmt den bereits erwähnten weiteren Medienbegriff, der die Eigenschaften der Träger und der typischerweise (aber eben nicht notwendigerweise) mit diesen Trägern auftretenden Kommunikations-

Medienwandel und der Wandel von Diskurstraditionen

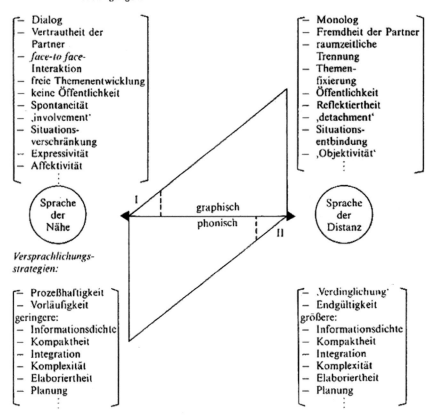

Abbildung 1: Das konzeptionelle Kontinuum sprachlicher Äußerungen (Koch/Oesterreicher 1985)

Im Folgenden wird die begriffliche Unterscheidung zwischen Medium (als Dichotomie zwischen graphischer und phonischer Realisierung) und Konzeption (als situativ und damit auch vom Trägermedium bestimmte Konstellation kommunikativer Bedingungen) beibehalten, wobei der Betrachtung der konzep-

---

bedingungen zum Medienbegriff hinzunimmt. Stein/Zitzen (2004) übersehen dagegen sowohl den skalaren Charakter als auch die Mehrdimensionalität des konzeptionellen Kontinuums, wie sie bereits bei Koch/Oesterreicher 1985 betont werden, wenn sie für eine Ergänzung der beiden Pole Nähe- und Distanzsprache für digitale Kommunikation plädieren.

tionellen Aspekte unser Hauptaugenmerk gilt. Diese Perspektive entspricht zwar weitgehend der von Ansätzen, die mit einem weiten Medienbegriff arbeiten, allerdings werden hier Eigenschaften des Trägermediums als kommunikative Bedingungen neben anderen betrachtet werden, die direkte Auswirkungen auf die Konzeption von Kommunikationsereignissen haben.

> Schrift an sich bedeutet noch gar nichts. Wichtig ist der soziale Kontext, in dem sie steht, und wichtig ist die aktive und passive Aneignung der Diskurstraditionen, die diesen sozialen Kontext geprägt haben. [...] Diese Diskurstraditionen entwickeln sich weiter, sie müssen weiterentwickelt werden. Diskurstraditionen sind ja nicht zuletzt auch die für eine Gesellschaft gültigen Modelle zur Erfassung einer viel komplexeren Realität. Auch Computerprogramme als „Diskurse" bilden eine – neue Diskurstradition, die nicht nur Realität erfasst [...], sondern in zunehmendem Maß auch steuert. (Raible 1999: 50)

2 Diskurstraditionen

Zur Einbettung von sprachlichen Äußerungen in die lebensweltliche Praxis gehört, dass sie in historisch gewachsenen Handlungstraditionen stehen. In diesem Sinne stellen aktuelle Äußerungen und Texte immer Konkretisierungen von kognitiv gespeicherten Handlungsmustern oder Diskurstraditionen dar, die aus bereits erfahrenen Kommunikationshandlungen abstrahiert bzw. bereits als Handlungsmuster erlernt worden sind.

Die Wahrnehmung und Speicherung von Handlungen als typische ist notwendig, um nicht in jeder neuen Kommunikation wieder neue situative Einschätzungen, die Wahl eines angemessenen Registers usw. vornehmen zu müssen. Zur Bewältigung ständig neuer kommunikativer Aufgaben dienen das Handlungsmuster ebenso wie die routinemäßig darin zum Einsatz kommenden sprachlichen Techniken als Elemente des Routinewissens der kognitiven Entlastung der Sprecher.

In jeder Sprachgemeinschaft finden sich daher typische Kommunikationshandlungen zu typischen Kommunikationsanlässen und regelmäßig mit diesen einhergehende situativ-pragmatische Bedingungen. Peter Koch und Wulf Oesterreicher sprechen hier von Diskurstraditionen als historisch-einzelsprachliche Kristallisationen der universell zur Verfügung stehenden Parameter kommunikativer Bedingungen und Versprachlichungsstrategien.

Das Erlernen dieser Handlungsmuster und der dazugehörigen Versprachlichungsstrategien ist ein sozialer Prozess, der das ganze Leben hindurch andauert: Jede neue Kommunikationssituation erfordert im Grunde eine Re-Interpretation von erlernten Sprachhandlungsmustern, erlernte und erworbene

Handlungsmuster und sprachliche Techniken müssen immer wieder veränderten kommunikativen Bedürfnissen angepasst werden. Hierin liegen die wesentlichen Gründe für Sprachwandel.

3 Sprachwandel und Diskurstraditionen

Sprache wandelt sich in der Regel von Kommunikationsteilnehmern weitgehend unbemerkt im kommunikativen Vollzug. Sprachliche Neuerungen stellen zunächst immer ein individuelles Phänomen dar, das auf konkreten Entscheidungen Einzelner aufgrund spezifischer kommunikativer Zielsetzungen basiert. Diese Entscheidungen Einzelner sind jedoch, wie wir gesehen haben, durch die Orientierung an vorgegebenen sprachlichen Handlungsmustern bestimmt, eben jenen Diskurstraditionen, welche sich in jeder historischen Einzelsprache auf spezifische Weise herausgebildet haben. So zeichnet sich kommunikatives Handeln aus durch ein permanentes Spannungsverhältnis zwischen interindividuell gültigen Sprachkonventionen einerseits und individuellem Ausdruckswillen andererseits. Individuelle Neuerungen werden über Konventionalisierungsprozesse in der Sprachgemeinschaft verbreitet, in denen Imitation und Typik eine herausragende Rolle spielen.

Die Orientierung an kommunikativen Routinen und Diskurstraditionen gehört zu einem Teilbereich des kollektiven Wissensvorrats der Sprachbenutzer, das als Routinewissen in der Regel unhinterfragt und automatisch zur Verfügung steht, der jedoch in bestimmten Situationen ins Bewusstsein rücken kann. Die Situationen, in denen dies geschieht, bezeichnen Schütz/Luckmann (1979: 139) als „problematische Situationen":

> Auch »neue« Elemente werden mit Hilfe schon vorhandener Deutungsschemata und Typisierungen ausgelegt, jedoch nicht in einer für mein planbestimmtes Interesse ausreichenden Weise. [...] Ich muß also die »offenen« Elemente der Situation weiter auslegen, bis sie die vom planbestimmten Interesse vorgegebene Klarheitsstufe, Vertrautheitsstufe und Widerspruchsfreiheit erreicht haben. Wir wollen solche Situationen problematische Situationen nennen. In problematischen Situationen, im Gegensatz zu Routine-Situationen, muß ich also neue Wissenselemente erwerben oder alte, aber für die gegenwärtige Situation nicht genügend geklärte Wissenselemente auf höhere Klarheitsstufen überführen. (Schütz/Luckmann 1979: 50)

Auch für das Wissen über Diskurstraditionen und kommunikative Handlungen gilt, dass es besonders in problematischen Situationen bewusst wird. Problematische Situationen in Bezug auf Texte und Diskurse können nun prinzipiell alle wichtigen gesellschaftlichen Veränderungen darstellen, die Veränderungen in kommunikativen Routinen notwendig machen. In ganz besonderem Maße trifft dies auf die Einführung eines neuen Trägermediums für sprachliche Äußerungen zu. Mit der sprachlichen Bewältigung neuer kommunikativer Anforderungen und der damit notwendig gewordenen Entwicklung neuer sprachlicher Lösungsroutinen geht daher in der Regel eine Verstärkung der reflexiven Haltung der Sprachnutzer gegenüber den Möglichkeiten der Kommunikation einher.

4 Der Ausbau distanzsprachlicher Schriftlichkeit im romanischen Mittelalter

Eine solche Phase des diskurstraditionellen Ausbaus und der Bewusstwerdung von Wissensbeständen lässt sich nun bei der Verschriftlichung der romanischen Volkssprachen zwischen dem 9. und 13. Jahrhundert beobachten. Die Herausbildung und Ausdifferenzierung zahlreicher neuer Diskurstraditionen insbesondere in den Bereichen der Distanzsprache machte die Veränderung bestehender und die Erarbeitung neuer kommunikativer Routinen und sprachlicher Techniken notwendig.[4] Die Kommunikationsteilnehmer reagierten auf diese problematische Situation mit einer intensiven metatextuellen Debatte, in deren Zentrum das Aushandeln neuer sprachlicher Ausdrucksmittel zur typisierenden Erfassung und Bewertung der neuen schriftlichen Diskurstraditionen stand. Im Verlaufe dieses Prozesses werden nicht nur neue Formen für Texte und neue Strategien der Versprachlichung erprobt, sondern es werden gleichzeitig neue Formen der Textkonzeptualisierung entwickelt und propagiert, Kriterien zur Beurteilung der Texte entwickelt und Namen zur Benennung der neuen Diskurstraditionen diskutiert.

Diese für die betroffene Sprachgemeinschaft als ganze wichtigen Leistungen des medieninduzierten Wandels von Diskurstraditionen werden mit Heinz Kloss (1978) als „schriftkultureller Ausbau" zusammengefasst und als spezifische Form des Sprachwandels betrachtet, eine Form des Sprachwandels, die in erster Linie die distanzsprachlichen Bereiche der Kommunikation betrifft und damit den notwendigen Ausgangspunkt für spätere Kodifizierungs- und Standardisierungsprozesse darstellt.

Das folgende auf der Basis von Koch/Oesterreicher (1985, 1990, 1994) erstellte Schema gibt das Ergebnis dieser Ausbauarbeit anhand einiger prominenter schriftlicher Diskurstraditionen für das mittelalterliche Französisch wieder:

---

4 Vgl. hierzu ausführlich Frank-Job 1998, 2003a, 2003b.

Medienwandel und der Wandel von Diskurstraditionen 33

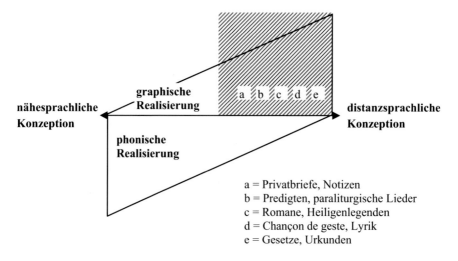

Abbildung 2: Ausbau schriftlicher Diskurstraditionen im Mittelalter[5]

Die Wahrnehmung von Typen schriftlicher Texte ist in der Phase des Übergangs zur Schriftlichkeit zunächst an verschiedene an der typischen oralen Kommunikationssituation orientierte Szenarien gebunden, die sich erst allmählich durch Interessensverlagerung auf den Text selbst mit seinen formalen, funktionalen und thematischen Merkmalen richtet. Und auch noch während der ersten Jahrhunderte der Herausbildung und Ausdifferenzierung schriftlicher volkssprachlicher Diskurstraditionen stehen diese älteren, der Oralität verhafteten Text-Szenarien neben neuen Konzeptualisierungen der Texte als schriftlich realisierte, situationsentbundene konzeptuelle Einheiten. Diese Entwicklung soll im Folgenden kurz an zwei Beispielen gezeigt werden.[6]

5 Medienwandel und Wandel der Textkonzeptualisierung

In der älteren oralen Kommunikationspraxis, in der schriftliche distanzsprachliche Texte weiterhin ausschließlich mündlich rezipiert werden, spielen die verschiedenen multimodalen Elemente der Vortragssituation eine wesentliche Rolle für die Kategorisierung von Diskurstraditionen. So z.B. in den chançons de

---

5 Selbstverständlich sind hier nur einige der tatsächlich relevanten Diskurstraditionen ausgewählt, vgl. Frank/Hartmann 1997.
6 Vgl. ausführlicher zum Folgenden (Frank-Job 1998, Frank-Job 2003a, 2003b, 2006).

geste, in denen die mündliche „Aufführung" des schriftlichen Texts zum zentralen Element seiner Typik wird:

> Seignor soiez en pes, tuiz aiez [...]
> Gardez qu'il n'i ait noise, ne tabart ne criee
> il est ensuit coustume en la vostre contree
> Quant un chanterres vient entre gent henoree
> Et il a endroit soi sa vielle atempree,
> Ja tant n'avra mantel ne cote desramee
> Que sa premiere laisse ne soit bien escoutee,
> Puis font chanter avant, se de rien lor agree,
> Ou tost, sans vilenie, puet recoillir s'estree
>
> [Doon de Nantueil, 2. H. 12. Jh., Prolog, Mölk 1969: 10-11]

Herren, seid ruhig und habt alle [Acht]
Vermeidet Lärm, Gerangel und Geschrei
so ist es Brauch in eurem Land
wenn ein Sänger unter Edelleute kommt
und er hat bei sich seine gestimmte Leier,
Kaum ist da Mantel und Umhang abgelegt,
dass man nicht schon seiner ersten Strophe
aufmerksam lauscht,
Dann heißen sie ihn weitersingen, wenn es
ihnen gefällt, so dass er gleich, ohne Fehl,
seinen Lohn einsammeln kann.

Qui or voldra chançon oïr et escouter
si voist isnelement sa bourse desfermer
qu'il est huimés bien tans qu'il me doie doner

[Gui de Bourgogne, 13. Jh., Unterbrechung im récit, ca. 200 Verse vor dem Ende, De Riquer 1959: 76]

Wer jetzt das Lied weiterhören mag
möge sogleich seinen Geldbeutel öffnen, denn
es ist höchste Zeit, dass er mich bezahlt

Ganz anders sieht dies für die neuen Diskurstraditionen der Schriftlichkeit aus, die zur Privatlektüre bestimmt waren: Der Leser erfasst hierbei den schriftlichen

Text als Verdinglichten und nimmt so nicht nur die äußere Form (Pergamentrolle, Handschrift, Zettel etc.), sondern auch die Textstruktur gestalthaft wahr.[7]
Für Nordfrankreich ist diese Entwicklung für den Bereich der Volkssprache bereits im 13. Jahrhundert belegt. Ein prominentes Beispiel hierfür ist das Lehrbuch des Bauingenieurs Villars de Honnecourt, der zwischen 1220 und 1235 ein Handbuch zum Kathedralenbau verfasst. Das Buch enthält vorwiegend Zeichnungen (u.a. von Automaten und Kriegsmaschinen), die mit Kommentaren versehen sind. Abbildung 3 gibt den Ausschnitt einer Seite des Handbuchs wieder.

Villars nutzt die multimedialen Möglichkeiten des Schriftträgers Buch konsequent für seine kommunikativen Zwecke aus, indem er systematisch Text-Bild-Kombinationen konzipiert.

Für ihn ist der Text bereits untrennbar mit dem Trägermedium Buch verbunden, die typische Kommunikationssituation ist die einer von Raum und Zeit unabhängigen individuellen Rezeption durch eine breitere, anonyme Fachöffentlichkeit, wie Vilars dies selbst im Vorwort darstellt:

> Wilars de Honecort vos salue et si proie a tos ceus qui de ces engiens ouverront, c'on trovera en cest livre, qu'il proient por s'arme et qu'il lor soviegne de lui, car en cest livre puet on trover grant consel de le grant force de maçonerie et des engiens de carpenterie, et si troverés le force de le portraiture, les trais, ensi come li ars de jometrie le commande et ensaigne ...
> [FRANK/HARTMANN 1997, vol. 5, Nr. 9121]

> *Villars de Honnecourt grüßt euch und bittet all jene, die mit diesen Maschinen arbeiten werden, die man in diesem Buch findet, dass sie für seine Seele beten und dass sie sich an ihn erinnern, denn in diesem Buch kann man wesentliche Informationen finden über das Maurerhandwerk und die Instrumente des Zimmermannshandwerks und ihr findet darin auch die Kunst des technischen Zeichnens, Zeichnungen, wie die Wissenschaft der Geometrie sie lehrt...*

Aber auch die Kategorisierungspraxis ehemals oraler Diskurstraditionen wie z.B. der *Chansons de geste* wandelt sich mit zunehmender Relevanz des schriftlichen Textes für die Alltagspraxis der Menschen. Zu dem bis dahin ausschließlich verwendeten Gattungsnamen chançun (,Lied') treten im 12. Jahrhundert weitere Bezeichnungen, die nun nicht mehr die Realisierung der Texte fokussieren, sondern den Dichtungs- bzw. Werkcharakter der Texte (*romanz, ovre*), ihren Wirklichkeitsbezug (*estoire*), sowie das graphische Medium und den Träger (*escrit, livre*). Im Laufe des 13. Jahrhunderts wird *chançun* allmählich als Gattungsname abgelöst. An seine Stelle tritt nun bei den Kopisten des 13. Jahrhunderts regelmäßig *romanz*. Hieran wird sichtbar, dass auch die *Chanson*

---

7   Vgl. Frank 1994.

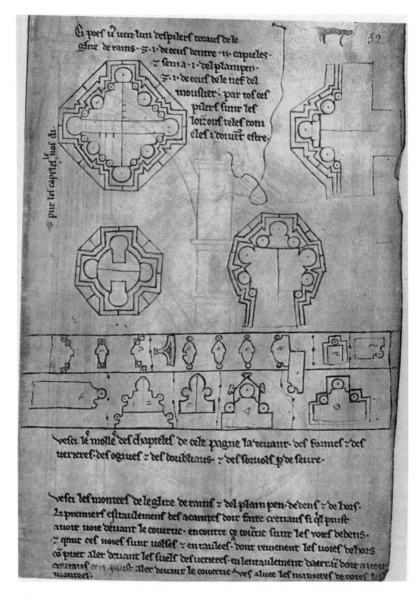

Abbildung 3: Detail des Fol. 59r aus dem Handbuch des Villars de Honn Lassus, M.J.B.A./Quicherat, M.J. ecourt, (1859)

de geste nunmehr als vorgelesener Text und damit auch in ihrer medialen Materialität in die Wahrnehmung der Rezipienten getreten ist (Frank-Job 1998, Frank-Job 2003a, 2003b).

Der Ausbau schriftlicher Diskurstraditionen im Bereich der Distanzsprache bedeutet also gleichzeitig mit der Ausbildung neuer sprachlicher Routinen und Handlungsmuster auch die Umstrukturierung der kommunikativ genutzten semiotischen Symbolfelder von performativ-multimodalen Ressourcen der oralen Praxis zu den multimedialen Ressourcen des Trägermediums. Beides führt bei den Kommunikationsteilnehmern zu Erweiterungen ihrer Sprachwahrnehmung und Sprachreflexion.

6   Der Ausbau nähesprachlicher Schriftlichkeit im WWW

Als Ergebnis der bereits umfangreichen Forschungsliteratur zu den neuen Kommunikationsformen, die im und durch den Umgang mit dem Trägermedium Computer entstanden sind und sich stets weiter ausdifferenzieren, kann festgehalten werden, dass wir es hier mit kommunikativen Wandelerscheinungen zu tun haben, die in ihrer Tragweite, soweit sie heute abgesehen werden können, sicherlich mindestens so gravierend sind, wie die eben betrachteten Verschriftlichungsprozesse im Mittelalter.

Seit der Verbreitung der Internetkommunikation in den 90er Jahren des letzten Jahrhunderts haben sich zahlreiche computervermittelte Diskurstraditionen herausgebildet und ausdifferenziert [Berners-Lee et al. 2006]. Vor dem Hintergrund der mittelalterlichen Ausbauprozesse besonders interessant erscheinen nun gerade die Entwicklungen der Internetkommunikation, die der Sprache neue Bereiche des konzeptionellen Kontinuums eröffnen, die graphisch realisierte Nähesprache (Dürscheid 2004). Für die vielfältigen neuen Formen nähesprachlicher Kommunikation im Internet wie z.B. Chat oder Instant Messenger, aber auch mancher Foren und Blogs[8] gilt nun ähnlich wie für die distanzsprachlichen Diskurstraditionen im romanischen Mittelalter, dass die Sprachnutzer neue Routinen und Handlungsformen oder Diskurstraditionen entwickeln, die auf die Gegebenheiten des neuen Trägermediums reagieren. Es geht also um einen medieninduzierten Ausbau der Nähesprache, wie er unten anhand des Schemas von Koch/Oesterreicher skizziert ist:

---

8   Vgl. Anis 2002, 2 für eine Systematik der neuen Kommunikationsformen im World Wide Web. Nicht berücksichtigt sind hier die verschiedenen synchron interaktiven Kommunikationsformen mit audiovisueller Unterstützung (z.B. Skype).

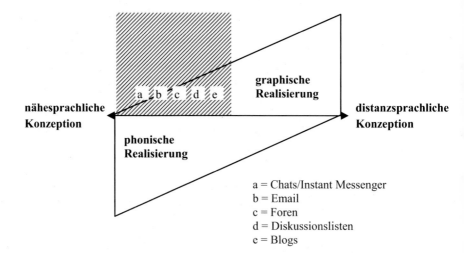

Abbildung 4: Neue Formen computervermittelter Kommunikation und der Ausbau schriftlicher Nähesprache[9]

Auch hierbei haben wir es mit schriftsprachlichem Ausbau zu tun, dieses Mal jedoch spielt er sich im nähesprachlichen Bereich des konzeptionellen Kontinuums ab. Die kommunikativen Muster, an denen sich die Interaktanten orientieren, sind daher nicht der schriftlichen Distanzsprache entnommen, sondern der alltäglichen mündlichen Face-to-Face-Kommunikation. Im Folgenden sollen an Beispielen aus einem Korpus[10] von Chats einige Aspekte dieses Ausbauprozesses betrachtet werden. Ausgangspunkt unserer Beobachtungen ist wiederum eine „problematische Situation", die durch die spezifischen Kommunikationsbedingungen des Trägermediums Computer hervorgerufen wird.[11]

---

9   Selbstverständlich sind hier nur einige der tatsächlich relevanten Diskurstraditionen ausgewählt, vgl. Frank-Job (im Druck a) und (im Druck b).
10 Es handelt sich um Protokolle von insgesamt über 20 Stunden Chat in offen zugänglichen Chaträumen, die von jungen Erwachsenen frequentiert werden. Die Chats fanden in den Jahren 2000-2006 in französischer, spanischer und deutscher Sprache statt.
11 Es liegen bereits zahlreiche Untersuchungen zum Chat und anderen nähesprachlichen Kommunikationsformen des Internet und deren Bezüge zu traditionellen mündlich und schriftlich realisierten Diskurstraditionen vor, vgl. Dürscheid (1999), Beißwenger (2000), Storrer (2001) und Stein/Zitzen (2004).

7 Kommunikationsbedingungen der Chatkommunikation

Im Vergleich zu einer alltäglichen Face-to-Face-Situation ist der situative Kontext des virtuellen Chatraums stark reduziert: Die den Interaktanten zur Verfügung stehenden Modalitäten beschränken sich auf Visuelles[12]. Dagegen steht den Kommunikationsteilnehmern im Chat eine Vielfalt neuer semiotischer Symbolfelder als kommunikative Ressource zur Verfügung: Die Spannbreite reicht von animierten Figuren, der farbigen Markierung oder graphischen Hervorhebung von Buchstaben und Wörtern, über konventionalisierte Symbole emotioneller Reaktionen, den sog. Emoticons, bis zur Einbindung von Sekundärdaten in Form von Texten, Bildern, Musik oder Videosequenzen usw.

Abbildung 5: Der visuelle Kommunikationsraum beim Chat

---

12 Von den Möglichkeiten des Voice-Chats wird hier abgesehen, da er im untersuchten Korpus keine Rolle gespielt hat.

Da es sich beim Chat in seinen wesentlichen Merkmalen um nähesprachliche Echtzeitkommunikation[13] handelt, nehmen die Kommunikationsteilnehmer alltägliche „Face-to-Face"-Kommunikation als selbstverständliche gemeinsame Orientierungsbasis. Dabei stellt nun der Kontext für Chatteilnehmer ein wesentliches Problem dar: Im Unterschied zum ungezwungenen vertrauten Gespräch existiert kein realer gemeinsamer Gesprächsraum und keine wirkliche physische Nähe, so dass auch Rückgriffe auf diese Bereiche des Kontextes zur gemeinsamen Orientierung der Gesprächsteilnehmer ausscheiden. Dies führt etwa zum Ausfall von nonverbalen Ausdrucksmitteln, die in der Alltagsroutine des Gesprächs unreflektiert und automatisch eingesetzt werden wie z.B. der Blickkontakt zur Adressierung von Gesprächsbeiträgen oder der Einsatz gestischer Mittel zur Kontextualisierung von Redebeiträgen. Dies kann im Ernstfall zu gravierenden Kommunikationsproblemen führen, wie folgendes Beispiel zeigt:

tommy2000:	comme toi tout à l'heure!!!!
cquinqueneau:	ah bon???????????
Kinger:	tout à l'heure j'ai dit Paris
cquinqueneau:	Kinger: OK, merci
cquinqueneau:	tommy: comme moi koi tout à l'heure??
tommy2000:	et ouis qu'erst-ce [sic]que tu crois, je suis humain, le mec qui te diras que ça ne lui ai jamais arrivé ment de façon flagrante
tommy20000:	la jalousie[14]

tommy2000:	*wie du vorhin!!!!*
cquinqueneau:	*ach so???????????*
Kinger:	*vorhin habe ich « Paris » gesagt*
cquinqueneau:	*Kinger: OK, danke*
cquinqueneau:	*tommy: wie ich vorhin was??*
tommy2000:	*ja eben, was denkst du, ich bin auch nur ein Mensch, der Typ, der dir sagt, dass ihm das noch nie passiert ist, lügt wie gedruckt*

Tommys Äußerung löst ein Problem der Adressierung aus: Kinger weiss aufgrund fehlenden Blickkontakts nicht, wen Tommy mit seiner Aussage angesprochen hat und bezieht das „du" in Tommys Aussage fälschlicherweise auf sich.

---

13   Zu genaueren Differenzierungen zwischen Echtzeitkommunikation und quasi-Echtzeitkommunikation vgl. Dürscheid 2004 und Beißwenger (in diesem Band).
14   Korpus Frank-Job, Multimania, 17.04.2000. – Da meine Untersuchungen das authentische Zitieren erfordern, war eine Anonymisierung der Nicknames der Chatter leider nicht möglich.

Ähnlich im nächsten Beispiel, in dem higllander zur explizit metakommunikativen Adressierung greift, um die problematische Situation aufzulösen:

higllander:	vic ça vas?
higllander:	folk et toi ça vas?
Victor61:	Oui et toi?
Folken:	higlland> ouais cool
higllander:	ça vas tu cherche ta copine
Folken:	je cherche ma copine????
higllander:	c'était pour vic[15]

higllander:	*Vic, wie gehts ?*
higllander:	*Folk und du, wie gehts dir ?*
Victor61:	*Gut und dir ?*
Folken:	*higlland> ja, cool*
higllander:	*wie gehts, suchst du deine Freundin ?*
Folken:	*Ich suche meine Freundin????*
higllander:	*Das war für Vic*

Die Kommunikationsteilnehmer im Chat werden also regelmäßig mit problematischen Situationen konfrontiert, in denen sie sich verschiedene der Wahrnehmung zugängliche Alltagsroutinen des Face-to-Face-Gesprächs bewusst machen und im Hinblick auf die neuen kommunikativen Bedingungen, die der mediale Träger vorgibt, anpassen.

Zur standardisierten Lösung des eben vorgestellten kommunikativen Problems hat sich bei den Chattern inzwischen eine neue Methode der Adressierung konventionalisiert: die direkte metakommunikative Thematisierung des Angesprochenen, indem entweder ein Teil des Pseudonyms oder das komplette Pseudonym des Angesprochenen der Äußerung vorangestellt wird.

attends:	radifour> parfais poussin
radifour:	groovy temps pis pour moi a+ j'espere!
groovygirl:	alex l autre jour peut-être je dois partir!
attends:	tche> affirmation?
groovygirl:	radi yes!!
tchetchene2000:	attends>t ou?
groovygirl:	Ken je m'en vais(tu sais où me joindre)[16]

---

15 Korpus Frank-Job, AOL.fr, Point de rencontre, 04.03.2002.
16 Korpus Frank-Job, Miltimania.fr, 23.07.2000.

Dass diese neue kommunikative Technik bereits in die Norm[17] der Diskurstradition aufgenommen wurde, ist daran zu erkennen, dass sie explizit eingefordert werden kann:

[JM]:	Und wie bekomme ich die Registrierung?
[MP]:	KM: is wohl eher selten, nichwa? Mußt ich halt weiter wech anbinden oder so
[DM]:	**JM: Du musst mal sagen, mit wem Du sprichst...**
[RK]:	MP KM: anbinden? Nen tischgehaeuse taets auch schon[18]

Unzählige ähnliche metakommunikative Kommentare, die Diskursnormen und -regeln im Chat explizit machen, belegen, dass die Kommunikationsteilnehmer über problematische Situationen und das Suchen neuer kommunikativer Strategien ihr Bewusstsein für ihr kommunikatives Handeln geschärft hat.

Die Wahrnehmung der Chatter geht so weit, dass sie in der Lage sind, selbst hochgradig automatisierte körpergestische Zeichen aus der nähesprachlichen Alltagskommunikation zu versprachlichen wie im folgenden Beispiel das Achselzucken und das darauf antwortende abtönende Lächeln des Smileys:

FLIRTmaus 99:	halber Compi Chat hier ?
FLIRTmaus 99:	wie kann das ?
F A Gabriel S:	scheint so...
FLIRTmaus 99:	Gino ist nen Arsch
F A Gabriel S:	*achselzuck*
FLIRTmaus 99:	:-)[19]

Auch beim Ausbau der schriftlichen Nähesprache werden die Kommunikationsteilnehmer also aufgrund von problematischen Situationen, die durch veränderte kommunikative Bedingungen des medialen Trägers hervorgerufen werden, zur bewussten Wahrnehmung diskurstraditioneller Routinen gebracht, die sie reflektieren, um auf diese Weise zu neuen kommunikativen Lösungen zu gelangen. Diese werden einerseits im Einsatz von Metakommunikation, aber auch in der Ausnutzung neuer, durch das Trägermedium bereitgestellter semiotischer Ressourcen gefunden.

Dabei vollzieht sich, ähnlich wie beim Ausbau der distanzsprachlichen Schriftlichkeit im Mittelalter eine Umstrukturierung der zur Kommunikation herangezogenen semiotischen Symbolfelder: von performativen multimodalen

---

17 Diese Norm gilt weitgehend übereinzelsprachlich. Die beschriebene Technik der Adressierung findet sich regelmäßig sprachübergreifend in allen Chats des Korpus.
18 Korpus Frank-Job, IT-Chat, dt,, 11.02.2003. Hervorhebung B. F-J.
19 Korpus Frank-Job, Aol.de, Smalltalk, 10.02.2003.

Ressourcen des Face-to-Face-Gesprächs zu dynamischen, multimedialen Ressourcen des Internet.

8 Fazit

Die Verwendung neuer medialer Träger für sprachliche Äußerungen bedeutet für die Kommunikationsteilnehmer, dass sie mit veränderten Kommunikationsbedingungen umgehen müssen, aber gleichzeitig auch neue Ausdrucksmöglichkeiten kommunikativ einsetzen können, um ihre kommunikativen Bedürfnisse zu erfüllen. Überall dort, wo der Rückgriff auf die bereits bewährten Handlungsmuster und Versprachlichungsstrategien hierfür nicht ausreicht, müssen die Kommunikationsteilnehmer daher neue Routinen für Kommunikationshandlungen entwickeln und neue kollektiv gültige Normen für diese Routinen aushandeln. Auch hierbei orientieren sich die Sprachnutzer stets an bereits konventionalisierten Kommunikationsformen, die sie an die neuen medialen Bedingungen anpassen. Durch diesen Ausarbeitungsprozess wird bei den Akteuren die Wahrnehmung der bewährten Kommunikationspraxis geschärft. Diese wird reflektiert und metakommunikativ thematisiert und damit in der Kommunikation aushandelbar. In diesem Phänomen stimmen Verschriftlichungsprozess im distanzsprachlichen Bereich und die Schriftnutzung für nähesprachliche Kommunikation im Internet überein.

Literatur

Anis, Jacques (2002). Communication électronique scripturale et formes langagières: chats et SMS. In : [http://www.mediensprache.net/archiv/pubs/2810.htm dernier téléchargement le 22-2-2007] ou [http://edel.univ-poitiers.fr/rhrt/document.php?id= 547 dernier téléchargement le 22-2-2007].

Beißwenger, Michael (2000). Kommunikation in virtuellen Welten: Sprache, Text und Wirklichkeit. Eine Untersuchung zur Konzeptionalität von Kommunikationsvollzügen und zur textuellen Konstruktion von Welt in synchroner Internet-Kommunikation. Stuttgart: Ibidem-Verlag.

Berners-Lee, Tim / Hall, Wendy / Hendler, James / Shadbolt, Nigel / Weitzner, Daniel J (2006). Creating a Science of the Web. Science 11, 769-771.

De Riquer, Martin (1959). Epopée jongleresque à écouter et épopée romanesque à lire. In: La Téchnique littéraire des chansons de geste: actes du colloque de Liège, sept. 1957. - Paris 1959. (Bibliothèque de la Faculté de philosophie et lettres de l'Université de Liège, fasc. 150). Paris, 75-84.

Dürscheid, Christa (1999). Zwischen Mündlichkeit und Schriftlichkeit. Papiere zur Linguistik 60(1), 17–30.

Dürscheid, Christa (2004). Netzsprache – ein neuer Mythos. In: Beißwenger, Michael, Hoffmann, Ludger / Storrer, Angelika (eds.): Internetbasierte Kommunikation. OBST – Osnabrücker Beiträge zur Sprachtheorie. 68, 141-157.

Frank, Barbara (1994). Die Textgestalt als Zeichen. Lateinische Handschriftentradition und die Verschriftlichung der romanischen Sprachen. Tübingen: Narr (ScriptOralia 67).

Frank, Barbara / Hartmann, Jörg (1997). Inventaire systématique des premiers documents des langues romanes. 5 Bände. Tübingen: Narr (= ScriptOralia 100/I-V).

Frank-Job, Barbara (1998). Untersuchungen zum schriftkulturellen Ausbau des Französischen (9. - 13. Jahrhundert). Habilitationsschrift, Albert-Ludwigs-Universität Freiburg.

Frank-Job, Barbara (2003a). Textkategorisierung in der frühen Romania. In: Drescher, Martina (ed.): Textsorten im romanischen Sprachvergleich, Tübingen: Stauffenburg (= Textsorten, Band 4), 171-186.

Frank-Job, Barbara (2003b). Vulgaris lingua - volgare illustre - italiano. Kategorisierungen der Muttersprache in Italien. In: Grimm, Reinhold R. / Koch, Peter / Stehl, Thomas / Wehle, Winfried (eds.): Italianità. Ein literarisches, sprachliches und kulturelles Identitätsmuster. Tübingen: Gunter Narr, 15-37.

Frank-Job, Barbara (2006). Verschriftlichungsprozesse und schriftkultureller Ausbau der romanischen Sprachen im Mittelalter. Jahrbuch des Vereins für niederdeutsche Sprachforschung, Niederdeutsches Jahrbuch, Band 129, 89-110.

Frank-Job, Barbara (im Druck a). Formen und Folgen des Ausbaus französischer Nähesprache in computervermittelter Kommunikation. In: Pfänder, Stefan / Kailuweit, Rolf (eds.): Reihe Transkriptionen, Frankreichzentrum, Freiburg i. Br.

Frank-Job, Barbara (im Druck b). « Putain, vivent les fautes » Le passage à l'écrit de l'immédiat communicatif dans les nouveaux médias et son impact sur les conventions du fran-çais écrit. In: Jürgen Erfurt / Gabriele Burdach (eds.): Standardisierungsprozesse im Französischen und Spanischen im 20. Jahrhundert, Frankfurt/M. [u.a.]: Peter Lang.

Kloss, Heinz (1978). Die Entwicklung neuer germanischer Kultursprachen seit 1800. Düsseldorf (= Sprache der Gegenwart 37).

Koch, Peter / Oesterreicher, Wulf (1985). Sprache der Nähe - Sprache der Distanz. Mündlichkeit und Schriftlichkeit im Spannungsfeld von Sprachtheorie und Sprachgeschichte. Romanistisches Jahrbuch 36, 15-43.

Koch, Peter / Oesterreicher, Wulf (1990). Gesprochene Sprache in der Romania: Französisch, Italienisch, Spanisch. Tübingen: Narr.

Koch, Peter / Oesterreicher, Wulf (1994). Schriftlichkeit und Sprache. In: Günther, Hartmut / Ludwig, Otto (eds.): Schrift und Schriftlichkeit. Ein interdisziplinäres Handbuch internationaler Forschung. Writing and Its Use. An Interdisciplinary Handbook of International Research. vol. I/2, Berlin / New York: De Gruyter, 587-605.

Lassus, M.J.B.A. / Quicherat, M.J. (1859) (eds.). Facsimile of the Sketchbook of Villars de Honnecourt, an architect of the 13th century with commentaries and descriptions. London: J.H. & J. Parker.

Mölk, Ulrich (1969). Französische Literarästhetik des 12. und 13. Jahrhunderts. Prologe - Exkurse - Epiloge, Tübingen: Niemeyer (= Sammlung romanischer Übungstexte 54).

Oesterreicher, Wulf (1997). Zur Fundierung von Diskurstraditionen. In: Frank, Barbara / Tophinke, Doris / Haye, Thomas (eds.): Gattungen mittelalterlicher Schriftlichkeit. Tübingen: Narr (ScriptOralia 99), 19-42.

Raible, Wolfgang (1999). Kognitive Aspekte des Schreibens, Heidelberg: Winter (= Schriften der Philosophisch-historischen Klasse der Akademie der Heidelberger Wissenschaften Band 14).

Schütz, Alfred / Luckmann, Thomas (1979). Strukturen der Lebenswelt, Band 1, Frankfurt/M.: Suhrkamp.

Stein, Dieter / Zitzen, Michaela (2004). Chat and conversation: a case of transmedial stability? Linguistics 42-5, 983-1021.

Storrer, Angelika (2001). Getippte Sprache oder dialogische Texte? In: Lehr, Andrea, et al. (eds.): Sprache im Alltag. Beiträge zu neuen Perspektiven in der Linguistik. Berlin and New York: Mouton de Gruyter, 439–465.

Empirische Untersuchungen zur Produktion von Chat-Beiträgen

Michael Beißwenger

1 Einleitung

Der Beitrag macht zunächst einige grundsätzliche Bemerkungen zum produktiven und rezeptiven Umgang mit Textbeiträgen in Chat-Umgebungen. Anschließend wird die Frage diskutiert, auf Basis welcher (Art von) Daten Prozesse der Beitragsproduktion im Chat empirisch zugänglich gemacht werden können. So genannte „Mitschnitte", mit denen die linguistische Chat-Forschung bislang nahezu ausschließlich gearbeitet hat, bilden aufgrund des Produktcharakters der in ihnen bezeugten Kommunikationsbeiträge hierfür keine hinreichende Basis. Den exzellenten Datentyp für Untersuchungen zur Chat-Produktion bildet vielmehr die Prozessualität der Sichtbarwerdung von Texteingabeaktivitäten auf den Teilnehmerbildschirmen. Diese kann anhand von Methoden aus der Usability-Forschung (z.b. das als „Screen Capturing" bekannte Abfilmen von Bildschirmaktivitäten) fixiert werden; in Chat-Systemen selbst wird sie nicht vorgehalten, da der Produktionsprozess der Veräußerung von Textbeiträgen vorausgeht und für die Kommunikationspartner unsichtbar bleibt. Um die Abhängigkeit der Textbearbeitung von der visuellen Orientierung der Chat-Nutzer an ihren Rechnerarbeitsplätzen in die Analyse miteinzubeziehen, können Videodaten aus chatbegleitenden Nutzerbeobachtungen eine wichtige zusätzliche Ressource darstellen.

Anhand eines Datensets, das für die Rekonstruktion individueller Kommunikationsteilhabeaktivitäten beim Chatten erhoben und für Analysezwecke transkribiert wurde, werden Befunde zur Häufigkeit von Revisionen bei der Beitragsproduktion präsentiert sowie die Ergebnisse einer Fallstudie vorgestellt, in deren Rahmen Fälle der vollständigen Löschung eingegebener Textentwürfe im Detail untersucht wurden. Die Befunde zeigen fundamentale Unterschiede zwischen der Organisation chatbasierten Austauschs und der Organisation mündlicher Diskurse; die Komplettlöschung von Textentwürfen kann dabei als eine Strategie aufgefasst werden, die darauf zielt, das Fehlen einer Turn-taking-Strukturierung im Chat zu kompensieren.

2 Textproduktion für den Dialog: Rahmenbedingungen der Produktion von Chat-Beiträgen

Jede Kommunikationstechnologie enthält eine Theorie der Sprache ... Der ganzheitliche, kontinuierliche und variable Kommunikationsprozeß wird nach festen Regeln in Ebenen und Einheiten zerlegt und so für den technischen Prozeß zugänglich gemacht. (Weingarten 1989: 32)

Chat-Kommunikation ist *dialogische* Kommunikation: Sie leistet eine kommunikative Problembearbeitung im zeitlichen Nahbereich über die Ausführung kooperativer Handlungsschritte durch zwei oder mehrere Kommunikanten. Die sprachliche Enkodierung und die Verfügbarmachung von Kommunikaten in einer für die Adressaten wahrnehmbaren Form ist dabei auf die *mediale Schriftlichkeit* festgelegt.[1] Mit der medialen Schriftlichkeit einher geht eine zumindest kurzzeitige Fixierung von Kommunikaten, die die sprachliche Äußerung länger als das gesprochene Wort in Formen mündlicher Kommunikation verdauerbar und – zu Zwecken der Dokumentation und Rezeption außerhalb des konkreten Kontexts ihrer kommunikativen Hervorbringung – auch speicherbar macht.

---

[1] Das Konzept der medialen Schriftlichkeit (Graphizität) sowie das dazu komplementäre Konzept der medialen Mündlichkeit (Phonizität) ist aus dem Modell von Koch & Oesterreicher (1985; 1994) zur Charakterisierung von Kommunikationskonstellationen übernommen. Koch & Oesterreicher reservieren die Prädikate ‚graphisch' und ‚phonisch' für die materiale Qualität (= das ‚Medium') von Äußerungen und stellen dem eine konzeptionelle Ebene gegenüber, die die kommunikative Grundhaltung beschreibt, die in einer kommunikativen Konstellation dominiert und die durch die raumzeitliche und soziale Nähe bzw. Distanz der Kommunikationspartner geprägt ist. Im Gegensatz zur medialen Ebene ist die konzeptionelle Ebene nicht als Dichotomie zwischen zwei Alternativen, sondern als eine Skala zwischen zwei Polen zu denken; in aller Regel sind kommunikative Konstellationen nicht an dem einen oder anderen Pol, sondern dazwischen anzusiedeln. Konzeptionell mündliche Konstellationen haben lt. Koch & Oesterreicher eine Affinität zu (aber keine zwangsläufige Bindung an) medial phonische(r) Realisierung, konzeptionell schriftliche Konstellationen tendieren prototypischerweise zu medial graphischer Realisierung. Die Frage einer Einordnung der Chat-Kommunikation auf der konzeptionellen Ebene i. S. v. Koch & Oesterreicher, die in der deutschsprachigen linguistischen Chat-Forschung bereits ausführlich behandelt wurde, ist nicht Thema dieses Beitrags. Verwiesen sei hierzu etwa auf die Arbeiten von Haase, Huber et al. (1997), Runkehl, Schlobinski & Siever (1998), Storrer (2000; 2001; 2007a), Beißwenger (2000; 2002), Hennig (2001), Kilian (2001), Bader (2002), Bittner (2003: Kap. 3.3, 3.4, 6.5.3), Dürscheid (2004), um nur eine Auswahl zu nennen. Im vorliegenden Beitrag ist jedoch (unter anderem) die Rückwirkung des Materialisierungsmediums auf die kommunikativen Rahmenbedingungen von Interesse – ein Aspekt, der gerade im Zeitalter „neuer" Medien mit ihrer in der Geschichte von Kommunikationsformen eher untypischen Paarung von konzeptioneller Mündlichkeit mit medialer Schriftlichkeit einige interaktionslinguistisch höchst interessante Effekte bereithält.

Die Festgelegtheit von Chat (und überhaupt aller „klassischer" Formen internetbasierter Kommunikation[2]) auf die mediale Schriftlichkeit als Materialisierungsform hat technologiegenetische Gründe: Zu der Zeit, zu welcher die Vorläufer heutiger Chat- und Messaging-Systeme und schließlich mit dem INTERNET RELAY CHAT (IRC) der Prototyp heutiger synchroner internetbasierter Kommunikation entwickelt wurde(n), war eine zeitnahe Übermittlung von Audiodaten in Computernetzen noch in weiter Ferne[3]; als Medium für die materiale Enkodierung sprachlicher Information musste daher pauschal die Schriftlichkeit (beschränkt zunächst auf die im ASCII-Zeichensatz enthaltenen Zeichen[4]) herangezogen werden. Die Tatsache, dass kommunikative Äußerungen im Chat graphisch enkodiert werden müssen, ist somit in erster Linie auf infrastrukturelle Rahmenbedingungen zurückzuführen und nicht etwa darauf, dass die Schrift den Entwicklern der ersten Chat-Systeme als in besonderer Weise für synchronen Austausch geeignet erschienen wäre.

Der Wechsel vom mündlichen Realisierungsmedium (= der *Phonizität* als typischem Materialisierungsmedium von Äußerungen in Gesprächen) aufs schriftliche (= der *Graphizität* als typischem Materialisierungsmedium für Textäußerungen) bedeutet für die Realisierung synchroner Distanzkommunikation nicht lediglich, dass schriftlich enkodierte Beiträge eine zu mündlichen unterschiedliche *materiale* Qualität aufweisen. Mit medialer Schriftlichkeit (auch wenn diese – etwa auf temporären digitalen Trägern oder auf einer beschlagenen Fensterscheibe – nur vorübergehend vorgehalten wird) einher geht eine wenigstens kurzzeitige Persistenz der Äußerung, die über den *Akt* der Äußerung hinausreicht und eine Rezeption im zeitlichen Nachhinein erlaubt. Ergebnisse medial schriftlicher Materialisierung können i.d.R. nur *visuell* perzipiert werden, sind somit reine Augenmedien und „für die Ohren unsichtbar". Mit medialer

---

2   Zu den „klassischen" Formen zähle ich hier diejenigen, die in der Pionierzeit des als Computer-Mediated Communication (dt. Computervermittelte Kommunikation, neuerdings auch Internetbasierte Kommunikation) etikettierten Forschungszusammenhangs im Zentrum des Interesses standen: E-Mail, Mailinglisten, Newsgroups, Internet Relay Chat (IRC), Multi-User Dungeons (MUDs) sowie – als speziell WWW-basierte Formen – Homepages, Gästebücher, Foren und Webchats. Dass sich mit dem Ausbau der Übertragungs-Bandbreiten inzwischen auch Formen audiobasierter (Voice over IP, z.B. Skype) und audiovisueller Kommunikation (Voice over IP mit Webcam-Unterstützung) etabliert haben und dass im Lauf der Zeit weitere schriftbasierte Formen hinzugetreten sind (z.B. Weblogs, Wikis, Instant Messaging), soll damit nicht ignoriert werden.

3   Ein kurzer Abriss zur Geschichte von Chat- und Messaging-Systemen findet sich in Beißwenger (2007: 64ff.); Überblicke über die Geschichte des IRC und seiner Vorläufer geben Oikarinen (o.J.) sowie Stewart (2000-2006).

4   Das Akronym ASCII steht für American Standard Code for Information Interchange und bezeichnet cum grano salis dasjenige Inventar an (für das Englische relevanten) lateinischen Schriftzeichen, arabischen Ziffernzeichen und Sonderzeichen, die sich mittels einer handelsüblichen Tastatur erzeugen lassen.

Mündlichkeit einher geht die Unmittelbarkeit der Übertragung (akustische Signale dringen unweigerlich ans Ohr). Ergebnisse medial mündlicher Materialisierung können nicht, der Akt der Materialisierung kann nur bedingt (Lippenlesen) mit den Augen perzipiert werden. Äußerungen, die medial *mündlich* realisiert werden, sind nicht genuin persistent, *synchrone* Kommunikation, die auf dem Austausch medial *schriftlich* realisierter Beiträge basiert, kann sich nicht auf eine *Simultaneität* von Hervorbringung und Verarbeitung stützen.[5] Dadurch scheidet in schriftlicher Kommunikation – und zwar selbst dann, wenn (wie im Falle von Chat und Instant Messaging) die Kommunikanten zur gleichen Zeit auf die Kommunikation orientiert sind – die Möglichkeit eines kontinuierlichen interpersonalen Monitorings und einer kontinuierlichen wechselseitigen Beeinflussung zur Laufzeit der Interaktion aus.[6]

---

5 Um die fundamentalen Unterschiede der kommunikativen Rahmenbedingungen des Chat gegenüber derjenigen von Gesprächen herausstellen zu können, erscheint es m.E. sinnvoll, Simultaneität (= die Gleichzeitigkeit der Hervorbringung von Verhaltensäußerungen und ihrer Wahrnehmung/Verarbeitung durch die Partner) nicht als ein Merkmal von Synchronizität zu fassen, sondern als eigenes Merkmal für die Beschreibung von Kommunikationsformen zu behandeln. Synchronizität meint in dieser Konzeption lediglich die Gleichzeitigkeit des Orientiertseins der Kommunikanten auf den gemeinsamen Austausch. Ein solches Synchronizitätskonzept, das Simultaneität nicht zwangsläufig einschließt, erlaubt es, Gespräche als „synchron und simultan", Chat hingegen als lediglich „synchron" zu beschreiben und daher die bislang eher behelfsmäßigen Charakterisierungen des Chat als „quasi-synchron" (z.B. Garcia & Jacobs 1998; Dürscheid 2005; 2006) oder „annähernd synchron" (z.B. Beißwenger 2002; 2003) zu vermeiden. Eine Diskussion unterschiedlicher Konzeptionen von Synchronizität und Simultaneität in der linguistischen Chat-Forschung findet sich in Spitzmüller (2005: 10f.) und in Beißwenger (2007: 35ff.).

6 Dies gilt prinzipiell auch für Systeme mit zeichenweiser Übermittlung (z.B. TALK, vgl. Meise-Kuhn 1998): Auch hier ist aufgrund der visuellen Qualität der medialen Schriftlichkeit eine kontinuierliche Verarbeitung von Kommunikaten zur Laufzeit ihrer produktiven Hervorbringung nicht gegeben. Zwar werden die Kommunikate simultan zur Realisierung ihrer atomaren Realisierungseinheiten (= den einzelnen Tastaturanschlägen) übermittelt, echte Simultaneität setzte aber voraus, dass die Partner kontinuierlich auf den Bildschirm blicken und das darauf neu Erscheinende verarbeiten. Da bei Chat und Instant Messaging von den Kommunikanten in aller Regel Rollenwechsel (vom Rezipienten zum Produzenten und umgekehrt) vollzogen werden, blickt kein Kommunikant permanent auf den Bildschirm. Um Schriftliches simultan zu seinem Erscheinen auf dem Bildschirm wahrnehmen und verarbeiten zu können, wäre aber ein kontinuierliches visuelles Monitoring der Bildschirminhalte erforderlich. Aus diesem Grunde bieten zwar Chat- und Messaging-Systeme mit zeichenweiser Übermittlung in technologischer Hinsicht eine weitaus engere Orientierung an der zeitlichen Einheit von Produktion und Veräußerung der Mündlichkeit dar als dies bei Systemen mit *en bloc*-Übermittlung der Fall ist; dennoch erlauben auch sie – aufgrund der materialen Eigenschaften der Schrift – prinzipiell nur eine synchrone, nicht aber eine simultane Kommunikation (wenn es auch durchaus vorkommen kann, dass die Mehrzahl der ausgetauschten Beiträge simultan zu ihrer inkrementellen Anzeige auf dem Bildschirm rezipiert werden). – Vgl. auch die Anmerkung in Fußnote 8.

Die Übermittlungskomponente der Chat-Technologie konzipiert die Beitragsproduktion als einen privaten Akt: Kommunikationsbeiträge werden nicht zeichenweise (*keystroke-per-keystroke*) übermittelt, sondern müssen erst als Ganze schriftlich enkodiert werden, bevor sie zur Übermittlung an den Server übergeben und von diesem an die Rechner der Adressaten zugestellt werden können; das von der Technologie für die Produktion und Übermittlung von Beiträgen vorgegebene, strikt konsekutiv konzipierte Protokoll (*Produktion → Verschickung → Übermittlung → Zustellung an Adressatenrechner → Rezipierbarkeit durch Adressat*) erinnert dabei sehr viel mehr an textbasierte Produktions-/Publikationsprozesse als an die Verbalisierung in mündlichen Formen der Sprachverwendung im Dialog. Beiträge können daher (wie in prototypischen Textproduktionsprozessen auch) bis zu ihrer Herausgabe beliebig bearbeitet und sogar ganz oder teilweise revidiert werden.

Trotz der charakteristischen Prägung des Austauschs durch die verwendete mediale Schriftlichkeit steht die Chat-Kommunikation strukturell dem Gespräch deutlich näher als dem Text und fungieren die dabei erzeugten Textbeiträge als Repräsentate kommunikativer Züge im Kontext synchroner dialogischer Problembearbeitung. Zwar sind die zwischen den Kommunikanten ausgetauschten Beiträge im bevorzugten Materialisierungsmedium von Texten (der Schrift) realisiert – sie dienen aber der Prozessierung eines synchron vollzogenen Dialogs (sind also – mit Storrer 2001 – Bausteine für die Realisierung „getippter Gespräche") und nicht der kollaborativen Erzeugung eines textuellen Produkts.[7] Charakteristisch für die Chat-Kommunikation ist daher gerade, dass sie Überlieferungsqualitäten von Textformen für eine Prozessierung dialogischer Problembearbeitung im zeitlichen Nahbereich verwendet, wobei die ausgetauschten Beiträge jedoch erst in der Rezeption (also in der je individuellen mentalen Verarbeitung) diskursive Qualität erhalten (vgl. Hoffmann 2004): Der Dialog entsteht (aber erst im Kopf) auf Basis der (individuellen) Rezeption von unter den Bedingungen synchronen Orientiertseins auf den gemeinsam prozessierten Austausch produzierten und auf den Teilnehmerbildschirmen vorgehaltenen Texten.[8] Eine gewisse Schnelligkeit bei der Produktion ist hierbei opportun,

---

7   Fälle, in denen eine Chat-Umgebung gezielt dazu genutzt wird, einen „dialogischen Text" zu produzieren, sind natürlich denkbar, können aber als Sonderfälle gelten.

8   Dass ein Beitrag an die Adressatenrechner übermittelt wurde, bedeutet nicht zwangsläufig, dass er dann auch direkt von den Adressaten wahrgenommen und rezipiert wird; Storrer (2007b: 56) spricht diesbezüglich von „asynchroner Rezeption" als einer zentralen Bedingung für das Interaktionsmanagement im Chat. Da medial schriftliche Spracherzeugnisse „für die Ohren unsichtbar" sind, muss der Adressat, um überhaupt Kenntnis von der Existenz eines neuen für ihn bestimmten Partnerbeitrags zu erhalten, zunächst seinen Blickfokus auf denjenigen Ort seines Computerarbeitsplatzes (das Bildschirmverlaufsprotokoll) lenken, von dem er weiß, dass dort üblicherweise neue für ihn bestimmte Beiträge angezeigt werden. Wenn der Adressat

dennoch wird seitens der Chat-Beteiligten nicht alles einer schnellstmöglichen Generierung schriftlichen Outputs untergeordnet. Trotz des Drucks der synchronen Kommunikationssituation verläuft die Produktion von Chat-Beiträgen nicht selten diskontinuierlich, insofern sie von Phasen der Rezeption neuer Partnerbeiträge durchsetzt sein kann, und kann als ein nichtlinearer Enkodierungsprozess beschrieben werden, in dessen Rahmen das herauszugebende Produkt nicht in *einem* linearen Enkodierungszug realisiert und dann unmittelbar veräußert wird, sondern der durchaus Roh- und Zwischenversionen sowie Überarbeitungen unterschiedlichster Art umfassen kann, so dass das, was letzten Endes als Prozessergebnis für die Partner sichtbar wird, nicht (in allem) mit dem identisch sein muss, was im Zuge des Prozesses eingegeben wurde.

Wer selbst schon einmal gechattet hat, wird möglicherweise selbst die Erfahrung gemacht haben, dass man Beiträge bisweilen vor der Verschickung noch einmal gegenliest und gegebenenfalls formalen und/oder sprachlichen Optimierungen unterzieht, oder dass man während der Eingabe eines Beitrags den ursprünglich gefassten Handlungsplan ändert und das Eingegebene ganz oder teilweise wieder löscht, um stattdessen einen modifizierten oder alternativen Plan umzusetzen.

Um Einsichten in die Besonderheiten des individuellen Umgangs mit der Chat-Situation zu gewinnen, erscheint es lohnenswert, Prozesse der Produktion von Textbeiträgen beim Chatten zu beobachten, Erkenntnisse über Anzahl, Umfang und Typen von Textrevisionen bei der Beitragsproduktion zu sammeln und schließlich der Frage nachzugehen, ob offensichtliche Textrevisionen auf die Rezeption neu eingetroffener Partnerbeiträge und somit auf eine Anpassung der individuellen Handlungsplanung auf veränderte Kontextbedingungen zurückgeführt werden können.

---

gerade anderweitig (z.B. mit der Eingabe eines längeren eigenen Beitrags) befasst ist, kann der Zeitpunkt der Kenntnisnahme und Verarbeitung eines für ihn bestimmten neuen Beitrags u.U. erheblich vom Zeitpunkt der Anzeige des betreffenden Beitrags in seinem Bildschirmverlaufsprotokoll abweichen. Folglich divergieren für den Produzenten des betreffenden Beitrags und seinen Adressaten die individuellen mentalen Repräsentationen dessen, was sie für den „aktuellen Stand des Kommunikationsverlaufs" halten, in solchen Fällen – trotz synchroner Orientiertheit auf den Austausch – sowohl zeitlich als auch qualitativ. Für die Handlungskoordination zwischen den Kommunikationsbeteiligten hat dies erhebliche Konsequenzen (vgl. die Abschnitte 4.2 und 5 sowie Beißwenger 2007).

Empirische Untersuchungen zur Produktion von Chat-Beiträgen 53

3 Chat-Produktion untersuchen: Fragen der Datengewinnung und -repräsentation

Die Produktion von Chat-Beiträgen ist anhand so genannter „Mitschnitte", die bisher die bevorzugte Datenbasis empirischer Untersuchungen zur Sprache und Kommunikation im Chat bilden, nicht beobachtbar. Mitschnitte dokumentieren textuelle *Produkte*, nicht die *Prozesse ihrer Hervorbringung*; sie sind durch Speicherung erzeugte statische Instanzen derjenigen Beitragssequenzen, die über einen Chat-Server verschickt oder auf den Teilnehmerbildschirmen als Bildschirmverlaufsprotokolle angezeigt wurden. Da die Verschickung erst im Nachhinein zur Produktion erfolgt und nur das Verschickte (in seinem Wortlaut zum Zeitpunkt der Verschickung) im Mitschnitt fixierbar ist, lassen sich bestimmte Typen von Forschungsfragen anhand von Mitschnitten als alleiniger Datenbasis nur begrenzt untersuchen. Das Datenangebot von Mitschnitten hat insofern als begrenzt zu gelten, als sich an ihm nicht ablesen lässt,

1. ob ein Kommunikationsbeteiligter vor oder während der Produktion eines von ihm im Verlaufsprotokoll angezeigten Beitrags die unmittelbar davor angezeigten Beiträge bereits zur Kenntnis genommen hat oder nicht;
2. auf welchem Stand der Kommunikationsverlauf zu bestimmten Zeitpunkten des Kommunikationsereignisses in der Wahrnehmung der einzelnen Beteiligten war;
3. wie die Adressaten eines im Verlaufsprotokoll angezeigten Beitrags unmittelbar (d.h.: nonverbal oder mündlich verbalisiert, vor ihren Bildschirmen) auf diesen reagiert haben und inwiefern ein Beitrag, den sie ggf. in der Folge der Rezeption dieses Partnerbeitrags realisiert haben, mit der unmittelbaren Reaktion korrespondiert;
4. zu welchem Zeitpunkt bei einem Kommunikationsbeteiligten die Entscheidung zur Realisierung eines Beitrags gefallen ist, wie lange er anschließend für die Versprachlichung dieses Beitrags benötigt hat und ob ggf. der ursprünglich gefasste Handlungsplan während der Realisierung (ggf. mehrfach) geändert wurde.

Daten zu den Start- und Endzeitpunkten und zur Dauer von Produktionsaktivitäten, die einzelnen Chat-Beiträgen zugrunde lagen, sowie Daten zur Prozesshaftigkeit der sprachlichen Hervorbringung sind insbesondere für die Behandlung interaktionaler Phänomene in chatbasierten Kommunikationsereignissen von Interesse. Ohne für die Analyse im Zugriff zu haben, wann mit der Produktion welcher Beiträge begonnen wurde, lässt sich in vielen Fällen nicht eindeutig klären, in Kenntnis welcher Vorbeiträge die produktive Realisierung der durch einen Beitrag repräsentierten Handlung aufgenommen wurde und in welchen Bezug zur Vorkommunikation die mit diesem Beitrag realisierte Handlung zu setzen ist. Texteingaben, die überhaupt nicht verschickt, sondern wieder gelöscht werden (und die u. U. wichtige Hinweise auf ursprünglich präferierte Handlungsoptionen der betreffenden Kommunikanten beinhalten können), hinterlassen in Mitschnitten ebenfalls keine Spur.

Für Untersuchungen zu den Rahmenbedingungen der Organisation chatbasierten Austauschs bildet eine Dokumentation verschickter Beiträge in der Abfolge ihres Eintreffens eine nur unzureichende Repräsentation des eigentlich behandelten Gegenstands, nämlich der gesamten Kommunikationssituation inklusive aller produktiven und rezeptiven Aktivitäten der Beteiligten und inklusive der Zeitlichkeit ihrer Ausführung.

In Beißwenger (2007) habe ich versucht, das, was beim Chatten jenseits der Bildschirmverlaufsprotokolle „sonst noch" an individuellen kommunikationsbezogenen Aktivitäten geschieht, zu erfassen und der Analyse zugänglich zu machen. Hierzu habe ich im Rahmen einer Laborsituation 32 Probanden mit Methoden des Screen Capturing (Bewegtbild-Aufzeichnung der Bildschirminhalte) und der Videobeobachtung (hier insbesondere Aufzeichnung des Blickrichtungsverhaltens) dabei beobachtet, was sie während der Teilnahme an einem Chat-Ereignis an ihren Computerarbeitsplätzen tun und wie sie bei der Produktion eigener Chat-Beiträge verfahren. Daten dieses Typs ermöglichen, nachdem sie für die Analyse aufbereitet wurden, jenseits von Mitschnitten und für jeweils einzelne Chat-Teilnehmer eine Beschreibung individueller Chat-*Teilnahme*-Ereignisse und in einem weiteren Schritt eine Korrelation der Analyse der im Bildschirmverlaufsprotokoll angezeigten Chat-Beiträge mit den in den Teilnahme-Ereignissen verschiedener Teilnehmer bezeugten individuellen kommunikationsbezogenen Aktivitäten. Zur Unterscheidung des chatbasierten Kommunikationsvollzugs als solchem und der Ereignishaftigkeit des jeweils teilnehmerspezifischen, auf kommunikative Teilhabe gerichteten Handlungskontexts *an und vor dem Bildschirm* differenziere ich wie folgt zwischen dem *Chat-Ereignis* und dem *Chat-Teilnahme-Ereignis*:

- Ein *Chat-Ereignis* ist ein konkreter chatbasierter Vollzug dialogischer und thematisch zentrierter Interaktion zwischen zwei oder mehreren Beteiligten. Die im Rahmen eines Chat-Ereignisses ausgetauschten Textbeiträge dokumentieren sich im Bildschirmverlaufsprotokoll der Beteiligten und lassen sich in Form eines Mitschnitts abspeichern.
- Ein *Chat-Teilnahme-Ereignis* ist ein *individueller*, auf die *Teilhabe* an chatbasiertem kommunikativen Austausch gerichteter Handlungskontext, in dessen Rahmen ein Individuum diejenigen Aktivitäten ausübt, die für die

Empirische Untersuchungen zur Produktion von Chat-Beiträgen 55

Verarbeitung von Partnerbeiträgen, für die Produktion und Veräußerung von eigenen Beiträgen sowie für den Abgleich von Input und Output erforderlich sind. Dieser Handlungskontext spielt sich nicht „im Netz" ab, sondern als Teil einer realen Handlungswirklichkeit vor dem Computer. Chat-Teilnahme-Ereignisse lassen sich nicht in Mitschnitten dokumentieren; das Bildschirmverlaufsprotokoll auf den Rechnern der Beteiligten bildet zwar den wesentlichen Bezugspunkt für die individuelle Handlungsplanung, das Teilnahme-Ereignis umfasst neben der Entwicklung des Bildschirmverlaufsprotokolls aber auch alle individuellen Aktivitäten, die auf die produktive und rezeptive *Beteiligung am Chat-Ereignis* gerichtet sind.

Das Setting, das meinen Erhebungen von Daten zu Chat-Teilnahme-Ereignissen zugrunde lag, war das einer kostenlosen, online durchgeführten Beratung zum Thema „eBay und Online-Auktionen" durch eine aus Presse und TV bekannte Expertin. Das Datenerhebungsdesign ist ausführlich in Beißwenger (2007: 287-336) beschrieben. Bestimmte der im gewonnenen Screen Capturing- und Video-Material dokumentierten Datentypen (insbesondere zu den Texteingabe-/bearbeitungsaktivitäten und zum Blickrichtungsverhalten der Probanden) wurden nach speziell für die Darstellung von Chat-Teilnahme-Ereignissen formulierten Konventionen in textuelle Beschreibungen überführt (transkribiert) und in einem tabellarischen Format repräsentiert. Textrevisionen bei der Produktion von Chat-Beiträgen wurden dabei in Anlehnung an Kategorien aus der empirischen Schreibforschung (Rau 1994; Wrobel 1995) klassifiziert und dargestellt. Eine Kurzdarstellung des Transkriptionsformats findet sich in Beißwenger (2008, i.Dr.), eine ausführliche Darstellung in Beißwenger (2007: 336-363).

4 Befunde zur Produktion von Chat-Beiträgen

4.1 Textproduktion beim Chatten als diskontinuierlicher Prozess

Für prototypische (monologische) Kontexte schriftlicher Sprachproduktion können – in Abgrenzung zur mündlichen Sprachproduktion in direkter Kommunikation – die folgenden charakteristischen Produktionsbedingungen angenommen werden:

> Während beim Sprechen die Planung in der Regel unter einem gewissen zeitlichen Kommunikationsdruck erfolgt und unmittelbar an die Sprachproduktionssituation gebunden ist, kann das Planen eines Textes weitaus umfangreichere und zeitlich sehr erstreckte Prozesse umfassen, bevor das erste Wort auch nur geschrieben wird. Am

anderen Ende des Prozesses müssen geschriebene Sprachproduktionsresultate als Prozessergebnis nicht verbindlich sein, sondern können mehrfach überarbeitet werden. [...] Eine sprachproduktionsbezogene Besonderheit beim Schreiben liegt [...] in der Möglichkeit, das Sprachproduktionsresultat sozusagen mehrere Male auszuprobieren bzw. in mehreren Schritten anzunähern, bevor es eine endgültige Form erreicht. (Grabowski 2003: 360f.)

Gegenüber solch prototypischen Kontexten schriftlicher Sprachproduktion lässt sich für die Sprachproduktion in der Chat-Kommunikation, obgleich sie sich im schriftlichen Medium vollzieht, aufgrund der spezifischen kommunikativen Rahmenbedingungen ebenfalls das Gegebensein eines (prototypischerweise für mündliche Dialogsituationen charakteristischen) „zeitlichen Kommunikationsdrucks" annehmen. Die Beitragsproduktion im Chat ist *Textproduktion für den Dialog* – für extensive Planungsphasen dürfte aufgrund der Dynamik des Geschehens nur in Ausnahmefällen die Zeit sein. Weiterhin legen Auffälligkeiten wie die in der linguistischen Forschungsliteratur zur Chat-Kommunikation häufig angeführte Tolerierung von Tippfehlern sowie der Verzicht auf Interpunktion und auf konsequente Einhaltung der Regeln zur Groß- und Kleinschreibung die Vermutung nahe, dass bei der Produktion von Chat-Beiträgen nur wenig revidiert wird, dass Chat-Beiträge also „in einem Guss" produziert und dann möglichst schnell verschickt werden, um bestmögliche Zeiten zwischen der Entscheidung zur Realisierung eines Handlungsplans und dessen sichtbarer schriftlicher Repräsentation auf den Adressatenbildschirmen zu erzielen.

Daten zu den Textproduktionsaktivitäten von Nutzern beim Chatten zeigen hingegen, dass die Produktion von Chat-Beiträgen durchaus Revisionen beinhaltet, und zwar nicht nur solche Revisionen, die unmittelbar während der Texteingabe ausgeführt werden, sondern auch nachträgliche Revisionen in Form von Überarbeitungsphasen, in welchen nach Eingabe eines vollständigen Beitragsentwurfs oder zumindest eines Beitragsfragments der bereits eingegebene Text noch einmal überprüft und – ganz oder teilweise – revidiert wird.

Was für die prototypisch monologischen Kontexte schriftlicher Sprachproduktion gilt, kann – mit den notwendigen Modifikationen – für die aufgrund des Drucks der Dialogsituation zeitlich wesentlich kleinräumigeren Textproduktionsphasen im Chat in vergleichbarer Weise angenommen werden:

> Anders als beim physikalisch flüchtigen Sprechen liegen alle ausformulierten Zwischenresultate als externe, konservierte Verhaltensspuren vor, die durch Lesen als externe Information wieder kogniziert und verarbeitet werden können. Dabei ist das Lesen im Kontext der Textüberarbeitung vom ‚normalen' verstehenden Lesen zu unterscheiden, da hier auf ganz verschiedenen Ebenen – vom Tippfehler bis zur Globalstruktur – geachtet werden muss. (Grabowski 2003: 360)

Grabowski sieht die Voraussetzung für die Überarbeitung sprachlicher Zwischenprodukte vor allem in den Inskriptionseigenschaften der Schrift – Eigenschaften, die im Eingabeformularfeld einer Chat-Oberfläche zwar nur relativ kurzzeitig Niederschlag finden, aber immerhin lange genug, um den Zwischenspeicher am Bildschirm als Verarbeitungsgrundlage für eine Evaluation von Zwischenergebnissen und davon ausgehend als Basis für Überarbeitungen zu nutzen.

Es erscheint daher gewinnbringend, für die Beschreibung der Textproduktion bei der Chat-Teilnahme die Anbindung an Modelle und Kategorien aus der Schreibforschung zu suchen, dies allerdings unter Berücksichtigung der Tatsache, dass *Schreiben* im Chat eine Prägung durch die unmittelbare Dialogsituation erhält, in welche es eingebunden ist und zu deren Fortentwicklung es beiträgt.

Abb. 1 zeigt einen Transkriptausschnitt, der in der Spalte „Produktionsaktivitäten (Bildschirm)" für den Chatter *mage*, dessen individuelles Chat-Teilnahme-Ereignis beschrieben wird, während der Produktion eines Beitrags unterschiedliche Arten von Überarbeitungen dokumentiert. Das Transkript besteht aus fünf Spalten. Die Achse, an welcher die Darstellung sämtlicher transkribierter Aktivitäten ausgerichtet ist, ist die Realzeit; diese ist – anhand von Zeitangaben im Format Stunden:Minuten:Sekunden (HH:MM:SS) – in der zweiten Tabellenspalte wiedergegeben. Spalte 1 gibt die Beiträge des Bildschirmverlaufsprotokolls wieder, und zwar jeweils zu denjenigen Zeitpunkten, zu welchen sie auf dem Bildschirm des betreffenden Teilnehmers (hier: *mage*) sichtbar wurden. Spalte 3 beschreibt Produktionsaktivitäten; für die Darstellung von Revisionsaktivitäten werden spezielle Darstellungskonventionen verwendet, die im Folgenden noch erläutert werden sollen. Spalte 4 gibt an, welcher Bereich des Rechnerarbeitsplatzes während eines bestimmten Zeitraums das jeweils primäre Blickrichtungsziel des Probanden darstellt; unterschieden werden hier das Texteingabeformularfeld (*Form*), das Bildschirmverlaufsprotokoll (*Pro*), die Tastatur (*Key*), die Maus (*Maus*) sowie weitere, nicht für die Chat-Teilnahme relevante Bereiche (*off*). Das primäre Blickrichtungsziel ist in Grundschrift, kleinere Abschweifungen des Blicks sind in Petitschrift wiedergegeben. Spalte 5 („Anmerkungen") ist eine Spalte, in der zu weiteren in den Sekundärdaten erfassten Verhaltensmodalitäten (z.B. Mimik, Gestik, chatbegleitende mündliche Verbalisierung), sofern sie dem/der Transkribierenden von Belang erschienen, Beschreibungen in Form von Freitext formuliert werden konnten.

Protokollverlauf	ZEIT	Produktionsaktivitäten (Bildschirm) *mage*	Blick	Anmerkungen
	13:48:27	[2]Eine Art Schlussfrage:[2]	Key$_{1\,Pro}$	
saschu: wei Infos über Benutzer?	13:48:30			
	13:48:31		Pro^{o-o-o}	
	13:48:37			*nickt*
	13:48:38		Form	
	13:48:39		Key	
	13:48:40	Kann es sein, dass ~~duer~~ man durch ebay [1]Produkte erw[3]rbt, die man sonst [5]eigentlich [5]gar nicht [4]braucht? :-)[4]	3 Form	
bsommer: @chre: Inwiefern wird das zugegeben?	13:48:42			
	13:48:58			
bsommer: Auszug aus den AGBs:	13:48:59		Form | Maus | Form	*greift mit rechter Hand nach der Maus; Blick folgt kurz*
	13:49:00	**Add** [1]auch mal [1]		
bsommer: Die Anmeldung ist nur juristischen Personen und unbeschränkt geschäftsfähigen natürlichen Personen erlaubt. Insbesondere Minderjährigen ist eine Anmeldung untersagt.	13:49:01		Form	
	13:49:03			
	13:49:04		Key	
	13:49:05		Form	
	13:49:06	**Del** [2]~~Eine Art Schlussfrage:~~[2]		
	13:49:07		Pro | Form | Key	
	13:49:08			
	13:49:09		Form	
	13:49:12			
	13:49:13			
	13:49:15			
	13:49:16		Maus	*sucht mit Blick und rechter Hand nach der Maus*
	13:49:17	**Add** [3]i[3]	Form	

Empirische Untersuchungen zur Produktion von Chat-Beiträgen

Protokollverlauf	ZEIT	Produktionsaktivitäten (Bildschirm) *mage*	Blick	Anmerkungen
	13:49:19		1 Key	
	13:49:20			
	13:49:21			
	13:49:22		Pro | Key |	
	13:49:27		Pro | Form	
	13:49:28	Sub [4]~~braucht? :-)~~wirklich braucht?[4]	Form	
	13:49:29			
	13:49:30		Key	
	13:49:35		2 Form	
	13:49:36		Pro°⁻°⁻°	
chre: @bsommer: Wenn keine Minderjährigen da wären müsste es keinen Jungendschutz in Bezug auf die angebotenen Artikel geben - aber so werden bestimmte Artikel einfach so gekickt (in meinem Falle Computerspiele).	13:49:46		1 Key	
	13:49:59			*linke Hand an Kinn bzw. linke Gesichtshälfte gelegt*
bsommer: @chre: Achso, verstehe.	13:50:03			
chre: @saschu: Eine Toolbar weiß immer alles, was auch der Browser weiß ud muss ins Web dürfen. Was die da sonst noch macht und mit wem die redet kann man nicht überprüfen (im Falle von Google ist ein Feedback sogar ausdrücklich gewünscht).	13:50:36			
saschu: auch filme?	13:50:37			
chre: k.A.	13:51:30			
	13:51:37			
bsommer: Mir ist der Fall bekannt	13:51:40			
	13:51:48			
	13:51:49		Form	
bsommer: dass Auktionen	13:51:50		1 Key	

Protokollverlauf	ZEIT	Produktionsaktivitäten (Bildschirm) *mage*	Blick	Anmerkungen
mit indizierten Spielen gelöscht wurden				
	13:51:51		Pro°–°–°	
bsommer: aber das ist ja auch nachvollziehbar	13:51:54			
	13:52:03			*nickt leicht*
	13:52:04			
	13:52:08			
	13:52:09		Form	
	13:52:19		l Pro l Key	
	13:52:20	**Del** [5]eigentlich [5]	Maus	*sucht mit Blick und rechter Hand nach der Maus*
	13:52:21		Form	
bsommer: Leider neigt sich unsere Zeit schon dem Ende zu	13:52:22		l Pro	
	13:52:24			
	13:52:25	**Add** [2]Schlussfrage: [2] **VERSCHICKEN**	Key	
	13:52:26			
	13:52:27		Form	
mage: Schlussfrage: Kann es sein, dass man durch ebay auch mal Produkte erwirbt, die man sonst gar nicht wirklich braucht?	13:52:28		Pro°–°–°	

Abbildung 1: Ausschnitt aus dem Transkript zum Chat-Teilnahme-Ereignis des Chatters *mage*. Neben *mage* waren an dem Chat-Ereignis, auf das sich das Teilnahme-Ereignis bezieht, drei weitere Chatter beteiligt: *chre* und *saschu*, zwei weitere Ratsuchende, sowie *bsommer*, die Expertin zum Thema „eBay und Online-Auktionen".

Die in dem in Abb. 1 beschriebenen Ausschnitt aus dem Chat-Teilnahme-Ereignis von *mage* beobachteten Textrevisionen sind wie folgt dargestellt und zu lesen:

(1) Zwischen den Zeitpunkten 13:48:27 und 13:48:31 gibt *mage* das Textfragment „Eine Art Schlussfrage:" in sein Texteingabeformularfeld ein. Da dieses Textfragment im weiteren Verlauf seiner Produktionsaktivitäten Gegenstand einer Revision werden wird, ist das Fragment durch die zweimalige Angabe einer hochgestellten Referenzziffer gekennzeichnet. Da die betreffende Revision in der chronologischen Abfolge der Produktionsaktivitäten die zweite von mehreren Revisionen darstellen wird, ist die Referenzziffer „2" verwendet.

(2) Zwischen den Zeitpunkten 13:48:40 und 13:48:59 gibt *mage* ein weiteres Textfragment („Kann es sein, dass man durch ebay Produkte erwirbt, die man sonst eigentlich gar nicht braucht? :-)") ein. Während der Texteingabe wird einmal innegehalten, um eingegebenen Text *unmittelbar*, d.h. ausgehend von der aktuellen Cursorposition entgegen der Textverlaufsrichtung, wieder zu löschen und durch alternativen Text zu ersetzen. Den Bezugsausdruck dieser *direkten Revision* bildet das Segment „duer"; dieses wird nach der Löschung durch „man durch [...]" ersetzt, die Texteingabe wird anschließend unmittelbar fortgesetzt.

(3) Dem eingegebenen Textsegment sind in der Transkriptdarstellung weiterhin sechs mit Referenzziffern gekennzeichnete Punkte beigefügt; in zwei Fällen konstituieren jeweils zwei dieser Punkte – da jeweils dieselbe Ziffer verwendet ist – Referenz*strecken*, die übrigen beiden Ziffern konstituieren – da sie nur einmal auftreten – Referenz*punkte* innerhalb des Textsegments. Ein Referenz*punkt* ist ein Punkt im eingegebenen Text, an dem im weiteren Produktionsverlauf eine Revision (i.d.R. eine Einfügung) vorgenommen wird; eine Referenz*strecke* kennzeichnet einen Bezugsausdruck im eingegebenen Text.

(4) Zwischen den Zeitpunkten 13:49:00 und 13:49:05 wird von *mage* an dem im Transkript mit der Referenzziffer „1" bezeichneten Referenzpunkt (vgl. (3)) eine Revisionshandlung vom Typ *nachträgliche Addition* (Einfügung von Text) vorgenommen. Die Sigle „**Add**" kennzeichnet den Revisionstyp, der revidierte (in diesem Fall: hinzugefügte) Text wird mit derselben Referenzziffer umschlossen, die auch zur Kennzeichnung der Referenzstelle im bereits eingegebenen Text verwendet wurde. Analoges gilt für die zwischen den Zeitpunkten 13:49:17 und 13:49:19 ausgeführte Einfügung an Referenzpunkt 3.

(5) Zwischen den Zeitpunkten 13:49:06 und 13:49:12 wird von *mage* an der im Transkript mit der zweimaligen Angabe der Referenzziffer „2" konstituierten Referenzstrecke (vgl. (1)) eine Revisionshandlung vom Typ *nachträgliche Deletion* (Löschung von Text) vorgenommen. Die Sigle „**Del**"

kennzeichnet den Revisionstyp, der Bezugsausdruck wird – umschlossen mit derselben Referenzziffer, die auch zur Kennzeichnung der Referenzstrecke im bereits eingegebenen Text verwendet wurde – noch einmal wiederholt und durch Durchstreichung als gelöschter Text ausgewiesen. Analoges gilt für die zwischen den Zeitpunkten 13:52:20 und 13:52:24 ausgeführte Löschung an der mit der Ziffer gekennzeichneten Referenzstrecke als Bezugsausdruck.

(6) Zwischen den Zeitpunkten 13:49:28 und 13:49:35 wird von *mage* an der im Transkript mit der zweimaligen Angabe der Referenzziffer „4" konstituierten Referenzstrecke (vgl. (3)) eine Revisionshandlung vom Typ *nachträgliche Substitution* (Ersetzung von Text) vorgenommen. Die Sigle „**Sub**" kennzeichnet den Revisionstyp. Innerhalb der Referenzziffern wird zunächst der Bezugsausdruck („braucht? :-)") wiederholt und durch Durchstreichung als gelöschter Text ausgewiesen (denn eine Textersetzung konstituiert sich aus einer Löschung und einer anschließenden Angabe alternativen Texts), der ersetzende Text („wirklich braucht?") wird unmittelbar danach dargestellt.

(7) Zwischen den Zeitpunkten 13:52:25 und 13:52:28 wird eine weitere Revision vom Typ *nachträgliche Addition* (markiert als **Add**, vgl. (4)) ausgeführt. Diese Revision bezieht sich erneut auf die Textstelle, die zu eingangs durch zweimalige Angabe der Ziffer „2" als Referenzstrecke gekennzeichnet wurde und dann (vgl. (5)) Gegenstand einer Löschung war. Die Referenzstrecke ist zum Zeitpunkt der nun ausgeführten Addition nicht mehr vorhanden, die Stelle, an der die Löschung ausgeführt wurde, kann aber nach wie vor mit der Ziffer „2" referenziert werden. Ab 13:52:25 fügt *mage* den Ausdruck „Schlussfrage:" an dieser Stelle ein, um unmittelbar anschließend seinen mehrfach (nämlich insgesamt sieben Mal an sechs verschiedenen Textstellen) revidierten Text in der aktuell vorliegenden Version durch Ausführung einer Verschickungshandlung (im Transkript repräsentiert durch die Beschreibung „**VERSCHICKEN**") zur Übermittlung an die Chat-Partner an den Server aufzugeben.

Abb. 2a gibt eine Übersicht über die Anzahl von Revisionen in einem Transkriptkorpus, das 17 Chat-Teilnahme-Ereignisse auf Basis der in Abschnitt 4 vorgestellten Datentypen und in dem in Abb. 1 gezeigten Format beschreibt. Die Transkripte umfassen insgesamt 684 Minuten Chat-Teilnahme und für die Chat-Teilnehmer, deren kommunikative Teilhabe jeweils beobachtet wurde, insgesamt 894 Kommunikationsteilhabesegmente. Als *Kommunikationsteilhabesegmente* wurden solche Segmente eines Teilnahme-Ereignisses aufgefasst, die zwischen der Ausführung zweier Verschickungshandlungen liegen und die all

diejenigen teilnahmebezogenen Aktivitäten umfassen, die zwischen der Übermittlung eines Beitrags und der Übermittlung des nächsten nachfolgenden Beitrags an den Server feststellbar sind.[9]
Insgesamt konnten in den Transkripten 635 Fälle von Revisionen vorgefunden werden, die sich auf die 894 Kommunikationsteilhabesegmente verteilen. 351 Revisionen (55%) werden *direkt* ausgeführt, d.h. ein Textfragment wird unmittelbar nach seiner Eingabe als zu revidierender Ausdruck identifiziert und einer Revision unterzogen. Die übrigen 284 Fälle (45%) stellen nachträgliche Revisionen dar, die unabhängig vom aktuellen Texteingabepunkt und entgegen der Textverlaufsrichtung an bereits eingegebenen Bezugsausdrücken oder an zurückliegenden Punkten des eingegebenen Textfragments ausgeführt werden. Während nachträgliche Additionen (Texthinzufügungen) und Substitutionen (Textersetzungen) eher selten sind, kommen nachträgliche Löschungen auffallend häufig vor.[10]

Gesamtübersicht der Revisionen					
	Anzahl Kommunikationsteilhabe-Segmente	Nachträgliche Revisionen			Direkte Revisionen	Revisionen (GESAMT)
		Add	Sub	Del	Sub / Del	
GESAMT	894	15	17	252	351	635
GESAMT (in Prozent)		45 %			55 %	100 %

Abbildung 2a: Übersicht über die Revisionen im untersuchten Korpus. Legende zu den für verschiedene Typen der Revision verwendeten Abkürzungen: Add = Addition (Texthinzufügung); Sub = Substitution (Textersetzung); Del = Deletion (Textlöschung).

Abb. 2b unterscheidet für die nachträglichen Deletionen (Löschungen) zwischen solchen, bei denen nur ein Teil des bereits eingegebenen Textes wieder gelöscht wird (*Teil-Deletionen*), und solchen, bei denen der komplette eingegebene Text

---

9   Die Segmente zwischen dem Beginn der Chat-Teilnahme und der ersten dokumentierten Verschickungshandlung sowie zwischen der letzten dokumentierten Verschickungshandlung und dem Ende der Chat-Teilnahme wurden ebenfalls als Kommunikationsteilhabesegmente gezählt.
10 Berücksichtigt wurden bei der Erhebung der Auftretenshäufigkeiten für die einzelnen Revisionstypen lediglich solche Fälle, bei denen entweder dem (ggf. auch nur teilweise eingegebenen) Bezugsausdruck der Revisionshandlung oder dem revidierten Ausdruck mindestens Wortgröße zugesprochen werden konnte (vgl. Beißwenger 2007: 347).

zum Gegenstand der Löschung wird (*Komplett-Deletionen*). Die Komplettlöschungen überwiegen und stellen mit 33% aller Fälle sogar – nach den direkten Revisionen – den zweithäufigsten Typ der Revision.

Halten wir fest: Trotz des Drucks der synchronen und dialogischen Kommunikationssituation treten bei der Produktion von Chat-Beiträgen durchaus auch Revisionen auf. Im Durchschnitt ist für gut zwei Drittel aller Kommunikationsteilhabesegmente das Auftreten einer Revision zu beobachten. Neben direkt ausgeführten Revisionen, die sich zumeist auf kurze Segmente des eingegebenen Textes beziehen, ist die Anzahl der Komplettlöschungen eingegebenen Textes besonders auffällig. Da die vollständige Löschung eingegebenen Textes unökonomisch anmutet (insofern die komplette Reformulierung eines intendierten Beitrags zusätzliche Produktionszeit beansprucht und sich dadurch das Risiko erhöht, dass der betreffende Beitrag zum Zeitpunkt seiner Verschickung schon nicht mehr zum aktuellen Stand des Kommunikationsverlaufs passt), ist dieser Typus der Überarbeitung im Folgenden von besonderem Interesse.

	Gesamtübersicht der Revisionen					
	Anzahl Kommunikations-teilhabe-Segmente	Nachträgliche Revisionen			Direkte Revisionen	Revisionen (GESAMT)
		Add	*Sub*	*Del*	*Sub / Del*	
				Teil-Del	*Komplett-Del*		
GESAMT	894	15	17	44	208	351	635
GESAMT (in Prozent)		12 %		33 %	55 %	100 %

Abbildung 2b: Übersicht über die Revisionen im untersuchten Korpus. Legende zu den für verschiedene Typen der Revision verwendeten Abkürzungen: *Add* = Addition (Texthinzufügung); *Sub* = Substitution (Textersetzung); *Del* = Deletion (Textlöschung); *Teil-Del* = Deletion, die sich nur auf einen Teil des bislang eingegebenen Textes bezieht (Teil-Deletion"); *Komplett-Del* = Deletion, die sich auf den gesamten bislang eingegebenen Text bezieht („Komplett-Deletion").

4.2 Produktionsstrategie ‚Verwerfen'

Das Verfassen eines Chat-Beitrags ist, solange keine Verschickung erfolgt, *Arbeit am Entwurf* – und diese Arbeit kann, wenn bei der Evaluation des bereits Eingegebenen (formale, syntaktische, inhaltliche, stilistische, pragmatische) Dissonanzen zu den individuell verfolgten Handlungszielen oder zu den individuellen Ansprüchen an die sprachliche Gestaltung von Chat-Beiträgen festgestellt werden, auch nicht-lineare Teilphasen beinhalten, die darauf zielen, die Dissonanz zwischen dem Ist-Zustand des Entwurfs und dem individuell anvisierten Soll-Zustand in Einklang zu bringen.

Während bei schriftlicher Sprachproduktion unter monologischen Bedingungen die Monitoring-Komponente des Produktionsapparats in erster Linie gegen die individuellen Pläne und Zielsetzungen sowie allgemeine Normen in Bezug auf sprachliches Handeln in den jeweils anvisierten sozialen Kontexten evaluiert, muss bei der schriftlichen Sprachproduktion im Chat der Monitoring-Prozess auch den während der Textproduktion fortschreitenden Stand des Kommunikationsverlaufs im Blick behalten, um den jeweils verfolgten Handlungsplan im Bedarfsfalle an die seit Aufnahme der Produktionstätigkeit veränderten (z.b. thematischen) Rahmenbedingungen anpassen zu können.

Da beim Chatten sowohl für die rezeptive Teilhabe am Kommunikationsgeschehen (Sichten und Lesen von Partnerbeiträgen im Bildschirmverlaufsprotokoll) als auch für die Produktion (Eingabe von Text in ein Eingabeformularfeld) eine Verarbeitung visuell aufgenommener Information (Lesen von Partnerbeiträgen bzw. Monitoring der eigenen Texteingabe) erforderlich ist, ist davon auszugehen, dass beide Partizipationsmodalitäten – Rezipieren und Produzieren – nicht über einen längeren Zeitraum parallel, sondern nur alternierend ausgeübt werden können. Während ein eigener Beitrag produziert wird, können das Bildschirmverlaufsprotokoll und die in ihm angezeigten neuen Beiträge der Partner nicht kontinuierlich mitgelesen werden; gerade dadurch, dass ein eigener Beitrag vor seiner Herausgabe an die Adressaten erst als Ganzer produziert werden muss, besteht während der Phasen des Produzierens aber zugleich das Risiko, dass zwischenzeitlich eintreffende neue Partnerbeiträge und dadurch verursachte Änderungen im aktuellen Stand des Bildschirmverlaufsprotokolls nicht unmittelbar wahrgenommen werden. Für den Abgleich der individuellen Handlungsplanung mit dem Stand des Kommunikationsgeschehens ergibt sich hierdurch das Problem, dass die Entscheidung zur Realisierung eines Handlungsplans zwar zu einem bestimmten Zeitpunkt gefasst wird (i.d.R. nach Identifizierung einer Position eines Handlungssequenzmusters, die sich nach Verarbeitung des Verlaufsprotokolls als nächste zu besetzende Position erweist, oder nach Identifizierung des Abschlusses eines Musters, der die Initiierung eines neuen Musters – etwa das Stellen einer neuen Frage – als günstig erscheinen lässt), dass aber der Stand des Kommunikationsverlaufs u.U. während der Versprachlichung dieses Plans, vom Produzierenden zunächst unbemerkt, fortschreitet. Die Folge ist eine Divergenz zwischen *mental repräsentierter Diskursstruktur* (dem „mentalen Kommunikationsprotokoll" i.S.v. Herrmann & Grabowski 1994: 336f.) und der auf dem Bildschirmverlaufsprotokoll dargestellten *Beitragsabfolge*, die – für alle aktuell im Rezeptionsmodus befindlichen Chat-Teilnehmer – die Grundlage für *deren* mentale Repräsentation des Diskursgeschehens bildet. Stellt der Produzierende während des Produzierens durch einen Blick auf das Verlaufsprotokoll fest, dass sein aktuell in Versprachlichung befindlicher Handlungsplan, wenn er nun übermittelt würde, in einem anderen sequenziellen Kontext als demjenigen erschiene, der zum Zeitpunkt seiner Entscheidung zur Produktion als ‚aktueller Stand des Kommunikationsverlaufs' kogniziert wurde, so muss zunächst das individuelle mentale Kommunikationsprotokoll auf Basis des als verändert wahrgenommenen Stands des Bildschirmverlaufsprotokolls aktualisiert und anschließend der aktuell verfolgte Handlungsplan gegen diesen veränderten Stand evaluiert werden. Erweist sich der Plan hierbei als nicht mehr relevant, als redundant oder sequenziell nicht mehr ohne Weiteres anschließbar oder erweist sich ein alternativer Plan aus der mentalen Agenda des Produzierenden oder – abgeleitet aus den veränderten Bedingungen – ein gänzlich neuer Plan als relevanter oder pragmatisch effizienter, so muss der Produzierende entscheiden,

a. ob er die Versprachlichung seines Handlungsplans ersatzlos aufgeben möchte;
b. ob er trotz der entgegen der ursprünglichen Bedingungen für ungünstiger befundenen Ausgangsbedingungen für die Veräußerung seines anvisierten Beitrags diesen Beitrag dennoch zu Ende produzieren und abschicken möchte;
c. ob er auf die Fertigstellung seines anvisierten Beitrags verzichtet, um stattdessen die Versprachlichung eines alternativen, unter den gegenwärtigen Bedingungen als zielführender oder relevanter bewerteten Handlungsplans in Angriff zu nehmen.

In Bezug auf die in 4.1 festgestellte auffällige Häufigkeit von Komplettlöschungen eingegebenen Textes erscheint es als interessant zu untersuchen, ob bzw. wie häufig Komplettlöschungen eingegebenen Textes auf eine vom Produzierenden wahrgenommene Veränderung im aktuellen Stand des Bildschirmverlaufsprotokolls zurückgeführt werden kann. Die auf den ersten Blick unökonomisch erscheinende vollständige Löschung von Textentwürfen könnte sich als eine Strategie von Chattern erweisen, mit der Tatsache umzugehen, dass beim Produzieren die individuelle Handlungsplanung häufig von Voraussetzungen ausgeht, die sich im Bildschirmverlaufsprotokoll zwischenzeitlich bereits verändert haben. Komplettlöschung wäre somit ein Ausweis dafür, dass Chat-Teilnehmer bemüht sind, ebenso wie in mündlichen Diskursen möglichst *kooperativ* an das anzuschließen, was die Partner zuletzt geäußert haben, andererseits aufgrund fehlender Simultaneität von Veräußerung und Wahrnehmung aber nicht die Möglichkeit zu haben, ihre eigene Handlungsplanung zur Laufzeit der Interaktion mit der Handlungsplanung der Partner abzugleichen.

Um dieser Frage nachzugehen, erscheint es gewinnbringend, auf Daten zum Blickrichtungsverhalten der beobachteten Chatter zurückgreifen zu können. Nachvollziehen zu können, wohin ein Chat-Teilnehmer während bestimmter Zeitpunkte seiner Chat-Teilnahme geblickt hat, gibt zwar keinen direkten Aufschluss über mentale Prozesse (z.B. besagt ein Blick aufs Bildschirmverlaufsprotokoll nicht unweigerlich, ob bestimmte angezeigte Beiträge auch tatsächlich zur Kenntnis genommen wurden), allerdings geben Blickrichtungsinformationen, wenn man sie mit der Zeitlichkeit der Entwicklung des Bildschirmverlaufsprotokolls aligniert, Hinweise darauf, welches der frühestmögliche Zeitpunkt der Kenntnisnahme eines bestimmten neu angezeigten Beitrags durch einen beobachteten Probanden war. Der frühestmögliche Zeitpunkt, zu dem ein Partnerbeitrag einem Probanden zur Kenntnis gelangt sein kann, ist jeweils derjenige Zeitpunkt, zu welchem der betreffende Proband nach Erscheinen des in Rede stehenden Beitrags auf seinem Bildschirm wieder in Richtung des Verlaufsprotokolls geblickt hat. Dass er den Beitrag dabei tatsächlich verarbeitet oder zumindest in seiner Existenz zur Kenntnis genommen hat, kann dabei lediglich tentativ unterstellt werden; um die Chance der Annahme zu erhöhen, kann man nur solche Bildschirmblicke berücksichtigen, bei denen der Blick für mindestens für 1.0 Sekunden auf dem Verlaufsprotokoll als Blickziel ruhte. Blickbewegungen in Textverlaufsrichtung können ein zusätzlicher Hinweis auf Rezeptionsaktivitäten sein.

Bei den Datenerhebungen in Beißwenger (2007) wurde das Blickrichtungsverhalten der Chat-Teilnehmer mittels einer frontal vor den Rechnerarbeitsplätzen positionierten Videokamera erfasst. Die Kamera war so ausgerichtet, dass sich die Blickrichtungsziele *Bildschirmverlaufsprotokoll, Texteingabeformularfeld* und *Tastatur (Keyboard)* gut voneinander unterscheiden ließen. Für die Durchführung der Chat-Ereignisse wurde zudem ein Chat-Werkzeug gewählt, dessen Benutzeroberfläche in ihrer Gestaltung die Unterscheidung der relevanten Blickrichtungsziele in geeigneter Weise unterstützte.

Da es zwischen der Ausführung zweier Verschickungshandlungen mehrfach der Fall sein kann, dass eingegebener Text wieder komplett gelöscht wird, erschien es für eine Bestimmung der relativen Auftretenshäufigkeit von Komplettlöschungen passender, deren absolute Zahl nicht auf die Anzahl von *Kommunikationsteilhabesegmenten* zu beziehen, sondern auf die Anzahl solcher Segmente, zu deren Beginn und Ende das Texteingabeformularfeld jeweils vollständig geleert ist. Vollständig geleert ist das Eingabeformularfeld nicht nur nach der Ausführung einer Verschickungshandlung, sondern auch nach Ausführung einer Deletionshandlung, mit welcher der gesamte eingegebene Text gelöscht wird. Segmente eines Chat-Teilnahme-Ereignisses, die diese Bedingung erfüllen, bezeichne ich als *Produktionssequenzen*, die beiden möglichen Verlaufsstrukturen sind in Abb. 3 veranschaulicht.

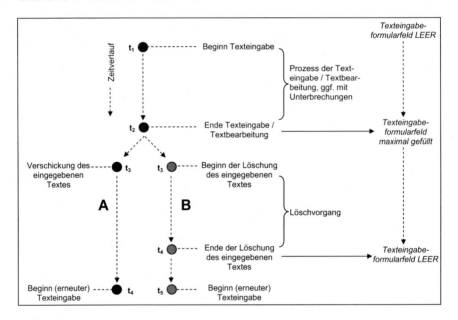

Abbildung 3: Verlaufsstrukturen von Produktionssequenzen im Rahmen von Chat-Teilnahme-Ereignissen: In Strukturtyp A wird die Produktion mit der Ausführung einer Verschickungshandlung abgeschlossen, durch welche der im Eingabeformularfeld stehende Text an den Server übermittelt wird; in Strukturtyp B schließt die Sequenz mit einer vollständigen Löschung eingegebenen Textes („Produktion/Verwerfen-Sequenzen').

Empirische Untersuchungen zur Produktion von Chat-Beiträgen 69

Die Basis für die Untersuchung zum Auftreten von Komplettlöschungen und ihres Zusammenhangs mit einem als verändert wahrgenommenen Stand des Bildschirmverlaufsprotokolls bildeten dieselben 17 Chat-Teilnahme-Ereignisse, die auch die Basis für die Ermittlung der in 4.1 wiedergegebenen Häufigkeiten von Revisionshandlungen bildeten. Für alle 17 Teilnahme-Ereignisse lagen in den Transkripten Beschreibungen zu den Produktionsaktivitäten vor, zu 6 Teilnahme-Ereignissen wurde weiterhin vollständig das Blickrichtungsverhalten der Chatter ausgewertet. Die zugehörigen 6 Transkripte bildeten das Kernkorpus, an dem die Korrelation von Produktionsaktivität und Blickrichtungsverhalten untersucht wurde, das Gesamtkorpus wurde für die Ermittlung der relativen Häufigkeit von Komplettlöschungen herangezogen.[11]

Insgesamt sind im Gesamtkorpus 1.097 Produktionssequenzen dokumentiert, von denen 208 mit Komplettlöschung abgeschlossen werden. Das entspricht einem Faktor von 18,96%. Das Kernkorpus spiegelt dieses Verhältnis ziemlich genau wieder: Der Anteil von Produktionssequenzen des Strukturtyps B (80) an der Gesamtzahl der Produktionssequenzen (427) beträgt 18,74%.

Für die im Kernkorpus dokumentierten 80 Fälle wurde jeweils überprüft, (a) ob zwischen dem Beginn der Produktionsaktivität und dem Beginn des Deletionsvorgangs mindestens ein neuer Beitrag eines der Partner im Bildschirmverlaufsprotokoll angezeigt wurde, und (b) ob zwischen dem Zeitpunkt der Anzeige des ersten neuen Partnerbeitrags und dem Beginn des Deletionsvorgangs der Blick des Probanden für mindestens 1.0 Sekunden auf das Bildschirmverlaufsprotokoll gerichtet war. In 56 Fällen ging der Löschung die Anzeige mindestens eines neuen Partnerbeitrags voraus, für 44 dieser Fälle ließ sich eindeutig ein signifikanter Blick in Richtung des Verlaufsprotokolls ausmachen, die übrigen 7 Fälle waren nach Datenlage nicht eindeutig entscheidbar. Für 55% der Fälle von Komplettlöschung ließ sich somit eine vorherige Kenntnisnahme neuer Partnerbeiträge annehmen.

Eine qualitative Analyse der Komplettlöschungen in zwei Chat-Teilnahme-Ereignissen (N=38) bestätigte diesen Wert. In nahezu allen Fällen, die vorher anhand der Blickrichtungsdaten als vermutlich durch Kenntnisnahme neuer Partnerbeiträge verursacht qualifiziert worden waren, lieferte die Kontextanalyse plausible Indizien dafür, weswegen ein in Realisierung befindlicher Handlungsplan nach Kenntnisnahme eines neuen Partnerbeitrags aufgegeben worden war. Zudem konnten einige anhand der Blickrichtungsdaten nicht entscheidbare Fälle entschieden werden. Insgesamt 27 (71,05%) der untersuchten 38 Fälle von Kom-

---

11 Vier komplette Transkripte aus dem Kernkorpus können im Netz unter http://www.michael-beisswenger.de/sprachhandlungskoordination/ eingesehen werden.

plettlöschung erwiesen sich als durch die Kenntnisnahme neuer Partnerbeiträge verursacht.[12]
Gründe, die im Zuge der Kontextanalyse für die Löschung eingegebener Beitragsentwürfe identifiziert werden konnten, waren u.a.:

- Der Chatter hat mit seinem Entwurf eine Ergänzungsfrage (teil-)versprachlicht, die auf die Gewinnung einer Information zielt, die mit einem zwischenzeitlich eingetroffenen Partnerbeitrag bereits unabhängig bereitgestellt wurde; der aktuell in Versprachlichung befindliche Handlungsplan hat sich somit erledigt (vgl. das Beispiel in Abb. 4);
- der Chatter wird mit einem zwischenzeitlich eingetroffenen Partnerbeitrag von dessen Produzenten direkt adressiert (in der Form „@<username>") und/oder ihm wird mit einem zwischenzeitlich eingetroffenen Partnerbeitrag eine Frage gestellt; der aktuell in Versprachlichung befindliche Handlungsplan wird aufgegeben, um direkt auf den neuen Partnerbeitrag mit Adressierung zu replizieren bzw. um unmittelbar der mit der Frage etablierten Folgehandlungsobligation nachzukommen (vgl. das Beispiel in Abb. 5);
- ein zwischenzeitlich eingetroffener Partnerbeitrag stellt eine Antwort auf eine zuvor vom Produzenten geäußerte Frage oder eine Anknüpfung an ein zuvor vom Produzenten initiiertes Thema dar.[13]

Abb. 4 zeigt einen Ausschnitt aus dem Transkript zum Chat-Teilnahme-Ereignis des Chatters *bensch* mit einer Komplettlöschung, die darauf zurückgeführt werden kann, dass das von *bensch* ab 14:02:48 versprachlichte Fragevorhaben durch den um 14:02:54 ins Verlaufsprotokoll eingespielten und von *bensch* ab 14:02:56 (zweisekündiger Blick aufs Protokoll) bemerkten Beitrag der Expertin *bsommer* hinfällig geworden ist: Die Expertin gibt gerade in einer Sequenz mehrerer, in kurzer Folge aufeinander folgender Beiträge Tipps zur Verwendung der erweiterten *eBay*-Suchfunktion; *bensch*s Fragevorhaben zielt auf die Gewinnung ergänzender Informationen dazu, wie sich der Ausschluss bestimmter Ausdrücke aus der Suche konkret bewerkstelligen lässt. *bsommer*s Beitrag gibt diese Information, bevor *bensch* seinen Fragebeitrag ausgearbeitet hat. *bensch* disponiert daraufhin um, verwirft sein (redundant gewordenes) Frageprojekt und schließt stattdessen eine Folgefrage an, die sich direkt (anadeiktisches „das") auf *bsommer*s Beitrag bezieht.

---

12 Die Fallstudie ist in Beißwenger (2007: 367-465) ausführlich dargestellt; die Darstellung umfasst auch Einzelanalysen von 29 Fallbeispielen.
13 Für weitere mögliche Gründe vgl. Beißwenger (2007: 461ff.) sowie die zugehörigen Einzelfallanalysen.

Empirische Untersuchungen zur Produktion von Chat-Beiträgen 71

Protokollverlauf	ZEIT	Produktionsaktivitäten (Bildschirm) *bensch*	Blick
	14:02:12	Wie schließe ich Begriffe aus?	Form
bsommer: Zum Beispiel suchen Sie eine Speicherkarte	14:02:13	**VERSCHICKEN**	1 Pro
bensch: Wie schließe ich Begriffe aus?	14:02:16		
	14:02:17		Pro
bsommer: und finden einen Verkäufer, der 100 Stück anbietet	14:02:21		
	14:02:23		
anew: noch mal zu den Portokosten, das wird aber auch immer weniger mit den hohen Beträgen, früher war es gang und gebe noch ein paar Euro drauf zu schlagen, aber die Konkurrenz wird halt immer größer	14:02:26		
bsommer: und jedes Mal im Titel "SUPERTOLL" schreibt	14:02:29		
	14:02:32		
	14:02:36		
bsommer: Dann sollten Sie das Wort "supertoll" ausschließen	14:02:37		
	14:02:45		
	14:02:46		Key
	14:02:47		Form
	14:02:48	Geht das über die "erweiterte Suche"? Oder ist das	
bsommer: einfach ein "minus" vor dem Begriff schreiben	14:02:54		
	14:02:55		
	14:02:56		Pro
	14:02:57		
	14:02:58	~~Geht das über die "erweiterte~~	Form
	14:03:00	~~Suche"? Oder ist das~~	
bsommer: also speicherkarte - supertoll	14:03:01	Ah. Und das funktioniert auch bei der Standardsuche? Oder nur bei der erw. Suche?	
	14:03:12	**VERSCHICKEN**	
	14:03:13		Pro
bensch: Ah. Und das funktioniert auch bei der Standardsuche? Oder nur bei der erw. Suche?	14:03:14		

Abbildung 4: Ausschnitt aus dem Transkript zum Chat-Teilnahme-Ereignis des Chatters *bensch*. Neben *bensch* waren an dem Chat-Ereignis, auf das sich das Teilnahme-Ereignis bezieht, zwei weitere Chatter beteiligt: *anew*, eine weitere Ratsuchende, und *bsommer*, die Expertin zum Thema „eBay und Online-Auktionen". Auf eine Wiedergabe der Transkriptspalte „Anmerkungen" wird hier verzichtet.

Abb. 5 zeigt einen Ausschnitt aus dem Transkript zum Chat-Teilnahme-Ereignis der Chatterin *jecom* mit einer Komplettlöschung, die vermutlich damit zu tun hat, dass *jecom*, als ihr mit einem Beitrag der Expertin (11:11:12) eine Frage gestellt wird, ihren aktuell (seit 11:11:10) in Versprachlichung befindlichen Handlungsplan zugunsten einer direkten Bearbeitung der mit der Frage etablierten Folgehandlungsobligation aufgibt. Das Blickrichtungsverhalten von *jecom* sowie der nach Ausführung der Löschung (11:11:16/17) produzierte und um 11:11:44 verschickte alternative Beitragstext stützen diese Annahme.

Protokollverlauf	ZEIT	Produktionsaktivitäten (Bildschirm) *jecom*	Blick	Anmerkungen
bsommer: Welche Themen interessieren Sie besonders?	11:07:56	[…]		
[…]				
jecom: Hallo! Besonders interessieren würde mich inwieweit ich ebay mit dem Umgang meiner persönlichen Daten trauen kann und wie ich betrügerische Angebote am besten erkenne	11:09:02	[…]		
[…]				
bsommer: eBay behauptet natürlich, alle Ihre persönlichen Daten seien dort prima aufgehoben.	11:09:34	[…]		
[…]				
bsommer: Jedoch liest man ja immer wieder, dass sich Hacker dort einloggen können, um Daten anderer Mitglieder auszulesen und zu verändern.	11:09:59	[…]		
[…]				
jecom: Ja das ist mir bekannt	11:10:50	VERSCHICKEN	Pro	[…]

Empirische Untersuchungen zur Produktion von Chat-Beiträgen

Protokollverlauf	ZEIT	Produktionsaktivitäten (Bildschirm) *jecom*	Blick	Anmerkungen
trotzdem frage ich mich, was ich am besten tun kann, wenn ich schon Mitglied bei eBay bin, um mich zu schützen				
	11:10:51			
	11:10:52		Pro°⁻°⁻°	
bsommer: Sie selbst als Nutzer können leider nicht viel tun, außer eine Firewall an Ihrem PC zu haben (damit sich solche Hacker nicht bei Ihnen auf dem Rechner einwählen können) und nicht auf Spoof-Emails zu reagieren.	11:10:56			
	11:11:01			
	11:11:07			
	11:11:08			
	11:11:09		Form	Key		
	11:11:10	Die andere	Form	Key	Form	
bsommer: Haben Sie solche Fake-Emails schon mal bekommen?	11:11:12			
	11:11:13		Pro	
	11:11:14			*beugt sich mit dem Kopf näher zum Bildschirm*
	11:11:15			
	11:11:16	~~Die andere~~	Form	
	11:11:17		Pro	
	11:11:18			
	11:11:19		[...]	
	11:11:21	Ja, schon einige, die angeblich von ebay gesandt wurden **VERSCHICKEN**		
	[...]			
jecom: Ja, schon einige, die angeblich von ebay gesandt wurden	11:11:44			

Abbildung 5: Ausschnitt aus dem Transkript zum Chat-Teilnahme-Ereignis der Chatterin *jecom*.

5 Fazit: Interaktionsorganisation und kommunikative Teilhabe in Chat und Gespräch

Auf der Handlungsebene unterscheidet sich die Chat-Kommunikation nicht vom mündlichen Gespräch: In Gesprächen wie auch im Chat realisieren die Beteiligten ihren Austausch über die Ausführung kooperativer Handlungsschritte, indem sie Handlungen bestimmten Typs realisieren, die präferierte Folgehandlungen nahelegen, und die ihrerseits als Folgehandlungen interpretierbar sind, die kohärent an bestimmte Vorgängerhandlungen anschließen. Zwar kommt es an der Oberfläche von Chat-Ereignissen (nämlich in der Abfolge von Chat-Beiträgen am Bildschirm) bisweilen zu auffälligen Strukturen, die üblichen handlungslogischen Abfolgen zuwiderlaufen, diese Strukturen resultieren jedoch in aller Regel aus den durch die technischen Rahmenbedingungen beschränkten Möglichkeiten zur interaktiven Koordination von kommunikationsbezogenen Aktivitäten und nicht aus irregulären oder neuartigen Handlungsmustern, an denen die Kommunikationsbeteiligten ihre individuelle Handlungsplanung ausrichten.

Der Unterschied der Chat-Kommunikation zum Gespräch besteht darin, dass aufgrund unterschiedlicher Rahmenbedingungen für die Antizipation und Koordination von kommunikationsbezogenen Aktivitäten die lokale Aushandlung einer linearen Äußerungsabfolge *zur Laufzeit* nicht möglich ist. Aus Sicht des Gesprächs „untypische" Beitrags- und Handlungsabfolgen im Bildschirmverlaufsprotokoll oder Aktivitätsabfolgen bei der Gestaltung der individuellen kommunikativen Teilhabe können sich z.B. dadurch ergeben,

- dass bereits Versprachlichtes (wie in den Beispielen in Abb. 4 und 5) vom Produzenten vor der Übermittlung an die Partner wieder getilgt wird, weil die individuelle Handlungsagenda gegen einen veränderten Stand des Bildschirmverlaufsprotokolls evaluiert und diesem angepasst wurde;
- dass sich in den Bildschirmverlaufsprotokollen Beiträge, die eine Position desselben Handlungsmusters realisieren, doppeln, was darauf zurückzuführen ist, dass mehrere Beteiligte parallel (und ohne sich hierüber kommunikationsbegleitend abstimmen zu können) denselben Handlungsplan versprachlicht und ihre Beiträge zeitgleich verschickt haben (vgl. das Beispiel in Abb. 6);
- dass sich die Kommunikanten bei der Planung des nächsten anstehenden Handlungsschritts zwar jeweils kooperativ zum bis dato wahrgenommenen Handeln ihrer Partner verhalten und den eigenen nächsten Beitrag kohärent auf die Vorbeiträge ihrer Partner beziehen, dass sich aber aufgrund der medialen Schriftlichkeit sowie aufgrund der chat-typischen Produktions-/

Übermittlungsprozedur die Wahrnehmung der sequenziellen Abfolge von Vorgänger- und Folgehandeln bei den einzelnen Partnern zu je individuellen Terminen und somit zeitlich versetzt erfolgt.[14] Ihren typischen Ausdruck findet diese Divergenz der individuellen mentalen Repräsentationen über den aktuellen Stand des Kommunikationsverlaufs in Beitragsabfolgen im Bildschirmverlaufsprotokoll, bei denen sich erst der jeweils übernächste in der Anzeige nachfolgende Beitrag von Partner B als Reaktivbeitrag zu einem Vorgängerbeitrag von Partner A interpretieren lässt und umgekehrt (vgl. das Beispiel in Abb. 7): Ein Beitrag des Partners wird rezipiert und interpretiert, ein daraus ableitbares Folgehandeln konzipiert, dann versprachlicht und der so entstandene Textbeitrag verschickt; anschließend wird das Bildschirmverlaufsprotokoll erneut überprüft, festgestellt, dass der Partner seinerseits einen neuen Zug realisiert hat, der sich auf den vorletzten verschickten eigenen Beitrag bezieht, daraus wiederum ein Konzept für eigenes Folgehandeln abgeleitet usf. Beide Partner weben somit während desselben Zeitraums (*synchron*) eine gemeinsame Handlungssequenz, allerdings besteht aufgrund der fehlenden *Simultaneität* des Austauschs keine Synchronisationsmöglichkeit für das Was und Wann der individuellen Beteiligung an der Interaktion; stattdessen knüpft jeder der Partner zur selben Zeit an einem anderen Punkt des Handlungsverlaufs. Über die (nachlesbare) Dokumentation der Beitragsabfolge am Bildschirm, die von den Partnern zu jeweils individuell gewählten Zeitpunkten evaluiert wird, bringt sich jeder der Partner dabei immer wieder punktuell auf den aktuellen Stand. Wechselt er anschließend wieder in die Produzentenrolle, um eigenes Folgehandeln zu versprachlichen, entwickelt sich das Verlaufsprotokoll u.U. wieder so lange unbemerkt weiter, bis er (z.B. nach Verschickung seines fertig produzierten neuen Beitrags) ihm erneut seine Aufmerksamkeit zuwendet.

14:03:32	**Sica**	Hallo??
14:04:09	**Pilu**	hey
14:04:17	**Sica**	wie gehts dir?
14:04:29	**Pilu**	gut und dir?
14:04:34	**Sica**	auch gut

---

14   Die Zeitspanne, die zwischen der Wahrnehmung ein- und desselben Beitrags durch einen und durch einen anderen Partner liegt, muss nicht minimal sein. In Beißwenger (2007: 473ff.) ist anhand einer Gegenüberstellung von Ausschnitten aus zwei Chat-Teilnahme-Ereignissen, die sich auf dasselbe Chat-Ereignis beziehen, ein Fall beschrieben, in welchem der individuell wahrgenommene „aktuelle Stand des Kommunikationsverlaufs" zweier Chat-Partner zu ein- und demselben Zeitpunkt um ganze 47 Sekunden divergiert.

	14:04:42	Sica	(ist bloß etwas warm hier drin)
	14:05:03	Pilu	stimmt, hier auch
	14:05:27	Sica	na super, dann haben wir ja die gleichen grundvoraussetzugnen
→	14:05:32	Sica	fangen wir an?
→	14:05:33	Pilu	sollen wir dann mal zum thema kommen?
	14:05:43	Pilu	jo

Abbildung 6: Ausschnitt aus dem Mitschnitt eines verabredeten Chat-Ereignisses; die zu den Zeitpunkten 14:05:32 und 14:05:33 eingetroffenen Beiträge versprachlichen denselben Handlungsplan (nämlich eine Initiative, zum thematisch fokussierten Hauptteil der Interaktion überzugehen), wurden offenkundig parallel produziert und nahezu gleichzeitig (~ 1s versetzt) an den Server abgeschickt.

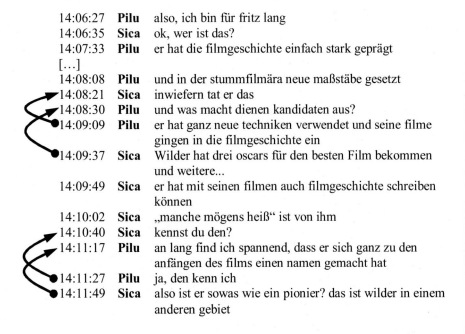

14:06:27	Pilu	also, ich bin für fritz lang
14:06:35	Sica	ok, wer ist das?
14:07:33	Pilu	er hat die filmgeschichte einfach stark geprägt
[...]		
14:08:08	Pilu	und in der stummfilmära neue maßstäbe gesetzt
14:08:21	Sica	inwiefern tat er das
14:08:30	Pilu	und was macht dienen kandidaten aus?
14:09:09	Pilu	er hat ganz neue techniken verwendet und seine filme gingen in die filmgeschichte ein
14:09:37	Sica	Wilder hat drei oscars für den besten Film bekommen und weitere...
14:09:49	Sica	er hat mit seinen filmen auch filmgeschichte schreiben können
14:10:02	Sica	„manche mögens heiß" ist von ihm
14:10:40	Sica	kennst du den?
14:11:17	Pilu	an lang find ich spannend, dass er sich ganz zu den anfängen des films einen namen gemacht hat
14:11:27	Pilu	ja, den kenn ich
14:11:49	Sica	also ist er sowas wie ein pionier? das ist wilder in einem anderen gebiet

Abbildung 7: Ausschnitt aus dem Mitschnitt eines verabredeten Chat-Ereignisses (Zwei Studierende sollen sich im Rahmen eines

Rollenspiels „Filmpreis-Jury" auf einen Regisseur einigen, der eine Auszeichnung für sein Lebenswerk erhalten soll); die Pfeile kennzeichnen handlungslogische Bezüge zwischen Beitragspaaren, bei denen zwischen Reaktivbeitrag und Bezugsbeitrag jeweils ein weiterer Beitrag angezeigt wird, der Teil einer anderen Handlungssequenz ist.

Die in 4.2 skizzierte Fallstudie hat gezeigt, dass 55 bis 71% der Fälle, in denen eingegebene Textentwürfe vor der Verschickung wieder gelöscht werden, durch die Kenntnisnahme neuer, dem Produzierenden zuvor unbekannter Partnerbeiträge bedingt sind. Die insgesamt hohe Frequenz des Revisionstyps *Komplett-Deletion* (vgl. Abb. 2b) kann somit dahingehend interpretiert werden, dass Komplettlöschungen in vielen Fällen nicht zum Zweck einer anschließenden Reformulierung des zur Realisierung vorgesehenen Handlungsplans vorgenommen werden, sondern dass sie als Indiz für das *Verwerfen von Handlungsplänen* gelten können. Das Verwerfen von Handlungsplänen und die daran anschließende Produktion eines neuen Textentwurfs, mit dem ein alternativer Handlungsplan versprachlicht wird, kann als eine Strategie der Chatter gedeutet werden, mit den besonderen Anforderungen der Chat-Situation umzugehen, die einerseits zwar eine synchrone ist, in der andererseits aber keine simultane Verarbeitung von Verhaltensäußerungen zur Laufzeit der Interaktion und damit auch keine Koordination der Beteiligten zur Laufzeit möglich ist. Durch das Fehlen einer Laufzeitverarbeitung erweist sich Koordination im Chat – gegenüber dem mündlichen Diskurs – als ein Projekt, das jeder einzelne Beteiligte, um mit seinem kommunikationsbezogenen Agieren „up to date" und beim Verfolgen seiner Handlungsziele chancenreich zu bleiben, individuell zu bewältigen hat: Anstatt seine Tätigkeitswünsche zur Laufzeit mit den Partnern abzugleichen, koordiniert der einzelne Chat-Teilnehmer seine Handlungsplanung individuell mit dem – jeweils immer nur punktuell überprüften – Stand des Bildschirmverlaufsprotokolls. Um eigene Beiträge möglichst kohärent an die Vorbeiträge der Partner anschließen zu können und somit auf der Handlungsebene möglichst effizient zu kooperieren, werden, auch wenn dies produktiven Mehraufwand bedeutet, gegebenenfalls Textentwürfe zugunsten einer Versprachlichung alternativer Pläne wieder gelöscht. Werden im Zuge der Versprachlichung eines Beitrags neue Partnerbeiträge bemerkt, führt der somit veränderte Stand zu einer Evaluation und ggf. Umpriorisierung der aktuellen Handlungsplanung.

Das wesentliche Charakteristikum der Diskursorganisation beim Chatten besteht somit darin, dass die Koordination der Beteiligten bei der kooperativen Bearbeitung sprachlicher Handlungsmuster in Ermangelung geeigneter Rahmenbedingungen für eine Turn-taking-Strukturierung in Form eines individuellen, immer wieder punktuell vorgenommenen Abgleichs mit dem Agieren der Partner geleistet werden muss. Bedingt durch das vorgegebene Produktionsprotokoll (Versprachlichung und Übermittlung von Beiträgen als *nacheinander* erfolgende Akte) kann dieser Abgleich zudem immer erst im zeitlichen Nachhinein zu denjenigen Zeitpunkten vollzogen werden, zu welchen das „Äußern" eines Beitrags bzw. die Realisierung der damit versprachlichten Handlung für den jeweiligen Produzenten aktuelle Handlungswirklichkeit war. Bedingt durch die visuelle Qualität schriftlicher Beiträge, die, um überhaupt bemerkt zu werden, aktiv mit den Augen auf ihrem Darstellungsmedium gesucht werden müssen, kann das Nachhinein, in dem der Abgleich mit den auf dem Darstellungsmedium (dem Bildschirmverlaufsprotokoll) vorgehaltenen Beiträgen der Partner erfolgt, mehr oder weniger lang sein und die Divergenz der individuellen mentalen Kommunikationsprotokolle der verschiedenen Beteiligten mehr oder weniger deutlich in der Kommunikation zutage treten.

Multimodal fundierte Analysen zur individuellen Organisation der kommunikativen Teilhabe beim Chatten sind zwar aufwändig, können aber dazu beitragen, Strategien des Umgangs mit den kommunikativen Rahmenbedingungen beim Chatten empirisch zu erschließen und zu modellieren. Die in diesem Beitrag skizzierte Fallstudie zum Phänomen des Verwerfens bei der Produktion von Chat-Beiträgen stellt hierbei nur *ein* Phänomen dar, das anhand von Daten zur Prozessualität der Beitragsproduktion und zum Blickrichtungsverhalten untersucht werden kann; die Untersuchung verschiedener weiterer Phänomene, die mit der Möglichkeit des Einblicks in die kommunikationsbezogenen Nutzeraktivitäten der Analyse zugänglich werden oder die unter Einbeziehung der entsprechenden Datentypen in einem neuen Licht erscheinen, ist denkbar (vgl. Beißwenger 2007: 363-366). Die dabei gewonnenen Einsichten sind nicht nur für die linguistische Chat-Forschung relevant, sondern können auch für die (Weiter-) Entwicklung von Moderationstechniken für den Chat-Einsatz in Kontexten der Wissenskommunikation (z.B. E-Learning, Online-Beratung, E-Science) wichtige Hinweise liefern. Des Weiteren sind sie für Forschungskontexte von Interesse, in denen es darum geht, den Wandel von Interaktionsformen in seinem Verhältnis zur Art und zum Einfluss der für den Austausch verwendeten Technologien zu beschreiben. Bedingt durch die Konfiguration der zugrunde liegenden Kommunikationstechnologie (= des Zusammenspiels von Medien, Festlegungen und definierten Abläufen zu Zwecken der Enkodierung, Fixierung, Übermittlung und Darstellung von Kommunikaten) repräsentiert Chat kommunikationstypologisch die maximal denkbare Modifikation synchroner dialogischer Kommunikation gegenüber dem als prototypische Ausprägungsform verstandenen Gespräch von Angesicht zu Angesicht. Einige der spezifischen Unterschiede zum Gespräch, die sich für die Chat-Kommunikation aus der Schriftlichkeit der Enkodierung, der räumlichen Dissoziierung der Beteiligten, der fehlenden Körperlichkeit und aus der fehlenden Simultaneität der Verarbeitung ergeben, lassen sich in ihren Auswirkungen auf die Gestaltung des Austauschs erst dann wirklich sichtbar machen, wenn – entsprechend zur Divergenz der Sichten der Partner auf den Kommunikationsverlauf – neben der Abfolge der Beiträge am Bildschirm auch die Abfolge und Prozesshaftigkeit der individuellen kommunikationsbezogenen Aktivitäten *vor* den Bildschirmen der Beobachtung zugänglich gemacht werden. Die in diesem Beitrag vorgestellten Untersuchungen und Befunde zur Produktion von Chat-Beiträgen zeigen exemplarisch, welche fundamentalen Effekte veränderte technologisch konstituierte Kommunikationsbedingungen (insbesondere: schriftliche anstatt mündliche Enkodierung, retrospektive Verarbeitung von sprachlichen Produkten anstatt Verarbeitung von Prozessen der Sprachproduktion zur Laufzeit) auf die Struktur und Organisation des Austauschs ausüben und welche spezifischen Strategien die Nutzer entwickeln, um ihre Beteiligung am Austausch unter diesen Bedingungen kohärent zu gestalten.

Literatur

Bader, Jennifer (2002): Schriftlichkeit und Mündlichkeit in der Chat-Kommunikation. WWW-Veröffentlichung: http://www.mediensprache.net/networx/networx-29.pdf (Networx 29) (28.04.2008).

Beißwenger, Michael (2000): Kommunikation in virtuellen Welten: Sprache, Text und Wirklichkeit. Stuttgart. Zugl. M.A.-Arbeit, Universität Heidelberg 1999.

Beißwenger, Michael (2002): Getippte „Gespräche" und ihre trägermediale Bedingtheit. Zum Einfluß technischer und prozeduraler Faktoren auf die kommunikative Grundhaltung beim Chatten. In: Ingo W. Schröder & Stéphane Voell (Hrsg.): Moderne Oralität. Marburg 2002 (Reihe Curupira), 265-299.

Beißwenger, Michael (2003): Sprachhandlungskoordination im Chat. In: Zeitschrift für germanistische Linguistik 31 (2), 198-231.

Beißwenger, Michael (2007): Sprachhandlungskoordination in der Chat-Kommunikation. Berlin. New York (Linguistik – Impulse & Tendenzen 26).

Beißwenger, Michael (2008, i.Dr.): Multimodale Analyse von Chat-Kommunikation. In: Karin Birkner & Anja Stukenbrock (Hrsg.): Arbeit mit Transkripten in der Praxis: Forschung, Lehre und Fortbildung. Verlag für Gesprächsforschung (Online-Veröffentlichung unter http://www.verlag-gespraechsforschung.de).

Bittner, Johannes (2003): Digitalität, Sprache, Kommunikation. Eine Untersuchung zur Medialität von digitalen Kommunikationsformen und Textsorten und deren varietätenlinguistischer Modellierung. Berlin (Philologische Studien und Quellen 178).

Dürscheid, Christa (2004): Netzsprache – ein neuer Mythos. In: Michael Beißwenger, Ludger Hoffmann & Angelika Storrer (Hrsg.): Internetbasierte Kommunikation (Osnabrücker Beiträge zur Sprachtheorie 68), 141-157.

Dürscheid, Christa (2005): Medien, Kommunikationsformen, kommunikative Gattungen. In: Linguistik online 22 (1). WWW-Ressource: http://www.linguistik-online.de/22_05/duerscheid.pdf (28.04.2008).
Dürscheid, Christa (2006): Einführung in die Schriftlinguistik. 3., überarbeitete und ergänzte Auflage. Göttingen (Studienbücher zur Linguistik 8).
Garcia, Angela Cora & Jennifer Baker Jacobs (1998): The Interactional Organization of Computer Mediated Communication in the College Classroom. In: Qualitative Sociology 21 (3), 299-317.
Grabowski, Joachim (2003): Bedingungen und Prozesse der schriftlichen Sprachproduktion. In: Psycholinguistik. Psycholinguistics. Hrsg. v. Gert Rickheit, Theo Herrmann & Werner Deutsch. Berlin. New York (Handbücher zur Sprach- und Kommunikationswissenschaft 24), 355-368.
Haase, Martin, Michael Huber, Alexander Krumeich & Georg Rehm (1997): Internetkommunikation und Sprachwandel. In: Rüdiger Weingarten (Hrsg.): Sprachwandel durch Computer. Opladen, 51-85.
Hennig, Mathilde (2001): Das Phänomen des Chat. In: Jahrbuch der Ungarischen Germanistik, 215-239.
Herrmann, Theo & Joachim Grabowski (1994): Sprechen. Psychologie der Sprachproduktion. Heidelberg. Berlin. Oxford.
Hoffmann, Ludger (2004): Chat und Thema. In: Michael Beißwenger, Ludger Hoffmann & Angelika Storrer (Hrsg.): Internetbasierte Kommunikation (Osnabrücker Beiträge zur Sprachtheorie 68), 103-122. Ergänzte Version als Online-Ressource unter http://home.edo.uni-dortmund.de/~hoffmann/PDF/Chat_Thema1.pdf (28.04.2008).
Kilian, Jörg (2001): T@stentöne. Geschriebene Umgangssprache in computervermittelter Kommunikation. Historisch-kritische Ergänzungen zu einem neuen Feld der linguistischen Forschung. In: Michael Beißwenger (Hrsg.): Chat-Kommunikation. Sprache, Interaktion, Sozialität & Identität in synchroner computervermittelter Kommunikation. Perspektiven auf ein interdisziplinäres Forschungsfeld. Stuttgart, 55-78.
Koch, Peter & Wulf Oesterreicher (1985): Sprache der Nähe – Sprache der Distanz. Mündlichkeit und Schriftlichkeit im Spannungsfeld von Sprachtheorie und Sprachgeschichte. In: Romanistisches Jahrbuch 36, 15-43.
Koch, Peter & Wulf Oesterreicher (1994): Schriftlichkeit und Sprache. In: Schrift und Schriftlichkeit. Writing and Its Use. Ein interdisziplinäres Handbuch internationaler Forschung. Hrsg. v. Hartmut Günther & Otto Ludwig. 1. Halbbd. Berlin. New York (Handbücher zur Sprach- und Kommunikationswissenschaft 12.1), 587-604.
Meise-Kuhn, Katrin (1998): Zwischen Mündlichkeit und Schriftlichkeit. In: Alexander Brock & Martin Hartung (Hrsg.): Neuere Entwicklungen in der Gesprächsforschung. Tübingen (ScriptOralia 108), 213-235.
Oikarinen, Jarkko (o.J.): IRC History by Jarkko Oikarinen. WWW-Ressource: http://www.ircnet.org/History/jarkko.html (28.04.2008).
Rau, Cornelia (1994): Revisionen beim Schreiben. Zur Bedeutung von Veränderungen in Textproduktionsprozessen. Tübingen (Reihe Germanistische Linguistik 148).
Runkehl, Jens, Peter Schlobinski & Torsten Siever (1998): Sprache und Kommunikation im Internet. Überblick und Analysen. Opladen. Wiesbaden.

Spitzmüller, Jürgen (2005): Spricht da jemand? Konzeption und Repräsentation in virtuellen Räumen. In: Galina Kramorenko (Hrsg.): Aktual'nije problemi germanistiki i romanistiki [Aktuelle Probleme der Germanistik und der Romanistik], Bd. 9, Teil I: Slovo v jasyke u retschi [Das Wort in Sprache und Rede]. Smolensk, 33–56. Preprint als WWW-Ressource: http://www.ds.unizh.ch/lehrstuhlduerscheid/docs/spitzm/chat-05.pdf (28.04.2008).

Stewart, William (2000-2006): IRC History. Kontinuierlich fortgeschriebene WWW-Ressource ohne datierte Versionen: http://www.livinginternet.com/r/ri.htm (28.04.2008).

Storrer, Angelika (2000): Schriftverkehr auf der Datenautobahn. Besonderheiten der schriftlichen Kommunikation im Internet. In: G. Günter Voß, Werner Holly & Klaus Boehnke (Hrsg.): Neue Medien im Alltag: Begriffsbestimmungen eines interdisziplinären Forschungsfeldes. Opladen, 153-177.

Storrer, Angelika (2001): Getippte Gespräche oder dialogische Texte? Zur kommunikationstheoretischen Einordnung der Chat-Kommunikation. In: Sprache im Alltag. Beiträge zu neuen Perspektiven in der Linguistik. Herbert Ernst Wiegand zum 65. Geburtstag gewidmet. Hrsg. v. Andrea Lehr, Matthias Kammerer, Klaus-Peter Konerding, Angelika Storrer, Caja Thimm und Werner Wolski. Berlin 2001, 439-465.

Storrer, Angelika (2007a): Rhetorisch-stilistische Eigenschaften der Sprache des Internets. In: Ulla Fix, Andreas Gardt & Joachim Knape (Hrsg.): Rhetorik und Stilistik. Rhetorics and Stilistics. Ein internationales Handbuch historischer und systematischer Forschung (Handbücher zur Sprach- und Kommunikationswissenschaft). Berlin. New York.

Storrer, Angelika (2007b): Chat-Kommunikation in Beruf und Weiterbildung. In: Der Deutschunterricht 1/2007, 49-61.

Weingarten, Rüdiger (1989): Die Verkabelung der Sprache. Grenzen der Technisierung von Kommunikation. Frankfurt.

Wrobel, Arne (1995): Schreiben als Handlung. Überlegungen und Untersuchungen zur Theorie der Textproduktion. Tübingen (Reihe Germanistische Linguistik 158).

Der Wandel von der Massenkommunikation zur Interaktivität neuer Medien

Tilmann Sutter

Vor einigen Jahren, als die rasanten Entwicklungen neuer Medien Anlass zu den kühnsten Erwartungen und Hoffnungen gaben, konnte sich auch die Soziologie kaum dieser Faszination entziehen. Im Prozess eines tiefgreifenden Medienwandels traten neue, „interaktive" Medien in Konkurrenz zu den lange Zeit dominierenden Massenmedien. Die geradezu euphorische Haltung gegenüber den neuen Medien resultierte nicht zuletzt aus dem Umstand, dass die Vorzüge neuer Medien die allseits beklagten Defizite der Massenmedien zu überwinden versprachen. Für dieses Versprechen gibt es triftige Gründe. Vor allem bedingt der Wandel der medialen Form von einseitiger Massenkommunikation zu vernetzter Kommunikation im Internet einen Wandel des Publikums: vom passiven, auf Distanz gehaltenen Rezipienten zum aktiven Nutzer, der nicht nur empfangen und rezipieren, sondern auch senden und gestalten kann. Unter dem Einfluss dieses Medienwandels stellt sich die Frage, ob man bei der Analyse neuer Formen der Medienkommunikation im Bereich des Internet das hergebrachte Begriffsinstrumentarium überdenken und neu sortieren muss. Zur Diskussion steht, ob man die neuen Möglichkeiten der Kommunikation im Netz mit traditionellen Begriffen von Kommunikation und Interaktion, aber auch von Massenkommunikation noch angemessen beschreiben kann.

Ein zentraler Begriff, der nun in der Tat quer zu den eingespielten Analysekategorien liegt, kommt immer dann ins Spiel, wenn es um die Möglichkeiten und Chancen neuer Kommunikationsmedien geht: Es ist dann von der „Interaktivität" neuer Medien bzw. von „interaktiven" Medien die Rede. Während man in anderen Disziplinen der sozialwissenschaftlichen Medienforschung relativ sorglos mit diesen Begriffen umgeht, muss man sich in der Mediensoziologie die Bedeutung des Verhältnisses von Medienkommunikation und Interaktion sowie des Grundbegriffs der sozialen Interaktion vor Augen halten. Die mediale Verbreitung erlaubt es der Kommunikation, sich von den Beschränkungen sozialer Interaktion, insbesondere der Bedingung der Anwesenheit der Beteiligten zu lösen. Die vielfältigen Kritiken insbesondere am Leitmedium Fernsehen verstellen tendenziell den Blick dafür, dass die besonderen Errungenschaften und Leistungen der Massenkommunikation in der modernen Gesellschaft aus der

Abkopplung von sozialer Interaktion hervorgehen (vgl. Wehner 1997). Die Massenkommunikation verläuft interaktionsfrei, mag so zur Isolation, Vereinzelung oder auch passiven Zerstreuung der Rezipienten beitragen, könnte anders aber nicht die besonderen Leistungen für die moderne, hoch komplexe Gesellschaft erbringen (siehe hierzu weiter unten). In diesem Kontext steht aus mediensoziologischer Sicht der behauptete Wandel der Medienkommunikation von einseitigen Massenmedien zu vernetzten, interaktiven Medien. Hierbei stellt sich die zentrale Frage, ob der aktuelle Wandel von Kommunikationsmedien mit den Begriffen der Interaktivität bzw. interaktiver Medien angemessen beschrieben und analysiert und welche Alternative hierzu gegebenenfalls entwickelt werden kann.

Die folgenden Überlegungen nähern sich dieser Frage von zwei zentralen Ansatzpunkten aus: Erstens vom umfassenden Zusammenhang des Medienwandels, in den die Etablierung neuer Medien eingebettet wird. Beschreibungen und Analysen des Wandels von älteren Massenmedien zu neuen Medien stehen auf der Grundlage der Beziehungen zwischen Medien und Gesellschaft: Welche Bedeutung und Funktionen haben die Medien in der modernen Gesellschaft? Von da aus kann eine Analyse des Wandels von Kommunikationsmedien durch einen Vergleich herkömmlicher Massenmedien mit neuen, interaktiven Medien entwickelt werden. Zweitens vom Begriff der sozialen Interaktion, der aus soziologischer Sicht dazu dient, im Zuge kontrastiver Vergleiche die Eigenheiten sowohl der Massenkommunikation als auch der Interaktivität neuer Medien zu analysieren. Der erste Ansatzpunkt hebt die Massenkommunikation als interaktionsfreie Kommunikationsform hervor und macht daran Bedeutung, Funktionen und Leistungen der Massenkommunikation fest. Wenn nun dagegen neue Medien mit ihren neuen Möglichkeiten sogar als „interaktiv" bezeichnet werden, stellt der zweite Ansatzpunkt die Frage nach der Berechtigung dieser Beschreibung.

1 Massenkommunikation und Gesellschaft

Was immer Gesellschaft ist bzw. als was immer sie bezeichnet wird, als Weltgesellschaft, Risikogesellschaft, Wissensgesellschaft, Mediengesellschaft, Erlebnisgesellschaft usw., ganz sicher ist Gesellschaft dies: „Kommunikationsgesellschaft" (Münch 1995). Zumindest in der Systemtheorie wird Gesellschaft als „das umfassende System aller aufeinander Bezug nehmenden Kommunikationen" begriffen (Luhmann 1986, S. 24). Gesellschaftsanalyse wird deshalb stets als Kommunikationsanalyse betrieben, und soziale Phänomene werden als bestimmte Formen kommunikativer Prozesse beschrieben. Gesellschaftliche

Entwicklungen sind mit einem Wandel von Kommunikationsformen verbunden. Dieses Verhältnis von Kommunikation und Gesellschaft lässt einen fundamentalen Zusammenhang von Kommunikationsmedien und gesellschaftlicher Ordnung erwarten. Kommunikationsmedien spielen eine zentrale Rolle in der Gesellschaft, die schon früh in ihrer Entwicklung auf eine bestimmte Form von Medien angewiesen ist: auf Verbreitungsmedien. Jenseits der einfachen, auf überschaubare Interaktionsgefüge und mündliche Überlieferung gestützten Gesellschaft stellt sich in der gesellschaftlichen Entwicklung das Problem, wie Kommunikation über größere räumliche und zeitliche Distanzen hinweg verbreitet werden kann. Grund für die Entstehung dieser Distanzen sind Prozesse der gesellschaftlichen Ausdifferenzierung. Gesellschaftliche Entwicklung kann als Prozess der Ausdifferenzierung und der Steigerung von Komplexität gesellschaftlicher Verhältnisse begriffen werden. Gesellschaftliche Differenzierung und Steigerung von Komplexität erzeugen das Problem, wie Kommunikation auch unter zunehmend komplexen Bedingungen (gesellschaftsweit) verbreitet werden kann. Prozesse der gesellschaftlichen Differenzierung und die Entstehung und der Wandel von Verbreitungsmedien sind also eng miteinander verknüpft. Archaische Gesellschaften können ihre überschaubare Ordnung noch weitgehend mit den Mitteln sozialer Interaktionen unter Anwesenden aufrechterhalten, wobei die Beschränkungen sozialer Interaktionen die Größe und Komplexität dieser Gesellschaften begrenzen. Die Überschreitung dieser Grenze geht mit der Ausbildung einer neuen Form von Kommunikation einher: Hochkulturen entstehen zusammen mit der Form schriftlicher Kommunikation, die räumliche und zeitliche Distanzen überwinden und ein anonymes Publikum erreichen kann (vgl. Merten 1994). Die mit dem Medium schriftlicher Kommunikation verbundenen Beschränkungen des großen Aufwands und des begrenzten Tempos werden durch moderne Techniken der massenmedialen Verbreitung von Kommunikation überschritten: Die moderne, funktional ausdifferenzierte (Welt-) Gesellschaft setzt ein modernes System der Massenkommunikation voraus.

Verbreitungsmedien der Kommunikation sind „evolutionäre Errungenschaften" (Luhmann 1997, S. 505ff.), die Prozesse der gesellschaftlichen Ausdifferenzierung ermöglichen und begleiten. Evolutionäre Errungenschaften stellen geeignete gesellschaftliche Lösungen neuer Problemstellungen dar, die nicht mehr rückgängig gemacht werden können und Voraussetzung weiterer Entwicklungen sind. In ihrer Entstehung und Weiterentwicklung von Schrift und Druck bis zu den heutigen elektronischen Medien antworten die Verbreitungsmedien auf das Problem, wie in einer immer weiter ausdifferenzierten Gesellschaft sowohl Möglichkeiten der gesellschaftlichen Selbstbeschreibung als auch die kommunikative Erreichbarkeit der Adressaten gesichert werden können. In der modernen, funktional ausdifferenzierten Gesellschaft wird dieses Problem durch Massenmedien gelöst. Funktional ausdifferenziert nennt man eine Gesellschaft, in der verschiedene Teilsysteme wie Recht, Wirtschaft, Wissenschaft usw. bestimmte Funktionen erfüllen und bestimmte Leistungen erbringen. Diese Teil- bzw. Funktionssysteme operieren selbstreferentiell geschlossen, was auch bedeutet, dass sie jeweils spezielle, exklusive Leistungen für die Gesellschaft liefern, die von keinem der anderen Funktionssysteme erbracht werden können.[1] Die heutige Gesellschaft ist in einem hohen Maße abhängig von Massenmedien, ohne die gesellschaftliche Prozesse der Selbstbeschreibung und Selbstreproduktion nicht denkbar wären. Nicht nur die Mitglieder der modernen Gesellschaft sind in weiten Teilen ihres Zugangs zur Wirklichkeit auf Medien angewiesen, sondern auch die verschiedenen Bereiche der Gesellschaft wie Politik, Wirtschaft, Wissenschaft usw.

Die Leistung der gesellschaftsweiten Verbreitung von Kommunikation wird durch eine einseitige Form der Kommunikation möglich, die von einem Sender an einen unüberschaubaren Kreis heterogener und anonymer Adressaten läuft, die ein verstreutes Publikum bilden. Neben der allgemeinen Funktion der Verbreitung von Kommunikation erfüllen die Massenmedien eine Gedächtnis- und Thematisierungsfunktion in der modernen Gesellschaft. Angesichts einer sich immer mehr beschleunigenden Kommunikation und einer zunehmenden Fülle an konkurrierenden Themen müssen bestimmte Themen ausgewählt, gebündelt und durchgesetzt werden. Auf diese Weise werden allgemeine Wirklichkeits- und Realitätsannahmen bereitgestellt, auf die sich gesellschaftliche Kommunikationen beziehen und an denen sie sich orientieren können. Diese Annahmen müssen nicht eigens geprüft und/oder mitkommuniziert werden. „Die Massenmedien garantieren allen Funktionssystemen eine gesellschaftsweit akzeptierte, auch den Individuen bekannte Gegenwart, von der sie ausgehen können..." (Luhmann 1996, S. 176) Die Massenmedien erreichen mit ihren Themen mühelos alle gesellschaftlichen Bereiche (etwa Politik, Recht, Wirtschaft, Wissenschaft), während diese Mühe haben, eine angemessene Aufnahme ihrer Themen in den Massenmedien zu bewerkstelligen. „Der gesellschaftsweite Erfolg der Massenmedien beruht auf der Durchsetzung der Akzeptanz von Themen, und diese ist unabhängig davon, ob zu Informationen, Sinnvorschlägen, erkennbaren Wertungen positiv oder negativ Stellung genommen wird." (Luhmann, a.a.O., S. 29) Das heißt: der massenmedial verbreitete Wirklichkeitsentwurf funktioniert ohne Konsensverpflichtungen auf Seiten der Adres-

---

1 Insofern macht es durchaus Sinn, von einer „Mediengesellschaft" zu sprechen, wenn man im Auge behält, dass es auch eine Gesellschaft der Wirtschaft, der Religion, des Erziehungssystems, der Politik usw. gibt (vgl. Luhmann 1986). Funktionssysteme beobachten und verarbeiten gesellschaftliche Kommunikationen nach Maßgabe systeminterner Codierungen, etwa nach recht/unrecht, wahr/unwahr usw.

saten. Es kommt auf die allgemeine Zugänglichkeit und Verständlichkeit der Kommunikation als Grundlage von Öffentlichkeit in der Gesellschaft an: Öffentlichkeit ist in der modernen Gesellschaft eine massenmedial hergestellte Öffentlichkeit (Gerhards/Neidhardt 1991).[2]
Wenn man sich die Funktionen und Leistungen der Massenkommunikation vor Augen hält, wird die zentrale Bedeutung der einseitigen, interaktionsfreien und rückkopplungsarmen Form dieser Kommunikation deutlich, und man kann gerade darin ihre Eigenlogik sehen: Massenkommunikation macht sich, wie Luhmann (1996, S. 11) hervorhebt, durch die Zwischenschaltung von Technik von den Beschränkungen der Interaktion frei, sie verläuft einseitig und rückkopplungsarm. Massenkommunikation findet also statt, wenn technische Verbreitungsmedien der Kommunikation zwischen Sender und Empfänger treten und interaktive Kontaktmöglichkeiten unterbinden. Freilich provoziert diese These skeptische Einwände bezüglich zwar eingeschränkter, aber doch möglicher Rückkopplungen und beobachtbarer Interaktionen in der Massenkommunikation. Über das prinzipiell geringe Maß an Rückkopplungsmöglichkeiten zwischen Empfänger und Sender wird man schnell Einigkeit erzielen können, sich aber dennoch über deren Qualität und Bedeutung streiten. Es gibt Kommentare, Leserbriefe, Einschaltquoten und Publikumsbefragungen, und es werden immer mehr Personen an Medienangeboten aller Art beteiligt. Diese Prozesse, die häufig in Form sozialer Interaktionen ablaufen, sind zweifellos am Zustandekommen der Medienangebote beteiligt, ohne aber selbst Prozesse der Massenkommunikation zu bilden. Sie dienen nicht dem direkten Kontakt mit der Umwelt, sondern der Selbstreproduktion des Systems der Massenkommunikation. Diese Möglichkeiten widersprechen somit keinesfalls der Behauptung, dass Massenkommunikation interaktionsfrei prozessiert.

2   Interaktion und neue Medien

Im Hinblick auf neue Medien wird nun genau diese grundlegende Abkopplung der medialen Kommunikationsform von sozialer Interaktion fraglich. Wenn es um die Möglichkeiten und Chancen neuer Kommunikationsmedien geht, spricht man von der „Interaktivität" neuer Medien bzw. von „interaktiven" Medien. Im

---

2   Auch diese – zumindest bislang – grundsätzlich gültige Behauptung wird durch den Medienwandel herausgefordert: „Können interaktive Medien Öffentlichkeit herstellen?" (Niedermaier 2008) Unterstellt wird mit dieser Frage allerdings nicht, dass nun eine neue, interaktiv hergestellte Öffentlichkeit die massenmediale Öffentlichkeit ablöst, sondern im Sinne einer Ausdifferenzierung des Mediensystems sich neue Formen von (Teil-)Öffentlichkeit ausbilden (vgl. Albrecht u.a. 2008).

Unterschied zur einseitigen Kommunikationsform der Massenmedien sollen neue, computergestützte Formen der Medienkommunikation „interaktiv" sein, d.h. neue und gesteigerte Rückkopplungs- und Eingriffsmöglichkeiten für die Adressaten und Nutzer bieten. Soziologisch bedeutsam ist nun insbesondere die Einschätzung der Qualität dieser Möglichkeiten. Vor dem Hintergrund soziologischer Interaktionstheorien ist zu fragen, was die „Interaktivität" neuer Medien bedeuten kann und welche neuen Möglichkeiten damit realistischerweise verbunden werden können. Soziologische Begriffe der Interaktion heben auf die Anwesenheit der an der Kommunikation beteiligten Personen ab. Damit sind weitreichende Möglichkeiten des Ausdrucks (wie Gestik, Mimik usw.) und direkter Rückmeldungen gegeben, die durch die Zwischenschaltung medialer Techniken ausgeschlossen werden. Auch im Bereich neuer, „interaktiver" Medien handelt es sich zwar um eine im Vergleich zu Massenkommunikation rückkopplungsreichere Kommunikation, die dennoch zwischen abwesenden Personen abläuft. Deshalb werden neue Medien vielfach im Vergleich mit direkten sozialen Interaktionen analysiert, und zwar unter der Frage, ob und in welcher Weise die Rückkopplungsmöglichkeiten die fehlende Kommunikationsbedingung der Anwesenheit der Beteiligten kompensieren können (vgl. Sutter 2005). Immerhin signalisiert der Begriff der „Interaktivität" neuer Medien, dass doch ein gewisser Unterschied zu sozialen Interaktionen zwischen anwesenden Personen besteht. Dann aber spielt die Frage, wie dieser Unterschied genauer zu fassen ist, eine zentrale Rolle bei der Analyse der Möglichkeiten und Grenzen neuer Medien – gerade auch im Hinblick auf die Massenkommunikation.

Wie eingangs schon erwähnt bezieht die behauptete „Interaktivität" neuer Medien ihre Attraktivität vor allem aus dem Umstand, dass sie die Defizite der Massenmedien zu überwinden verspricht, die vor allem aus der einseitigen, interaktionsfreien Form der Medienkommunikation resultieren. Stichworte sind hier u.a.: Vereinzelung, Isolation, Entfremdung und Eskapismus auf der Seite des Publikums; Inszenierung und Manipulation von Wirklichkeit auf der Seite der Medien. Nur eine Aufhebung der Trennung von Sender und Empfänger (von „Medienproduzenten" und „Medienkonsumenten") könnte diesen Kritiken zufolge die massenmedialen Wirkungen der Entfremdung, der Manipulation, der Überwältigung und der dumpfen Zerstreuung des Publikums überwinden. Es müssten also Rückkopplungsmöglichkeiten in der Medienkommunikation geschaffen werden, und genau dies leisten neue Medien: Es vollzieht sich ein Wandel von den alten Medien in Form von Einwegkommunikation zu den neuen Medien in Form von Netzkommunikation. Die Kommunikation läuft nicht mehr von einem Sender an alle Empfänger, sondern von allen an alle, die potentiell sowohl senden als auch empfangen können. Es werden große Erwartungen mit der Entwicklung der Netz-Kommunikation verknüpft: Informationen werden weltweit für alle Nutzer verfügbar. Die Menschen rücken zusammen, Freundschaften und Gemeinschaften werden von geographischer Nähe unabhängig. Nach den Beschränkungen der Kommunikation von einem Sender an viele Empfänger werden Möglichkeiten des gleichberechtigten wechselseitigen Austausches sichtbar. Aufgrund dieser neuen Formen der Netzkommunikation werden die neuen Medien selbst als „interaktiv" bezeichnet: Sie eröffnen vielfältige individuelle Eingriffs-, Gestaltungs- und Rückmeldemöglichkeiten für die Nutzer. Die Rede von den „interaktiven" Medien macht den Unterschied zur Massenkommunikation deutlich: In den vielfältigen Forschungen zur Massenkommunikation wird die Abkopplung der medial verbreiteten Form der Kommunikation von sozialer Interaktion nicht bestritten.[3] Diskutiert werden soziale (bzw. „parasoziale") Formen des subjektiven Umgangs und der kommunikativen Aneignung von Medien. Das schließt auch Versuche ein, auf der Linie des symbolischen Interaktionismus die Möglichkeit wechselseitiger Handlungszusammenhänge trotz Einseitigkeit der Massenkommunikation zu begründen (vgl. Charlton 2001). Kommunikationssoziologisch kann man diesen Versuchen durchaus folgen, solange nicht die Form des Massenmediums selbst als interaktiv beschrieben wird. Wechselseitige Handlungsorientierungen können sich trotz der einseitigen Form der Massenkommunikation als jeweilige subjektive Unterstellung der Medienakteure und der Rezipienten vollziehen. Es bleiben aber subjektive Unterstellungen, die nicht auf der kommunikationstheoretischen Ebene der medialen Formproblematik liegen. *Und genau dies steht mit der Debatte um Interaktivität im Bereich neuer Medien in Frage, ob die Netzkommunikation es nicht nahelegt, die mediale Form selbst und nicht nur den Umgang mit ihr als interaktiv zu beschreiben.*

3 Interaktivität: Wandel durch neue Medien

Ist der Begriff der Interaktivität geeignet, den Wandel der Kommunikationsform von Massenmedien zu neuen Medien zu beschreiben? Zweifel daran stellen sich ein, wenn man sich die unscharfen und mehrdeutigen Bestimmungen des Begriffs vor Augen hält (vgl. Sutter 1999), der oftmals nicht viel klärt, sondern selbst klärungsbedürftig ist (vgl. Bucher 2004). Bereits vor 20 Jahren hält ein grundlegender Artikel zum Thema Interaktivität fest: „Interactivity is a widely used term with an intuitive appeal, but it is an underdefined concept." (Rafaeli 1988, S. 110) Anhaltende Schwierigkeiten der Begriffsklärung haben verschie-

---

3 Ausnahmen wie Reeves/Nass (1996) bestätigen die Regel.

dene Gründe: Ausdrücklich oder implizit wird die soziale Interaktion als Ideal angesetzt, an dem die Analyse neuer „interaktiver" Medien ausgerichtet wird. Dabei wird Interaktivität als breiter Begriff entfaltet, der unterschiedliche Aspekte und Formen der Medienkommunikation umfasst. Darüber hinaus wird der Begriff aus unterschiedlichen theoretischen Perspektiven mit unterschiedlichen Bedeutungen versehen (vgl. Neuberger 2007; Sutter 2008). In letzter Zeit ist das Problembewusstsein im Hinblick auf die dringend notwendige Aufarbeitung und Schärfung des Begriffs der Interaktivität gewachsen und hat zu umfangreichen Überblicken und Systematisierungen geführt (vgl. Kiousis 2002; Neuberger 2007; Quiring/Schweiger 2006; Schönhagen 2004).

Ein wichtiger Grund für die umrissene Problemlage liegt in den Schwierigkeiten, mit neuen Entwicklungen zurecht zu kommen. Mit der Entstehung neuer Medien werden alte, fest etablierte und eingewöhnte Grenzen in Frage gestellt. Kann man nicht nur mit Menschen, sondern auch mit Computern kommunizieren? Wo liegen bzw. wie verschieben sich die Grenzen zwischen Technik und sozialem Handeln? Wie sind die Qualitäten neuer Kommunikationsmedien einzuschätzen? Die Verschiebung der Grenzen zwischen Technik und menschlicher Kommunikation bzw. sozialem Handeln kann als allgemeiner Problemkontext fungieren, in den Analysen von Interaktivität als Merkmal des aktuellen Medienwandels gestellt werden: Neue Entwicklungen werfen die Frage auf, ob die Technik selbst zu einer Teilnehmerin an Kommunikationsprozessen wird. Immerhin sind die Aktivitäten künstlicher Agenten nicht mehr nur an bestimmte vorgegebene Programme gebunden: „Können Maschinen handeln?" (Rammert/Schulz-Schaeffer 2002) Gibt es künstliche Interaktionen zwischen Menschen und Computern und zwischen künstlichen „Agenten im Cyberspace" (Braun-Thürmann 2004)?

3.1 Mensch und Maschine, Technik und Handeln

Die Bearbeitung dieser Fragen hängt entscheidend vom Zusammenhang zwischen soziologischer Begriffsbildung und Gegenstandskonstruktion ab: Neue Entwicklungen fordern bisherige und vielfach auch bewährte Analysekategorien heraus, weil die herkömmlichen Begriffe auf neue Entwicklungen (noch) nicht oder nur unzureichend abgestimmt sind. Wählt man angesichts dieser Aufgabe den Weg einer Ausweitung der Analysekategorie, hat man die Möglichkeit, das Neue erfassen und beschreiben zu können, anstatt es durch einen engeren Begriff von vornherein auszuschließen. Wenn in diesem Sinne „Technik zur Teilnehmerin sozialer Wirklichkeit wird" (Braun-Thürmann 2002), greift diese Strategie: Statt unter Verweis auf menschliches Bewusstsein und Intentionalität als

Bestimmungsmerkmale sozialen Handelns schon vorab zu entscheiden, dass künstliche Agenten auf keinen Fall handeln und interagieren können, öffnet man den Handlungsbegriff. Diese Strategie kann allerdings auch dazu führen, zentrale Grundbegriffe unkontrolliert auszuweiten, wenn man sie neuen Entwicklungen anpasst. Um dieser Gefahr zu entgehen, muss auf notwendige begriffliche Eingrenzungen geachtet werden. Die Abwägung der beiden Strategien begrifflicher Gegenstandskonstruktion ist für eine Theorie der Interaktivität in einem breiteren techniksoziologischen Kontext von zentraler Bedeutung, in dem der eingefahrene Dualismus zwischen einer subjekt- und sinnfreien Technik einerseits und einer technikfreien menschlichen Sozialität andererseits überwunden werden soll (vgl. Rammert 2006, S. 179). Mit Interaktivität können dann neue Beziehungen zwischen Menschen und Maschinen bezeichnet werden, ohne vorab über die Qualität dieser Beziehungen zu urteilen. Entscheidend ist dabei die Kontingenz möglicher Abläufe, ohne die nicht sinnvoll von Interaktion gesprochen werden kann. Probleme werden durch Kooperation mehrerer technischer Agenten gelöst: „Wenn technische Agenten als 'interaktive', 'kooperative' oder 'soziale' Agenten bezeichnet werden, dann wird auf diese, der sozialen Interaktion nachgebildete Wechselwirkung hingewiesen, ohne zu unterstellen, dass sie mit Interaktion unter Menschen identisch ist." (Rammert/Schulz-Schaeffer 2002, S. 16) Es gilt, beiden Gefahren zu entgehen: Einerseits mit einem stark ausgeweiteten, alles und nichts bezeichnenden Handlungsbegriff Unterschiede zwischen menschlichen und nicht-menschlichen Aktivitäten zu überdecken, andererseits soziologische Analysen mit einem zu engen Handlungsbegriff gegen neue Entwicklungen abzuschotten. Diese Schwierigkeiten mit einer Theorie der Interaktivität versucht die geschilderte Position zu vermeiden, indem nicht ein bestimmter Begriff des Handelns, sondern eine Mehrzahl graduell abgestufter Handlungsbegriffe angesetzt wird, um die neuen Möglichkeiten der Interaktivität zu untersuchen.

3.2 Begriffe und Konzeptionen von Interaktivität

Dieses Vorgehen ist typisch für viele Versuche, neue Formen interaktiver Medien zu beschreiben und zu analysieren: Es handelt sich um die Kombination einer Ausweitung des Interaktivitätsbegriffs mit der graduellen Abstufung unterschiedlicher Formen von Interaktivität (vgl. Goertz 1995; Kiousis 2002). Die graduelle Abstufung der Interaktivität neuer Medien ist intuitiv plausibel, da es mehr oder weniger interaktive Medien und mehr oder weniger aktive und flexible Umgangsweisen mit Medien gibt. So ist die Nutzung einer Datenbank weniger interaktiv als der Chat oder viele Computerspiele. Diesem Umstand versucht eine „eingrenzende Strategie" (Neuberger 2007, S. 34f.) gerecht zu werden, die unterschiedliche Perspektiven auf und Bestimmungen von Interaktivität in einer mehrdimensionalen Konzeption zu verbinden sucht. So werden beispielsweise die Dimensionen der medialen Kommunikationstechnologie, der verschiedenen kommunikativen Kontexte und der Wahrnehmungsweisen der Nutzer unterschieden (vgl. Kiousis 2002, S. 372ff.). Goertz (1995) schlägt vier Dimensionen der graduellen Abstufung von Interaktivität vor: Grad der Selektionsmöglichkeiten, Grad der Modifikationsmöglichkeiten, Größe des Selektions- und Modifikationsangebots sowie der Grad der Linearität/Nicht-Linearität. Eine pointiert eingrenzende Strategie verfolgen auch Quiring/Schweiger (2006), die aus verschiedenen Definitionen einen Analyserahmen für Interaktivität entwickeln, der bisherige Bestimmungen und Merkmale systematisiert und verbindet: „Obwohl sich Interaktivität (…) aus einem komplexen Zusammenspiel von (a) Systemeigenschaften, (b) der Situationsevaluation der Nutzer, (c) Aktionen der Nutzer und Reaktionen des Systems sowie (d) der schließlich ausgetauschten Bedeutung ergibt, erfassen einschlägige Definitionen bisher immer nur einen Teil davon bzw. verzichten im Falle von mehrdimensionalen Konzeptionen (…) darauf, die einzelnen betrachteten Dimensionen zu explizieren." (ebda., S. 12) Aus solch einer eingrenzenden Strategie resultiert ein weit gespannter, aber wenig trennscharfer Begriff der Interaktivität.

Eine Alternative hierzu bietet eine „ausgrenzende Strategie" (Neuberger 2007, S. 35ff.), die den Interaktivitätsbegriff enger fasst. Zum Teil verdankt sich diese begriffliche Engführung der Konzentration auf die mediale Formproblematik bzw. die Technologie der Medienkommunikation, die als interaktiv bezeichnet wird. Mit Interaktivität werden dann die Rückkopplungs-, Eingriffs- und Gestaltungsmöglichkeiten neuer Medien bezeichnet. Diese Perspektive auf neue Medien ist für sich genommen notwendig, aber offensichtlich unzureichend bei der Analyse des Wandels durch neue Medien. Denn Interaktivität kann nur im Zusammenhang von medial eröffneten neuen Potenzialen und der Wahrnehmung, Interpretation und Nutzung dieser Möglichkeiten durch die Nutzer analysiert werden (vgl. u.a. Bucher 2004; Höflich 2003). In der Soziologie verdankt sich die Engführung einem Begriff von Interaktion, der auf Face-to-Face-Kommunikation zwischen anwesenden Personen abgestellt ist. Interaktivität bezeichnet dann die Art und Weise, wie die durch die mediale Unterbrechung bedingte Abwesenheit der kommunizierenden Personen kompensiert wird: Interaktion zwischen anwesenden Personen wird zum Ideal, an dem sich Analysen des Wandels von der Massenkommunikation zu interaktiven Medien ausrichten. In der Tat wird hierbei die (oben in einem allgemeinen techniksoziologischen Kontext erläuterte) Gefahr deutlich, durch eine zwar präzise, aber zu enge (und zu konservative) Begriffsbildung das Neue der neuen Medien zu verfehlen. Das

Ideal der Interaktion zwischen anwesenden Personen geht ungeprüft davon aus, dass diese Form der Wechselseitigkeit die mit Interaktivität bezeichnete Qualität neuer Medien auch wirklich ausmacht.

Das also ist die Lage: Versucht man, den Wandel durch neue Medien mit einem stark erweiterten Begriff der Interaktivität zu beschreiben, vermag man das Neue neuer Medien zwar irgendwie zu erfassen, dies aber unpräzise, unscharf, zum Teil unkontrolliert und beliebig sowie insgesamt wenig tragfähig. Dagegen führt die Engführung des Begriffs der Interaktivität zu einer unzureichenden Sicht auf Wandlungsprozesse durch neue Medien und in die Gefahr, das Neue neuer Medien aufgrund der spezifischen Vorgaben zu verfehlen. Desiderat einer Theorie der Interaktivität, mit der Wandlungsprozesse durch neue Medien analysiert werden können, wäre demnach zu klären, ob und wie man einen möglichst präzisen und gehaltvollen Begriff der Interaktivität ohne die genannten Probleme entwickeln kann. Sehen wir uns deshalb die beiden Problemfelder zunächst noch einmal genauer an.

3.2.1 Interaktivität und soziale Interaktion

Das erste Problem bilden soziale Interaktionen als ein theorieleitender Bezugspunkt für die Analysen von Interaktivität (ausführlich hierzu: Rörig 2006). Dieser Bezugspunkt kann in zwei Varianten eingeführt werden: Eine starke Variante umfasst die Mensch-Maschine-Beziehung und personifiziert den PC bzw. informationsverarbeitende Maschinen als Interaktionspartner (vgl. Geser 1989; Turkle 1984). Man kann dann Computern Kommunikations- und Dialogfähigkeiten zuschreiben, so dass Computer als einer anderen Person vergleichbare Interaktionspartner angesehen werden. Meint man damit nicht nur mögliche Unterstellungen der Nutzer, die ihren Computern Merkmale menschlicher Interaktionspartner zuschreiben, führt dies zu einer Erweiterung des Interaktionsbegriffs über die interpersonale Kommunikation hinaus auf Mensch-Maschine-Kommunikationen. Allerdings werden hier die Ebenen einer Interaktion mit der Maschine und einer Interaktion mittels einer Maschine immer wieder vermischt: „Der Computer ist nicht nur Medium, sondern auch 'Maschine'. Dementsprechend kann auf einen weit gefassten, als Wechselseitigkeit verstandenen Begriff von Interaktion Bezug genommen werden. Dies schließt eine Mensch-Maschine-(Computer-/Software-)Beziehung – oder sogar nur die Imagination von Wechselseitigkeit, wie bei der parasozialen Interaktion – als Interaktionsform mit ein. Dies ist gemeint, wenn von einer Interaktion mit dem Computer gesprochen wird." (Höflich 2003, S. 90f.) Der Verweis auf den soziologisch äußerst problematischen Begriff der parasozialen Interaktion ist hier in zweifacher Hinsicht entlarvend: Er bezeichnet im Bereich der Massenkommunikation Unterstellungen der Medienfiguren und Rezipienten, die so tun, als ob sie in eine soziale Interaktion zueinander treten. Diese Unterstellungen sollen es ermöglichen, dass Medienakteure und Rezipienten trotz interaktionsfreier Einwegkommunikation wechselseitig aufeinander bezogen handeln können. Überträgt man diese Vorstellung auf die Beziehungen zwischen Menschen und Maschinen, so wäre erstens zu fragen, ob und gegebenenfalls wie Maschinen mit solchen Unterstellungen operieren. Weist man Maschinen solche Fähigkeiten zu, liegt der Verdacht der Anthropomorphisierung und Personifizierung von Computern nahe. Handelt es sich, als zweite Möglichkeit, aber nur um Unterstellungen der Nutzer, dann reduziert sich die behauptete Mensch-Maschine-Interaktion auf subjektive Deutungen der Nutzer. In diesem Zusammenhang ist die soziale Kategorie der Interaktion dann aber schlicht falsch gewählt (wie auch im Bereich der parasozialen Interaktion), will man eine Vermischung subjektiver und kommunikativer Prozesse vermeiden. Folgerichtig werden aus verschiedenen Gründen Begriffe der Interaktion bzw. Interaktivität für die Bezeichnung von Mensch-Maschine-Beziehungen abgelehnt (vgl. Schönhagen 2004, S. 29ff.; Neuberger 2007, S. 44).[4]

Eine schwächere Variante bezieht sich nicht auf Mensch-Maschine-Beziehungen, sondern auf die Kommunikation zwischen Menschen mit den Mitteln von Computern (vgl. Schönhagen 2004, S. 47ff.). Auch hierbei orientieren soziale Interaktionen in dem Sinne die Analysen, als Unterschiede und Gemeinsamkeiten zwischen direkten Interaktionen, an denen sich gegenseitig als anwesend wahrnehmende Personen beteiligen, und medial vermittelten Kommunikationen diskutiert werden. Die Interaktivität neuer Medien ist daran abzulesen, wie nahe neue Formen der Medienkommunikation den Möglichkeiten direkter

---

4 In diesem Zusammenhang kann man auch von einem Mythos „Künstliche Kommunikation" sprechen (vgl. Krämer 1997): „'Interaktivität' ist in diesem Zusammenhang zum Schlüsselbegriff avanciert, welcher eröffnen könnte, worin das Neue der medialen Nutzung des Computers besteht. Die Frage ist nur, wer interagiert hier mit wem? Die Mythologisierung dieses Konzeptes projiziert, dass, was 'Interaktivität' bedeutet, zu gewinnen sei am Vorbild einer wechselseitigen Bezugsnahme von Personen. Diese personifizierende Perspektive sei der Mythos von der 'Künstlichen Kommunikation' genannt." (ebda., S. 87) In eine ähnliche Richtung weist die Kritik Rörigs (2006): „Die argumentative Herleitung des Interaktiven über erweiterte kommunikative Freiheiten und die Aktivierung der Nutzer führt immer notwendig in das bidirektionale Schema der Individualkommunikation zurück: Sender – Medium – Empfänger. Interaktivität als Versprechen erweiterter menschlicher Kommunikationsräume über die Computermedien übergeht hier die banale Tatsache, dass die Kommunikation dann immer noch vermittelt ist. Subjektiver Handlungsträger ist der Mensch, Autor oder Nutzer als Sender, das Medium bleibt passiv. Eine erweiterte Interaktion findet nicht statt, weil die mediale Vermitteltheit immer ein Weniger statt ein Mehr gegenüber der direkten Interaktion mit sich bringt." (ebda., S. 246)

sozialer Interaktionen kommen. Dabei werden Unterschiede zwischen interaktiven Medien und sozialen Interaktionen auch in den Positionen gesehen, die auf Gemeinsamkeiten abstellen. Die Kommunikationspartner sind abwesend, können anonym bleiben, mit Rollen spielen, man kommuniziert mittels Texteingaben usw. Zur Diskussion steht die Bedeutung dieser Unterschiede, beispielsweise der Anonymität der Beteiligten an vernetzter Kommunikation: Hier kann zwischen der strukturellen Anonymität der Adressaten von Massenkommunikation und der „'sekundären' Anonymisierung" (Sandbothe 1998, S. 66) der Teilnehmer interaktiver Netzkommunikation differenziert werden. Die Teilnehmer sind anders als ein nur massenmedial erreichbares Publikum aktiv und können die Kommunikation individuell gestalten. Sie geben sich selbst Namen und spielen eine Rolle, ihre Homepages stellen jederzeit erreichbare mediale Adressen dar. Darüber hinaus können die Kommunikationen mittels Computern jederzeit in reale Beziehungen überführt werden, was bei struktureller Anonymität nicht möglich ist (vgl. ebda.). Das soll dafür sprechen, dass Kommunikationen mittels Computern in wesentlichen Punkten sozialen Interaktionen vergleichbar sind und diesen nahekommen.

Dagegen werden die Merkmale der Anonymität und Unpersönlichkeit der Beteiligten in Positionen, die auf Unterschiede zwischen interaktiven Medien und sozialen Interaktionen abheben, anders eingeschätzt. Hierbei können vor allem Analysen von Chats zum Vergleich von mündlichen und per Computer geführten Dialogen benutzt werden. Chats sind computergestützte Formen schriftlich geführter Gespräche (vgl. Beißwenger 2001), die sich aus der Anonymität der Schriftkommunikation einerseits und der synchronen Interaktivität der Kommunikationspartner andererseits zusammensetzen. Die schriftliche Textförmigkeit der Kommunikation schafft eine unüberbrückbare Differenz zu mündlichen Gesprächen, insofern die Nutzer nicht mit Personen, sondern mit Texten bzw. symbolischen Repräsentationen interagieren. Personen werden zu symbolischen Repräsentationen. Es geht nicht um Beziehungen zwischen konkreten Personen, die sich als Personen wahrnehmen und identifizieren, sondern um Intertextualität, um Beziehungen zwischen Texten (vgl. Krämer 2000). Schriftlich geführte Gespräche können sozialen Interaktionen hinsichtlich der Synchronizität der Beiträge nahekommen, aber stets macht sich die technologische Ermöglichung und Übertragung der Kommunikation bemerkbar (vgl. Beißwenger 2005, S. 82ff.). Unter der Bedingung einer schriftlichen Eingabe von Kommunikationsbeiträgen ergibt sich die Sequentialität des Geschehens nicht wie im mündlich geführten Gespräch gleichsam wie von selbst, sondern muss von den Beteiligten eigens hergestellt werden. Bei – im Unterschied zu Email, aber ähnlich wie beim Telefon – synchron geführten (schriftlichen) Gesprächen über Instant Messenger ICQ kompensiert die zeitliche Nähe der

Beiträge zwar zumindest teilweise die körperliche Abwesenheit (vgl. Tipp 2008). Jedoch sind bestimmte köperbezogene wechselseitige Beobachtungen und Kommunikationsmöglichkeiten ausgeschlossen, was insbesondere auch bei Computerspielen von Bedeutung ist, in denen Spieler mittels Avataren in Kontakt zueinander treten (vgl. Moore u.a. 2007). Einerseits stellen sich hier spezielle Probleme der Handlungskoordination, die sich aus der Unsichtbarkeit etwa von Köperhaltungen, Kopf- und Augenbewegungen ergeben, andererseits etablieren sich wie in mündlich geführten Gesprächen Anschlussanforderungen, deren Erfüllung aufgrund der Synchronizität erwartbar und deren Nichterfüllung von gesteigerter Bedeutung ist.

3.2.2 Interaktivität als mediale Form und Nutzungsweise

Das zweite weiter oben genannte Problemfeld betrifft die Interaktivität als mediale Form und als wahrgenommene und realisierte Nutzungsweise. Interaktivität kann als medial eröffnetes Potenzial und als Realisierung durch die Nutzer konzipiert werden. Diese beiden Dimensionen der Analyse neuer Medien sind genau auseinanderzuhalten, und sie fallen auch empirisch deutlich auseinander (vgl. Mehler/Sutter 2008). Wenn neue Medien zunehmende Rückkopplungs-, Eingriffs- und Gestaltungsmöglichkeiten eröffnen, bedeutet dies noch nicht, dass diese Möglichkeiten auch genutzt werden. Insbesondere das Schlagwort Web 2.0 verweist auf gesteigerte Möglichkeiten der direkten aktiven Beteiligung an und Gestaltung von Internetangeboten. Diese Möglichkeiten des „Mitmach-Netzes" (Gscheidle/Fisch 2007) werden allerdings teilweise nur wenig ausgeschöpft, wie einige Resultate der Online-Studie von ARD und ZDF zeigen. Das Web 2.0 wird als ein Mitmach-Internet bezeichnet, das im Gegensatz zu herkömmlichen Internetangeboten nicht nur – wenn auch individuell – eher passiv genutzt wird, sondern an dessen Angebote die Nutzer aktiv mitwirken. Im Web 2.0 geht es um Partizipation und Mitgestaltung der Nutzer, meist auf speziellen, leicht bedienbaren Plattformen. „Diverse Studien und Messverfahren ermitteln für Web-2.0-Angebote bereits hohe Reichweiten. Communities und virtuelle Spielewelten überbieten sich gegenseitig mit den Zahlen ihrer angemeldeten Nutzer." (ebda., S. 398) Zwar ist das Interesse an aktiver Partizipation bei knapp einem Drittel der Internetnutzer grundsätzlich vorhanden, und die Nutzung von Wikipedia (47%) und von Videoportalen wie YouTube (34%) ist weit verbreitet. Der Anteil aktiver Beiträger ist dagegen relativ gering: So rufen im Bereich der Weblogs drei Viertel der Nutzer Informationen nur ab. Noch überraschender sind die Ergebnisse für die Internetenzyklopädie Wikipedia, die als Paradebeispiel für einen interaktiven Kommunikationsraum der Produktion, Organisation und

Vermittlung von Informationen und Wissen gilt: Nur 6% der Nutzer haben schon einmal einen Beitrag verfasst oder Informationen eingestellt, ähnlich sieht es bei den breit genutzten Videoportalen aus. „Eine im Verhältnis geringe Anzahl aktiver Nutzer", so bilanzieren die Autoren, „'erschafft' also massenattraktive Inhalte. Der Mehrwert ist für viele Nutzer offenkundig nicht die Möglichkeit, selbst aktiv im Netz mitzumachen, sondern attraktive Inhalte passiv konsumieren zu können." (ebda., S. 401) Genau das stellt aber auch die primäre Leistung des nach wie vor dominanten Massenmediums Fernsehen dar.

Sicherlich gibt es in der Dimension der technologisch bedingten medialen Form einen tiefgreifenden Medienwandel von einseitigen Massenmedien zu vernetzten „interaktiven" Medien. Der Wandel von Massenmedien zur Interaktivität neuer Medien muss jedoch von der Nutzerseite her gesehen vorsichtig und zurückhaltend eingeschätzt werden, solange die medial eröffneten neuen Möglichkeiten der aktiven Beteiligung und Gestaltung noch relativ wenig umgesetzt werden. Ja mehr noch: Breit genutzte Angebote wie Wikipedia oder YouTube z.B. erscheinen von der Nutzerseite her gesehen eher als Massenmedien, nur dass die Inhalte von einigen Nutzern produziert und gestaltet werden. Das Internet bietet demnach beides, nämlich einerseits die Interaktivität eines exklusiven Raums, der von wenigen Produzenten und Autoren besetzt wird, und ein massenmedial generalisiertes Angebot für viele Nutzer. Diese Form des internetgestützten Massenmediums ist nun keinesfalls mit älteren Massenmedien wie Fernsehen und Radio gleichzusetzen, die zu einem bestimmten Zeitpunkt ein Angebot von einem Sender an alle ausstrahlen. Im Internet sind Zugang und Nutzung zeitungebunden und jeweils individuell gestaltbar. Entscheidend ist aber, dass der individuelle Zugriff auf ein generalisiertes, für alle gleiches Angebot erfolgt, so dass eine massenmediale Struktur des Kommunikationsraumes vorliegt.

Auch wenn diese Beobachtungen und Analysen nicht verallgemeinert werden dürfen und nur für bestimmte Bereiche des Internet gelten, machen sie doch deutlich, dass der mit Interaktivität beschriebene Medienwandel nicht nur auf der Seite der medial eröffneten Möglichkeiten, sondern auch auf der Seite der von den Nutzern wahrgenommenen und realisierten Umgangsweisen beschrieben werden muss (pointiert hierzu: Bucher 2001, 2004). Dabei kommt es darauf an, Vereinseitigungen zu vermeiden. Es führt nicht weiter, den in vielen Bereichen der Medienforschung gepflegten Medienzentrismus mit dem Fokus auf die mediale Formproblematik bei der Analyse von Interaktivität fortzuführen. Aber auch die Dimension der Mediennutzung allein reicht nicht aus, um den Medienwandel angemessen zu erfassen. Es kommt darauf an, beide Seiten zu berücksichtigen, ein Desiderat, das mittlerweile in zunehmendem Maße gesehen wird. So unterscheidet Bucher (2004, S. 136) zwei Aspekte von Interaktivität, die adressatenorientierte Interaktivität (die Seite der Nutzungsweisen) und die angebotsorientierte Interaktivität (Eigenschaften des Mediums). Zentrale Fragen einer adressatenorientierten Interaktivität sind Bucher (ebda.) zufolge Unterschiede zwischen direkten Interaktionen und computervermittelten Kommunikationen, Fragen zu Interaktionsqualitäten wie Vertrauen und Identitätsbildungen im Netz. Im Bereich der angebotsorientierten Interaktivität geht es um die Spezifik non-linearer Formen der Kommunikation, die bestimmte Aneignungsformen für die Nutzer bedingen. Es kommt darauf an, die Relationen zwischen Angebots- und Aneignungsstrukturen zu untersuchen. Dies stellt auch im Bereich der Massenkommunikationsforschung seit längerem ein wichtiges Untersuchungsfeld dar: Der Umgang mit dem einseitigen Massenmedium vollzieht sich nicht einfach als passive Rezeption, sondern in Prozessen der aktiven Deutung und der subjektiven Auseinandersetzung mit Medienangeboten (vgl. Charlton 1997). Von daher liegt es nahe, die Erforschung der Interaktivität in Beziehung zu Problemstellungen der Massenkommunikationsforschung zu setzen. Die Bedeutung von Aneignungsprozessen der Nutzer steigt im Bereich neuer Medien noch beträchtlich an, wenn man davon ausgeht, dass Internetangebote sich in diesen Aneignungsprozessen erst herstellen und individuell zugänglich werden.

Es gilt demnach, Interaktivität – wie weiter oben bereits erörtert – auf mehrere Dimensionen zu beziehen: „die Dimension der Technik und der Software-Programmierung, der Online-Angebote selbst, der Nutzer und ihrer Dispositionen sowie des Nutzungsprozesses selbst. Was allerdings bislang fehlt, ist eine Integration der verschiedenen Dimensionen und der entsprechenden Analysevorschläge." (Bucher 2004, S. 141) Leider führt auch von da aus, wie so oft in der sozialwissenschaftlichen Medienforschung, eine handlungstheoretische Konzeption, wie sie Bucher (ebda.) vorschlägt, in Vereinseitigungen. Es wird nämlich nicht nur – sehr zu Recht! – eine differenzierte Sicht auf die behauptete Interaktivität neuer Medien empfohlen, sondern auch eine höchst problematische, weil identitäts- und handlungstheoretisch begründete Integration der unterschiedenen Dimensionen und Aspekte entwickelt. Eine identitäts- und handlungstheoretische Strategie lässt die ausdifferenzierten Aspekte letztlich in einer Nutzerperspektive zusammenfallen. Zentral ist hierbei, wie schon in der handlungstheoretischen Massenkommunikationsforschung, der Begriff der Aneignung: Nutzer eignen sich Online-Angebote in einer Weise an, die systematisch Interaktivität unterstellt. Dieser Begriff der Aneignung weist eine große Nähe zum Begriff der parasozialen Interaktion in der handlungstheoretischen Medienforschung auf, der auf eine Unterstellung sozialer Beziehungen zwischen Rezipienten und Medienfiguren aus Sicht der Rezipienten abhebt. Aus dem Argument, dass Interaktivität weder aus den Formen und Merkmalen neuer

Medien(angebote) noch aus der Nutzerperspektive allein abgeleitet werden kann, wird auf eine Vermittlung dieser Aspekte durch Aneignungsprozesse geschlossen, deren Bedingtheit durch die mediale Formproblematik jedoch systematisch in den Hintergrund rückt, während Aneignung als Aktivität von Nutzern begriffen wird. Konzepte der Interaktivität als mediale Form und als Nutzungsweise dürfen weder gegeneinander ausgespielt noch identitätstheoretisch miteinander vermischt werden, sondern sind als jeweils eigenständige Dimensionen neuer Medien zu beschreiben und zu analysieren.

Dies ist auch in jenen Bereichen von entscheidender Bedeutung, in denen „Interaktionen" zwischen Nutzern und künstlichen Agenten zu beobachten sind, die ebenfalls von Unterstellungen der Nutzer getragen werden (vgl. Krummheuer 2008). Diese Unterstellungen „vermitteln" nicht einfach zwischen den Interaktionserwartungen der Nutzer und den Möglichkeiten und Beschränkungen künstlicher Agenten. Vielmehr werden Differenzen zu sozialen Interaktionen zwischen sozial handlungsfähigen Subjekten sichtbar. Dies zeigen zum Beispiel Gespräche, die Personen mittels Texteingabe mit einem virtuellen Agenten („Max") führen (vgl. ebda.). Der Agent Max wird in diesen Gesprächen nur teilweise als Interaktionspartner behandelt. Die Menschen tendieren dazu, Verständigungsprobleme nicht mit Max, sondern im Gespräch mit anderen anwesenden Personen zu lösen. Neben der Kommunikation mit Max verläuft ein Prozess der kommunikativen Verstehenssicherung, die den virtuellen Agenten Max ausschließt und damit nicht als vollwertigen Interaktionspartner behandelt. Stattdessen erläutern sachkundige Experten die Äußerungen des virtuellen Agenten. Diese Konstellation erinnert an Kommunikationen zwischen Erwachsenen und kleinen Kindern, etwa wenn ein kleines Kind sich gegenüber einer anwesenden Person nicht verständlich machen kann, worauf sich die Person an die Mutter als „Expertin" für die Bedeutung der kindlichen Äußerung wendet (vgl. Sutter 2009, S. 281ff.). Während das kleine Kind jedoch diese verstehenssichernde Problembehandlung wahrnehmen kann, ist dies für den virtuellen Agenten Max aufgrund der medialen Unterbrechung der Kommunikation nicht möglich. Diese durch die Medientechnik gegebenen Bedingungen üben unabhängig von den Unterstellungen der Nutzer einen wesentlichen Einfluss auf die Kommunikation aus.

4 Ausblick: Interaktivität und Massenkommunikation

Die vorlaufenden Überlegungen zur Interaktivität neuer Medien sind erkennbar durch einen skeptischen Grundton gekennzeichnet, denn medien- und kommunikationssoziologisch scheint der Begriff der Interaktivität nicht dafür prädestiniert zu sein, den Wandel von der Massenkommunikation zu den neuen Medien angemessen zu beschreiben. Verschiedene kritische Betrachtungen zeigen, dass der Begriff der Interaktivität zu sehr auf Kategorien sozialer Interaktionen und handelnder Personen verweist, um kommunikationssoziologisch das Neue neuer Medien zu fassen. Konzeptionen der Interaktivität rücken Ideale der Interaktion anwesender Personen und subjektive Unterstellungen von Nutzern in den Vordergrund. Aus diesen Gründen wären aus soziologischer Sicht unverfänglichere Begriffe sicherlich vorzuziehen. Ansatzpunkte hierzu liegen durchaus vor, etwa wenn im Zusammenhang neuer Medien von gesteigerten Rückkopplungs- und Gestaltungsmöglichkeiten, Anonymität der Adressaten, Kommunikation mit und mittels schriftlichen Texten, Steigerungen von Kontingenzen usw. die Rede ist (vgl. hierzu auch Sutter 2008). Es bleibt unbenommen und notwendig, diese Prozesse – soweit möglich und sinnvoll – aus der Sicht der Nutzer zu beschreiben. Darüber hinaus ist zu fragen, wie die Möglichkeiten neuer Medien aus der Sicht der Kommunikation zu begreifen sind. Es ist nicht nur zu fragen, wie Personen mit neuen Medien umgehen bzw. mittels neuer Medien miteinander kommunizieren, sondern auch, wie in neuen Medien Personen kommunikativ adressiert werden. Spätestens dann wird die Notwendigkeit deutlich, Interaktivität bzw. die Bestimmung des Neuen neuer Medien von Personen- und Interaktionsbindungen abzukoppeln. Adressiert werden nicht nur „Menschen", was häufig nur durch Offline-Kontakte zweifelsfrei festgestellt werden kann, sondern in vielfacher Weise auch Texte, hinter denen nicht nur Menschen, sondern auch künstliche Agenten stehen können.

Die Internetkommunikation verwischt die „...Grenzen zwischen verschiedenen Kategorien von Adressen. Adressen von Personen und Adressen von Computern unterscheiden sich im Internet nicht." (Stichweh 2001, S. 31) So können Computer „...für die Nutzer zur Zurechnungsadresse für Kommunikationen werden." (Braun-Thürmann 2004, S. 89) Personen verwandeln sich im Internet in Zeichen, „...in symbolische Konstrukte, in bloße Datenkonfigurationen". (Krämer 2000, S. 107) Auf diese geänderten Formen und Möglichkeiten der Adressierung muss sich die Kommunikation einstellen. Die Umwelt von Kommunikationen bevölkern nicht nur menschliche Personen, sondern auch informationsverarbeitende Maschinen. Es ist deshalb nicht sinnvoll, nach einem diese verschiedenen Gesichtspunkte integrierenden, vereinheitlichenden Bezugspunkt zu suchen, sondern es sind im Gegenteil weitere Differenzierungen vorzunehmen. Wir brauchen, und das ist ganz entscheidend, Instrumente kommunikationssoziologischer Analysen, die nicht nur mit bewusstseinsfähigen handelnden Personen rechnen. Damit ist keineswegs in Abrede gestellt, dass vergleichende Analysen von Internetkommunikationen (etwa zwischen Avataren) und zwischenmenschlichen Interaktionen instruktiv sind. Wenn bestimmte Bedingungen wie Köperhaltung, Gestik, Blickverhalten usw. nicht oder nur bruchstückhaft in die Kommunikation einfließen, kann im Vergleich mit sozialen Interaktionen – gewissermaßen mit einem klinischen Blick – rekonstruiert werden, welche Konsequenzen dies für Koordinationsprozesse (wie z.b. Sprecherwechsel) hat. Diese vergleichenden Analysen haben aber eine Kommunikationstheorie zur Voraussetzung, die jedwede Form der Adressierung in den Blick nehmen kann. Ohne handlungs- oder bewusstseinstheoretische Vorgaben ist zu fragen, welche neue Formen der Adressierung sich in der Internetkommunikation ausbilden.

Skeptisch wird auch die schlichte Entgegensetzung älterer Massenmedien und neuer „interaktiver" Medien zu betrachten sein, wenn es um Analysen des aktuellen Medienwandels geht. Was die Analyseinstrumente dieses Wandels angeht, steht die Soziologie auf recht sicherem Boden: Die oben beschriebenen Funktionen und Leistungen der Massenmedien hängen an der Generalisierung von Texten bzw. Medienangeboten, auf die wir alle Zugriff haben. Je individueller sich die Texte in neuen Medien gestalten, desto weniger werden diese Leistungen erbracht werden können. Das Internet ist jedoch, wie oben erörtert, in vielen Bereichen massenmedial nutzbar. Der Zugriff mag individuell und zeitlich variabel sein, die Texte sind gleichwohl generalisiert und für alle gleich. Diese Generalisierung ist entscheidend, auch wenn die Texte von den Nutzern generiert wurden. Man kann die Bereiche der Kommunikation, der Information und der Unterhaltung im Internet nicht über einen Kamm scheren. In den Bereichen der Information (Beispiel: Wikipedia) und der Unterhaltung (Beispiel: YouTube) hat sich das Internet als Massenmedium etabliert. Neu daran ist sicherlich, dass viele Angebote von den Nutzern geschaffen werden. Aber zunehmend drängen auch die herkömmlichen Massenmedien in das Internet. Mal bang, mal hoffnungsfroh wird vermutet, die Zukunft von Zeitung und Fernsehen liege letztlich doch im Internet, das von den jüngeren Gesellschaftsmitgliedern favorisiert wird. Wie immer der Medienwandel weiter verläuft, ob die Differenzierung des Mediensystems sich mehr und mehr innerhalb oder weiterhin in wesentlichen Teilen auch außerhalb des Internet vollzieht: nach wie vor hängt die moderne Gesellschaft von den Formen und Leistungen von Massenkommunikation ab, die nicht von einer wie auch immer gefassten Interaktivität neuer Medien abgelöst werden kann.

Literatur

Albrecht, Steffen; Hartig-Perschke, Rasco; Lübcke, Maren (2008): Wie verändern neue Medien die Öffentlichkeit? Eine Untersuchung am Beispiel von Weblogs im Bundestagswahlkampf 2005. In: Christian Stegbauer & Michael Jäckel (Hg.): Social

Software. Formen der Kooperation in computerbasierten Netzwerken. Wiesbaden: VS Verlag für Sozialwissenschaften, S. 95-118.
Beißwenger, Michael (2001): Das interaktive Lesespiel. Chat-Kommunikation als mediale Inszenierung. In: ders. (Hg.): Chat-Kommunikation. Sprache, Interaktion und Sozialität in synchroner computervermittelter Kommunikation – Perspektiven auf ein interdisziplinäres Forschungsfeld. Stuttgart: Ibidem-Verlag, S. 79-138.
Beißwenger, Michael (2005): Interaktionsmanagement in Chat und Diskurs. Technologiebedingte Besonderheiten bei der Aushandlung und Realisierung kommunikativer Züge in Chat-Umgebungen. In: ders. & Angelika Storrer (Hg.): Chat-Kommunikation in Beruf, Bildung und Medien: Konzepte – Werkzeuge – Anwendungsfelder. Stuttgart: Ibidem-Verlag, S. 63-87.
Braun-Thürmann, Holger (2002): Künstliche Interaktion. Wie Technik zur Teilnehmerin sozialer Wirklichkeit wird. Wiesbaden: Westdeutscher Verlag.
Braun-Thürmann, Holger (2004): Agenten im Cyberspace: Soziologische Theorieperspektiven auf die Interaktionen virtueller Kreaturen. In: Udo Thiedeke (Hg.): Soziologie des Cyberspace. Medien, Strukturen und Semantiken. Wiesbaden: VS Verlag für Sozialwissenschaften, S. 70-96.
Bucher, Hans-Jürgen (2001): Wie interaktiv sind die neuen Medien? Grundlagen einer Theorie der Rezeption nicht-linearer Medien. In: ders. & Ulrich Püschel (Hg.): Die Zeitung zwischen Print und Digitalisierung. Wiesbaden: Westdeutscher Verlag, S. 139-171.
Bucher, Hans-Jürgen (2004): Online-Interaktivität – ein hybrider Begriff für eine hybride Kommunikationsform. Begriffliche Klärungen und empirische Rezeptionsbefunde. In: Christoph Bieber & Claus Leggewie (Hg.): Interaktivität. Ein transdisziplinärer Schlüsselbegriff: Frankfurt/New York: Campus, S. 132-167.
Charlton, Michael (1997): Rezeptionsforschung als Aufgabe einer interdisziplinären Medienwissenschaft. In: ders. & Silvia Schneider (Hg.): Rezeptionsforschung. Theorien und Untersuchungen zum Umgang mit Massenmedien. Opladen: Westdeutscher Verlag, S. 16-39.
Charlton, Michael (2001): Produktion und Rezeption von Massenmedien als soziales Handeln. In: Tilmann Sutter & Michael Charlton (Hg.): Massenkommunikation, Interaktion und soziales Handeln. Wiesbaden: Westdeutscher Verlag, S. 46-66.
Gerhards, Jürgen; Neidhardt Friedhelm (1991): Strukturen und Funktionen moderner Öffentlichkeit. Fragestellungen und Ansätze. In: Stefan Müller-Doohm & Klaus Neumann-Braun (Hg.): Öffentlichkeit, Kultur, Massenkommunikation. Oldenburg: Bibliotheks- und Informationssystem der Universität Oldenburg (bis), S. 31-89.
Geser, Hans (1989): Der PC als Interaktionspartner. Zeitschrift für Soziologie, Jg. 18, Heft 3, S. 230-243.
Goertz, Lutz (1995): Wie interaktiv sind Medien? Auf dem Weg zu einer Definition von Interaktivität. Rundfunk und Fernsehen, Jg. 43, Heft 4, S. 477-493.
Gscheidle, Christoph; Fisch, Martin (2007): Onliner 2007: Das „Mitmach-Netz" im Breitbandzeitalter. PC-Ausstattung und Formen aktiver Internetnutzung: Ergebnisse der ARD/ZDF-Online-Studie 2007. Media Perspektiven 8, S. 393-405.
Höflich, Joachim R. (2003): Mensch, Computer und Kommunikation. Theoretische Verortungen und empirische Befunde. Frankfurt/M. usw.: Peter Lang.

Kiousis, Spiro (2002): Interactivity: A Concept Explication. New Media & Society, Vol. 4, S. 355-383.
Krämer, Sybille (1997): Vom Mythos „Künstliche Intelligenz" zum Mythos „Künstliche Kommunikation" oder: Ist eine nicht-anthropomorphe Beschreibung von Internet-Interaktionen möglich? In: Stefan Münker & Alexander Roesler (Hg.): Mythos Internet. Frankfurt/M.: Suhrkamp, S. 83-107.
Krämer, Sybille (2000): Subjektivität und neue Medien. Ein Kommentar zur Interaktivität. In: Mike Sandbothe & Winfried Marotzki (Hg.): Subjektivität und Öffentlichkeit. Kulturwissenschaftliche Grundlagenprobleme virtueller Welten. Köln: Herbert von Halem, S. 102-116.
Krummheuer, Antonia L. (2008): Zwischen den Welten. Verstehenssicherung und Problembehandlung in künstlichen Interaktionen von menschlichen Akteuren und personifizierten virtuellen Agenten. In: Herbert Willems (Hg.): Weltweite Welten. Internet-Figurationen aus wissenssoziologischer Perspektive. Wiesbaden: VS Verlag für Sozialwissenschaften, S. 269-294.
Luhmann, Niklas (1986): Ökologische Kommunikation. Kann die moderne Gesellschaft sich auf ökologische Gefährdungen einstellen? Opladen: Westdeutscher Verlag.
Luhmann, Niklas (1996): Die Realität der Massenmedien (1995). 2. erw. Aufl. Opladen: Westdeutscher Verlag.
Luhmann, Niklas (1997): Die Gesellschaft der Gesellschaft. Frankfurt/M.: Suhrkamp.
Mehler, Alexander; Sutter, Tilmann (2008): Interaktive Textproduktion in Wiki-basierten Kommunikationssystemen. In: Ansgar Zerfaß, Martin Welker & Jan Schmidt (Hg.): Kommunikation, Partizipation und Wirkungen im Social Web. Band 1: Grundlagen und Methoden: Von der Gesellschaft zum Individuum. Köln: Herbert von Halem, S. 267-300.
Merten, Klaus (1994): Evolution der Kommunikation. In: Klaus Merten, Siegfried J. Schmidt & Siegfried Weischenberg (Hg.): Die Wirklichkeit der Medien. Eine Einführung in die Kommunikationswissenschaft. Opladen: Westdeutscher Verlag, S. 141-162.
Moore, Robert. J.; Ducheneaut, Nicolas; Nickell, Eric (2007): Doing Virtually Nothing: Awareness and Accountability in Massively Multiplayer Online Worlds. In: Computer Supported Cooperative Work, Vol. 16, S. 265-305.
Münch, Richard (1995): Dynamik der Kommunikationsgesellschaft. Frankfurt/Main: Suhrkamp.
Neuberger, Christoph (2007): Interaktivität, Interaktion, Internet. Publizistik, Jg. 52, Heft 1, S. 33-50.
Niedermaier, Hubertus (2008): Können interaktive Medien Öffentlichkeit herstellen? Zum Potenzial öffentlicher Kooperation im Internet. In: Christian Stegbauer & Michael Jäckel (Hg.): Social Software. Formen der Kooperation in computerbasierten Netzwerken. Wiesbaden: VS Verlag für Sozialwissenschaften, S. 49-69.
Quiring, Oliver; Schweiger, Wolfgang (2006): Interaktivität – ten years after. Bestandsaufnahme und Analyserahmen. Medien und Kommunikationswissenschaft, Jg. 54, Heft 1, S. 5-24.

Rammert, Werner (2006): Technik in Aktion: Verteiltes Handeln in soziotechnischen Konstellationen. In: ders. & Cornelius Schubert (Hg.): Technografie. Zur Mikrosoziologie der Technik. Frankfurt/New York: Campus, S. 163-195.
Rammert, Werner; Schulz-Schaeffer, Ingo (2002): Technik und Handeln. Wenn soziales Handeln sich auf menschliches Verhalten und technische Abläufe verteilt. In: dies. (Hg.): Können Maschinen handeln? Soziologische Beiträge zum Verhältnis von Mensch und Technik. Frankfurt/New York: Campus, S. 11-64.
Rafaeli, Sheizaf (1988): Interactivity: From New Media to Communication. In: Robert P. Hawkins, John M. Wiemann & Suzanne Pingree (Hg.): Advancing Communication Science: Merging Mass and Interpersonal Processes. Newbury Park, CA: Sage Publications, S. 110-134.
Reeves, Byron; Nass, Clifford (1996): The Media Equation. How People Treat Computers, Television, and New Media like Real People and Places. Cambridge: CSLI Publications.
Rörig, Horst (2006): Die Mär vom Mehr. Strategien der Interaktivität. Begriff, Geschichte, Funktionsmuster. Berlin: Lit-Verlag.
Sandbothe, Mike (1998): Transversale Medienwelten. Philosophische Überlegungen zum Internet. In: Gianni Vattino & Wolfgang Welsch (Hg.): Medien-Welten Wirklichkeiten. München: Fink, S. 59-83.
Schönhagen, Philomen (2004): Soziale Kommunikation im Internet. Zur Theorie und Systematik computervermittelter Kommunikation vor dem Hintergrund der Kommunikationsgeschichte. Bern: Peter Lang.
Stichweh, Rudolf (2001): Adresse und Lokalisierung in einem globalen Kommunikationssystem. In: Stefan Andriopoulos, Gabriele Schabacher & Eckard Schumacher (Hg.): Die Adresse des Mediums. Köln: DuMont, S. 25-33.
Sutter, Tilmann (1999): Medienkommunikation als Interaktion? Über den Aufklärungsbedarf eines spannungsreichen Problemfeldes. Publizistik, Jg. 44, Heft 3, S. 288-300.
Sutter, Tilmann (2005): Vergesellschaftung durch Medienkommunikation als Inklusionsprozess. In: Michael Jäckel & Manfred Mai (Hg.): Online-Vergesellschaftung? Mediensoziologische Perspektiven auf neue Kommunikationstechnologien. Wiesbaden: VS Verlag für Sozialwissenschaften, S. 13-32.
Sutter, Tilmann (2008): „Interaktivität" neuer Medien – Illusion und Wirklichkeit aus der Sicht einer soziologischen Kommunikationsanalyse. In: Herbert Willems (Hg.): Weltweite Welten. Internet-Figurationen aus wissenssoziologischer Perspektive. Wiesbaden: VS Verlag für Sozialwissenschaften, S. 57-73.
Sutter, Tilmann (2009): Interaktionistischer Konstruktivismus. Zur Systemtheorie der Sozialisation. Wiesbaden: VS Verlag für Sozialwissenschaften.
Tipp, Anika (2008): Doing Being Present. Instant Messaging aus interaktionssoziologischer Perspektive. In: Christian Stegbauer & Michael Jäckel (Hg.): Social Software. Formen der Kooperation in computerbasierten Netzwerken. Wiesbaden: VS Verlag für Sozialwissenschaften, S. 175-193.
Turkle, Sherry (1984): The Second Self. Computers and the Human Spirit. New York: Simon & Schuster.

Wehner, Josef (1997): Interaktive Medien – Ende der Massenkommunikation? Zeitschrift für Soziologie, Jg. 26, Heft 2, S. 96-114.

Artifizielle Interaktivität.
Eine semiotische Betrachtung

Alexander Mehler

1 Einleitung

Definitionen des Interaktivitätsbegriffs, die von dem Idealbild der Face-to-face-Kommunikation ausgehen, nehmen Bezug auf eine immer wiederkehrende Menge von Merkmalen (Jäckel 1995; Wehner 1997; Sutter 1999; Leggewie/Bieber 2004; Bucher 2004; Sutter 2008):

- *Raumzeitidentität:* Danach interagieren Kommunikationspartner bei der Face-to-face-Kommunikation unter der Bedingung raumzeitlicher Identität ihrer Handlungsräume.
- *Identifikation:* Sie besitzen folglich denselben Wahrnehmungs- und Handlungsraum, in dem sie wechselseitig erkennbare Identitäten einnehmen, anhand derer sie sich unmittelbar als Interaktionspartner identifizieren.
- *Multimodalität:* Für die Kommunikation in einem gemeinsamen Wahrnehmungsraum ist ihre Multimodalität kennzeichnend. Es werden folglich gleichzeitig mehrere Kanäle zur Kommunikation genutzt, die jeweils rückkanalfähig sind.
- *Rollenwechsel:* Die Kommunikationshandlungen der Partner sind aufeinander bezogen, und zwar unter den Bedingungen eines systematischen Sprecher-Hörer- bzw. Rollenwechsels.
- *Beeinflussbarkeit:* Auf dieser Grundlage nehmen die Kommunikationspartner jeweils Einfluss auf den Inhalt, die Form, die Dauer und den Ablauf ihrer Kommunikation.
- *Körpergedächtnis:* Die Kommunikationspartner nutzen ihr Körpergedächtnis zur erwartungsgeleiteten Gestaltung ihrer Kommunikation (Sager 1997), die wiederum den Ausgangspunkt für ihr immediates Lernen bildet (Rieger 2003), auf dessen Grundlage sie ihre zukünftigen Interaktionen bedingen.[1]

---

1 Letzterer Aspekt wird in der vorliegenden Untersuchung betont und unter Bezug auf die dialogische Kommunikation spezifiziert.

Es liegt nahe, diese Bezugsgrößen so zu verändern, dass die Idealsituation einer Face-to-face-Kommunikation aufgehoben wird, was für die resultierende Kommunikationssituation – so sie denn real ist – die Frage aufwirft, inwiefern sie länger durch Interaktivität gekennzeichnet ist.[2] Diese Parametervariation kann in vier Schritten geschehen, welche mit unterschiedlichen Phasen der Medienentwicklung in Zusammenhang stehen. In einem ersten Schritt betrifft dies die Aufhebung der Raumzeitidentität der Kommunikation ebenso (Rieger 2003) wie die Externalisierung des Körpergedächtnisses mittels der Textspeicherung (Sager 1997). Auf diese Weise wird eine Eins-zu-viele- bzw. Massenkommunikation (etwa mittels Printmedien) unter der Bedingung der Rollenasymmetrie von Sender und Empfängern realisierbar (Sutter 1999; Mehler/Sutter 2008). Nun wird man Massenkommunikation schwerlich als interaktiv bezeichnen; sie bildet vielmehr das genaue Gegenteil von Interaktivität. Hier ist das Medium kein Mittel der Interaktion, sondern schließt diese aus. Infolge der internetbasierten Kommunikation scheint sich diese Entwicklung umzukehren, und zwar dadurch, dass Medien als Mittel der computerbasierten Interaktion entwickelt werden (Goertz 2004; Bucher 2004), welche die Möglichkeit einer raumzeitlichen Diskontinuität ebenso wahren wie die noch weitergehende Externalisierung des Körpergedächtnisses.

Mit den klassischen Online-Angeboten findet zunächst eine Externalisierung auch der Intertextualität und Intermedialität statt (Sager 1997). Diese Externalisierung bildet die Grundlage für gesteigerte Wahlmöglichkeiten bzw. Partizipations- und Gestaltungsmöglichkeiten auf Seiten der Rezipienten, die nach Bucher (2004) eine adressatenorientierte Interaktion bedingen. Diese Art der Rezipientenorientierung ist noch fern vom Ideal einer Zwei-Wege-Kommunikation und damit vom charakteristischen Rollenwechsel der Face-to-face-Kommunikation. Folgerichtig setzt sich die Weiterentwicklung von Partizipationsmöglichkeiten mit dem Web 2.0 fort, und zwar mit dem Ziel einer Viele-an-viele-Kommunikation in internetbasierten Sozialräumen (Stegbauer 2005; Medosch 2004). Entsprechende Angebote verheißen soziale Inklusion durch die Vernetzung und Bildung virtueller Gemeinschaften, die eine kollaborative Wirklichkeitskonstruktion ermöglichen sollen (Sutter 2008), und zwar wahlweise unter Personalisierung oder Anonymisierung der Rollen als Kommunikationspartner.

Auf den ersten Blick realisieren diese Entwicklungen eine webbasierte, computervermittelte Form der Interaktion, welche die Face-to-face-Kommunikation zu einer Viele-an-viele-Kommunikation weiterentwickeln, indem sie ein

---

2 Zu einem systematischeren Überblick über Bezugsgrößen der Interaktion siehe Goertz (2004), der folgerichtig zu der Auffassung von einer graduellen Interaktivität gelangt.

höheres Maß an Interaktivität erzielen, ohne an deren Bedingung der raumzeitlichen Identität gebunden zu sein. Dass diese Einschätzung in Bezug auf die entsprechende Mediennutzung zu relativieren ist, zeigen Mehler und Sutter (2008). Unabhängig davon aber steht die webbasierte Viele-an-viele-Kommunikation genauso wie ihr Eins-an-viele-Korrelat unter dem Vorbehalt, lediglich Interaktionsmittel bereitzustellen. Demgegenüber ist mit dem Aufkommen künstlicher Agenten ein Bereich betreten, in dem das Medium selbst zum vermeintlichen Interaktionspartner aufsteigt (Wachsmuth 2008). Für Medien dieser Art ist die Orientierung des technischen Artefakts an den Möglichkeiten menschlicher Kommunikationspartner konstitutiv. Es handelt sich dabei um Artefakte, die jenseits der Verbreitungs- und Vermittlungsfunktion von Medien gewissermaßen die Externalisierung der menschlichen Kommunikationsfähigkeit ermöglichen sollen. Folgerichtig stellen Artefakte wie MAX (Wachsmuth 2008) nicht länger nur Mittel der Kommunikation dar, sondern sollen sich als Kommunikationspartner in Face-to-face-Kommunikationen qualifizieren (Goertz 2004).

Diese kursorische Darstellung des Medienwandels unter dem Gesichtspunkt des Wandels von Bezugsgrößen der Interaktivität lässt offenbar eine Zielrichtung erkennen, derzufolge Kommunikationsmedien zunehmend über Modalitäten verfügen, welche zuvor nur der Face-to-face-Kommunikation zu eigen waren. Mehr noch, es scheint, als ob der Medienwandel auf ein Ziel zusteuerte, demgemäß Artefakte – Software-Systeme oder humanoide Roboter – sich als vollgültige Interaktionspartner etablieren. Dies wirft die Frage auf, anhand welcher Kriterien die Interaktivität der Nutzung solcher Artefakte zu bewerten ist. Das vorliegende Kapitel widmet sich dieser Frage. Hierzu betrachten wir genauer die artifizielle Interaktion (Braun-Thürmann 2002), bei der zumindest ein Interaktionspartner ein Artefakt ist und fragen, wie auf dieser Grundlage der Begriff des webbasierten Interaktionsmediums einzuordnen ist. In Sektion 2 wird zunächst mit der Peirceschen Zeichenphilosophie eine zeichentheoretische Basis bestimmt, die in Sektion 3 die Grundlage für die Eingrenzung des semiotischen (nicht soziologischen) Begriffs der artifiziellen Interaktivität bildet. Schließlich werden in Sektion 4 Fallbeispiele mutmaßlich interaktiver Medien im Lichte dieser Definition betrachtet.

2 Prolegomena eines semiotischen Interaktivitätsbegriffs

In dieser Sektion soll untersucht werden, inwiefern das begriffsanalytische Instrumentarium der Semiotik den Begriff der Interaktivität einzugrenzen erlaubt. Zu diesem Zweck rekurrieren wir auf die Zeichentheorie von Charles Sanders Peirce. Generell gesprochen ist für Peirce (1983) in scheinbarer Analogie zur Hjelmslevschen Zeichenphilosophie (Hjelmslev 1969) die Auffassung leitend, dass die Bedeutungen von Zeichen keine sprachunabhängigen Entitäten darstellen. Beide Ansätze ziehen jedoch grundverschiedene Konsequenzen aus dieser Einsicht: während Hjelmslev Sprache als statisches Gebilde (ohne Rekurs auf Faktoren des Sprachgebrauchs) untersucht, steht der dynamische Charakter von Zeichenbeziehungen im Zentrum der Peirceschen Semiotik, derzufolge Zeichen erst dadurch Bedeutung tragen, dass sie durch andere Zeichen veränderlich interpretiert werden, und zwar so, dass diese Folgeinterpretationen Interpretationsgewohnheiten bzw. -dispositionen für zukünftige Zeichenhandlungen erzeugen.

Dieser dynamische Grundzug des Peirceschen Zeichenbegriffs eignet ihn als zeichentheoretische Basis zur Ausgestaltung des Begriffs der Bedeutungskonstitution in der Mensch-Maschine- bzw. Maschine-Maschine-Kommunikation, und zwar innerhalb der Computersemiotik und Computerlinguistik ebenso wie innerhalb der kognitiven Informatik (Rieger/Thiopoulos 1989; Andersen 1990; Goguen 1997; Gudwin 2002; Mehler 2006). Diese Eignung wiederum macht ihn relevant für die Interaktionsforschung, wenn es darum geht, Artefakte als potentielle Interaktionspartner zu betrachten. Genau dieser Weg soll hier beschritten werden. Dies geschieht anhand der folgenden, im zeichentheoretischen Sinn zirkulären Arbeitsdefinition, welche den Zeichenbegriff mit dem Interaktionsbegriff in Zusammenhang bringt:

Das gemeinsame Handeln zweier Agenten ist interaktiv, wenn es Dispositionen für Interaktionen schafft bzw. bereits vorhandene Interaktionsdispositionen modifiziert.

In dieser Sektion sollen Bausteine dieser Arbeitsdefinition auf der Basis des Peirceschen Zeichenbegriffs konkretisiert werden. Hierzu erläutern wir wesentliche Grundbegriffe der Peirceschen Zeichenphilosophie, und zwar unter Fokussierung auf den Leitbegriff des Interpretanten. Auf diese Weise soll eine Grundlage für die zeichentheoretische Reformulierung des Interaktivitätsbegriffs in Sektion 3 gewonnen werden, mit deren Hilfe die Interaktivität der Nutzung von Artefakten beurteilt werden können soll.

Die Erläuterung der Peirceschen Zeichenphilosophie folgt im Wesentlichen der Darstellung in Mehler (2001).

2.1 Zum Peirceschen Zeichenbegriff

Aus computerlinguistischer Sicht (Miller/Charles 1991) steht der Zeichenbegriff von Charles Sanders Peirce in Zusammenhang mit einer gebrauchssemantischen Auffassung, derzufolge die Gebrauchsregularitäten von Zeichen zugleich Voraussetzung und Ergebnis ihres Gebrauchs sind. Diese Art der Zirkularität ist für Phänomene des *Lernens* kennzeichnend (Rieger 2003; Thiopoulos 1992). Im Folgenden werden der Begriff des Interpretanten und die Peircesche Kategorie der Drittheit als zentrale Konstituenten dieses Begriffs erläutert. Den Ausgangspunkt hierzu bildet der *triadische Zeichenbegriff*:

> Ein *Zeichen* oder *Repräsentamen* ist alles, was in einer solchen Beziehung zu einem Zweiten steht, das sein *Objekt* genannt wird, dass es fähig ist ein Drittes, das sein *Interpretant* genannt wird, dahingehend zu bestimmen, in derselben triadischen Relation zu jener Relation auf das Objekt zu stehen, in der es selbst steht. Dies bedeutet, dass der Interpretant selbst ein Zeichen ist, das ein Zeichen desselben Objekts bestimmt und so fort ohne Ende.
> (Peirce 1983: 64)

Den Kern dieser Definition bildet der Begriff der *triadischen*, nicht in *dyadische* Beziehungen dekomponierbaren *Relation* zwischen drei *Relaten*: dem *Zeichenmittel* oder *Repräsentamen*, dem *Zeichenobjekt* und dem *Interpretanten*. Kennzeichnend für diesen Zeichenbegriff ist die Auffassung, dass eine triadische Zeichenrelation kein statisches, relationales Artefakt ist, sondern Relationen gleicher Art hervorruft. Auf den ersten Blick handelt es sich hierbei um eine zirkuläre Definition: ein Zeichen ist unter anderem dadurch definiert, dass es Zeichen gleicher Art hervorruft. Tatsächlich integriert diese relationale Auffassung den *Prozesscharakter* von Zeichen, deren *genus proximum* in der Art ihrer zirkulären Konstitution gesehen wird. Peirce thematisiert somit Zeichen nicht aus der Perspektive ihres synchronen Systemzusammenhangs, sondern aus der Sicht ihres Zustandekommens bzw. ihres „Zeichenwerdens". Dieser Konstitutionsprozess ist – wie Lernprozesse im Allgemeinen – rückbezüglich: *er aktualisiert und erzeugt bzw. verändert Gebrauchsregularitäten, die ihn selbst bedingen.* Anders formuliert: als Lernprozesse verändern Zeichenhandlungen die Bedingungen ihrer Genese. Die vermeintliche synchrone Zirkularität des Peirceschen Zeichenbegriffs löst sich vor diesem Hintergrund dahingehend auf, dass die dynamische, in diesem Sinne diachrone Perspektive der Zeichenkonstitution in den Fokus rückt.

Doch was genau ist ein Interpretant und was bedeutet es, dass Interpretanten andere Interpretanten ad infinitum *hervorrufen?* Diese Fragen werden nachfolgend unter weitgehender Anlehnung an Peirce beantwortet.

2.2 Die drei Relate des Zeichens

Zur Spezifikation der drei Relate des Zeichens entwickelt Peirce (1991c: 43) eine Ontologie in Anlehnung an die Unterscheidung von monadischen, dyadischen und triadischen Relationen (vgl. Oehler 1993: 56):

1. Zunächst definiert Peirce *Erstheit* als die Kategorie der monadischen Relationen bzw. Qualitäten. Dies ist die Kategorie jener Phänomene, die weder intern, noch extern in Bezug auf andere Phänomene strukturiert sind. Dabei handelt es sich um Phänomene (Peirce spricht von Empfindungsqualitäten), die ohne Bezug auf Anderes so sind wie sie sind. Erstheit ist offenbar *nicht* die ontologische Kategorie der Interaktivität, da wir hier zumindest die wechselseitige Bezugnahme der Handlungen zweier Interaktionspartner haben.
2. Peirce definiert *Zweitheit* als die Kategorie der dyadischen Relationen. Dies ist die Kategorie jener Phänomene, die als Zweites durch ihren Bezug auf ein Erstes so sind, wie sie sind. Zweitheit ist die Kategorie von *Aktion* und *Reaktion*, von Reiz und Reflex, von Kontext und einseitiger Adaptation. Es ist allgemeiner formuliert die Kategorie der Gegenüberstellung bzw. Bezugnahme zweier Entitäten, Objekte oder Phänomene ohne ein vermittelndes Drittes (etwa in der Form eines Gedächtnisses). Unter dieser Perspektive erscheint Zweitheit als ein möglicher Kandidat für die ontologische Kategorie der Interaktivität. Diese Einschätzung legt zumindest die in Sektion 4 geübte Kritik an weborientierten Interaktivitätskonzeptionen nahe (vgl. Bucher 2001). Danach ist Interaktion eine komplexe Handlung, bei der ein Interaktionspartner auf die Handlungen eines zweiten Interaktionspartners reagiert. Im Folgenden wird dieser Sichtweise widersprochen.
3. Schließlich definiert Peirce *Drittheit* als die Kategorie der Vermittlung bzw. Repräsentation. Es handelt sich dabei um die Kategorie aller Phänomene, die so sind, wie sie sind, indem sie als ein Drittes (d.h. als ein Medium) zwischen einem Ersten und einem Zweiten vermitteln. Peirce nimmt an, dass Drittheit nur mit Hilfe triadischer, nicht-dekomponierbarer Relationen zustande kommt und dass Drittheit identisch mit der Kategorie der *Zeichen* ist. Im Folgenden wird erläutert, dass Interaktivität zeichenhaft und daher ein Beispiel für Drittheit ist. Es wird die Auffassung vertreten, dass Interaktion wesensmäßig eine Form der Vermittlung ist, und zwar zwischen den jeweiligen Interaktionspartnern einerseits und ihren diskontinuierlichen Interaktionsereignissen andererseits, wobei das zwischen den Partnern alignierte Interaktionsgedächtnis als kognitive Vermittlungsinstanz fungiert,

und zwar als kurzfristiges, situationsspezifisches Gedächtnis ebenso wie als langfristiges, situationsübergreifendes Gedächtnis.[3]

Mittels der drei Basiskategorien differenziert Peirce Zeichen im Hinblick auf ihren *Mittelbezug* (Erstheit), *Objektbezug* (Zweitheit) und *Interpretantenbezug* (Drittheit), wobei diese Bezugsarten jeweils unter den drei Aspekten der Erstheit, Zweitheit und Drittheit untergliedert werden (vgl. Walther 1974: 47).[4] Wir fokussieren in diesem Kapitel auf letztere beiden Bezugsarten, betonen jedoch, dass nach Peirce (1991c: 92) die Wiederholung eines Zeichenmittels als *Type* durch seine Manifestationen in Form von *Tokens* eine unabdingbare Voraussetzung seiner Existenz ist (vgl. Peirce 1991a: 344):

> Ein Repräsentamen, das eine einmalige, der Wiederholung unfähige Verkörperung haben würde, wäre kein Repräsentamen, sondern Teil der wirklichen repräsentierten Tatsache.

Versteht man nun den Interaktionsbegriff als Zeichenbegriff, so impliziert diese Auffassung, dass die Verarbeitbarkeit einzelner Interaktionshandlungen als Zeichenmittel und somit ihre Anschlussfähigkeit an Handlungen gleicher Art zum Zwecke der Generierung einer komplexen Interaktion maßgeblich durch deren Rekurrenz und die aus ihren Bedingungen hervor scheinenden Regularitäten bestimmt ist. Diese Auffassung ist nicht spektakulär und sei daher *en passant* erwähnt. Zu beachten aber ist, dass auf diese Weise Interaktionshandlungen durch den Bezug auf Handlungen gleicher Art zu solchen bestimmt werden. In welcher Weise Handlungsdispositionen hierfür brückenbildend sind und inwiefern dies Bezüge zur Theorie der dialogischen Kommunikation aufwirft, wird nachfolgend erläutert.

Bezogen auf den Objektbezug des Zeichens bezeichnet Peirce (1993: 384) die Beziehung eines Zeichens zu seinem Objekt im Allgemeinen als eine *Denotation*, jene zu seinem Interpretanten als eine *Konnotation*.[5] Das Denotat eines Zeichens, sein Objekt also, ist für Peirce nicht identisch mit einer unabhängig vom Zeichen und seiner Interpretation existierenden Entität. In diesem Sinne ist Peirces Semantik nicht realistisch (Barwise/Perry 1983). Ausgehend von der Überlegung, dass ein Zeichen sein Objekt nicht vollständig repräsentieren kann,

---

3 Eine solche kognitionsorientierte Auffassung führt beabsichtigter Weise aus der abstrakten Zeichenphilosophie Peirces heraus.
4 Es sei an dieser Stelle an Peirces berühmte Triadomanie erinnert.
5 Im Hinblick auf den Objektbezug des Zeichens unterscheidet Peirce (1986: 112) die Begriffe *Ikon*, *Index* und *Symbol*. Dieser berühmten Unterscheidung wird hier nicht nachgegangen.

da sein Objektbezug notwendigerweise perspektivisch ist, unterscheidet Peirce (1993: 252f.) das *unmittelbare* vom *realen* Zeichenobjekt:

> Eine derartige Vorstellung, die sich auf wie auch immer mittelbare Weise dem Objekt im strengen Sinne annähert, sollte man [...] das „unmittelbare Objekt" des Zeichens in der Intention des Autors nennen. Es mag sein, dass kein derartiges Ding oder keine Tatsache zu dem gehört, was Existenz oder irgendeinen anderen Modus der Realität besitzt. [...] Wenn es irgend etwas gibt, das *real* ist (das heißt, irgend etwas, dessen Eigenschaften unabhängig davon wahr sind, ob Sie oder ich oder irgendein Mensch oder eine beliebige Anzahl von Menschen sie für dessen Eigenschaften hält oder nicht), das hinreichend dem unmittelbaren Objekt entspricht (das nicht real ist, da es eine Vorstellung ist), dann sollte man es – ob es nun mit dem, was im strengen Sinne als Objekt bezeichnet wird, identifizierbar ist oder nicht – das „reale Objekt" des Zeichens nennen.

Das unmittelbare Objekt eines Zeichens ist dasjenige Objekt, dessen Existenz vom Zeichenprozess, der so genannten *Semiose*, abhängt, und zwar in dem Sinne, dass es durch diese erzeugt wird. Das reale oder dynamische Objekt (Peirce 1993: 215) existiert demgegenüber unabhängig von der Semiose, jedoch nicht als ein Ding an sich.[6] Ferner ist das reale Objekt in der Semiose nicht unmittelbar gegeben, sondern tritt sozusagen über seine Vermittlung durch das unmittelbare Objekt in Erscheinung. Das unmittelbare Objekt ist dem realen Objekt gegenüber unbestimmt bzw. allgemein (sofern es überhaupt ein solches reales Korrelat des unmittelbaren Objekts gibt). Das bedeutet, dass das unmittelbare Objekt keine isomorphe Repräsentation des realen Objekts darstellt, sondern vor dem Hintergrund der Unmöglichkeit vollständiger Repräsentationen notwendigerweise unendlich viele Aspekte des realen Objekts unterbestimmt. Vor diesem Hintergrund charakterisiert Peirce (1986: 426) das unmittelbare Objekt eines Zeichens selbst als ein Zeichen.

Dieser inflationär wirkende Umgang mit dem Zeichenbegriff lässt sich am Beispiel des Interaktionsbegriffs wie folgt erläutern: Peirce nimmt an, dass das unmittelbare Objekt eines Zeichens durch Zeichenhandlungen konstituiert wird, und zwar in Absonderung vom entsprechenden realen Objekt. Diese Auffassung erlaubt eine kognitionstheoretische Reinterpretation:[7] als Zeichenhandlungen konstituieren Interaktionen auf Seiten der beteiligten Interaktionspartner je

---

6   Peirce geht davon aus, dass alles Reale erkennbar ist, so dass es aus erkenntnistheoretischer Sicht kein unerkennbares, unvermitteltes Ding an sich geben kann: "Auf das *Ding an sich* aber kann man weder zeigen noch kann man es auffinden. Folglich kann sich kein Satz auf es beziehen, und nichts Wahres oder Falsches kann von ihm prädiziert werden." (Peirce, 1991b, 492).

7   Es sei darauf hingewiesen, dass eine solche Reinterpretation aus dem ontologischen Duktus der Peirceschen Philosophie herausführt.

eigene Situationsmodelle verstanden als unmittelbare Objekte ihrer Interaktion. Im Falle einer erfolgreichen Interaktion werden diese Situationsmodelle durch Ähnlichkeit oder Komplementarität gekoppelt, und zwar so, dass der Interaktion als Ganzes ein auf die Interaktionspartner verteiltes unmittelbares Objekt entspricht – ein verteiltes Situationsmodell also. Dieser Interpretation gemäß sind Interaktionen Zeichenhandlungen, in deren Folge eine verteilte Repräsentation entsteht, möglicherweise durch kognitives Alignment (Pickering/Garrod 2004) der Interaktionspartner oder durch explizites Aushandeln (Clark 2000). Unter dieser Perspektive steht der Interaktionsbegriff in Zusammenhang mit dem Zeichenbegriff, zu dessen Spezifikation nun der Interpretantenbezug nachgetragen wird.

Unter Rekurs auf die Kategorien der Erstheit, Zweitheit und Drittheit unterscheidet Peirce drei Typen von Interpretanten, d.h. der Beziehungen von Zeichen auf ihre Interpretationen:

1. Der *unmittelbare Interpretant* eines Zeichens besteht nach Peirce (1993: 282) in der bloß möglichen, nicht-ereignishaften Wirkung des Zeichens als eine unanalysierte Ganzheit vor jeder Differenzierung durch interpretierende Zeichen. Peirce (1993: 225) beschreibt den unmittelbaren Interpretanten als eine vage Vorstellung von allgemeiner Art, die über das Wiedererkennen des Zeichens (in seiner Materialität) hinausgeht und auf den Grund bzw. die Idee referiert, die erfasst sein muss, damit das Zeichen überhaupt eine Wirkung entfalten kann. Der unmittelbare Interpretant ist sozusagen eine Bedingung der Interpretierbarkeit eines Zeichens vor seiner inhaltlichen, interpretatorischen Ausdifferenzierung. Er bildet gewissermaßen eine Vorstufe jener Art von unterscheidungsbezogener Zeichenhaftigkeit, die Harris (1954) als minimale Bedingung der Möglichkeit einer Distributionsanalyse ausmacht. Im strukturalistischen Sinne ist der unmittelbare Interpretant daher nicht systembildend[8] – er wird uns im Rahmen des Interaktionsbegriffs hier nicht weiter beschäftigen.
2. Der *dynamische Interpretant* betrifft demgegenüber die Interpretation eines Zeichens unter dem Aspekt der Zweitheit. Der dynamische Interpretant ist das, was ein konkreter Interpret in einer konkreten Kommunikationssituation dem Zeichen entnimmt (Peirce 1993: 216). Er bezieht sich auf die tatsächliche Wirkung, „die in einem gegebenen Interpreten bei einem gegebenen Anlaß bei einer gegebenen Phase seiner Erwägung des Zeichens erzeugt wird." (Peirce 1993: 225). Wir bewegen uns auf dieser Stufe des Interpretanten gewissermaßen auf der Ebene von Tokens – jedoch auf der

---

8 Inwiefern diese Auffassung empirisch adäquat ist, wird hier nicht betrachtet.

Interpretantenseite des Zeichens. Aus der Sicht von einzelereignisorientierten Interaktionskonzeptionen (siehe Sektion 4) scheint Interaktion auf unmittelbare Wirkungen beschränkt zu sein. Konzeptionen dieser Art fokussieren demgemäß auf den Begriff des Interpretanten als Zweiheit. Peirce geht in seiner Zeichentheorie jedoch einen fundamentalen Schritt weiter, indem er eine weitere Klasse von Interpretanten unterscheidet, die Beziehungen zwischen verschiedenen dynamischen Interpretanten herstellen und also verschiedene Zeichenhandlungsereignisse relationieren. Dies geschieht auf der Basis von Dispositionen, die Peirce als finale Interpretanten bezeichnet. Hierzu führt er den Begriff des logischen Interpretanten ein.

3. Der *logische Interpretant* ist ein (mentales oder abstraktes) Zeichen, das gemäß der allgemeinen Zeichendefinition selbst wieder einen logischen Interpretanten hervorbringt. Nach Peirce (1993: 254) hat der logische Interpretant die Zeitform des „futurischen Konditionals", des „Würde-Seins". Er ist weder von faktischer oder singulärer, sondern von allgemeiner Natur. Der logische Interpretant eines Zeichens besteht in jener Wirkung des Zeichens, die selbst wieder ein Zeichen darstellt.

Nach Peirce (1993: 224) besitzt jedes Zeichen Interpretanten dieser drei Arten. Die Existenz eines dynamischen Interpretanten setzt die Existenz mindestens eines Interpreten voraus. Es stellt sich die Frage, inwieweit die Existenz des logischen Interpretanten eine Interpretengemeinschaft voraussetzt, die *Dispositionen der Zeicheninterpretation* intersubjektiv konstituiert. Diese Frage wird im Rahmen der Zeichentheorie von Peirce nicht eindeutig beantwortet (vgl. Simon 1981: 157). Peirce (1993: 255) geht jedoch davon aus, dass die Verbindung von Zeichen und Interpretant durch den *Zeichenprozess*, d.h. durch die *Semiose* hergestellt wird:

> [...] unter „Semiose" verstehe ich [...] eine Wirkung oder einen Einfluß, der in dem Zusammenwirken dreier Gegenstände, wie ein Zeichen, sein Objekt und sein Interpretant, besteht, wobei dieser tri-relative Einfluß in keiner Weise in Wirkungen zwischen Teilen aufgelöst werden kann. [...] und meine Definition gibt allem, was so wirkt, den Titel eines „Zeichens".

Durch den Rekurs auf den Wirkungscharakter des Zeichens hebt Peirce die Prozessbezogenheit seiner Zeichendefinition hervor, die durch eine statische, allein an triadischen Relationen orientierte Definition nur unzureichend eingefangen wird. *Worin aber besteht die Wirkung, die aus dem triadischen Zusammenwirken von Zeichen, Objekt und Interpretant hervorgeht?* Peirce (1993: 267) bezeichnet diese Wirkung als den *finalen Interpretanten* des Zeichens. Sie

Artifizielle Interaktivität. Eine semiotische Betrachtung

besteht in der Konstitution bzw. Modifikation einer Verhaltensgewohnheit oder Disposition und ist somit eine Art Zeichen, das selbst keinen logischen Interpretanten hervorruft:

> Die Gewohnheit allein ist, obgleich sie auf andere Weise auch ein Zeichen sein kann, nicht auf die Weise ein Zeichen, in der das Zeichen, für das sie als logischer Interpretant auftritt, ein Zeichen ist. (Peirce 1993: 267).

Nach Peirce (1993: 258) werden Verhaltensgewohnheiten durch wiederholtes Verhalten ähnlicher Art unter ähnlichen kontextuellen Bedingungen als Tendenzen erzeugt, sich in Zukunft unter ähnlichen Umständen auf ähnliche Weise zu verhalten. Veränderungen von Dispositionen resultieren aus vorausgehenden Zeichenhandlungen. Diese Veränderungen bilden sozusagen Transassoziationen, da sie Modifikationen von Assoziationen letzterer Art bewirken. Dispositionen sind graduierbar, sie besitzen Stärkegrade (Peirce 1993: 284). Die Veränderung einer Disposition betrifft unter anderem die Änderung ihres Stärkegrads. Peirce geht im Sinne der Assoziationspsychologie seiner Zeit davon aus, dass Wiederholungen jener Handlungen, welche die Modifikation der Disposition bewirkten, die entsprechende Änderung verstärken.

Der für den Interaktionsbegriff nun zentrale Aspekt des Begriffs des finalen Interpretanten betrifft dessen begriffstheoretisches Korrelat in Form der Induktion bzw. des induktiven Lernens. Nach Peirce (1991b: 68,247) entspricht die Bildung einer Verhaltensgewohnheit begriffstheoretisch der *Induktion* (vgl. Peirce 1986: 219): die Realisierung einer Handlung *H* in den Situationen $S_i, S_j, S_k, \ldots$ induziert die Regel, wonach in Instanzen des Situationstyps $\tau(S)$ (welche die Situationen $S_i, S_j, S_k, \ldots$ instanziieren) die Handlung *H* gewohnheitsmäßig erfolgt. Die Induktion schließt auf eine Regel, der im Bereich der Zeichentheorie die Erzeugung oder Modifikation einer Disposition entspricht: *„Die Induktion ist [...] die logische Formel, die den physiologischen Prozess der Bildung einer Verhaltensgewohnheit ausdrückt."* (Peirce 1991b: 247)

Zu Beginn dieser Sektion wurde der infinite Regress der Semiose als Wesensmerkmal des Peirceschen Zeichenbegriffs bezeichnet. An dieser Stelle ist nun genauer der finale Interpretant als ein Bestandteil dieser Semiose zu identifizieren, und zwar insofern als letztere auf seine Konstitution bzw. Modifikation zielt. Aus dieser Sicht ist der Gebrauch eines Zeichens keine bloße Aktualisierung einer Gebrauchsregel. Vielmehr initiiert dieser Gebrauch Modifikationen oder Bestätigungen jener Disposition, die ihm zugrunde liegt. Die Bedingung der *Unendlichkeit*, das *ad infinitum* der Peirceschen Zeichendefinition ist in diesem Sinne eine *potentielle* Unendlichkeit. Sie ist nicht auf einen realen Prozess unendlicher Verknüpfung einander interpretierender Zeichen bezogen, die sich allesamt auf dasselbe Objekt beziehen. Das Peircesche *esse in futuro* manifestiert sich vielmehr in der Form einer Verhaltensdisposition, die den zukünftigen Gebrauch des jeweiligen Zeichens disponiert.

Welcher Zusammenhang besteht aus dieser Sicht zwischen dem Begriff des unmittelbaren Objekts und dem des finalen Interpretanten? Peirce (1993: 212f., 253) geht davon aus, dass die Semiose beide Einheiten konstituiert. Die Kette interpretierender Zuordnungsverhältnisse von unmittelbarem Objekt, das selbst wieder ein Zeichen ist, und Interpretant konstituiert/modifiziert ersteres Objekt fortwährend. Peirce stellt sich damit gegen die Konzeption einer Referenzsemantik, die Zeichen *dyadisch* über Interpretationsfunktion mit ihren außersprachlichen Referenten verknüpft. Dieser Konzeption steht nicht nur die triadische Organisation des Zeichens entgegen, sondern auch die zeichenhafte Konstitution des unmittelbaren Objekts.

Welche Dynamik besitzt die Semiose? Peirce (1986: 375) vertritt die Ansicht, dass wenn die Semiose eines Zeichens endet, wenn also die mit ihm verbundenen Verhaltensgewohnheiten nicht mehr in konkreten Zeichenhandlungen aktualisiert werden, das Zeichen schließlich aus dem Zeichensystem verschwindet. Im Umkehrschluss bedeutet das, dass ein Zeichen in Gebrauch bleiben muss, um als Bestandteil des Zeichensystems zu überdauern. Die Semiose dient sozusagen zur fortwährenden, dynamischen, da permanenten Modifikationen unterworfenen Lokalisation des Zeichens innerhalb des Zeichensystems.[9]

Gemäß der Peirceschen Zeichenphilosophie konstituiert sich ein Zeichen unter anderem dadurch, dass es die Dispositionen seines Gebrauchs in einer Sprechergemeinschaft fortwährend bestätigt oder verändert und also Beziehungen zwischen den Situationen seines Gebrauchs herstellt. Diese Relationen bestehen nicht konkret, sondern als Lernresultate in Form von Dispositionen, welche über die jeweilige Sprechergemeinschaft verteilt sind. Ein konkretes Zeichenhandeln bedeutet die Aktualisierung von Lernprozessen und geht daher stets über seinen konkreten Handlungskontext hinaus. Neben der Wirkung eines Zeichens als Zweitheit steht für Peirce die lernenbezogene Wirkung als Drittheit im Vordergrund. Genau diese Unterscheidung ist in der folgenden Sektion rich-

---

9 Der Begriff des Zeichensystems bleibt bei Peirce, insbesondere in seiner strukturalistischen Konzeption, ausgespart. Das Sprachsystem setzt nach de Saussure (1967: 91) eine Sprachgemeinschaft voraus, welche dieses System gemeinschaftlich hervorbringt. Peirce erörtert demgegenüber seinen Zeichenbegriff unter Bezug auf den Interpreten als Individuum. Aus strukturalistischer Sicht bezieht sich weiterhin der wiederholte Gebrauch von Zeichen auf ihre Wiederverwendung in *Texten*, *Diskursen*, *Dialogen* oder *Multilogen*. Auch diese Begriffe werden in Peirces Semiotik nicht eingehend thematisiert.

Artifizielle Interaktivität. Eine semiotische Betrachtung 119

tungsweisend für die semiotische Charakterisierung der (artifiziellen) Interaktivität. Hierzu wird Interaktion als ein Zeichenhandeln aufgefasst, für das – analog zur dialogischen Kommunikation – die *turn-taking*-bezogene Handlungssymmetrie ebenso kennzeichnend ist wie die Dispositionsbezogenheit der Interaktion, ihre Wirkung auf das interaktionsbezogene Lernen also. Um diese semiotische Sichtweise hervorzuheben, diene die folgende verkürzende Formel: *Wer in bestimmten Situationen interagiert, lernt, unter vergleichbaren Umständen auf vergleichbare Weise zu interagieren.* Unter Vorwegnahme der folgenden Sektionen ergibt sich damit als kritischer Horizont für die Prüfung der Interaktivität der Nutzung von Artefakten, inwiefern diese zu solchen Formen des Lernens befähigt sind.

3 Semiotische artifizielle Interaktivität

In dieser Sektion definieren wir den Begriff der artifiziellen Interaktion basierend auf dem Peirceschen Zeichenbegriff. Wir gehen davon aus, dass zumindest ein Interaktionspartner ein technisches Artefakt ist (etwa ein Software-System oder ein Roboter), der mit einem Menschen oder einem zweiten Artefakt „kooperiert". Unter welchen Umständen wir eine solche „Ko-Operation" als eine artifizielle Interaktion bezeichnen, thematisiert die nun folgende semiotische Definition des Interaktionsbegriffs:

Definition 1. *(Semiotische artifizielle Interaktion) Eine Handlung x eines Agenten A in einem Ereignisverlauf E vom Ereignistyp*[10] $\tau_A(E) = \tau_O(E) = E$ *in einem Raumzeitgebiet g, das ein Objekt O involviert, manifestiert insofern eine Interaktion zwischen A und O, als x in Handlungen $a_1,...,a_n$ dekomponierbar ist, die einzeln oder im Verbund Operationen $b_1,...,b_m$ als Komponenten der zusammengesetzten Operation y des Objekts O hervorrufen, so dass eine partielle Ordnung $x \circ y \subset (\{a_1,...,a_n\} \cup \{b_1,...,b_n\})^2$ entsteht, die im Folgenden als* Handlungsoperationssequenz H *bezeichnet wird und folgende Eigenschaften erfüllt:*

1. **Situative Dekomponierbarkeit:** *E ist in eine Folge linear geordneter Ereignisse oder Situationen $S_1,...,S_k$ dekomponierbar, die einzeln Handlungen bzw. Operationen aus $\{a_1,...,a_n\} \cup \{b_1,...,b_n\}$ als deren situative*

---

10 Zu diesem Begriff siehe (Barwise/Perry, 1983).

Geschehenskontexte zuordenbar sind.[11] Dabei folgen wir der Situationssemantik (Barwise/Perry 1983) und nehmen an, dass Ereignisverläufe E bzw. Situationen S durch jene Raumzeitgebiete $g = (l,t)$ attribuiert sind, in denen sie geschehen. Diese Gebiete sind wiederum durch Ortsangaben l und Zeitraumangaben $t = (t_{\text{init}}, t_{\text{ter}})$ attribuiert. Um auf diese, durch E bzw. S funktional bestimmten Konstituenten zu projizieren, nutzen wir Indizes E_l oder schreiben $\text{tempus}(E) = t$, $\text{locus}(E) = l$. *Schließlich sagen wir, dass ein Raumzeitgebiet* $g' = (l', (t'_{\text{init}}, t'_{\text{ter}}))$ *später liegt als ein Gebiet* $g = (l, (t_{\text{init}}, t_{\text{ter}}))$, *wenn* $t'_{\text{init}} > t_{\text{init}}$. *Die Überlappungssystematik von Raumzeitgebieten lassen wir an dieser Stelle aus Vereinfachungsgründen außer Acht.*

2. **Dispositionen erster Ordnung:** *A entwickelt allererst oder modifiziert eine bereits vorhandene* Disposition $d_A(O,E)$, *die A dazu disponiert, zu einem späteren Zeitpunkt* $t' > t$ *eines entsprechenden Raumzeitgebiets* g' *unter vergleichbaren Umständen* E', $\tau_A(E') = \tau_A(E)$, *mit Objekten vom Typ* $\tau_A(O)$ *bzw. mit O selbst in einer Weise* zu *interagieren, welche durch H induktiv und also durch Lernen bestimmt ist.*

3. **Dispositionen zweiter Ordnung:** *O entwickelt allererst oder modifiziert eine bereits vorhandene* Disposition $d_O(A,E)$, *die O dazu disponiert, zu einem späteren Zeitpunkt* $t'' > t$ *eines entsprechenden Raumzeitgebiets* g'' *unter vergleichbaren Umständen* E'', $\tau_O(E'') = \tau_O(E)$, *mit Agenten vom Typ* $\tau_O(A)$ *bzw. mit A selbst in einer Weise* zu *interagieren, welche durch H induktiv und also durch Lernen bestimmt ist.*

4. **Extrinsische Wirkung:** *Das Lernen auf Seiten der Interaktionspartner A und O kommt dadurch zum Ausdruck, dass im Falle von Folgeinteraktionen der genannten Art eine* Entropiereduktion *der zugehörigen Handlungsoperationssequenzen H' im Vergleich zu H immer wahrscheinlicher bzw. eine entsprechende Entropievergrößerung immer unwahrscheinlicher wird, und zwar als Funktion der Frequenz dieser Folgeinteraktionen. Eine Entropiereduktion tritt etwa dadurch in Erscheinung, dass Auswahlen bestimmter Handlungen bzw. Operationen in H' im Vergleich zu H häufiger, seltener oder schneller auftreten oder auch dadurch, dass ganze Teilsequenzen von H in H' nicht länger auftreten, sozusagen „übersprungen" bzw. „abgekürzt" werden. Entropiereduktion ist hier als eine Art der Komplexitätsreduktion in Bezug auf die Raum- und Zeitkomplexität der je manifestierten Handlungsoperationssequenzen gemeint.*

---

11   Wir übergehen an dieser Stelle die genaue Formalisierung dieser Festlegung und bewahren daher die informelle Art der Darstellung in diesem Kapitel.

5. **Intrinsische Wirkung:** *Insofern das Objekt O für seine Disposition $D_O(A,E)$ eines Repräsentationsmechanismus bedarf, um eine vorübergehende Überdauerung (d.h. partielle Persistenz) von $D_O(A,E)$ zu ermöglichen – anders wäre O nicht dazu in der Lage, Dispositionen auszubilden, auf deren Grundlage es zukünftig mit Agenten vom Typ $\tau_O(A)$ bzw. mit A selbst „erinnerungsgemäß" interagieren kann –, muss O über eine Art Gedächtnis verfügen (Rieger 2003). Unter dieser intrinsischen, da kognitiven, nicht-behavioristischen Perspektive kann die Ausbildung von $D_O(A,E)$ und $D_A(O,E)$ im Falle einer fortgesetzt erfolgreichen Interaktion als eine* strukturelle Koppelung *(Maturana/Varela 1980) bzw. als ein* Alignment *(Pickering/Garrod 2004) aufgefasst werden, zumal für den Agenten A das Vorhandensein eines Gedächtnisses vorauszusetzen ist. Dieses Alignment, das in diesem Kapitel nicht näher spezifiziert werden kann, ist in Form einer Komplementaritätsbeziehung*

$$D_A(O,E) \asymp D_O(A,E)$$

oder in Form einer Ähnlichkeitsrelation

$$D_A(O,E) \sim D_O(A,E)$$

aufzufassen. Dabei ist zu beachten, dass aus phänomenologischer Sicht (Merleau-Ponty 1993; Ricœur 1991) das Alignment nicht allein die Dispositionen D_A und D_O betrifft, sondern zugleich deren kontextuelle Einbettungen. Auf diesen Aspekt des situationsmodell*bezogenen Alignments referieren wir dadurch, dass die Typisierungsfunktionen τ_A, auf deren Grundlage Agenten, Objekte und Ereignisse zu ihren entsprechenden Typen in Beziehung stehen, von nun an mittels A_t und O_t indiziert werden. Die genauen Ausprägungen dieser kontextuellen Einbettungen zum Zeitpunkt t hängen demgemäß von den jeweiligen Interaktionsträgern A bzw. O ab und gelten daher ebenfalls als dem Alignment unterworfen. Im Falle eines monoton wachsenden Alignmenterfolgs ist diese Art der strukturellen Koppelung wie folgt zu repräsentieren, und zwar genauer unter der theoretischen Bedingung einer unendlichen Interaktionshäufigkeit:*

$$\lim_{t\to\infty} \rho(\tau_{A_t}, \tau_{O_t}) = 1$$

Dabei stehe ρ für eine hier nicht näher bestimmte Ähnlichkeitsfunktion von Typisierungsfunktionen τ_{A_t}, τ_{O_t}.

6. *Die Ausbildung und das Alignment der Interaktionsdispositionen D_{A_t} und D_{O_t} stellt ein langfristiges, interaktionsereignisübergreifendes Lernen dar. Dem geht möglicherweise das kurzfristige, interaktionsereignisinterne Lernen voraus. Das bedeutet, dass die Interaktionspartner im Prinzip bereits im Rahmen von E Interaktionsmuster identifizieren, modifizieren oder einüben können, die ihre Interaktion erleichtern. Die Unterscheidung von ereignisinternem und ereignisübergreifendem Lernen läuft parallel zur Unterscheidung von dialoginternem und dialogübergreifendem Alignment bei Pickering und Garrod (2004).*

Einen wesentlichen Aspekt des semiotischen Begriffs der artifiziellen Interaktion bildet seine Peircesche Rekursivität im Rahmen einer kognitionstheoretischen Perspektive: *Ein Agent interagiert zu einem Zeitpunkt t mit einem Objekt O, um mit diesem Dispositionen zu entwickeln und zu alignieren, welche deren zukünftigen Interaktionen bedingen.* Im Peirceschen Sinne sind diese nachfolgenden, zeitlich diskontinuierlichen Interaktionen Wirkungen ihrer je vorangehenden Interaktionen, die wiederum von ersteren interpretiert werden. Der finale Interpretant einer solchen Interaktionsfolge besteht *aus der Sicht beider Interaktionspartner* in ihren alignierten bzw. strukturell gekoppelten Interaktionsdispositionen. Dieses stets auf die Zukunft gerichtete Alignment mit seinem prinzipiell infiniten Regress – unterbrochen nur durch das Ableben von A, die Zerstörung von O bzw. die abbrechende intra- oder intergenerationelle Weitergabe der Interaktionsdispositionen an die jeweilige Nachfolgegeneration – kann gemäß der Unterscheidung von Similaritäts- und Kontiguitätsalignment (in Anlehnung an Raible 1981) wie folgt symbolisiert werden:

$$\lim_{t \to \infty} x(D_{A_t}(O_t, E_t), D_{O_t}(A_t, E_t)) = 1 \quad (1)$$

Dabei stehe $x \in \{\sigma, \kappa\}$ für eine hier nicht näher bestimmte Ähnlichkeitsfunktion σ bzw. für eine Funktion κ zur Bemessung der Komplementarität von Interaktionsdispositionen.

In diesem Sinne ist artifizielle Interaktion eine Art Zeichenhandlung, für welche die Ausbildung von Dispositionen mittels eines Interaktionsgedächtnisses ebenso charakteristisch ist, wie das alignmentorientierte Aufeinanderbezogensein der jeweiligen Interaktionspartner. Definition 1 führt einen „starken" Interaktionsbegriff ein, der Interaktionen im Bereich von Zeichenhandlungen ansiedelt, für welche Drittheit als ontologische Kategorie charakteristisch ist. Die Konstitution dieser Drittheit betrifft jedoch nicht den „Erbauer" von Objekt O im Verhältnis zum Agenten A. Sie betrifft vielmehr O in direktem Verhältnis zu A. Die Zeichenhandlung ist also keine indirekte, bloß durch O zwischen zwei Agenten vermittelte. Sie ist eine artifizielle Interaktion, bei welcher zumindest ein Interaktionspartner ein Artefakt ist. Unter einer anderen als dieser Perspektive lassen sich Artefakte wie O stets als Medien reinterpretieren, welche den abwesenden Interaktionspartner ersetzen. In diesem Falle erscheint eine Diskussion über artifizielle Interaktion informationslos, da sie nichts wirklich Neues birgt. Hier wäre nur zu diskutieren, wie gut das Objekt O seinen Souverän repräsentiert. Es sei ferner angemerkt, dass Definition 1 kognitionsorientiert und also nicht rein philosophisch im Peirceschen Sinne ist, indem sie explizit auf kognitive Prozesse rekurriert. Das bedeutet, dass zur Prüfung der Interaktionsfähigkeit eines Artefakts auch dessen Trägerschaft solcher Prozesse zu prüfen ist.

Was ist nun mit einem solchen semiotischen Interaktivitätsbegriff gewonnen? Reicht hierfür nicht der herkömmliche Interaktivitätsbegriff mit seiner Betonung des Rollenwechsels bzw. der Reziprozität der Handlungen der Interaktionspartner aus? In Sektion 1 wurde der Aspekt des (immediaten) Lernens bzw. die Rolle des Körpergedächtnisses im Rahmen der Face-to-face-Kommunikation betont. Diesen Aspekt lassen Definition der Interaktivität jedoch zumeist außer Acht (Bieber/Leggewie 2004). Im Vordergrund steht dabei die Analyse der einzelnen Interaktionssituation, ohne Bezug auf die veränderlichen Dispositionen der beteiligten Interaktionspartner. Ein solcher Bezug ist gemäß der Peirceschen Zeichenphilosophie jedoch unabdingbar. Die hier vorgelegte Analyse reklamiert dies auch für den Interaktionsbegriff, und zwar unter Bezug auf das dialogische Alignment (Rickheit 2005). Will man die Interaktivität künstlicher Agenten (ob nun Avatare oder humanoide Roboter) beurteilen, erscheint eine solche Erweiterung unabdingbar, da sonst wesentliche Charakteristika der maßstabsbildenden Face-to-face-Kommunikation unberücksichtigt bleiben. Dieses Defizit zu adressieren, markiert einen wesentlichen Unterschied des hier vorgelegten Begriffs gegenüber alternativen Definitionen. Dabei sei darauf hingewiesen, dass der semiotische Begriff der artifiziellen Interaktion gerade *nicht* die Intentionalität des Artefakts als Kommunikationspartner einfordert, da er auf dem mechanistischen Begriff des Alignments beruht, für den die Intentionalität der dialogischen Kommunikation nicht konstitutiv ist (Pickering/Garrod 2004). Für die Eignung eines Artefakts als Interaktionspartner ist also nicht dessen Bewusstseinsfähigkeit ausschlaggebend. Wäre dies so, so machte dies nach unserer Überzeugung den Begriff der artifiziellen Interaktivität obsolet.

Es stellt sich nun die Frage, ob irgendetwas Existierendes dem entspricht, was Definition 1 als artifizielle Interaktion bezeichnet. Diese Frage ist erwartungsgemäß nicht ein für allemal negativ zu beantworten – wer weiß schon, was kommen wird. Also muss es genügen, einige Angebote im Lichte von Definition 1 kritisch zu prüfen. Dem widmet sich die folgende Sektion.

4 Fallbeispiele

4.1 Interactive Hypermedia

Beispiele für Artefakte, deren Benutzung Interaktivität zugeschrieben wird, stammen zumeist aus dem Bereich webbasierter Medien (Leggewie/Bieber 2004; Bucher 2004). Dies sei am Beispiel der Medienanalyse von Bucher (2001) demonstriert, der unmittelbar auf den Dialogbegriff Bezug nimmt. Hierzu entwickelt Bucher einen handlungstheoretischen Hypertextbegriff basierend auf dem Begriff der Interaktivität. Bucher interpretiert genauer die Auswahl von Rezeptionspfaden entlang der Linkangebote des jeweiligen Autors als einen *Dialog* (Fritz 1999), bei dem der Rezipient Hypertexte in der Erwartung einer computervermittelten Kommunikation traversiere. So würden beispielsweise die für dialogische Kommunikation typischen Reparaturhandlungen anhand von Revisionen von Navigationszielen zutage treten, die gewissermaßen Störungen des hypertextuellen Dialogs kompensieren. Der Rezipient (etwa einer Internet-Zeitung oder einer akademischen Homepage) interagiert in diesem Sinne mit dem jeweiligen Autor vermittels des Hypertextmediums, wobei die Interaktion analog zu einem Dialog ablaufe.

Nun wäre es falsch, diesen Interaktionsbegriff so zu deuten, als ob hier das Medium interagiere.[12] Es wird also nicht von einer artifiziellen, sondern von einer computervermittelten Interaktion ausgegangen, bei dem das Medium eine „Prothese" (Eco 1988) einer ansonsten natürlichen, dialogischen Interaktion bildet, deren Teilnehmer im raumzeitlichen Sinn diskontinuierlich interagieren, so dass deren Interaktionshandlungen „überbrückt" werden. Jedoch stößt diese Auffassung auf fundamentale Probleme:

- *Es fehlt das für dialogische Kommunikation konstitutive Turn-Taking*, da Rezipient und Produzent ihre Rollen nicht abwechseln.[13] Zwar ist ein

---

12 Bucher (2004) selbst folgt der Unterscheidung von Medien als Mittel der Kommunikation vs. Medien als Kommunikationspartner (Goertz 2004).
13 Bucher (2004) spricht von dem Argument der mangelnden Reziprozität. Zu erinnern ist hierbei auch an das Argument der mangelnden Rückkanalfähigkeit (vgl. Leggewie/Bieber 2004). Bucher (2004) unterscheidet zwischen adressaten- und angebotsorientierter Interaktivität. Erstere ist kennzeichnend für Medienangebote im Bereich des Web 2.0, letztere für klassische Online-Angebote. In dieser Sektion thematisieren wir in erster Linie den Begriff der

solcher Rollenwechsel prinzipiell möglich und für wikibasierte Medien wie für viele anderen Beispiele des Web 2.0 konstitutiv (Kuhlen 2004; Ebersbach/Glaser 2005). Jedoch liegen diese Beispiele außerhalb des Horizonts der Studie von Bucher (2001).[14] Für die Mehrzahl nicht wikibasierter Websites ist ein Rollenwechsel nicht konstitutiv: *wer schreibt schon an jenen Sites mit, die er rezipiert.* Zwar mag es in Einzelfällen Rollenwechsel geben, jedoch ist darüber kaum etwas bekannt.

- *Die so genannten Reparaturhandlungen von Rezipienten im Besonderen und ihre Rezeptionshandlungen im Allgemeinen bedingen vorwiegend nicht die Autorenseite.* Wenn Interaktionspartner nicht ihre Rollen abwechseln, so ist doch zumindest anzunehmen, dass das Verhalten des Rezipienten dasjenige des Produzenten bedingt, dass letzterer also auf systematische Weise seine Angebote im Lichte vorangehender Rezeptionshandlungen modifiziert. Auch hierfür gibt es Einzelbeispiele. So sind kommerzielle Websites darauf angewiesen, dass sie funktionieren und also Kaufhandlungen abzuschließen erlauben. Nutzerstudien und Nutzungstests mögen hierfür ebenso herangezogen werden wie *Best Practices* und die erfahrungsbedingte Antizipation zukünftigen Nutzungsverhaltens. Gehen wir einmal davon aus, dass Website-Autoren so vorgehen, dass sie ihre Sites im Lichte des zuvor gemessenen Nutzungsverhaltens anpassen. Genaues Wissen hierüber würde umfangreiche Langzeitstudien zum Lebenszyklus von Websites voraussetzen (vgl. Koehler 1999, 2002, 2003), *und zwar unter den Bedingungen ihrer Nutzung.* Bezogen auf diese Koppelung von Produktion und Rezeption fehlen jedoch entsprechende Studien, vermutlich deshalb, weil sie im dialoghaften Sinn nicht systematisch vorkommt. Die Gestaltung einer Website aufgrund einer *Best Practices*-Studie ist schwerlich als die Antwort eines Produzenten auf das Rezeptionsverhalten seiner Rezipienten aufzufassen. *Wer antwortet hier wem?*

- *Das vorgebliche Dialogverhalten des Autors ist nicht rezipientenspezifisch.* Hypertextautoren antworten nicht systematisch und fortgesetzt auf die „Turns" ihrer Rezipienten in Form von Rezeptionshandlungen. Die vorgeblich hypertextbasierten Dialoge sind nicht einzelrezipientenbezogen. Gerade ein solcher Bezug auf das direkte Gegenüber ist für die dialogische Kommunikation typisch (Clark 2000; Levelt 1998; Pickering/Garrod 2004). Ein Hypertextproduzent hat keinen Dialogpartner vor sich, sondern ein Publikum, das sein Informationsangebot in raumzeitlicher Diskontinuität rezipiert. Zwar mögen dieser Auffassung Einzelbeispiele widersprechen –

Interaktivität nach Bucher (2001). Der Begriff der adressatenorientierten Interaktivität nach Bucher (2004) lässt jedoch Raum für eine vergleichbare Kritik.

14 Siehe jedoch Bucher (2004) und Kuhlen (2004).

das Web 2.0 hält solche Beispiele bereit —, doch bilden diese nicht die Diskussionsgrundlage des Interaktionsbegriffs von Bucher (2001).

- *Die fehlende semiotische Perspektive auf das Lernen:* Ohne persönlichen Bezug fehlt der hypertextbasierten Kommunikation schließlich das für dialogisches Verhalten typische *kurzfristige* Alignment – bezogen auf den Dialog selbst (etwa in der Form eines Alignments von Manifestationsformen) – wie auch das langfristige Alignment in Bezug auf die Ausbildung akteursspezifischer Dialogroutinen, die oben als Interaktionsdispositionen bezeichnet wurden. Unter dieser Perspektive findet kein dialogspezifisches, alignmentbezogenes Lernen statt: das Verhalten beider Interaktionspartner disponiert diese nicht für ihr je spezifisches Interaktionsverhalten in der Zukunft.

Aus dieser Perspektive manifestiert die Rezeption von Websites eine Art Massenkommunikation und somit keine dialoghafte Interaktion.[15] In einer asymmetrischen Massenkommunikation interagiert nicht *einer* (der Produzent) mit *vielen* (seinen Rezipienten) (Sutter 1999, 2008). Eine Internet-Zeitung ist ein Massenmedium, das sich hypertextbasierter Mittel bedient. Die so manifestierte Massenkommunikation ist nicht interaktiv, weder infolge der Qualität noch der Quantität der rezipientenseitigen Auswahlhandlungen. Hier *re*-agiert der Rezipient, und zwar in der Weise, dass er aus vorgegebenen Rezeptionsangeboten selektiert. Man kann diese Art der Rezeption als interaktiv bezeichnen. Aus semiotischer Sicht fehlt ihr jedoch die Art von Drittheit, welche oben für den Begriff der artifiziellen Interaktion reklamiert wurde. Um im Peirceschen Duktus zu bleiben wäre die von Bucher betrachtete Interaktivität der Kategorie der Zweitheit zuzusprechen, da sie vornehmlich anhand der *Re-aktion* auf vorgegebene Rezeptionsangebote zum Ausdruck kommt. Besonders interaktive Medien sind in diesem Sinne solche, welche ihren Nutzern besonders viele Reaktions- bzw. Auswahlmöglichkeiten lassen. Anders ausgedrückt: Webbasierte Interaktion nach Bucher ist eine komplexe Handlung, bei der viele Interaktionspartner

---

15 Diese Auffassung widerspricht Wehner (1997). Der Unterschied in beiden Auffassungen kommt dadurch zum Ausdruck, dass der Begriff der Massenkommunikation durch die Entwicklung der neuen Medien differenzierter gefasst werden muss (Mehler/Sutter 2008). Das kann am Beispiel von Wikis wie folgt erläutert werden: zwar besteht hier die Möglichkeit, dass die Teilnehmer prinzipiell als Autoren und Leser fungieren, jedoch zeigt die konkrete Mediennutzung, das hier ein skalenfreies Ungleichverhältnis von Autorenschaft und Leserschaft zutage tritt, das eine extreme Tendenz in Richtung Massenkommunikation erkennen lässt (siehe hierzu ausführlich Mehler/Sutter 2008). Bisherige Medienanalysen lassen solche quantitativen Zusammenhänge vielfach außer Acht. Ohne eine solche Betrachtung aber ist eine genaue Differenzierung nach Massenmedium und interaktivem Medium nach unserer Überzeugung nicht möglich.

unabhängig voneinander auf die Vorgabehandlungen eines Interaktionspartners in Form von Auswahlhandlungen reagieren, und zwar ohne Vermittlung durch ein partnerspezifisches Interaktionsgedächtnis.

Verlässt man den Bereich der webbasierten Kommunikation und betritt den Bereich der klassischen Printmedien, so findet man das zum Hypertext analoge Konzept des interaktiven Buches.[16] Behält man auch hier den Begriff der Interaktivität bei, so ist abermals die Unterscheidung von Interaktivität als Zweiheit im Gegensatz zu Interaktivität als Drittheit unabdingbar. Denn offenbar fehlt hier die für eine semiotische Interaktion unabdingbare Vermittlung durch den Rollenwechsel der Interaktionspartner und deren Interaktionsgedächtnis in weit offensichtlicherer Weise, da die Buchmedien zugrundeliegenden Produktionshandlungen tendenziell langfristiger skaliert sind als im Falle von Websites.

Eine Ursache für die problematische Attraktivität des Interaktionsbegriffs (Leggewie/Bieber 2004) und, infolgedessen, für seine allzu häufige Verwendung liegt aus dieser Sicht in seiner mangelnden semiotischen Fundierung: Interaktivität im Sinne von Zweiheit ist in der computervermittelten Kommunikation leicht herstellbar, im Sinne von Drittheit jedoch nicht. Letzteres aber scheint oftmals mit-gemeint zu sein, wenn semiotisch undifferenziert von Interaktivität die Rede ist.

4.2 Adaptable Hypermedia

Dem Bucherschen Dialogbegriff fehlt der für den alignmentorientierten Dialogbegriff fundamentale Bezug auf das kurz- und langfristige Lernen. Dies wirft die Frage nach Formen der computervermittelten Kommunikation auf, die ein nutzerorientiertes Lernen integrieren. Ende des vergangenen Jahrhunderts kam mit so genannten *adaptable hypermedia* (Brusilovsky 1996) ein Begriff von Artefakt auf, dessen fortgesetzte Adaptation unter den Bedingungen seiner Nutzung charakteristisch sein sollte, und zwar einzelrezipientenbezogen. Ein solches Beispiel stammt von O'Donnell et al. (2001), die fordern, dass selbst noch die sprachliche Gestalt einzelner Hypertextmodule an die variablen Rezeptionshandlungen ihrer Rezipienten anzupassen sind. Unter dieser Perspektive formt sich ein Hypertext unter den rezipientenspezifischen Bedingungen seiner Nutzung – in Bezug auf seine Form und seinen Inhalt. *Manifestiert die Nutzung eines solchen adaptierbaren Hypertexts eine artifizielle Interaktion? Sind adaptive hypermedia artifizielle Interaktionspartner?* Diese Fragen können hier nicht

---

16 Siehe z.B. Lewitscharoff (2004).

beantwortet werden, da die Literatur zwar viele Prototypen diskutiert, die Entwicklung des Webs jedoch in eine andere Richtung gegangen ist, und zwar in die Richtung des *social web* und des *social computing* (Ebersbach/Glaser 2005; Bächle 2006; von Ahn 2008), für welche die computervermittelte, nicht jedoch die artifizielle Interaktion kennzeichnend ist. Es ist offenbar so, als ob die Entwicklung des Webs eine Richtung einnimmt, in der die computervermittelte Kommunikation gegenüber der artifiziellen Kommunikation den Vorzug erhält. Nicht die Ersetzung natürlicher Kommunikationspartner, sondern die effiziente Viele-an-viele-Kommunikation rückt in den Vordergrund aktueller Entwicklungen (Mehler/Sutter 2008).

Diese Entwicklungslinie wirft die Frage auf, wie eine Technologie für artifizielle Interaktion im Rahmen der Viele-an-viele-Kommunikation aussehen könnte. Betrachten wir hierzu das Beispiel der Wikis. Artifizielle Interaktionspartner einer Viele-an-viele-Kommunikation sind offenbar durch Bots gegeben, welche wesentliche Teile der wikibasierten Textverarbeitung externalisieren. Zwar existieren in Wikimedien bereits Bots, die automatisch Links generieren. Für diese ist jedoch das für die menschliche Textverarbeitung grundlegende Textverstehen nicht konstitutiv. Eine mögliche Stoßrichtung für textverstehensgeleitete Bots in Wikis wäre somit die Generierung semantischer Links auf der Basis von Open-Topic-Modellen (Mehler/Waltinger 2009) oder auch die proaktive Exploration und Moderation von Teilgemeinschaften von *wikilocutors*. Wir brechen an dieser Stelle diese Prospektion ab und wenden uns der Bewertung eines weiteren Kandidaten für einen artifiziellen Interaktionspartner zu.

4.3 Multimodal Interaction

Auf den ersten Blick erscheint die Sachlage klar und deutlich: künstliche Agenten wie MAX (Wachsmuth 2008; Kopp et al. 2004) verfügen über Dialogmodule zum Management ihrer verbalen Interaktion mit ihren Nutzern. Sie kommunizieren multimodal (Kraiss 2006), wobei durch die Entwicklung von Gestenerkennern und vergleichbaren Systemen (Pfeiffer et al. 2009) auch Rückkanalfähigkeit entlang der entsprechenden Moden gewährleistet wird. Ferner integrieren diese Agenten zum Teil im Aufbau befindliche Alignmentmodule (Pfeiffer-Leßmann/Wachsmuth 2008) (und somit Gedächtniskomponenten), anhand derer sie im Prinzip auf die Anpassung an Nutzungsszenarien bzw. das Alignment mit Einzelnutzern zielen.

Vor diesem Hintergrund liegt es nahe, künstliche Agenten der genannten Art als zur artifiziellen Interaktion mit ihren menschlichen Nutzern für befähigt zu erachten. Dennoch wird man zögern, dies vorbehaltlos zu akzeptieren. Der

Grund liegt weniger in ihrem Status als Entwicklungsprototypen und – damit verbunden – in ihrer Restriktion auf bestimmte Kommunikationsgegenstände oder -szenarien (Rehm 2008). Es stellt sich vielmehr die Frage, ob diese Systeme die genannten Aspekte der menschlichen Kommunikation lediglich simulieren oder tatsächlich realisieren. Überspitzt formuliert geht es um den Ausschluss des Fallstricks, es lediglich mit einer modernisierten, um multimodale Kommunikationsmodule und Gedächtniskomponenten erweiterten Variante von ELIZA (Weizenbaum 1966) zu tun zu haben. Eine vergleichbare Problematik wurde im Zusammenhang der *Artificial Life*-Debatte diskutiert, in deren Rahmen Pattee (1989) die folgende Unterscheidung von Simulation und Realisation eingebracht hat:

- *Simulationen* sind symbolische Modelle, die für das stehen, was sie modellieren. Sie dienen zur formalen, homomorphen Beschreibung (und Vorhersage) der im Gegenstandsbereich beobachteten (bzw. beobachtbaren) Strukturen. Simulationen sind Modelle von Funktionen, ohne diese Funktionen selbst auszuführen.
- *Realisationen* sind materiale Modelle, die bestimmte Funktionen implementieren. Sie besitzen notwendigerweise eine prozedurale Organisation, deren (Rück-)Überführung in zeitliche Abläufe (Prozesse) diese Funktionen in künstlichen oder wirklichen Welten realisieren. Realisationen werden nach der Funktion beurteilt, die sie realisieren, nicht nach der Güte der Abbildung des Modelloriginals.

Während Simulationen die Resultate von Messoperationen (zur Bestimmung der jeweiligen Systemumgebung) bereits voraussetzen, realisieren Realisationen ihrerseits Messoperationen in den (künstlichen oder realen) Umgebungen, in denen sie funktionieren. Übertragen auf den semiotischen Ansatz heißt das, dass an die Stelle einer symbolischen (simulativen) Repräsentation einer „Bedeutungsfunktion", welche die Kenntnis des Systems der Bedeutungen (wie auch der Systemumgebung) bereits voraussetzt, die prozedurale Rekonstruktion von Prozessen der Zeichenverarbeitung und ihrer Resultate in Form von Zeichenbedeutungen tritt (Rieger 2001).

Die Entscheidung darüber, ob Agenten wie MAX verbale Kommunikation lediglich simulieren, nicht jedoch realisieren, fällt schwer, da sie in ihren jeweiligen Funktionsbereichen unmittelbar mit ihren Nutzern zu interagieren scheinen. Beantworten lässt sich diese Frage offenbar nicht durch eine Überprüfung anhand einer Art Turing-Test. Vielmehr bedarf es hierfür einer Analyse der solchen Agenten zugrundeliegenden Algorithmen, von denen zu verlangen ist, dass diese selbst jene semiotischen Prozesse realisieren, die sie modellieren

(Ziemke 1999). Dem entspricht die Forderung, dass künstliche Agenten im erkenntnistheoretischen Sinn als Simulationen fungieren und im anwendungstechnischen Sinn als Realisationen funktionieren. Die Überprüfung einer solchen Forderung kann hier nur angeregt, nicht aber durchgeführt werden.

5 Zusammenfassung

In diesem Kapitel wurde der Begriff der artifiziellen Interaktion aus semiotischer Sicht thematisiert. Es wurde betont, dass hierfür das kurzfristige, interaktionsereignisspezifische Lernen ebenso wie das langfristige, interaktionsereignisübergreifende Lernen konstitutiv ist. Hierzu wurde der Begriff der Interaktivität in Zusammenhang mit dem mechanistischen Dialogbegriff von Pickering und Garrod (2004) gebracht und befunden, dass (die Befähigung zum) Alignment eine wesentliche Bedingung der Möglichkeit von Interaktivität darstellt – neben der gleichermaßen unabdingbaren Möglichkeit des Rollenwechsels. Betrachtet man vor diesem Hintergrund bestehende softwaretechnologische Artefakte, so scheint deren Nutzung nur sehr bedingt interaktiv zu sein. Dies liegt an der mangelnden Befähigung zum kurz- oder langfristigen Alignment oder auch schlicht an dem allzu frühen Entwicklungsstadium der vielfach nur als Prototypen existierenden Artefakte (Rehm 2008).

Es wird zukünftig sicherlich Entwicklungen alignmentbefähigter, interaktiver Agenten geben. Doch der Weg hierzu scheint weiter zu sein als bislang gedacht. Umgekehrt sind im Web Entwicklungen immer neuer, kollaborationsorientierter Interaktionstechnologien zu beobachten, die vor Jahren, zu Hochzeiten des Lobliedes auf das *Semantic Web* mit seinem Bezug auf Technologien der künstlichen Intelligenz nicht vorhergesagt wurden. Fortschritte in Sachen Interaktivität gibt es also allenthalben. Diese zielen jedoch allesamt auf einen moderaten oder gar keinen Einsatz von künstlicher Intelligenz und maschinellem Lernen. Sie betreffen zumeist die Weiterentwicklung von Technologien als *Mittel* der Interaktion zwischen Menschen, nicht aber als *Partner* der Interaktion.

Financial support of the German Federal Ministry of Education (BMBF) through the research project 'Linguistic Networks' and of the German Research Foundation (DFG) through the SFB 673 'Alignment in Communication' (via the Project A3 'Dialogue Games and Group Dynamics') both at Bielefeld University is gratefully acknowledged.

Literatur

Andersen, Peter B. (1990): A Theory of Computer Semiotics: Semiotic Approaches to Construction and Assessment of Computer Systems. Cambridge: Cambridge University Press.
Bächle, Michael (2006): Social software. In: Informatik Spektrum, Jg. 29, Heft 2, S. 121–124.
Barwise, Jon; Perry, John (1983): Situations and Attitudes. Cambridge: MIT Press.
Bieber, Christoph; Leggewie, Claus (Hg.) (2004): Interaktivität. Ein transdisziplinärer Schlüsselbegriff. Frankfurt/New York: Campus.
Braun-Thürmann, Holger (2002): Künstliche Interaktion. Wiesbaden: VS Verlag für Sozialwissenschaften.
Brusilovsky, Peter (1996): Methods and techniques of adaptive hypermedia. User Modeling and User-Adapted Interaction, Jg. 6, Heft 2–3, S. 87–129.
Bucher, Hans-Jürgen (2001): Wie interaktiv sind die neuen Medien? Grundlagen einer Theorie der Rezeption nicht-linearer Medien. In: Bucher, Hans-Jürgen & Püschel, Ulrich (Hg.): Die Zeitung zwischen Print und Digitalisierung. Wiesbaden: Westdeutscher Verlag, S. 139–171.
Bucher, Hans-Jürgen (2004): Online-Interaktivität. Ein hybrider Begriff für eine hybride Kommunikationsform. In: Bieber, Christoph & Leggewie, Claus (Hg.): Interaktivität. Ein transdisziplinärer Schlüsselbegriff. Frankfurt/New York: Campus, S. 133–167.
Clark, Herbert H. (2000): Using Language. Cambridge: Cambridge University Press.
de Saussure, Ferdinand (1967): Grundfragen der allgemeinen Sprachwissenschaft. Berlin/New York: De Gruyter.
Ebersbach, Anja; Glaser, Markus (2005): Wiki. In: Informatik Spektrum, Jg. 28, Heft 2, S. 131–135.
Eco, Umberto (1988): Über Spiegel und andere Phänomene. München: Hanser.
Fritz, Gerd (1999): Coherence in hypertext. In: Bublitz, Wolfram; Lenk, Uta; Ventola, Eija (Hg.): Coherence in Spoken and Written Discourse: how to Create it and how to Describe it. Amsterdam: Benjamins, S. 221–232.
Goertz, Lutz (2004): Wie interaktiv sind Medien? In: Bieber, Christoph & Leggewie, Claus (Hg.): Interaktivität. Ein transdisziplinärer Schlüsselbegriff. Frankfurt/New York: Campus, S. 97–117.
Goguen, Joseph A. (1997, August): Semiotic morphisms. Technical report, CS97-553.
Gudwin, Ricardo R. (2002): Semiotic synthesis and semionic networks. In: SEED, Jg. 2, Heft 2, S. 55–83.
Harris, Zellig S. (1954): Distributional structure. In: Word, Jg. 10, S. 146–162.
Hjelmslev, Louis (1969): Prolegomena to a Theory of Language. Madison: University of Wisconsin Press.
Jäckel, Michael (1995): Interaktion. Soziologische Anmerkungen zu einem Begriff. In: Rundfunk und Fernsehen, Jg. 43, Heft 4, S. 389–408.

Koehler, Wallace (1999): An analysis of web page and web site constancy and permanence. Journal of the American Society for Information Science, Jg. 50, Heft 2, S. 162–180.

Koehler, Wallace (2002): Web page change and persistence – a four-year longitudinal study. In: Journal of the American Society for Information Science and Technology, Jg. 53, Heft 2, S. 162–171.

Koehler, Wallace (2003): A longitudinal study of web pages continued: a consideration of document persistence. In: Information Research, Jg. 9, Heft 2.

Kopp, Stefan; Jung, Bernhard; Leßmann, Nadine; Wachsmuth, Ipke (2004): Max – a multimodal assistant in virtual reality construction. In: Künstliche Intelligenz, Jg. 4, Heft 3, S. 11–17.

Kraiss, Karl-Friedrich (Hg.) (2006): Advanced Man-Machine Interaction. Berlin/New York: Springer.

Kuhlen, R. (2004): Kollaboratives Schreiben. In: Bieber, Christoph & Leggewie, Claus (Hg.): Interaktivität. Ein transdisziplinärer Schlüsselbegriff. Frankfurt/New York: Campus, S. 216–239.

Leggewie, Claus; Bieber, Christoph (2004): Interaktivität – Soziale Emergenzen im Cyberspace. In: Bieber, Christoph & Leggewie, Claus (Hg.): Interaktivität. Ein transdisziplinärer Schlüsselbegriff. Frankfurt/New York: Campus, S. 7–14.

Levelt, William J. M. (1998): Speaking. From Intention to Articulation. Cambridge, Massachusetts: MIT Press.

Lewitscharoff, Michael (Hg.) (2004): Das Berlin-Paket: Das neue Berlin: Architektur, Kultur und Geschichte der Stadt mit dreidimensionalen Bildern und überraschenden Effekten. Mit vielen interaktiven Pop-up-Elementen (Gebundene Ausgabe). München: Ars Edition.

Maturana, Humbert R.; Varela, Francisco J. (1980): Autopoiesis and Cognition. The Realization of the Living. Dordrecht: Reidel.

Medosch, Armin (2004): Die Gesellschaft im Ad-hoc-Modus – dezentral, selbst organisiert, mobil. In: Bieber, Christoph & Leggewie, Claus (Hg.): Interaktivität. Ein transdisziplinärer Schlüsselbegriff. Frankfurt/New York: Campus, S. 41–66.

Mehler, Alexander (2001): Textbedeutung. Zur prozeduralen Analyse und Repräsentation struktureller Ähnlichkeiten von Texten. Band 5 von Sprache, Sprechen und Computer / Computer Studies in Language and Speech. Frankfurt a.M.: Peter Lang.

Mehler, Alexander (2006): Stratified constraint satisfaction networks in synergetic multi-agent simulations of language evolution. In: Loula, Angelo; Gudwin, Ricardo; Queiroz, Joao (Hg.): Artificial Cognition Systems. Hershey: Idea Group Inc, S. 140–174.

Mehler, Alexander; Sutter, Tilmann (2008): Interaktive Textproduktion in Wikibasierten Kommunikationssystemen. In: Zerfaß, Ansgar; Welker, Martin; Schmidt, Jan (Hg.): Kommunikation, Partizipation und Wirkungen im Social Web – Weblogs, Wikis, Podcasts und Communities aus interdisziplinärer Sicht. Köln: Herbert von Halem, S. 267–300.

Mehler, Alexander; Waltinger, Ulli (2009): Enhancing document modeling by means of open topic models: Crossing the frontier of classification schemes in digital libraries by example of the DDC. Erscheint in: Library Hi Tech, 2009.

Merleau-Ponty, Maurice (1993): Die Prosa der Welt. München: Fink.
Miller, George A.; Charles, Walter G. (1991): Contextual correlates of semantic similarity. In: Language and Cognitive Processes, Jg. 6, Heft 1, S. 1–28.
O'Donnell, Michael J.; Mellish, Chris; Oberlander, Jon; Knott, Alistair (2001): ILEX: An architecture for a dynamic hypertext generation system. Natural Language Engineering, Jg. 7, Heft 3, S. 225–250.
Oehler, Klaus (1993): Charles Sanders Peirce. München: Beck.
Pattee, Howard. H. (1989): Simulations, realizations, and theories of life. In: Langton, Christopher G. (Hg.): Artificial Life. SFI Studies in the Sciences of Complexity. Redwood: Addison-Wesley, S. 63–77.
Peirce, Charles S. (1983): Phänomen und Logik der Zeichen. Frankfurt a. M.: Suhrkamp.
Peirce, Charles S. (1986): Semiotische Schriften, Volume 1. Frankfurt a. M.: Suhrkamp.
Peirce, Charles S. (1991a): Naturordnung und Zeichenprozeß. Schriften über Semiotik und Naturphilosophie. Frankfurt a. M.: Suhrkamp.
Peirce, Charles S. (1991b): Schriften zum Pragmatismus und Pragmatizismus. Frankfurt am Main: Suhrkamp.
Peirce, Charles S. (1991c): Vorlesungen über Pragmatismus. Hamburg: Meiner.
Peirce, Charles S. (1993): Semiotische Schriften 1906-1913, Volume 3. Frankfurt a. M.: Suhrkamp.
Pfeiffer, Thies; Latoschik, Marc E.; Wachsmuth, Ipke (2009): Evaluation of binocular eye trackers and algorithms for 3d gaze interaction in virtual reality environments. Journal of Virtual Reality and Broadcasting, Jg. 5, Heft 16.
Pfeiffer-Leßmann, Nadine; Wachsmuth, Ipke (2008): Toward alignment with a virtual human – achieving joint attention. In: Dengel, Andreas R.; Berns, Karsten; Breuel, Thomas M.; Bomarius, Frank; Roth-Berghofer, Thomas R. (Hg.): Proceedings of KI 2008: Advances in Artificial Intelligence. LNAI 5243. Berlin: Springer, S. 292–299.
Pickering, Martin J.; Garrod, Simon (2004): Toward a mechanistic psychology of dialogue. In: Behavioral and Brain Sciences, Jg. 27, Heft 2, S. 169–226.
Raible, Wolfgang (1981): Von der Allgegenwart des Gegensinns (und einiger anderer Relationen). Strategien zur Einordnung semantischer Informationen. Zeitschrift für romanische Philologie, Jg. 97, Heft 1–2, S. 1–40.
Rehm, Matthias (2008): "she is just stupid" – Analyzing user-agent interactions in emotional game situations. Interacting with Computers, Jg. 20, Heft 3, S. 311–325.
Rickheit, Gert (2005): Alignment und Aushandlung im Dialog. Zeitschrift für Psychologie, Jg. 213, Heft 3, S. 159–166.
Ricœur, Paul (1991): Die lebendige Metapher. München: Fink.
Rieger, Burghard B.; Thiopoulos, Constantin (1989): Situations, topoi, and dispositions: on the phenomenological modeling of meaning. In: Retti, Johannes & Leidlmair Karl (Hg.): 5th Austrian Artificial Intelligence Conference, ÖGAI '89, Innsbruck, KI-Informatik-Fachberichte 208. Berlin: Springer, S. 365–375.
Rieger, Burghard. B. (2001): Computing granular word meanings. A fuzzy linguistic approach in computational semiotics. In: Wang, Paul P. (Hg.): Computing with Words. New York: Wiley, S. 147–208.
Rieger, Burghard B. (2003): Semiotic cognitive information processing: Learning to understand discourse. A systemic model of meaning constitution. In: Kühn, Reimar;

Menzel, Randolf; Menzel, Wolfram; Ratsch, Ulrich; Richter, Michael M.; Stamatescu, Ion-Olimpiu (Hg.): Adaptivity and Learning. An Interdisciplinary Debate. Berlin: Springer, S. 347–403.

Sager, Sven F. (1997): Intertextualität und die Interaktivität von Hypertexten. In: Klein, Josef & Fix, Ulla (Hg.): Textbeziehungen: linguistische und literaturwissenschaftliche Beiträge zur Intertextualität. Tübingen: Stauffenburg, S. 109–123.

Simon, Josef (1981): Sprachphilosophie. Freiburg/München: Alber.

Stegbauer, Christian (2005): Medien und soziale Netzwerke. In: Jäckel, Michael (Hg.): Mediensoziologie. Grundfragen und Forschungsfelder. Wiesbaden: VS Verlag für Sozialwissenschaften, S. 219–236.

Sutter, Tilmann (1999): Medienkommunikation als Interaktion? Publizistik, Jg. 44, Heft 3, S. 288–300.

Sutter, Tilmann (2008): "Interaktivität" neuer Medien – Illusion und Wirklichkeit aus der Sicht einer soziologischen Kommunikationsanalyse. In: Willems, Herbert (Hg.): Weltweite Welten. Internet-Figurationen aus wissenssoziologischer Perspektive. Wiesbaden: VS Verlag für Sozialwissenschaften, S. 57–74.

Thiopoulos, Constantin (1992): Semiosis and Topoi. Pfaffenweiler: Centaurus.

von Ahn, Luis (2008): Human computation. In: ICDE, IEEE, 1–2.

Wachsmuth, Ipke (2008): 'I, Max' – communicating with an artificial agent. In: Wachsmuth, Ipke & Knoblich, Günther (Hg.): Modeling Communication with Robots and Virtual Humans. LNAI 4930. Berlin: Springer, S. 279–295.

Walther, Elisabeth (1974): Allgemeine Zeichenlehre. Stuttgart: Deutsche Verlags-Anstalt.

Wehner, Josef (1997): Interaktive Medien – Ende der Massenkommunikation. Zeitschrift für Soziologie, Jg. 26, Heft 4, S. 96–11.

Weizenbaum, Joseph (1966): ELIZA – A computer program for the study of natural language communication between man and machine. Commun. ACM, Jg. 9, Heft 1, S. 36–45.

Ziemke, T. (1999). Rethinking grounding. In: Riegler, Alexander; Peschl, Markus; von Stein, Astrid (Hg.): Understanding Representation in the Cognitive Sciences. Does Representation Need Reality? New York/Boston/Dordrecht: Kluwer/Plenum, S. 177–190.

„Ich, Max" – Kommunikation mit Künstlicher Intelligenz

Ipke Wachsmuth

Mit dem Einzug maschineller „kommunikationsfähiger" Systeme in Form verkörperter Agenten in der Künstlichen Intelligenz stellt sich heute stärker als je zuvor die Frage, ob solchen Systemen in einer absehbaren Zukunft (oder überhaupt) eine Form von Bewusstsein zugeschrieben werden kann. Als Menschen sind wir versucht, einem menschenähnlich auftretenden Gegenüber, das mit uns einen Dialog in akzeptabler natürlicher Sprache führt, Absichten, Wünsche und Ziele zu unterstellen, also von uns aus einen solchen Dialog vom intentionalen Standpunkt aus zu führen.[1] Aber selbst wenn unser künstliches Gegenüber einen Namen hat, auf den es hört, und in seinen Äußerungen sich selbst mit „Ich" bezeichnet, so ist uns doch klar, dass derzeit solche Kennzeichnungen noch unangemessene Unterstellungen sind.

Unter welchen Bedingungen ein künstlicher Agent eine Kommunikation vom intentionalen Standpunkt aus führen könnte, ist Gegenstand dieses Beitrags. Mit Bezug auf gegenwärtige Forschungsdiskussionen untersuchen wir dies am Beispiel von *Max*, einem künstlichen Agenten, der in virtueller Realität verkörpert ist (Kopp et al. 2003). Dazu überlegen wir, wann ein System ein Bewusstsein von sich selbst hat bzw. haben kann. Bewusstsein wird dabei als spezifische Form inneren Wissens betrachtet, das mentale Prozesse begleiten kann. Es entsteht, wenn repräsentationale Zustände des Agenten ihrerseits Gegenstand einer Repräsentation, einer sogenannten Metarepräsentation, werden. Die Bedingungen werden diskutiert, unter denen Max mit einigem Recht von sich als „Ich" sprechen könnte und was dies für seine Kommunikationsfähigkeiten bedeutet. Ferner zeigen wir Ausgangspunkte technischer Realisierungen auf und diskutieren die Rolle von Emotion und Gedächtnis.

---

1   Das heißt, wir könnten annehmen, dass das System über bestimmte Informationen verfügt, dass es bestimmte Ziele verfolgt und dass es sich angesichts dieser Informationen und Ziele rational verhält – somit das tut, was unter der Voraussetzung, dass seine Überzeugungen richtig sind, tatsächlich zum Erreichen seiner Ziele führt (vgl. Beckermann 1999).

1 Vorüberlegungen

Viele Menschen reden mit ihrem Computer – meist dann, wenn er nicht wie gewünscht funktioniert. Echte Kommunikation mit der Maschine ist das natürlich nicht, wie nicht näher erklärt werden muss. Ein Ziel der Forschung in der Künstlichen Intelligenz ist es, dass Menschen möglichst „echt" und natürlich mit einer Maschine (oder gar einem maschinellen „Wesen") kommunizieren können. Voraussetzung dafür sind Systeme, die ihre Umgebung wahrnehmen und repräsentieren, daraus Schlussfolgerungen ziehen und situationsangepasst handeln können.

Die Einschätzung, ob eine Kommunikation zwischen Mensch und Maschine möglich ist, hängt davon ab, was unter „Kommunikation" genau verstanden werden soll. Versteht man darunter die Übermittlung von Information, die beim Empfänger eine Verhaltensänderung auslöst, könnte vielleicht schon der Knopfdruck, der den Kopierer aus dem Bereit-Zustand in den Kopiervorgang versetzt, als Mensch-Maschine-Kommunikation bezeichnet werden. Solcherart ist die Verwendung des Begriffs in den Ingenieurdisziplinen durchaus üblich. Wollte man dagegen verlangen, dass beide Kommunikationspartner autonom handlungsfähige Systeme sind und ein gemeinsames Zeichenrepertoire benutzen, um einander etwas mitzuteilen oder um etwas auszuhandeln, so schiene dies zunächst eher nur Menschen vorbehalten. Mehr noch könnte man verlangen, dass die Kommunikationspartner sich selbst und gegenseitig als Individuen wahrnehmen, ein Bewusstsein von sich selbst und dem anderen haben.

Beim Menschen beschreiben wir mit dem Begriff Bewusstsein die Tatsache, dass wir Erkenntnis von unseren Gedanken und Empfindungen haben. Unser Denken, Fühlen und Wollen ist uns (mehr oder weniger gut) zugänglich und wir können es vermöge der Sprache sogar anderen (mehr oder weniger gut) mitteilen. Bei genauerem Hinsehen differenziert sich der etwas schillernde Begriff des Bewusstseins auf recht unterschiedliche Formen. Da ist zum einen ein Bewusstsein von den Empfindungen: Man ist sich der Qualität des Erlebens bewusst, z.B. wie es sich anfühlt, wenn man etwas anfasst oder Schmerzen empfindet. Zum zweiten ist da ein Bewusstsein als das Gewahrsein von sich selbst: Man weiß von seiner physischen Existenz und Identität, erkennt sich zum Beispiel im Spiegel. Die Grundlage dafür ankert in der Wahrnehmung des eigenen Körpers, den wir berühren können, um zu bestätigen, dass wir da sind, und der uns selbst im Umraum verankert.

In der Wahrnehmung unseres physischen Selbst, unseres Körpers und seiner Verortung im Umraum, ist vermutlich – drittens – unsere Selbstwahrnehmung als handelndes Wesen begründet, das Mittel einsetzt, um Ziele zu verfolgen, und dies auch, wenn sie ins Abstrakte verlagert sind (wie erreiche ich mein Ziel =

wie komme ich dort hin?). Dieses „Selbst-Bewusstsein" beinhaltet, dass man sich seiner selbst als Subjekt des Erkennens und Erlebens bewusst ist, seine Gefühle und Gedanken auf den eigenen Körper und Geist bezieht und weiß, dass man die Ursache des Effektes von Handlungen ist. Dies heißt aber noch immer nicht, dass man sich auf sich selbst mit „Ich" beziehen bzw. überhaupt über Sprache verfügen muss, wie später noch deutlich werden wird.

Wesentlich für diese Sichtweise ist allerdings die Handlungsperspektive: Handlungen verursachen – beabsichtigt oder unbeabsichtigt – Veränderungen in der Welt. Handlungen können erfolgreich sein oder misslingen, je nachdem ob angestrebte Ziele erreicht werden oder nicht. Wenn eine Handlung gelingt, empfinden wir Freude, und wenn nicht, möglicherweise Ärger. Dies gilt insbesondere auch für kommunikative Handlungen, die das spezielle Thema dieses Beitrags sind. Wenn ich zu jemand anderem sage: „mein Knie schmerzt", dann ist das – anders als ein unwillkürliches „Aua" – absichtsvolles kommunikatives Handeln. Es ist getragen von der Absicht, den anderen über meinen Zustand zu informieren, von der Überzeugung, dass er mich versteht und meine Empfindung nachvollziehen kann, und von meinem Wunsch, Mitleid zu erfahren. Vielleicht ist es dabei auch mein Ziel, dass der andere mir Hilfe anbietet.

In der Kommunikation zwischen Menschen schreiben wir uns gegenseitig ein solches Innenleben zu (intentionale Zustände). Wir gehen davon aus, dass der andere so wie wir Absichten, Überzeugungen, Wünsche und Ziele hat, die wir zwar nicht direkt erkennen können. Aber wir unterstellen sie, weil der andere Mensch ein ebenso denkendes und fühlendes Wesen ist. Und wir kommunizieren mit dem Ziel, die inneren Zustände und damit gegebenenfalls das Handeln des anderen zu beeinflussen. Das kann erfolgreich sein oder misslingen. Der andere kann z.B. seine Überzeugung beibehalten, dass es mir gut geht – obwohl ich sage, dass mein Knie schmerzt –, wenn er mich nicht humpeln sieht. Oder er gelangt zu der Überzeugung, dass mein Knie schmerzt, obwohl ich es nur vorgetäuscht habe, das heißt, eine Überzeugung kann falsch sein.

Menschen besitzen die Veranlagung, in anderen nicht nur ein Objekt des Umraums, sondern ein handelndes Subjekt zu erkennen, ein Abbild von uns selbst, aber mit eigenen Perspektiven und Absichten. Wir können sogar ein mentales Modell des Kommunikationspartners aufbauen, das Annahmen – eventuell falsche – über dessen Überzeugungen, Wünsche, Ziele und Absichten macht. Das Aufbauen einer derartigen Repräsentation des anderen – eines „Partnermodells" – ist allerdings erst dadurch möglich, dass intentionale Zustände einen Bedeutungsinhalt haben, der sich in Form von Aussagen ausdrücken lässt (sie weiß, dass ich viel zu tun habe; sie wünscht sich, dass ich heute früher nach Hause komme; sie beabsichtigt, heute Abend mit mir ins Kino zu gehen, usw.). Eine solche Repräsentation benötigt in irgendeiner Form

Symbole als „Denkzeichen", die solche Bedeutungsinhalte in unserem Denken tragen, die Grundlage unseres logischen Denkens und rationalen Handelns sind. Sich Gedanken über die Überlegungen und Ziele anderer zu machen, erfordert ein hohes Maß an Bewusstsein, das nach heutiger Einschätzung an symbolische Repräsentationen der Welt gekoppelt ist. Hier wollen wir im Weiteren fragen, ob künstlichen Systemen intentionale Zustände zugesprochen werden können, und unter welchen Bedingungen. Können Maschinen unter bestimmten Voraussetzungen einer kognitiven Ausstattung von sich selbst wissen, können sie die Absichten und Perspektiven eines Dialogpartners verstehen? Bevor wir uns aber dazu aufmachen, sind noch zwei weitere Aspekte anzusprechen, die eng mit dem Bewusstsein zusammenhängen, nämlich Emotion und Gedächtnis.

Wie oben schon angedeutet, spielen unsere Gefühle bei der Bewertung von Handlungserfolg eine Rolle. Mehr noch werden Emotionen in den neueren Kognitionstheorien als eine Grundvoraussetzung für organisiertes Handeln betrachtet. So wird Emotion unter anderem als eine Kontrollinstanz des kognitiven Systems verstanden, die Aufmerksamkeit zu regulieren, die auf ankommende Reize gerichtet wird, um Wichtiges von Unwichtigem zu unterscheiden. Dass einem etwas bewusst wird, hat offenbar wesentlich mit dem affektiven Erleben zu tun. Zudem haben Emotionen eine essenzielle Bedeutung für die Fähigkeit, zwischen verschiedenen Handlungsoptionen zu entscheiden (vgl. Damasio 1994), und für die Signifikanz von Erfahrungen, die dauerhaftere Nachhaltigkeit in unseren Erinnerungen haben. Beim Menschen ist die Einspeicherung von Informationen eng mit der affektiven Bewertung verbunden und andererseits mit dem Erkennen, dass es sich um ein besonderes oder seltenes Ereignis handelt. Diese Beobachtung deutet darauf hin, dass nicht nur Emotion, sondern auch das Gedächtnis ein wichtiges Moment von Bewusstsein ist.

Unser Erleben wäre nicht komplett und das Bewusstsein von uns selbst nicht sehr tief gehend, wäre da nicht die Ausstattung unseres Geistes mit der Möglichkeit, Erinnerungen zu bewahren – insbesondere an solche Dinge, die uns selbst betreffen, Erlebnisse, die wir unmittelbar vorher hatten, oder gestern, oder vor längerer Zeit. Unsere persönliche Vergangenheit ist uns im Normalfall zugänglich, eine Anlage, die man als autobiografisches Gedächtnis bezeichnet (Conway/Pleydell-Pearce 2000). Sie ist Grundlage für eine Form von Bewusstsein, das man „autonoetisch" (von sich selbst wissend) nennt, und das es uns erlaubt, uns unsere vom momentanen Erleben ablösbare Identität in Vergangenheit und Zukunft vorzustellen. Untersuchungen an Patienten mit beeinträchtigtem Bewusstsein und beeinträchtigtem Gedächtnis legen eine Verbindung zwischen autonoetischem Bewusstsein und Gedächtnis, speziell dem so genannten episodischen Gedächtnis, nahe (vgl. Markowitsch 2003).

2 Wer ist Max?

„Halten Sie es für möglich, dass Max eines Tages ein Bewusstsein von sich selbst haben könnte?" So wurde ich vor einiger Zeit auf einer Tagung gefragt. Zuvor hatte ich im Plenum unsere Bielefelder Arbeiten über einen „situierten künstlichen Kommunikator" namens *Max* vorgestellt. Max ist ein künstlicher Agent, der mit seinem menschlichen Gegenüber verbal und körpersprachlich, mit Gestik und Mimik, kommuniziert. In menschenähnlicher Erscheinung kann er in der Laborumgebung einer dreidimensionalen computergrafischen Großprojektion erlebt werden. Mit seiner Hilfe erforschen wir im Detail die Grundlagen kommunikativer Intelligenz und wie sie sich – in Auszügen – so präzise beschreiben lässt, dass eine Maschine (Agent Max ist eine programmgesteuerte Software-Maschine) sie simulieren kann. Somit ist das Sammeln von Erkenntnissen über das Funktionieren menschlicher Kommunikation ein wichtiger Schwerpunkt unserer Arbeit. Jedoch liegt ein technisches Ziel auch darin, ein möglichst funktionstüchtiges, überzeugendes System zu bauen, das in verschiedenen Anwendungen[2] eingesetzt werden kann.

In unserem Forschungsszenario geht es um das Bauen von Objekten, zum Beispiel eines Flugzeuges, aus einem *Baufix*-Konstruktionsbaukasten. Hieran wird erprobt, ob Max sich in wechselnden Situationen soweit „verständig" erweist, dass er im Dialog mit einem Menschen standhält. Wenn auch nicht verwechselbar menschenähnlich, so soll Max dabei schon die uns vertrauten Formen der Kommunikation zeigen, uns beim Sprechen und Zuhören ansehen, sich einer natürlich wirkenden Gestik bedienen, fragend schauen, wenn er uns nicht versteht, und warten bis wir ausgeredet haben, bevor er selbst spricht.

Mensch und Max stehen sich dabei z.B. an einem Tisch gegenüber (siehe Abbildung 1). Mit Ausnahme des Menschen ist die dargestellte Szene eine projizierte virtuelle Realität. Auf dem Tisch liegen verschiedene Bausteine, Leisten mit drei oder fünf Löchern, ein paar Schrauben mit farbigen Köpfen, ein Würfel mit Löchern auf allen Seiten etc., die im Verlauf des Dialogs zusammengebaut werden. Der Mensch sieht Max und die gesamte Szene vermöge einer Stereobrille dreidimensional und hört die synthetische Stimme von Max räumlich aus versteckten Lautsprechern. Max „sieht" den Menschen, dessen Blickrichtung, Hand- und Armbewegungen vermöge eines Infrarot-Trackingsystems und kabelloser Datenhandschuhe, und er „hört" über Funkmikrofon dessen Sprache, die er mit einem Spracherkenner verarbeitet. Sowohl Mensch als auch Max können nen durch natürlichsprachliche Instruktionen und Gesten den Zusammenbau

---

2 Als erste Anwendung fungiert Max seit Januar 2004 im Heinz Nixdorf Museums-Forum in Paderborn als Auskunftgeber, der Besuchern in Dialogen Wissenswertes über einen der Ausstellungsbereiche und über das Computermuseum erklärt.

einzelner Teile veranlassen, der in Simulation, unterlegt durch realistische
Geräusche, ausgeführt wird. Das läuft zum Beispiel wie folgt ab:

Abbildung 1: Dialogsituation mit Max

Max: Hallo, ich bin Max, was kann ich für Sie tun?
[*Lächelt freundlich.*]
Mensch: Erkläre, wie man einen Propeller baut.
Max: Lass es uns zusammen machen. Zuerst muss eine Schraube in die Mitte einer Dreilochleiste gesteckt werden.
Mensch: Steck die gelbe Schraube in die Leiste.
[*Zeigt auf eine der Dreilochleisten; die Schraube springt ins erste Loch.*]
Max: Nein, das war das falsche Loch.
[*Die Schraube rutscht wieder heraus.*]
Max: Ich erkläre es dir noch einmal. Eine Schraube muss in die Mitte einer Dreilochleiste gesteckt werden.
Mensch: Steck' die Schraube in die Mitte der Dreilochleiste.
[*Die Schraube springt in die Mitte der zuvor gewählten Dreilochleiste.*]
Max: Okay, richtig gemacht. Jetzt stecke das hier in eine Dreilochleiste.
[*Zeigt auf die Leiste mit der Schraube.*]
Mensch: Mach' du das.
Max: Okay, dann übernehme ich das.
[*Die Objekte werden entsprechend verbunden.*]
Max: Und jetzt müssen die Leisten quer zueinander gedreht werden.
[*Dreht seine Hände gegeneinander; usw.*]

"Ich, Max" – Kommunikation mit Künstlicher Intelligenz 141

Abbildung 2: Max, unangenehm berührt.

Auf die kognitive Architektur, die dem System „Max" zugrunde liegt, kommen wir in einem späteren Abschnitt noch zu sprechen. Hier sei nur soviel gesagt, dass Max einige Grammatikregeln beherrscht und ein semantisches Lexikon zur Übersetzung von Wortbedeutungen nutzt, um mit Hilfe von kompositioneller und Referenzsemantik die Bedeutung von Äußerungen seines Gegenübers in Form symbolischer Beschreibungen zu repräsentieren. Innerhalb eines begrenzten Wortschatzes kann Max sprechen und seine Gestik vermöge eines gelenkigen Körpers darauf abstimmen. Mit simulierten Gesichtsmuskeln kann er „emotionale Zustände" zum Ausdruck bringen (siehe Abbildung 2), die unter anderem von dem Erreichen oder Misslingen kommunikativer Ziele beeinflusst werden. Die sprachlichen Äußerungen von Max werden, unter Anpassung von Parametern an die aktuelle Situation – inklusive der Generierung passender Gesten –, aus einem Repertoire stereotyper Aussageformen erzeugt. Darin kommt auch das Wort „Ich" vor, ohne dass Max jedoch (derzeit) eine Vorstellung von sich selbst hätte.

In der Theorie kommunikativen Handelns könnten solche Dialogäußerungen erst vor dem Hintergrund der Zuschreibung intentionaler Zustände als Handlungen *im eigentlichen Sinn* gesehen werden. Das heißt zum Beispiel, Max müsste irgendeinen mentalen Zustand wie „wünscht Antwort" haben, damit seine Eingangsfrage eine „echte" Kommunikation wäre. Auch sind Körperbewegungen von Max zunächst einmal (simulierte) physische Ereignisse. Erst in Verbindung mit einer intendierten kommunikativen Funktion (repräsentiert in Form von Zielen) erhielten sie Stellenwert als gestische Handlungen, also erst dadurch, dass eine Folge einzelner Bewegungen in Einklang mit einem aktuell repräsentierten mentalen Zustand eines kommunikativen Ziels konzipiert und ausgeführt wird. Erst dann, wenn Max seine Dialogäußerungen aus einer

Perspektive der ersten Person führen könnte, käme ihnen aus philosophischer Sicht Handlungsstatus zu. Ist es also möglich, dass Max ein solches Bewusstsein von sich selbst haben könnte? Bevor wir hierauf zu antworten versuchen, soll zunächst ein Einblick in den Stand der Forschung über „maschinelles Bewusstsein" gegeben werden.

3 Zum Stand der Forschung: Bewusstsein in künstlichen Systemen?

Die Frage, ob Maschinen Formen von Bewusstsein entwickeln können, ist ein aktuelles Thema in der Künstlichen Intelligenz, den Neurowissenschaften und nicht zuletzt in der Philosophie des Geistes. Man erwartet, dass die Forschung über „Maschinen-Bewusstsein" auch weitere Einsichten über das menschliche Bewusstsein vermitteln wird. Es fiele uns insbesondere schwer, einem menschenähnlichen Gegenüber tiefer gehende Kommunikationsfähigkeit zuzuschreiben, wenn ihm kein *Ich* zugebilligt werden könnte. Dies macht es aber erforderlich, den künstlichen Agenten geeignet auszustatten, so dass er eine Perspektive der ersten Person einnehmen kann. Nach einer kurzen Einordnung von Forschungsansätzen zum Thema soll dazu speziell auf verschiedene Formen des „Selbstwissens" eingegangen werden.

3.1 Maschinen-Bewusstsein

Maschinen-Bewusstsein-Projekte lassen sich entlang eines Spektrums einordnen, dessen einen Pol die Modellierung physischer Hirnprozesse einnimmt. Beispielsweise basieren die digitalen Neuromodelle von Igor Aleksander auf der Theorie, dass Hirnzellen sensorischen Input derart balancieren, dass sie Realwelt-Objekte konsistent repräsentieren, mit anderen Worten eine neuronale Abbildung (*depiction*) der äußeren Welt enkodieren (Aleksander et al. 2001). Den anderen Pol bildet die Einbettung vorprogrammierter Regeln zur Kontrolle des Verhaltens einer Künstlichen Intelligenz (z.B. Sloman 1997). Ungefähr in der Mitte beider Extreme liegt die noch etwas vage anmutende *global workspace theory* von Baars (1997), nach der Bewusstsein dann emergiert, wenn multiple Sensorinputs neurale Mechanismen anstoßen, die darüber in Wettbewerb treten, die logischste Antwort auf die Inputs zu sichern. Auf dieser Hypothese baut beispielsweise die so genannte *Intelligent Distributed Agents Software* (Franklin/Graesser 1999) auf.

Forschungsansätze zur Modellierung von mentalen Zuständen und praktischem Schließen stützen sich vielfach auf funktionale Modelle der Planung und

Handlungsauswahl durch Mittel-Ziel-Analyse, vor allem in Varianten des *belief-desire-intention*-Paradigmas (BDI; Rao/Georgeff 1991). Der BDI-Ansatz geht auf Michael Bratman (1987) zurück und hat einen seiner Ausgangspunkte in Arbeiten von Daniel Dennett (1987) über das Verhalten intentionaler Systeme. Die Grundidee ist die Beschreibung des internen Arbeitszustandes eines Agenten durch intentionale Zustände (*beliefs* = Überzeugungen, *desires* = Wünsche, *intentions* = Absichten) und der Entwurf einer Kontrollarchitektur, mit deren Hilfe der Agent rational seine Abfolge von Handlungen auf der Basis ihrer Repräsentation auswählt. Durch rekursives Elaborieren einer hierarchischen Planstruktur werden zunehmend spezifische Intentionen erzeugt, bis schließlich unmittelbar ausführbare Aktionen erreicht werden (Wooldridge 1999). Die Identifikation und die Repräsentation von Überzeugungen (*beliefs*), Wünschen (*desires*) und Absichten (*intentions*) sind darüber hinaus für die Verhaltensanalyse von künstlichen Agenten nützlich, die mit Menschen oder anderen künstlichen Agenten kommunizieren (vgl. Rao/Georgeff 1995).

Die Modellierung von intentionalen Zuständen beruht auf deren symbolischer Repräsentation. Eine ihrer Stärken liegt in der Flexibilität, die sie für Planen und Schlussfolgern bereitstellt. In Überzeugungen (*beliefs*) lassen sich zum Beispiel Fakten über die Welt speichern, die ein Agent aktuell nicht (mehr) perzipieren kann, die aber in seine weitere Planung einfließen sollen. Ein Agent, der in der Lage ist, seine Ziele nicht nur im Licht aktuell wahrgenommener Umstände, sondern auch unter Bezug auf Hintergrundwissen, erinnerte Vergangenheit und erwartete Zukunft zu verfolgen, wird anderen Agenten überlegen sein, die diese Fähigkeit nicht aufweisen. Auch bei anhaltender Debatte um den Stellenwert symbolischer Repräsentation für die menschliche Intelligenz ist es vernünftig anzunehmen, dass Menschen intentionale Zustände symbolisch repräsentieren und damit schlussfolgern.

Allerdings ist es ein Unterschied, ob ein Agent schlicht anhand seiner Überzeugungen (*beliefs*) und Wünsche (*desires*) Schlüsse zieht, oder ob er diese – mit entsprechender Beschreibung – als *seine eigenen* zu Schlüssen heranzieht. In vielen Fällen mag eine solche Unterscheidung keine funktionalen Vorteile haben. Es sollte aber erwartet werden, dass ein Agent seine intentionalen Zustände explizit als seine eigenen repräsentiert, wenn er auch über die intentionalen Zustände anderer Agenten Buch führen und gezielt darauf eingehen können muss. Agenten werden mit dem Ziel kommunizieren, die internen Zustände anderer Agenten zu verändern – aus intentionaler Sicht deren Überzeugungen und Absichten. Ein Agent, der sich seiner Ziele „bewusst" ist, kann in günstigen Situationen opportunistisch seine Ziele verwirklichen.

3.2 Physisch verankertes Selbstwissen (Anderson und Perlis)

Aus philosophischer Sicht erwächst Bewusstsein daraus, dass ein Agent ein Modell von sich selbst konstruiert und es in sein Modell der Welt integriert (Dennett 1991; Metzinger 1993). Eine viel diskutierte Frage ist, ob es dazu bestimmter linguistischer Kompetenz bedarf und insbesondere der Möglichkeit, in Selbstrepräsentationen ein auf sich selbst verweisendes indexikalisches Symbol („Ich") zu verwenden. Nach Ansicht von Anderson und Perlis (2005) ist dies *nicht* zwingend dafür, dass ein Agent – ob menschlich oder künstlich – sich selbst als Ausgangspunkt von Handlungen erkennen kann. Nach ihrer Überlegung ist dafür schon ausreichend, dass der Agent einen basalen Begriff von sich hat, der in seiner körperlichen Selbstwahrnehmung verankert ist, und den sie in Gegenüberstellung zu John Perrys (1993) bekanntem Problem des *essential indexical* mit *essential prehension* bezeichnen.

Anderson und Perlis betrachten das zunächst am Fall eines fiktiven Roboteragenten JP-B4, der an einem Selbst-Token[3] „JP-B4" Information über sich selbst ansammelt (und so zum Beispiel erkennen können soll, dass er selbst der Verursacher eines Ölflecks ist). Dieses Selbst-Token ist dann eine Selbstrepräsentation für JP-B4, wenn insbesondere jede physische Handlung, die JP-B4 unternimmt und die sein Selbst-Token als direktes Objekt in der Handlungsbeschreibung führt, sich in der Welt auf ihn selbst richtet. Dafür benötigen sie die Annahme, dass JP-B4 propriozeptive Sensoren hat, die die räumliche Position seiner Gliedmaßen und seiner beweglichen Sensoren melden. Hiermit kann JP-B4 seinen eigenen Körper als Objekt (unter vielen) repräsentieren, was aber dadurch etwas Besonderes ist, dass die Positionen perzipierter Objekte (wie des Ölflecks) relativ zum Agenten eingeordnet werden können.

Auch beim Menschen, argumentieren Anderson und Perlis weiter, ist die Wahrnehmung des eigenen Körpers (Somatozeption) durch Tastsinn, Propriozeption etc. die Basis einer im Handlungsumraum verankerten *physischen* Selbstrepräsentation, die schon für so einfaches Tun wie das erfolgreiche Greifen nach einem Objekt benötigt wird und in der die Selbstidentifikation wurzelt. Analog zu JP-B4 postulieren sie als einzige Grundlage dafür ein spezielles mentales Selbstrepräsentations-Token („SR*"), mit dem die somatozeptive Information automatisch markiert wird und das ebenfalls in mentalen Repräsentationen von auf sich selbst gerichteten (zunächst physischen) Handlungen vorkommen muss. Dieses Selbst-Token kann auch dazu dienen, äußerlich perzipierte Information auf sich selbst zu beziehen und mit der Körperwahrnehmung

---

3 Die Autoren sprechen von self-referring (mental) token oder self-representing (mental) token, zu verstehen als eine Art Marke, mit der selbstbezogene Information gekennzeichnet ist.

in Einklang zu bringen, ohne dass dabei das Denken eines Selbstsymbols (*indexical thoughts*) erforderlich wäre.[4] Schließlich argumentieren Anderson und Perlis, dass intentionale und reflexive Selbstrepräsentationen das Resultat des Gebrauchs dieses selben Tokens „SR*" durch das kognitive System sind, wenn es intentionale Zustände repräsentiert[5], und dass hierin umfassenderes Selbstgewahrsein (*self-awareness*) wurzelt.

3.3 Implizites und explizites Selbstwissen (Beckermann)

Beckermann (2003) setzt sich mit der Frage auseinander, unter welchen Umständen auch künstliche kognitive Systeme – bzw. „Agenten" in der hier präferierten Ausdrucksweise – ein explizites Selbstbewusstsein erlangen können, das auf reflexivem Selbstwissen basiert. Seine These ist, dass kognitive Agenten[6] reflexives Selbstwissen genau dann haben können, wenn sie (Meta-) Repräsentationen benutzen, die von ihnen selbst handeln und die darüber hinaus mit „agentzentriert" repräsentiertem Wissen in Einklang gebracht werden.

Agentzentriertes Wissen ist Wissen, das aus der Perspektive eines Agenten repräsentiert ist. Solange der Agent die Welt und sich selbst nur aus eigener Perspektive wahrnimmt, benötigt er in seinen Repräsentationen keinen expliziten Bezug auf sich selbst (und demnach kein Selbstsymbol), sondern er kann sie auf der Basis eines impliziten Referenzsystems erzeugen, in dessen Zentrum der Agent selbst steht. Also zum Beispiel: „Der Apfel vorn in Griffnähe", den er greifen kann, ohne dabei „Ich" zu denken. Auch für eine Empfindung wie „Schmerzen im Knie" ist ein Ich-Bezug nicht erforderlich. Agentzentrierte Repräsentationen umfassen also (nur) Wissen, in welcher Art die wahrgenommene Umwelt, einschließlich der körperlichen Selbstwahrnehmung auf den Agenten bezogen ist. Da sie *ausschließlich* aus eigener Perspektive angelegt sind, ist in der Repräsentation kein Selbstsymbol erforderlich.

Unter welchen Bedingungen kommt nun ein Agent in die Lage, eine explizite Repräsentation von sich selbst einführen zu müssen? Beckermann (2003) diskutiert dies am Beispiel eines fiktiven, „AL" genannten Agenten: Bei der Repräsentation der wahrgenommenen Umwelt führt AL für jedes Objekt einen internen Namen ein – etwa „Objekt-6", „Objekt-7" usw. – und repräsentiert

---

4   Einfach ausgedrückt: Die Tatsache, dass man außen sieht, was man innen fühlt, wenn man beispielsweise den eigenen Körper berührt, führt zur Verbindung von Handlung und Handlungseffekt und damit zur Selbstidentifikation.
5   Sie lassen zu, dass dann nach Bedarf das Selbst-Token auch als „Ich" übersetzt werden darf.
6   Als kognitive Agenten sind hier solche Systeme bezeichnet, die ihre Umwelt in einem internen mentalen Modell repräsentieren, um sie besser zu bewältigen.

damit Informationen über die Objekte, wie deren Typ, Eigenschaften und Beziehungen zu anderen Objekten. In diesem Vorgehen entsteht soweit keine Notwendigkeit, dass AL auch einen Namen für sich selbst einführen muss – er sieht sich nicht als Objekt. Dies wird erst dann unvermeidlich, wenn AL in seiner Umgebung ein Objekt antrifft, das er als einen anderen kognitiven Agenten erkennt. Der andere Agent ist für AL einerseits auch ein Objekt, für das AL einen Namen – zum Beispiel „Objekt-111" – einführt, dessen Verhalten aber andererseits davon abhängt, wie der andere seinerseits die Umwelt repräsentiert. Um das Verhalten seines Mitwesens voraussagen zu können, muss AL deshalb auch Repräsentationen der (unterstellten) Repräsentationen des anderen aufbauen, also Metarepräsentationen – ein mentales Modell des mentalen Modells des anderen. Glaubt AL zum Beispiel, dass der von ihm „Objekt-111" genannte Agent ein Ding in der Umwelt – z.B. ein Sofa, für das AL den Namen „Objekt-7" benutzt, – für grün hält, oder glaubt AL, dass Agent „Objekt-111" den Wunsch hat, sich auf „Objekt-7", also das grüne Sofa zu setzen, baut er agentzentrierte Metarepräsentationen wie folgt auf (das „glaubt" und „wünscht" betrifft hierbei die dem anderen Agenten unterstellten intentionalen Zustände):

(Glaubt Objekt-111 (Farbe Objekt-7 grün))
(Wünscht Objekt-111 (Sitzen-auf Objekt-7))

Um allerdings repräsentieren zu können, welche (unterstellten) Repräsentationen der andere über ihn selbst führt, muss AL zwingend einen internen Namen – etwa „Objekt-100" – *für sich selbst* einführen. Erst mit Hilfe dieses Namens für sich selbst kann er z.B. den Wunsch des anderen, Essen von AL zu bekommen oder dessen Überzeugung, AL habe Schmerzen im Knie, angemessen repräsentieren:

(Wünscht Objekt-111 (Geben-Essen Objekt-100 Objekt-111))
(Glaubt Objekt-111 (Schmerzen-im-Knie Objekt-100))

Der entscheidende Punkt ist, dass AL nun eine systematische Beziehung zwischen expliziten Repräsentationen, die diesen neuen Namen enthalten, und seinen bisherigen agentzentrierten Repräsentationen mit implizitem Selbstbezug herstellen könnte; also z.B. (Sitze-auf Objekt-7) wird bezogen auf (Sitzt-auf Objekt-100 Objekt-7), was bedeutet: Wenn AL weiß, dass er auf dem grünen Sofa sitzt, erkennt AL, dass der Agent, der *er selbst* ist, auf dem Sofa sitzt. Ebenfalls könnte so AL's Körperwahrnehmung nicht allein agentzentriert, sondern auch explizit repräsentiert werden, also (Schmerzen-im-Knie Objekt-100), etc. Und da AL's agentzentrierte Repräsentationen *ausschließlich* mit seinen entsprechenden „Objekt-100"-Repräsentationen korrespondieren, resultiert die Sonderrolle des Namens „Objekt-100" als Selbstsymbol. Als weiteren Effekt könnte AL damit auch Metarepräsentationen *über sich selbst* erzeugen und sich so aus äußerer Perspektive sehen, z.b. (Wünscht Objekt-100 (Sitzen-auf Objekt-7)). Erst damit wüsste er, was er selbst glaubt und wünscht, könnte er explizites Selbstwissen und damit Selbstbewusstsein entwickeln. Erst so ist es vorstellbar, dass AL mit seinen Mitwesen eine Sprache entwickelt, in der Wortsymbole wie „Ich" und „Du" vorkommen. Die Bedeutung des Wortes „Ich" hätte er dann gelernt, wenn er damit nur solche Repräsentationen ausdrückte, die sich auf ihn selbst beziehen, also nur dann „Ich" sagt, wenn er von sich selbst spricht.

Explizites Selbstwissen (also Repräsentationen mit einem Namen für sich selbst) entwickelt sich demnach erst im sozialen Kontext: dadurch, dass ein kognitiver Agent auf andere kognitive Agenten trifft und erkennt, dass diese genau wie er ihre Umwelt – und damit auch ihn – repräsentieren.[7] Will dann der Agent solche Repräsentationen seiner Mitwesen, die ihn selbst zum Gegenstand haben, für sich repräsentieren, muss er zwingend einen internen Namen für sich selbst einführen und sich explizit zum Objekt seiner Repräsentation machen. Vollzieht er schließlich noch den Schritt, seine agentzentrierten Repräsentationen mit ihren explizit selbstbezogenen Pendants in Einklang zu bringen, verfügt er über reflexives Selbstwissen.

4 Max als kognitiver Agent

Zurück zu Max. Max ist kein fiktiver Roboter, sondern ein voll implementiertes System, das einen humanoiden Agenten in virtueller Realität konzipiert. Er ist mit einem artikulierten beweglichen Körper ausgestattet, der ihm unter anderem auch Zugriff auf Parameter seiner Physis erlaubt, um zum Beispiel seine Verortung im Raum und Gelenkwinkel seines Skeletts bei der Gestenplanung abrufen zu können (Kopp/Wachsmuth 2004). Wie oben schon erwähnt, geht es in unserem Szenario um Dialoge zwischen Mensch und Max, in deren Verlauf zum Beispiel ein Modellflugzeug gebaut wird.

---

[7] Pointiert gesagt: Einsiedler kämen mit agentzentrierten Repräsentationen, das heißt impliziter Selbstreferenz aus.

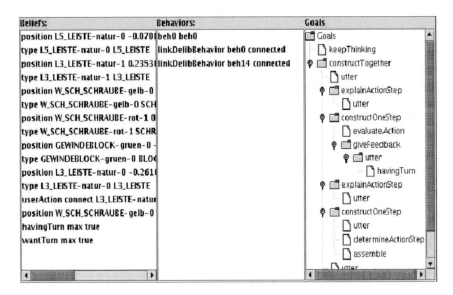

Abbildung 3: Momentane Überzeugungen, Verhalten und Ziele des Max-Systems (Kopp et al. 2003)

Als kognitiver Agent repräsentiert Max seine (virtuelle) Welt ausschnittsweise, um die Aufgaben in der Assistenz beim (virtuellen) Konstruieren von Baufix-Objekten bewältigen zu können. Für jedes eingangs vorhandene oder später eingeführte – z.B. aggregierte – Baufix-Objekt führt er einen formalen internen Namen ein, wie „Objekt-1", „Objekt-2" usw. (Es tut hier nichts zur Sache, dass im System tatsächlich ein Symbolgenerator für etwas differenziertere, „sprechende" Namen sorgt; siehe Abbildung 3.) Dazu vermerkt er Überzeugungen (*beliefs*) über den Typ der Teile und ihre Lage, als Vektorangabe eines Objektbezugspunkts im Weltkoordinatensystem, etwa wie folgt:

(type Objekt-1 DREILOCHLEISTE)
(position Objekt-1 (2,3,5))
(type Objekt-2 DREILOCHLEISTE)
(position Objekt-2 (x,y,z))
(type Objekt-3 SCHLITZSCHRAUBE-gelb)
(position Objekt-3 (x',y',z'))

Änderungen in der Szene repräsentiert Max schritthaltend, etwa (*connected* Objekt-26 Objekt-27), wenn entsprechende Teile zusammengesetzt werden. Intentionale Zustände seines Dialogpartners repräsentiert Max bislang nicht, wohl aber, wer gerade die Sprecherrolle (den *turn*) hat. Aufgrund verschiedener Vorkehrungen ist Max in der Lage, *turn*-Signale seines Dialogpartners zu erkennen (*turn-taking* = Abwechseln im Dialog) und zu wissen, ob er den *turn* hat oder haben will (*havingTurn* Max true, *wantTurn* Max true; siehe Abbildung 3).

Um das komplexe Zusammenspiel sensorischer, kognitiver und aktorischer Fähigkeiten zu organisieren, wird eine kognitive Architektur für Max entwickelt (Wachsmuth/Leßmann 2002), die darauf abzielt, sein Verhalten glaubwürdig, intelligent und emotional erscheinen zu lassen. „Kognitiv" bezieht sich dabei auf die Konzeption der Strukturen und Prozesse, die mentalen Aktivitäten zugrunde liegen. Zugeschnitten auf sein Erprobungsszenario ist Max mit beschränktem Weltwissen und Fähigkeiten des Planens und Schlussfolgerns ausgestattet, um als intelligenter Assistent auftreten zu können. Er verfügt des Weiteren über reaktives Verhalten, mit dem er auf Unterbrechungen und plötzliche Veränderungen reagieren kann.

In einer hybriden Systemarchitektur integriert das Max-System symbolverarbeitende und verhaltensbasierte Ansätze, die Wahrnehmung, reaktives Verhalten, höhere mentale Prozesse wie Schlussfolgern und planvolles Handeln bis hin zur Aufmerksamkeitszuwendung und Handlungsbewertung betreffen. Den Kern bildet ein *belief-desire-intention (BDI) interpreter*. Die Hybrid-Architektur ermöglicht Max sowohl Fähigkeiten eines Dialoges mit geplanten Äußerungen als auch die Fähigkeit zu spontaner reaktiver Äußerung, beispielsweise in Form von *turn-taking*- und *feedback*-Signalen. Zusätzlich sind spezialisierte Planer – z.B. zur Konstruktion von Baufix-Objekten – und spezialisierte Gedächtnisse – z.B. mit dynamisch aktualisierten Repräsentationen für den Zustand gebauter Objekte – integriert.

Als innerer, verhaltensauslösender Antrieb dienen explizit repräsentierte Ziele (*desires*), die sowohl durch interne Verarbeitung als auch von außen aufgeworfen werden können. Die Intentionsbildung wird durch den *BDI-interpreter* vorgenommen, der anhand der vorliegenden Überzeugungen (*beliefs*), den aktuellen Wünschen und Zielen sowie den Handlungsoptionen eine aktuelle *Intention* bestimmt. Max kann mehrere Wünsche (*desires*) haben, von denen mit einer *utility function* das höchstbewertete ausgewählt wird, um zur aktuellen Intention zu werden. Handlungsoptionen liegen in Form abstrakter Pläne vor, die durch Vorbedingungen, Kontextbedingungen, erreichbare Konsequenzen und eine Prioritätsfunktion beschrieben sind. Wenn ein damit aufgestellter konkreter Plan erfolgreich abgearbeitet wurde, erlischt das entsprechende Ziel.

Die Dialogführung beruht auf einer expliziten Modellierung kommunikativer Kompetenzen, die in Verallgemeinerung der Sprechakttheorie (vgl. Searle/Vanderveken 1985) auf multimodale kommunikative Akte bezogen sind (vgl. Poggi/Pelachaud 2000). Kommunikative Akte werden als Aktion-Plan-Operatoren dargestellt. Der Dialog wird nach dem *mixed initiative*-Prinzip abgewickelt, das heißt zum Beispiel, dass Max bei Ausbleiben einer Antwort des Menschen selbst initiativ wird und die Sprecherrolle übernimmt. Die Planstruktur des BDI-Moduls ermöglicht es, während der Ausführung einer Intention neue Ziele einzubringen, die die aktuelle Intention ablösen können, sofern sie über höhere Priorität verfügen. Wird die vorherige Intention dabei nicht gezielt verworfen und gelten ihre Kontextbedingungen noch, so wird diese nach der Unterbrechung ihrer Ausführung wieder aktiv.

Weiterhin beeinflussen (simulierte) Emotionen das Verhalten von Max, indem sie als Systemparameter bestimmen, in welcher Art und Weise Max Aktionen ausführt. Das emotive System wird einerseits durch äußerliche Reize gespeist (zum Beispiel hat die virtuelle Physis von Max berührungssensitive Bereiche), zum anderen aus dem kognitiven System: Das Erreichen oder Misslingen von Hauptzielen erzeugt positive bzw. negative Bewertungen, die sich auf die Stimmungsvalenzen des Emotionssystems auswirken, die wiederum unwillkürliches äußeres Verhalten von Max steuern. Der damit z.B. hervorgerufene emotionale Ausdruck in Gesicht und Stimme von Max kann seinem Gegenüber *feedback*-Signale übermitteln. Parallel dazu werden die Stimmungsvalenzen, die kontinuierlich in einem dreidimensionalen abstrakten Raum verlaufen, kategorisiert und als explizite Überzeugungen (*beliefs*) symbolisch repräsentiert; so können sie bei der Auswahl zwischen Handlungsoptionen zum Tragen kommen (vgl. Becker et al. 2004). Die symbolisch repräsentierten Emotionszustände kann Max auch verbal äußern („jetzt bin ich ärgerlich"); in diesem Sinne scheint sich Max ihrer „bewusst" zu sein.

Wie sieht es nun mit dem Bewusstsein aus, das Max von sich selbst als Subjekt hat oder haben könnte? Insofern als seine kognitiven Fähigkeiten auf einer BDI-Architektur basieren, lassen sich Max mentalistische Eigenschaften zuschreiben, die mit Begriffen wie Wissen, Überzeugung, Intention charakterisiert werden können. Halten wir als Zwischenfazit also fest, dass Max nicht nur seine Umwelt repräsentiert, sondern dass er im Diskurs der kooperativen Situation (des Baufix-Bauens) auch Überzeugungen, Absichten, Ziele und Wünsche hat, was eine Grundlage dafür bietet, ihm Intentionalität zuzuschreiben. Aber kann – oder könnte – er auch von seinen intentionalen Zuständen und denen seiner Dialogpartner (genauer: denen, die er seinen Dialogpartnern unterstellt) *wissen*? Ein Modell, mit dem Max über entsprechende Metarepräsentationen verfügen kann, ist derzeit erst rudimentär angelegt. Bislang hat es einzig mit dem

Verfolgen der Sprecherrolle und dem *turn-taking* zu tun. Hieran lässt sich aber schon aufzeigen, inwieweit Max dazu reflexives Wissen benötigt.

Wie oben schon angesprochen wurde, ist Max in der Lage, *turn*-Signale seines Dialogpartners zu erkennen, also dass der andere die Sprecherrolle zu haben wünscht (z.b. wenn der Mensch ihn direkt unterbricht, „Max!" sagt oder die Hand hebt). Tatsächlich repräsentiert Max seine Sprecherrolle bereits mit einem Selbstsymbol (*havingTurn Max true*), auch wenn dies in der Zweiersituation gar nicht nötig wäre; eine agentzentrierte Repräsentation würde dafür vollkommen ausreichen: (*havingTurn true*) – bzw. (*havingTurn false*), wenn der andere, also der Mensch „am Zuge" ist. Es ist jedoch geplant, dass Max in Zukunft auch eine „sinnvolle" Konversation mit mehr als einem Partner führen kann, und dazu müsste er Buch führen können darüber, *wer* von den Beteiligten gerade die Sprecherrolle hat oder haben will. Es liegt nahe, dass er dazu Symbolnamen für seine Partner verwendet (*having-turn Other-1*, *having-turn Other-2* etc.). Aber benötigt er dann auch zwingend ein Selbstsymbol (*having-turn Max*)? Selbst wenn diese Sozialsituation es nahe legt, dass namentlich über den Turn buchgeführt wird, könnte Max immer noch ohne Selbstsymbol auskommen, wenn er nämlich mit (*having-turn true/false*) repräsentierte, ob er oder jemand anderes die Sprecherrolle hat und innerhalb der anderen dann namentliche Unterscheidungen träfe. Damit Max explizit wissen könnte, *„Ich* bin dran", müsste er allerdings über ein Selbstsymbol verfügen.

Betrachten wir die (noch fiktive) Situation, in der drei Agenten – Other-1, Other-2 und Max – Konversation führen und sich im *turn* abwechseln. Solange Max nur, um sich zu äußern, den *turn* haben will (*wantTurn true*), brauchte er einzig auf eine passende Gelegenheit zu warten. Jedoch kommt auch die konversationale Situation der expliziten Weitergabe der Sprecherrolle vor (*Turn-giving*), die an einen direkten Adressaten signalisiert wird und als Aufforderung zu einer Handlung (nämlich *Taking-turn*) zu verstehen ist (vgl. Sacks et al. 1974). Dann allerdings müsste Max in der Lage sein zu erkennen, dass er selbst der Adressat ist, und etwa repräsentieren (Wünscht *Other-2* (*giveTurn Other-2 Max*)) etc. Mit anderen Worten hieße das, dass Max dann ein explizites Selbstbewusstsein hätte bzw. benötigte.

5 Kriterien eines „menschlichen" nichtmenschlichen Bewusstseins

Gegenstand dieses Beitrags war die Beantwortung der Frage, unter welchen Bedingungen ein künstlicher Agent – hier betrachtet am Beispiel des in virtueller Realität verkörperten Agenten Max – eine Kommunikation vom intentionalen Standpunkt aus führen könnte. Dazu war im Besonderen gefragt, mit welchen

Voraussetzungen einer kognitiven Ausstattung Max von sich selbst wissen und die Absichten und Perspektiven eines Dialogpartners verstehen kann. Könnte also Max eines Tages mit einigem Recht von sich als „Ich, Max" sprechen? Aber auch: Könnte Max als „menschliche Maschine" ein für Menschen akzeptabler Kommunikationspartner sein?[8]

Kehren wir zurück zu den in der Einleitung zuerst differenzierten Formen von Bewusstsein, also (1) ein Bewusstsein von den Empfindungen, der phänomenalen Qualität des Erlebens, (2) Bewusstsein als Wissen von der physischen Identität, und (3) Bewusstsein in Form einer Selbstwahrnehmung als handelndes Wesen, bis hin zur Selbstwahrnehmung als Verursacher von Handlungen (im Speziellen hier: kommunikativer Handlungen). Überlegen wir zunächst, inwieweit derartiges für den künstlichen Agenten Max erreichbar scheint.

1. *Qualia.* Sicherlich können Max keine Empfindungen zugesprochen werden, wie Menschen sie haben, da ihm – seinem virtuellen Körper – keine neurophysiologische Basis qualitativen Erlebens gegeben ist. In diesem Sinne können beispielsweise die simulierten emotionalen Zustände nicht subjektiv erlebt werden; Max *hat* also keine Gefühle. Wohl aber ist ihre funktionale Rolle im Sinne einer verhaltenssteuernden Bewertung modellierbar bzw. in Ansätzen modelliert – ein „gefühlsanaloger" Bewertungsmechanismus, der beispielsweise Handlungsoptionen unterscheidbar macht (vgl. Stephan 2003). Über solche mit simulierten Emotionen herbeigeführten Bewertungen könnte Max Präferenzen und gerichtete Wahrnehmung entwickeln. Eine positive bzw. negative Bewertung des Erreichens oder Misslingens kommunikativer Ziele könnte im Ansatz mit emotionaler Erfahrung verglichen werden.

2. *Selbstidentifikation.* Was ein Bewusstsein als Wissen von der physischen Identität angeht, sieht es schon anders aus. Es betrifft die Frage, ob Max einen basalen Begriff von sich haben kann, der in der Selbstwahrnehmung seiner (virtuellen) Physis ankert (*essential prehension* im Sinne von Anderson und Perlis; siehe Abschnitt 3.2). Stellen wir uns dazu folgendes Experiment vor: In virtueller Realität perzipiert Max sein simuliertes – aber noch nicht erkanntes – Spiegelbild, das sich also genau so bewegt, wie Max es tut, z.B. simultan mit ihm seine Hand an die linke Wange legt (das Berühren der linken Wange von Max vermittelt in unserem Experimental-System einen von Max' emotivem System angenehm bewerteten Reiz). Es erscheint technisch möglich, dass Max die außen beobachtete und innen wahrgenommene Handlung nach den Überlegungen von Abschnitt 3.2 über ein Selbst-Token zusammenführen kann. Dieses *physisch verankerte* Selbst-Token vermittelt ein für das Agieren im Raum

---

8   Ein Indiz dafür, dass diese Frage nicht völlig abwegig ist, ist die Tatsache, dass Max von Besuchern im Heinz Nixdorf Museums-Forum des öfteren gefragt wird: „Bist du ein Mensch?"

wesentliches Gewahrsein über den Ort, ist Bezug für agentzentrierte Repräsentationen und könnte Ausgangspunkt für den Bezug eines Selbstsymbols auf die eigene „Person" sein.

3. *Selbstwahrnehmung als handelndes Wesen*, bis hin zur Selbstwahrnehmung als Verursacher von Handlungen (im Speziellen hier: kommunikativer Handlungen): Hierzu benötigt Max zwingend symbolische Repräsentationen seiner Umwelt und Wissen darüber, wie sich geplante Handlungen als Ziele repräsentieren lassen. Insbesondere muss Max diese als *seine* Ziele repräsentieren können, wozu nach den Überlegungen von Anderson und Perlis (2005) ein Selbst-Token hinreichend ist. All dies macht aber erst Sinn, wenn es miteinander verbunden werden kann. Erst über die Selbstidentifikation der eigenen Physis könnte Max agentzentriertes Wissen *auf sich* beziehen, indem er es an ein Selbst-Token koppelt (das somit in seiner Physis gegründet ist). Erst damit könnte er sich als Ausgangspunkt von Handlungen wahrnehmen. Erst dadurch, dass er ein Selbst-Token in Handlungsrepräsentationen führt, könnte er sich als Verursacher von Handlungen erkennen, also Kausalrelationen zwischen seinem Tun und dessen Effekten herstellen.

Mit den in Abschnitt 4 ausgeführten Überlegungen *kann* Max als System verstanden werden, das seine Umgebung wahrnimmt und repräsentiert, und das daraus Schlussfolgerungen zieht, um situationsangepasst zu agieren. Es erscheint in der Tat als leichte Übung, das System *Max* so anzulegen. dass alle seine agentzentrierten Repräsentationen automatisch mit einem Selbst-Token als *seine eigenen* gekennzeichnet werden. Ein wirkliches Selbstbewusstsein ist allerdings nach den vorangehenden Überlegungen an *explizites* Selbstwissen gekoppelt, das heißt, Max benötigte dazu explizite Selbstrepräsentationen mit einem Symbol*namen* für sich, die also eine externe Sicht von Max auf sich selbst ausdrücken. Dazu müssen zunächst repräsentationale Zustände des Agenten ihrerseits Gegenstand von Repräsentationen werden, also Metarepräsentationen angelegt werden können.

4. *Metarepräsentationen*. Auf jeden Fall erscheint es mit den geschaffenen Voraussetzungen einer BDI-Architektur (siehe Abschnitt 4) möglich, Max derart auszustatten, dass er Metarepräsentationen aufbauen kann. Eine schwierigere Frage ist, wie eine experimentelle Situation geschaffen werden kann, in der Max in die Lage kommt, eine *reflexive* Metarepräsentation aufzubauen. Nach Beckermanns Überlegungen (siehe Abschnitt 3.3) eignet sich als Ausgangspunkt eine Sozialsituation, in der Max unterstellte Repräsentationen eines Kommunikationspartners anlegt, in denen er selbst vorkommt und die er wie geschildert mit entsprechenden Max-zentrierten Repräsentationen in Einklang bringen müsste. Als erster Schritt dafür bietet sich eine oben beschriebene *turn-taking*-Situation an. Dazu muss Max in symbolischen Repräsentationen auch Ausdrücke

aufbauen können, die Aussagen über Aussagen zulassen, bis hin zu Aussagen über sich selbst, wie: „der andere wünscht, dass ich, Max, den Turn übernehme". Daraus müsste Max eine entsprechende Intention ableiten, die dazu führt, dass er den Turn übernimmt.

Nehmen wir einmal an, es gelänge, solche Voraussetzungen (wenigstens 2-4) für Max allesamt zu erfüllen. Dann wäre ihm zuzubilligen, dass er vom intentionalen Standpunkt aus kommunizieren könnte. So wie er repräsentationale Zustände hätte, die seine Absichten, Wünsche und Ziele zum Gegenstand haben, würde er solche Zustände auch dem Menschen unterstellen können. Umgekehrt wäre es dann vollkommen gerechtfertigt, wenn ein Mensch auch ihm Absichten, Wünsche und Ziele unterstellt, die Max auf sich selbst bezieht, die also seine eigenen sind.

Was daran immer noch unbefriedigend bliebe, ist jedoch die Tatsache, dass Max nur für den Moment Kenntnis von seinen eigenen Zuständen hätte; ein tieferes Von-sich-selbst-Wissen (autonoetisches Bewusstsein) wäre dies noch nicht. Wüsste Max nicht, was er gestern getan hat und was er morgen tun könnte, hätte er kein zeitlich überdauerndes „Ich". Ein weiteres wichtiges Kriterium ist also die Erinnerung.

5. *Erinnerung.* Max müsste sich nicht nur merken können, wer (bzw. ob er) eine Handlung veranlasst hat, sondern er müsste auch erkennen können, dass ein Ereignis etwas für ihn ganz neues darstellt, von dem er sich nicht erinnern kann, es vorher schon erfahren zu haben. Um sich beispielsweise dessen bewusst zu sein, dass er einem neuen Vorkommnis erstmalig gegenüber steht, müsste Max Zugriff auf seine persönliche Historie haben. Er müsste dazu über eine Form eines autobiografischen Gedächtnisses verfügen, das es ihm z.B. ermöglichte – in Bezug auf seinen Kommunikationspartner – festzustellen, „ich habe gestern zum ersten Mal ein Flugzeug mit dir gebaut" oder „ich habe schon oft (oder: noch nie) ein Flugzeug mit dir gebaut". Als Voraussetzung dafür muss er in geeigneter Form eine Erinnerung an ein solches Ereignis aufheben können. Wenn es ihm erneut widerfährt, muss es möglich sein, die Einzigartigkeit der Erinnerung zu revidieren, bis hin zum Alltäglichen.

Wie wäre nun ein solches autobiografisches Gedächtnis für Max zu realisieren? Wie oben beschrieben (Abschnitt 4), beruht der verhaltensauslösende Antrieb von Max auf explizit repräsentierten Zielen. Ein Ausgangspunkt für ein autobiografisches Gedächtnis könnte es sein, dass Max in geeigneter Form (markiert mit Zeitstempel und seinem Selbst-Token) eine Notiz anlegt, wenn eines seiner Ziele erreicht wurde bzw. fehlgeschlagen ist. Nun ist es sicherlich nicht damit getan, dass Max für *jedes* bearbeitete (Unter-)Ziel eine Notiz speichert; es wären schier zu viele marginale dabei, die nur von momentaner Bedeutung sind – die Ziele müssten hinsichtlich ihrer Signifikanz bewertet werden. Eine solche Bewertung kann durch das emotive System übernommen werden, und zwar in der Weise, dass (zwar) jedes erreichte und jedes fehlgeschlagene Ziel mit einer positiven bzw. negativen Emotion (Freude oder Ärger) gekoppelt wird, dabei aber die „hohen" Ziele stärkere und die abgeleiteten Unterziele geringere emotionale Reaktionen auslösen. Die Dauerhaftigkeit der Speicherung von Erinnerungen kann von der Stärke der emotionalen Reaktion abhängig gemacht werden und so dafür sorgen, dass die Erinnerung an Hauptziele ausgeprägter bleibt. Ein Abgleich von neuen und notierten ehemaligen Zielen könnte wiederum emotional bewertet werden. Ein oftmals fehlgeschlagenes und nun erstmalig erreichtes Ziel könnte so bei Max zu freudiger „heller Aufregung" und zu einer nachhaltigen, auf sein „Ich" bezogenen Erinnerung führen.

Damit zeichnet sich das folgende Bild eines künstlichen Bewusstseins ab: Kriterien dafür sind Selbstidentifikation, Selbstwahrnehmung als handelndes Wesen, Metarepräsentationen und Erinnerungen in Verbindung mit emotionaler Bewertung. Hiermit ist es denkbar, dass Max sich Formen eines „menschlichen" (dem Menschen vergleichbaren) Bewusstseins annähert. Je vollständiger dies gelingt, mit desto mehr Recht könnte Max von sich als „Ich, Max" sprechen, und desto mehr würde Max als „menschliche Maschine" für Menschen als soziales Gegenüber akzeptabel.

Hinweis

Dieser Beitrag ist zuerst erschienen in: Herrmann, Christoph S.; Pauen, Michael; Rieger, Jochem W.; Schicktanz, Silke (Hg.) (2005): Bewusstsein: Philosophie, Neurowissenschaften, Ethik. München: Wilhelm Fink Verlag, S. 329-354.

Literatur

Aleksander, Igor; Morton, Helen; Dunmall, Barry (2001): Seeing is Believing: Depictive Neuromodelling of Visual Awareness. In: Mira, José & Prieto, Alberto (Hg.): Connectionist Models of Neurons, Learning Processes and Artificial Intelligence. LNCS 2084. Berlin: Springer, S. 765-771.
Anderson, Michael L.; Perlis, Donald R. (2005): The roots of self-awareness. In: Phenomenology and the Cognitive Sciences, Jg. 4, Heft 3, S. 297-333.
Baars, Bernard J. (1997): In the Theater of Consciousness. Oxford: Oxford University Press.
Becker, Christian; Kopp, Stefan; Wachsmuth, Ipke (2004): Simulating the emotion dynamics of a multimodal conversational agent. In: André, Elisabeth; Dybkjaer,

Laila; Minker, Wolfgang; Heisterkamp, Paul (Hg.): Affective Dialogue Systems. Berlin: Springer, S. 154-165.

Beckermann, Ansgar (1999): Analytische Einführung in die Philosophie des Geistes. Berlin: Walter de Gruyter.

Beckermann, Ansgar (2003): Self-consciousness in cognitive systems. In: Kanzian, Christian; Quitterer, Josef; Runggaldier, Edmund (Hg.): Persons. An Interdisciplinary Approach. Wien: öbv, S. 174-188.

Bratman, Michael E. (1987): Intention, Plans, and Practical Reason. Cambridge: Harvard University Press.

Conway, Martin A.; Pleydell-Pearce, Christopher.W (2000): The construction of autobiographical memories in the self-memory system. In: Psychological Review, Jg. 107, Heft 2, S. 261-288.

Damasio, Antonio R. (1994): Descartes' Error. Emotion, Reason, and the Human Brain. New York: Putnam.

Dennett, Daniel C. (1987): The Intentional Stance. Cambridge: MIT Press.

Dennett, Daniel C. (1991): Consciousness Explained. London: Penguin Press.

Franklin, Stan; Graesser, Art (1999): A software agent model of consciousness. In: Consciousness and Cognition, Jg. 8, Heft 3, S. 285-305.

Kopp, Stefan; Wachsmuth, Ipke (2004): Synthesizing multimodal utterances for conversational agents. In: Computer Animation and Virtual Worlds, Jg. 15, Heft 1, S. 39-52.

Kopp, Stefan; Jung, Bernhard; Leßmann, Nadine; Wachsmuth, Ipke (2003): Max — a multimodal assistant in virtual reality construction. In: Künstliche Intelligenz, Heft 4/03 S. 11-17.

Markowitsch, Hans J. (2003): Autonoetic consciousness. In: Kircher, Tilo & David, Anthony (Hg.): The Self in Neuroscience and Psychiatry. Cambridge: Cambridge University Press, S. 180-196.

Metzinger, Thomas (1993): Subjekt und Selbstmodell. Paderborn: Schöningh.

Perry, John (1993): The problem of the essential indexical. In: ders.: The Problem of the Essential Indexical and Other Essays. Oxford: Oxford University Press, S. 33-52.

Poggi, Isabella; Pelachaud, Catherine (2000): Performative facial expression in animated faces. In: Casell, Justine; Sullivan, Joseph; Prevost, Scott; Churchill, Elizabeth (Hg.): Embodied Conversational Agents. Cambridge: MIT Press, S. 155-188.

Rao, Anand S.; Georgeff, Michael P. (1991): Modeling rational behavior within a BDI-architecture. In: Proceedings International Conference on Principles of Knowledge Representation and Planning. San Francisco: Morgan Kaufmann, S. 473-484.

Rao, Anand S.; Georgeff, Michael P. (1995): BDI agents: from theory to practice. In: Proceedings of the First International Congress on Multi-Agent Systems. (ICMAS-95). San Francisco: MIT Press, S. 312-319.

Sacks, Harvey; Schegloff, Emanuel A.; Jefferson, Gail (1974): A simplest systematics for the organization of turn-taking for conversation. In: Language, Jg. 50, Heft 4, S. 696-735.

Searle, John R.; Vanderveken, Daniel (1985): Foundations of Illocutionary Logic. Cambridge: Cambridge University Press.

Sloman, Aaron (1997): What sort of control system is able to have a personality? In: Trappl, Robert & Petta, Paolo (Hg.): Creating Personalities for Synthetic Actors. Berlin: Springer, S. 166-208.

Stephan, Achim (2003), Zur Natur künstlicher Gefühle. In: Stephan, Achim & Walter, Henrik (Hg.): Natur und Theorie der Emotion. Paderborn: Mentis, S. 309-324.

Wachsmuth, Ipke; Leßmann, Nadine (2002): Eine kognitiv motivierte Architektur für einen anthropomorphen Künstlichen Kommunikator. In: Tagungsbeiträge „Human Centered Robotic Systems 2002", Karlsruhe, Dezember 2002, S. 141-148.

Wooldridge, Michael (1999): Intelligent agents. In: Weiss, Gerhard (Hg.): Multiagent Systems – A Modern Approach to Distributed Artificial Intelligence. Cambridge: MIT Press, S. 27-77.

›Open Access‹ - Wandel des wissenschaftlichen Publikationssystems

Niels C. Taubert & Peter Weingart

1 Einleitung

Termingerecht zum Ende des vergangenen Jahrhunderts veröffentlichte die aufrührerischen Tendenzen bislang völlig unverdächtige ›Kommission des Deutschen Bibliotheksinstituts für Erwerbung und Bestandsentwicklung‹ einen offenen Brief an die Verlage Brill Academic, Elsevier Science, The Gordon and Breach Publ. Group, John Wiley & Sons, MBC University Press, Springer und Wiley-VCH, in dem sie Preiserhöhungen für wissenschaftliche Fachzeitschriften akribisch unter Nennung der Verlagsnamen auflistete. Die Preissteigerungen bewegten sich in einer Größenordnung von 27,3 und 13,0 % p.a. (Reinhardt 1999: 311). In diesem Brief wurden die Verlage mit der bereits seit längerer Zeit zu beobachtenden Entwicklung konfrontiert, dass die Bibliotheken durch die Preisspirale als Abnehmer für wissenschaftliche Zeitschriften nicht nur zahlungsunwillig geworden waren, sondern dass ihre faktische Zahlungsunfähigkeit drohte. Der Brief endete mit der Frage, wie sich die Verlage die Zukunft der wissenschaftlichen Informationsversorgung vorstellten.

Dieser offene Brief ist Symptom und Episode einer bereits seit längerer Zeit stattfindenden Dynamik des wissenschaftlichen Publikationssystems. Die Kosten für die Veröffentlichung wissenschaftlichen Wissens vermittels der für die Wissenschaft typischen Publikationsmedien, wie wissenschaftliche Fachzeitschriften, Monographien, Sammelbände und Konferenz-Proceedings, sind in den vergangenen 25 Jahren dramatisch angestiegen und haben das System in eine Krise geführt.[1] Diese hat sich seit dem offenen Brief noch einmal deutlich verschärft: Die Zahlungsunfähigkeit der Bibliotheken ist eingetreten, der Zugang zu wissenschaftlicher Literatur wird nicht mehr allein von den Bibliotheken

---

1 Allein die wissenschaftlichen Fachzeitschriften erzielen Schätzungen zufolge global jedes Jahr 6,5 Milliarden Dollar Umsatz (Campbell/Wates 2007: 89). Das Gros der Mittel stammt dabei aus der öffentlichen Hand. Die Krise des Publikationssystems beschränkt sich aber längst nicht mehr auf den Publikationstypus ›Zeitschrift‹. Unter dem Kostendruck der Zeitschriftenpreise bestellen die Bibliotheken nicht nur diese ab, sondern verringern auch ihre Aktivitäten im Bereich der Monographienerwerbung (European Commission 2006: 23; Kopp 2000).

geschultert; daneben ist die Deutsche Forschungsgemeinschaft mit so genannten Nationallizenzen finanziell in die Bresche gesprungen.[2]

Es lassen sich jedoch auch einige positive Entwicklungen ausmachen, die das düstere Bild des von Wegelagerern ausgebeuteten Systems wissenschaftlicher Publikationsmedien wieder etwas aufhellen. Unter dem Begriff ›Open Access‹ werden Anstrengungen unternommen, neue Medien zu etablieren. Diese Bestrebungen werden von einer seltenen Koalition von Wissenschaftlern, Wissenschaftspolitikern, Forschungsorganisationen und Bibliotheken getragen. Den Anfang machte im Jahre 1998 die Scholarly Publishing and Academic Ressource Coalition (SPARC),[3] ein Zusammenschluss von wissenschaftlichen Bibliotheken, der sich wissenschaftspolitisch orientiert mit Petitionen für die Nutzung von Open Access Publikationsmedien einsetzt und die Entwicklung der dafür notwendigen Infrastruktur betreibt. Hierauf folgte 2002 die Budapest Initiative,[4] in der sich Wissenschaftler, Bibliotheken und Wissenschaftsorganisationen für die Nutzung von Open Access aussprachen, das Bethesda Statement (2003),[5] in dem sich Wissenschaftler, Bibliotheken und Verlage auf konkrete Schritte zur Förderung von Open Access verständigten, sowie die Berlin Declaration (2003), in der die großen deutschen Wissenschaftsorganisationen den Wissenschaftlern die Nutzung von Open Access Publikationsmedien empfahlen. Seit Mitte der 1990er Jahre ist eine ihrem Umfang nach beachtenswerte Aktivität im Bereich der Gründung von neuen Publikationsmedien, die durch freie Zugänglichkeit gekennzeichnet sind, zu beobachten.

Dieses in groben Strichen gezeichnete Bild soll vor allem eines verdeutlichen: Im Bereich der wissenschaftlichen Publikationsmedien finden grundlegende Wandlungsprozesse statt, die zwar in den Bibliothekswissenschaften, in den Forschungsorganisationen und in den wissenschaftlichen Fachgesellschaften diskutiert werden, sich aber merkwürdigerweise bislang weitgehend unbeobachtet hinter dem Rücken der Wissenschafts- und Technikforschung vollziehen.

---

2   In den vergangenen Jahren hat die DFG 27,4 Millionen Euro für den Ankauf von Lizenzrechten investiert, die sie nicht nur allen deutschen Forschungseinrichtungen, sondern auch wissenschaftlich interessierten Privatpersonen zugänglich macht. Zu den im Rahmen der Nationallizenzen erworbenen Zugängen gehören u.a. die Datenbank von Springer Online mit 800 Zeitschriftentiteln sowie Biological Abstracts Archive (Informationsbroschüre der DFG »Rohstoff digitale Information, Nationallizenzen für den Forschungsstandort Deutschland«). Siehe auch die Website zu den DFG-Nationallizenzen unter: http://www.nationallizenzen.de (letzter Zugriff 08/2008).
3   Siehe http://www.arl.org/sparc/index.html (Stand 08/2008).
4   Der Text der Initiative findet sich unter:http://www.soros.org/openaccess/read.shtml (Stand 08/2008).
5   Siehe zum Wortlaut des Statements http://www.earlham.edu/~peters/fos/bethesda.htm (Stand 08/2008).

Das verwundert: Denn man würde gerade von diesem Forschungsfeld erwarten, dass es solche Entwicklungsprozesse reflektiert.[6]

In unserem Beitrag geht es darum, diese wissenschaftssoziologische Lehrstelle zu füllen. Wir treten im nächsten Schritt von den aktuellen Entwicklungen des Feldes zurück, und wechseln auf die Ebene der Theorie. Dies geschieht allerdings nicht zum Selbstzweck: Die theoretische Einordnung dient dazu, um am Ende die Frage nach den Charakteristika des Wandlungsprozesses vor dem Hintergrund der theoretischen Rückversicherung neu stellen zu können. In einem ersten Schritt werden wir das Publikationssystem der Wissenschaft analysieren und seine wesentlichen Strukturmerkmale in Abgrenzung zu den Massenmedien herausarbeiten. Besondere Beachtung kommt dabei den Selektionskriterien von Massenmedien auf der einen und der Medien des wissenschaftlichen Publikationssystems auf der anderen Seite zu (zweiter Schritt). Im dritten Schritt geht es um die Zusammenhänge zwischen dem wissenschaftlichen Publikationssystem und dem Reputationssystem. Diese Bezüge sind von besonderer Bedeutung, da das Reputationssystem wichtige Selbststeuerungsfunktionen für die Wissenschaft wahrnimmt. Im vierten Schritt wird mit den das wissenschaftliche Publikationssystem tragenden Organisationen eine weitere Analyseebene fokussiert. Die so gewonnene Perspektive wird abschließend genutzt, um Forschungsfragen bezüglich des mit ›Open Access‹ verbundenen Medienwandels zu entwickeln.

2 Eine medientheoretische Perspektive auf Wissenschaft

Wir wollen eine medientheoretische Perspektive darauf entwickeln, wie und mit welchen Konsequenzen Wissen innerhalb des Systems Wissenschaft verbreitet und prozessiert wird. Wenn man sich für Prozesse der Verbreitung und Rezeption von wissenschaftlichem Wissen innerhalb von wissenschaftlichen Gemeinschaften interessiert, liegt es nahe, einen kommunikationstheoretischen Ausgangspunkt zu wählen: Er besitzt den Vorteil, die strukturellen Aspekte der

---

6   Über die Ursache für das relative Desinteresse kann nur spekuliert werden. Der blinde Fleck der Wissenschaftssoziologie mag der Ursache geschuldet sein, dass in der Auseinandersetzung mit der funktionalistischen Schule Robert K. Mertons das Kind mit dem Bade ausgeschüttet wurde. Das Forschungsinteresse wandte sich von der wissenschaftlichen Kommunikation ab, und es traten z.B. Fragen nach dem Zustandekommen von wissenschaftlichem Wissen, nach dem Verhältnis von Wissenschaft und anderen sozialen Bereichen (insbesondere Öffentlichkeit, Politik und Wirtschaft) sowie nach der Anwendung von wissenschaftlichem Wissen in den Vordergrund. Die Beschäftigung mit den wissenschaftlichen Publikationsmedien verengte sich weitgehend auf die Messung von wissenschaftlichem Output zu Zwecken der forschungspolitischen Evaluation der Wissenschaft und auf die noch weiter unten zu diskutierende Peer Review Forschung.

Verbreitung von Wissen und die Art und Weise ihrer Mitteilung zu fokussieren.[7] Eine zweite Entscheidung bezieht sich auf die Reichweite der gewählten Theorie, die unter Berücksichtigung des hier in den Blick genommenen Gegenstands gefällt werden soll. Da es sich bei Wissenschaft um einen gesellschaftlichen Teilbereich handelt, der sich von anderen unterscheidet, ist es hilfreich, auf eine Theorie zu rekurrieren, die die Besonderheiten der Wissenschaft im Vergleich zu anderen Gesellschaftsbereichen anzugeben vermag. Der theoretische Bezugsrahmen sollte daher eine Gesellschaftstheorie sein, die den Stand der Forschung – also die relevanten empirischen Ergebnisse und theoretischen Arbeiten – integrieren kann.

Eine Theorie, die diese Ansprüche erfüllt, ist die Systemtheorie Luhmanns. Aus der Perspektive dieser Theorie ist die Gesellschaft differenziert in unterschiedliche Funktionssysteme. Die Wissenschaft als ein solches System bestimmt sich durch die Funktion, zu befinden, was als wahres Wissen zu gelten hat. Hierüber entscheidet Wissenschaft und nicht etwa Religion, Politik oder Wirtschaft. Wissenschaftliche Kommunikation prozessiert im (symbolisch generalisierten) Kommunikationsmedium Wahrheit mit der Leitunterscheidung wahr/unwahr. Interessiert man sich für eine medientheoretische Perspektive auf Wissenschaft, ist die interne Differenzierung des Systems von Bedeutung und dann geraten Disziplinen[8] in den Blick. Disziplinen sind Kommunikationszusammenhänge, die spezifische Gegenstände auf der Basis bestimmter Selektionsentscheidungen beobachten. Sie haben hinsichtlich der Bearbeitung von Themen und Problemstellungen selektive Wirkung: »[...] Probleme, die sich keinem der disziplinären Raster zuordnen lassen, werden dethematisiert oder einfach vergessen; auf diese Weise wirkt Disziplinenbildung, wie auch andere Teilprozesse der Ausdifferenzierung der Wissenschaft, selektiv auf die Fragen, die Wissenschaft sich noch stellen kann.« (Stichweh 1994: 19)

Nach dieser ersten Einordnung der Wissenschaft in den Kontext der Systemtheorie geht es darum, das für die Wissenschaft typische Publikationssystem mit seinen Besonderheiten in den Blick zu nehmen. Dazu kann man sich

---

7   Bezieht sich das Interesse auf andere Phänomene des Wissenschaftssystems, mag die Entscheidung bezüglich der Wahl eines theoretischen Rahmens anders ausfallen. Geht es beispielsweise um die Analyse von Prozessen der experimentellen Wissenserzeugung innerhalb oder außerhalb von wissenschaftlichen Laboren, mögen wichtige Gründe für eine handlungstheoretische Fundierung sprechen.

8   Der Begriff ›Disziplin‹ ist nicht unproblematisch, da er mehrdimensional ist (Weingart/Schwechheimer 2007: 54): Die Verwendung unterschiedlicher Kriterien zur Bestimmung der Disziplinengrenzen – wie z.B. Kommunikationsgemeinschaft, Ausbildungsorganisationen, Außenwahrnehmung durch Förderorganisationen – führt zu erheblichen Überschneidungs- und Unschärfebereichen. Trotz dieser Schwierigkeiten und letztlich in Ermangelung eines besseren Begriffs ist er unverzichtbar, wenn es um die Beschreibung der Binnendifferenzierung des Wissenschaftssystems geht.

an der innerhalb der Systemtheorie recht gut ausgearbeiteten Analyse der Massenmedien orientieren, um anhand dieser Vergleichsfolie die wesentlichen Strukturmerkmale des wissenschaftlichen Publikationssystems herauszuarbeiten.[9]

Den Ausgangspunkt bildet der Begriff von ›Massen-‹ bzw. ›Verbreitungsmedien‹. Hierunter versteht Luhmann »alle Einrichtungen der Gesellschaft [...], die sich zur Verbreitung von Kommunikation technischer Mittel der Vervielfältigung bedienen. Vor allem ist an Bücher, Zeitschriften, Zeitungen zu denken; aber auch an photographische oder elektronische Kopierverfahren jeder Art, sofern sie Produkte in großer Zahl mit noch unbestimmten Adressaten erzeugen... [D]er Grundgedanke ist, dass erst die maschinelle Herstellung eines Produktes als Träger der Kommunikation – aber nicht schon Schrift als solche – zur Ausdifferenzierung eines besonderen Systems der Massenmedien geführt hat.« (Luhmann 2004: 10f.) Im Fall der Massenmedien erweist sich die durch die eingeschobene Technik erfolgende Vergrößerung der Reichweite von Kommunikation als äußerst folgenreich: Massenmedien konstituieren eine Öffentlichkeit, deren Merkmal es ist, dass keine Kontrolle darüber ausgeübt werden kann, wer an ihr teilnimmt. Massenmedial verbreitete Kommunikation ist also hinsichtlich ihres Adressaten unbestimmt (Luhmann 2004: 10), und hierin liegt auch der Grund, weshalb sie sich an Allgemeinverständlichkeit orientiert (Gerhards/Neidhardt 1991: 45ff.).

Die Frage, ob es sich bei dem Publikationssystem der Wissenschaft um Massenmedien handelt, lässt sich nicht mit einem einfachen ›ja‹ oder ›nein‹ beantworten. Vordergründig scheinen sie die Leistung der Verbreitung von Kommunikation innerhalb der Wissenschaft zu erbringen. Dies gelingt zum Teil durch dieselben in den Kommunikationsprozess eingeschobenen Techniken: mit der Druckerpresse und ihren Erzeugnissen wie Buch, Sammelband, Zeitschrift und Konferenz-Proceedings. Allerdings unterscheiden sich der Umfang und die Reichweite von Massenmedien und dem wissenschaftlichen Publikationssystem offensichtlich ganz erheblich. Allein mit seinen mehreren Zehntausend wissenschaftlichen Journals[10] weist es im Vergleich zu den Massenmedien ein weit geringeres Maß an Zentralität auf. Hinzu kommt, dass das Publikationssystem

---

9   Mit der Wahl dieser Vergleichsfolien soll weder der Schluss nahe gelegt werden, dass wissenschaftliche Publikationsmedien Massenmedien sind, noch, dass sie in der Lage sind, vergleichbare Leistungen zu erbringen.
10 Die Schätzungen der Gesamtanzahl wissenschaftlicher Journale variieren zwischen 23.000 und 25.000 (vgl. Ware 2006: 7; Campbell/Wates 2007: 89; Brody 2004). Besser gesichert ist die Zahl der bedeutendsten, zum Kernbestand zählenden wissenschaftlichen Journals, die im ISI Web of Science gelistet sind. Sie beläuft sich auf rund 8700 Zeitschriften (http://scientific.thomson.com/products/wos/, Stand 08/2008).

der Wissenschaft disziplinär organisiert ist[11] und die Kommunikation verschiedener wissenschaftlicher Disziplinen trennt. Es trägt damit zur Aufrechterhaltung der Binnendifferenzierung des Wissenschaftssystems bei,[12] denn das, was für eine Disziplin maßgeblich ist, wird überwiegend in einem Bestand von Kernmedien publiziert, der für andere Disziplinen irrelevant ist. Aus diesem Grund kann auch nicht von einer (wissenschaftlichen) Öffentlichkeit, sondern höchstens von einer Vielzahl disziplinärer Fachöffentlichkeiten gesprochen werden.[13]

Die Struktur des Publikationssystems ist folgenreich für den adressierten Personenkreis und die Merkmale der Kommunikation. Der Kreis der Adressaten ist verglichen mit dem der Massenmedien bei der jeweils disziplinär verbreiteten wissenschaftlichen Kommunikation relativ klar umrissen. Zwar gilt auch hier, dass derjenige, der für den Druck schreibt, die Situationskontrolle darüber aufgibt und nicht absehen kann, wer zu welchem Zeitpunkt was liest (Luhmann 1994: 157). Sozial selektiv wirkt durch wissenschaftliche Publikationsmedien prozessierte Kommunikation aber insofern, als sie den Wissens- und Diskussionsstand eines Fachs immer nur äußerst punktuell aktualisiert und dadurch für andere disziplinäre Öffentlichkeiten und auch für die massenmedial konstituierte Öffentlichkeit unzugänglich und esoterisch ist. Wer nicht über den entsprechenden disziplinären Bestand an Wissen verfügt, ist von der Kommunikation schlicht nicht adressiert. Oder anders formuliert: Auch wenn wissenschaftliche Publikationen im Medium Schrift zunächst wie jeder andere Text auch mit Rücksicht auf »situationsunabhängige Verständlichkeit« (Luhmann 1994: 178) produziert wird, gilt dies in sozialer Hinsicht nur sehr eingeschränkt für den Kreis der Adressaten, denen unterstellt wird, einen gemeinsamen Bestand an Wissen zu teilen. Das Inklusions-/Exklusions-Schema der Kommunikation orientiert sich hier also an Sachkompetenz, einem sehr wirksamen Prinzip.[14]

Wir können festhalten: Auch wenn den Medien des wissenschaftlichen Publikationssystems die selben Verbreitungs- und Vervielfältigungstechniken

---

11 Ausnahmen bilden ›Science‹ und ›Nature‹, die Forschungsbeiträge aus unterschiedlichen Disziplinen veröffentlichen und über die Grenzen der Wissenschaft hinaus verbreiten. Sie sind prioritäre Quellen für die Wissenschaftsberichterstattung der Massenmedien in aller Welt und bilden eine wichtige Schnittstelle zu den Massenmedien (vgl. Franzen im Erscheinen).

12 Die Binnendifferenzierung des Wissenschaftssystems basiert ansonsten auf einem gemeinsamen Gegenstandsbezug, einer geteilten Problemstellung und einer eigenen Empirie (Weingart/Schwechheimer 2007: 42 f.) sowie jeweils spezifischen Karrierestrukturen und Sozialisationsprozessen (Stichweh 1994: 17).

13 Die Grenzen zwischen diesen sind allerdings nicht hermetisch. Zwischen Disziplinen gibt es Kommunikationsprozesse, die es nahelegen, sie in die Nähe von Popularisierung zu rücken. Vgl. Whitley 1985.

14 Die Regulierung des Zugangs vermittels dieses Inklusions-/Exklusionsmusters findet sich nicht nur in der Wissenschaft, sondern auch in anderen Fachöffentlichkeiten. Für das Beispiel der Open Source Softwareentwicklung siehe Taubert 2006: 165 ff. und 2008: 78.

zugrunde liegen wie den Massenmedien, sind sie selbst jedoch keine Massenmedien und dies aus drei Gründen: Wegen der großen Zahl und dem geringen Grad an Zentralität der Publikationsmedien, dem relativ spezifischen Personenkreis, der von den Medien jeweils adressiert wird und der fehlende Orientierung an Allgemeinverständlichkeit.[15]

Mit Blick auf die Strukturmerkmale des Publikationssystems erübrigt sich bereits die Frage, ob das Publikationssystem die Leistung der Verbreitung von Informationen erbringt, deren allgemeine Bekanntheit vorausgesetzt werden kann. Dies gilt nicht nur für die Bezugsgröße Gesellschaft, sondern auch für Wissenschaft. Aufgrund der großen Zahl und der Dezentralität des wissenschaftlichen Publikationssystems kann höchstens die Frage gestellt werden, inwieweit die Medien Verbreitungsleistungen im Rahmen von wissenschaftlichen Disziplinen und Forschungsfeldern erbringen. Weiter oben hatten wir bereits bemerkt, dass das wissenschaftliche Publikationssystem disziplinär organisiert ist und im Bezug auf dieses Merkmal höchstens im Plural von stark differenzierten Öffentlichkeiten gesprochen werden kann. Aber finden die durch das Publikationssystem mitgeteilten Informationen überhaupt ihren Weg zu einer solchen, in ihrer Existenz zunächst einmal hypothetisch unterstellten Fachöffentlichkeit? In Bezug auf diese Frage bemerkt Luhmann treffend, dass die Veröffentlichung selbst nicht sichere, dass ein Text auch tatsächlich gelesen werde (Luhmann 1994: 157). Empirische Unterstützung findet diese Beobachtung in einer Vielzahl von bibliometrischen Untersuchungen, die eine starke Konzentration von Aufmerksamkeit innerhalb der wissenschaftlichen Disziplinen nachweisen.[16] Nicht nur stammt ein großer Teil wissenschaftlicher Publikationen von einer verhältnismäßig kleinen Anzahl von Wissenschaftlern,[17] auch die Aufmerksamkeit, die wissenschaftliche Publikationen auf sich ziehen, ist höchst ungleich

---

15 Diese drei Kriterien machen also den Unterschied aus zwischen der öffentlichen wissenschaftlichen Kommunikation einerseits und der Kommunikation der Wissenschaft in der (massenmedialen) Öffentlichkeit andererseits. Hinzu kommt, dass sich die beiden Formen von Kommunikation auch hinsichtlich des Codes unterscheiden. Wissenschaft operiert mit der Leitunterscheidung wahr/unwahr, massenmedialer Kommunikation liegt der Code Information/Nichtinformation zugrunde. Das gilt auch, wenn Wissenschaft zum Gegenstand der Berichterstattung der Massenmedien wird und diese über ›Wahrheiten‹ berichtet. Es handelt sich dann weder um wissenschaftliche Kommunikation, noch um eine verkürzte oder verfälschte Darstellung von Wissenschaft, sondern um eigenständige Konstruktionsleistungen des Systems der Massenmedien unter Beteiligung ihres nativen Codes (siehe ausführlicher Weingart 2005: 237 ff.).
16 Wir betrachten in Ermangelung eines bewährteren Indikators Zitation lediglich als ein Indiz für Aufmerksamkeit. Natürlich findet Zitation auch ohne Lektüre und Lektüre auch ohne Zitation statt.
17 Vgl. für das Wissenschaftssystem insgesamt Merton 1968: 56 ff. Vgl. zum Umfang und starken Zentralisierung der Aufmerksamkeit zugunsten weniger viel zitierter Beiträge Weingart 2005: 104f mit Verweisen auf weitere Literatur.

verteilt. Nur ein sehr kleiner Teil an Publikationen wird wirklich häufig zitiert und letztlich sind es Zitationen, die kommunikative Anschlusshandlungen darstellen und eine (zumindest eingeschränkte) Verbreitung der zitierten Kommunikation belegen. Für einen Großteil von peer reviewten Publikationen gilt, dass die Zahl der zitierenden Leser die Zahl der Gutachter häufig erst nach Jahren überschreitet.[18] Wissenschaftliche Publikationsmedien erbringen also insofern eine Verbreitungsleistung, als dass sie mitgeteilte Informationen an eine große Zahl potentieller Rezipienten mitteilen, wobei Rezeption, Verstehen und kommunikativer Anschluss verglichen mit dem Potential des Mediums vergleichsweise selten stattfinden.

Dieser Befund verweist auf die häufig gestellte Frage, ob es sich bei dem großen Anteil an nicht rezipierten Publikationen um ein vom Umfang und der Stärke her erhebliches Grundrauschen des Wissenschaftssystems handelt, das hingenommen werden muss, weil sich erst im Nachhinein herausstellt, welche Publikationen wirklich Beachtung verdient? Diese These ergibt sich aus der Deutung der Wissensproduktion als einen evolutiven Prozess, der durch Variation und Selektion charakterisiert ist. Eine weitere – der ersten nicht widersprechende – Interpretation ist die, dass für den weiteren Fortgang der Wissenschaft ein Überschuss an kommunikativen Anschlussmöglichkeiten von Bedeutung zu sein scheint; Forschungsergebnisse die heute nicht relevant sind, können morgen zum Ausgangspunkt weiterer Forschungsaktivitäten werden.[19] Dies gilt vermutlich insbesondere in Situationen, in denen neue Forschungsfelder und -traditionen entstehen.

Für das wissenschaftliche Publikationssystem lassen sich demnach zwei Funktionen unterscheiden: Zum einen die *Verbreitungsfunktion*, die aufgrund der Menge der Beiträge nur bei einem sehr kleinen Teil realisiert wird und zum anderen die *Speicherfunktion*, mit der die Offenhaltung von kommunikativen Anschlussmöglichkeiten über den Zeitverlauf hinweg gemeint ist.

3 Die Selektionskriterien des wissenschaftlichen Publikationssystems

Die Strategie, die medientheoretische Perspektive auf Wissenschaft anhand der Suche nach Strukturähnlichkeiten und -unterschieden zu den Massenmedien zu

---

18 Vgl. zusammenfassend auch Hirschauer 2002: 11.
19 Das gilt selbst für die Wissenschaftsforschung in deren Tradition sich dieser Beitrag stellt. Man denke hier beispielsweise an die Arbeit von Ludwik Fleck ›Die Entstehung einer wissenschaftlichen Tatsache‹, die bis zu ihrer Entdeckung durch Thomas Kuhn 27 Jahre warten musste. Eine breitere Rezeption des Werkes fand erst ab Mitte der 1980er Jahre statt. Empirische Untersuchungen deuten allerdings darauf hin, dass solch ein verspätet einsetzender Erfolg von Publikationen ein relativ seltenes Ereignis ist (siehe van Raan 2004: 471).

entwickeln, lässt sich allerdings noch weiter treiben und zwar mit Blick auf die Selektionen, welche Informationen in den Medien mitgeteilt werden. Im Fall der Massenmedien werden diese im Rahmen der Systemtheorie mit Referenz auf die Nachrichtenwerttheorie (vgl. Staab 1993) erklärt. Der Nachrichtenwerttheorie zufolge haben Ereignisse bestimmte Eigenschaften, die dazu führen, dass über sie in den Medien berichtet wird. Die Systemtheorie greift zur Erklärung von Selektionen auf dieses Konzept zurück, allerdings häufig ohne im Einzelnen die Differenzen zur ursprünglichen Konzeption der Nachrichtenwerttheorie deutlich zu machen. In der systemtheoretischen Lesart kann es sich bei Faktoren, die einen Nachrichtenwert ausmachen, nicht um Eigenschaften von Ereignissen in der Umwelt des Systems der Massenmedien handeln, sondern immer nur um Konstruktionsleistungen des Systems der Massenmedien selbst. Nachrichtenwerte beziehen sich in der systemtheoretischen Konzeption daher auf die Struktur der Medienberichterstattung (also der Beobachtung der Realität *durch* die Massenmedien) und nicht auf die Realität der Ereignisse selbst. Die Massenmedien verfügen über eine Binnendifferenzierung in unterschiedliche Programmbereiche – wie Nachrichten und Berichte, Werbung sowie Unterhaltung – in denen der systemweite Code Information/Nichtinformation in verschiedener Weise der Beobachtung zugrunde gelegt wird (Luhmann 2004: 51). Für den Programmbereich ‚Nachrichten und Berichte' sind vor allem die Selektoren ›Neuheit‹, ›Konflikt‹, ›Quantitäten‹, ›Lokalbezug‹, ›Normenverstöße‹, ›Aktualität‹ und ›Meinungen‹ (Luhmann 2004: 58-70) von Bedeutung.[20]

Lassen sich für das wissenschaftliche Publikationssystem nun analoge, selektiv wirksame Mechanismen oder Kriterien nachweisen?[21] Auf den ersten Blick erscheint es durchaus plausibel, von einer Orientierung wissenschaftlicher Publikationsmedien am Code ›Information/Nichtinformation‹ auszugehen. Es wird immer wieder betont, es gehe in den Kernmedien – den wissenschaftlichen Fachzeitschriften – um originelle Beiträge, oder anders gesprochen: um die Selektion von Information und um die Vermeidung der Selektion von Nichtinformation, die nichts anderes meint als Redundanz. Gleichwohl scheint es sich hierbei um kein wirklich hartes Selektionskriterium zu handeln, wie Experimente mit der Einreichung von bereits gedruckten Beiträgen in denselben (peer-reviewed) Zeitschriften nahe legen (Peters/Ceci 1982). Von den wiedereinge-

---

20 Vgl. auch Weingart 2003: 120.
21 Die Faktoren, deren Selektionsrelevanz hier diskutiert wird, fassen einen Teil der Ergebnisse der Peer Review Forschung zusammen. Damit ist jedoch nur ein Teil des Selektionsgeschehens erfasst, und es ist zu vermuten, dass weitere Faktoren bei Entscheidungsverläufen in Herausgebergremien wirksam werden. Hier existieren allerdings nur wenige empirische Studien, wie z.B. die Ethnographie von Hirschauer 2005.

reichten 12 Manuskripten[22] in Peters' und Ceci's Experiment von 1982 wurden lediglich drei als bereits publiziert erkannt, was darauf hindeutet, dass wissenschaftliche Fachzeitschriften über keine operative Verankerung des Selektors ›Neuigkeit‹ verfügen und dass der Prozess des Peer Review kein besonders wirkungsvolles Instrument für die Selektion von Neuigkeit ist, insbesondere, wenn die Reviewer ihr Urteil »aus der Halbdistanz« fällen (Hirschauer 2002: 4). Das Selektionskriterium ›Information‹, oder in der Semantik der Wissenschaft ›Originalität‹, sollte daher wohl eher als Teil der Selbstbeschreibung des wissenschaftlichen Publikationssystems verstanden werden, die zu einem gewissen Maße in ein Spannungsverhältnis zum Selektionsgeschehen innerhalb der Redaktionen wissenschaftlicher Fachzeitschriften treten kann.

Neben ›Information‹ finden sich allerdings noch andere Kriterien, denen plausiblerweise selektive Wirkung unterstellt werden könnte. Weiter oben hatten wir festgestellt, dass das Wissenschaftssystem eine disziplinäre Differenzierung aufweist und das Publikationssystem sich entlang dieser Linien orientiert. Aus dieser Struktur ergibt sich ein basaler Selektor: die thematische Passung in den Gegenstandsbereich der betreffenden Disziplin (z.B. Broman 2000: 226). Hier kann mit großer Sicherheit davon ausgegangen werden, dass es sich um ein Kriterium handelt, dessen Vorliegen durch den oder die Herausgeber des betreffenden Mediums überprüft wird. Weitere selektionswirksame Faktoren dürften eng mit diesem Kriterium verknüpft sein: die Einhaltung von wissenschaftlichen Qualitätskriterien wie Standards der Argumentation sowie methodische und formale Standards, die allerdings zwischen den Disziplinen stark variieren können. Diese Kriterien sind im Peer Review Verfahren operativ verankert, und dies ist auch der Grund, weshalb den Kriterien große Wirksamkeit unterstellt werden kann.[23]

Ein letzter selektionswirksamer Faktor, der für Massenmedien und wissenschaftliche Publikationsmedien gleichermaßen gilt, ist der Umfang des Mediums, der durch das meist standardisierte Format des Mediums festgelegt ist. Vor dem Hintergrund hoher Ablehnungsquoten im Fall wissenschaftlicher Fach-

---

22 Die Artikel waren abgesehen von den folgenden Veränderungen identisch: Der Namen des Autors und der Institutsname wurde durch fiktive Namen ersetzt. Der Titel, das Abstract sowie der Beginn des ersten Absatzes wurden verändert, um eine Aufdeckung des Plagiats durch automatische Suchprozeduren zu vermeiden (Peters/Ceci 1982: 5).

23 Für den Fall von Disziplinen, die über keine allgemeingültigen theoretischen und methodischen Standards verfügen, muss nicht zwangsläufig ausgeschlossen werden, dass solche Selektoren wirksam sind. Es spricht viel für die Annahme, dass innerhalb eines Fachs ein Kriterienkonsens existiert, die Kriterien aber unterschiedlich operationalisiert und im Peer Review angewendet werden (siehe die Untersuchung von Hartmann/Neidhardt 1990: 422 ff. – hier allerdings nicht für den Fall von wissenschaftlichen Publikationsmedien, sondern für Peer Review Verfahren im Begutachtungsprozess der Deutschen Forschungsgemeinschaft – und zusammenfassend Hirschauer 2002: 8ff.).

zeitschriften ist zu vermuten, dass neben einer ›Kalibrierung der Lesezeit‹ innerhalb einer Disziplin (Harnad 1998 zit. in Hirschauer 2005: 53) durch die Hierarchisierung der Fachzeitschriften auch ein praktischer Faktor wie der zur Verfügung stehende Platz auf Publikationsentscheidungen Einfluss nimmt.

Die bisher genannten Faktoren, von denen vermutet werden kann, sie beeinflussten Publikationsentscheidungen, stellen offenbar solche dar, die funktional sind für die Vermehrung von wahrem Wissen: Sie verringern die Menge der Kommunikation innerhalb des wissenschaftlichen Publikationssystems und erhöhen damit die Chance auf Seiten der Rezipienten, etwas zur Kenntnis zu nehmen, was Beachtung und Aufmerksamkeit verdient. Der Hinweis auf solche Art von Kriterien führt allerdings schnell zu der Frage, ob nicht auch Sektoren im Bereich des wissenschaftlichen Publikationssystems existieren, die kontraproduktiv sind beziehungsweise dysfunktionale Wirkungen entwickeln. Ein solcher Faktor, der zumindest ambivalente Züge trägt und in der Wissenschaftssoziologie mit Blick auf den Umfang der Beachtung eines Beitrags *nach* seiner Publikation diskutiert wird, ist Reputation. Die aufmerksamkeitssteuernde Wirkung von Reputation wurde unter dem Stichwort Matthew-Effect bereits von Merton thematisiert (Merton 1968) und dann vor allem von Luhmann als funktional für die Wissenschaft interpretiert (Luhmann 1970: 154, 1994: 352f.), da sie abkürzend als Indiz für Qualität fungiere. Darüber, ob der Faktor Reputation des Autors auch bei Publikationsentscheidungen als Selektor eine Rolle spielt und wie die Wirkung einzuschätzen ist, lässt sich beim momentanen Stand der Forschung nur spekulieren. Eine Schließung der Forschungslücke im Bereich der Herausgeberentscheidungen (Hirschauer 2002: 29) ist in absehbarer Zeit aufgrund der Brisanz der dort ablaufenden Prozesse und entsprechenden Abschottungstendenzen der Redaktionen auch nicht zu erwarten.

Der Vergleich zwischen den Selektionskriterien der Massenmedien und denen des wissenschaftlichen Publikationssystems zeigt vor allen Dingen eins: Ein Teil der Faktoren mit selektierender Wirkung ist in beiden Fällen fix, ein anderer Teil dagegen variabel. Für die Massenmedien ist Neuigkeit notwendig, für die peer reviewed wissenschaftlichen Publikationsmedien sind vorrangig die thematische Passung sowie die Erfüllung von methodischen und theoretischen Standards eines Fachgebiets relevant. Im Fall der Massenmedien müssen ein oder mehrere der Faktoren wie Prominenz, Lokalbezug, Skandal usw. erfüllt werden, während im Wissenschaftssystem vermutlich Reputation die Publikation positiv beeinflusst. Die Wirkung dieser Faktoren sollten aber vorsichtig interpretiert werden. Sie stellen (vermutlich) weder notwendige noch hinreichende Faktoren dar, und es verbietet sich, die Veröffentlichung von wissenschaftlichen Beiträgen mit ihnen kausal zu erklären. Sie sollte also eher probabilistisch verstanden werden in dem Sinne, dass sie die Wahrscheinlichkeit einer Publikation erhöhen.

4 Das wissenschaftliche Reputationssystem

Bislang hatten wir Reputation lediglich mit Blick auf ihre Selektionswirksamkeit im Vorfeld wissenschaftlicher Publikationen diskutiert. Eine medientheoretische Perspektive auf Wissenschaft sollte jedoch breiter ansetzen, da dieses Motivations- und Sanktionsmittel sehr dicht an die jeweiligen wissenschaftlichen Kommunikationsmedien gebunden ist. Hierauf machte bereits Hagstrom aufmerksam, indem er zwischen zwei Formen der Anerkennung von Leistungen innerhalb von wissenschaftlichen Gemeinschaften unterschied: ›institutionalized recognition‹ und ›elementary recognition‹ (Hagstrom 1965: 23-33). Für uns ist von Interesse, dass beide Formen der Anerkennung an verschiedene Formen der Kommunikation gebunden sind, die durch unterschiedliche Medien konstituiert werden: Die direkte Anerkennung (›elementary recognition‹) basiert auf face-to-face oder persönlicher Kommunikation, die institutionelle Anerkennung findet vor allem durch Zitierung statt und setzt damit ein Medium voraus, in dem schriftlich kommuniziert wird und das auf weitere öffentliche Kommunikation verweist.

Wie gestaltet sich nun die Beziehung zwischen dem wissenschaftlichen Publikationssystem und dem Reputationssystem? Es ist offensichtlich, dass Reputation an erster Stelle durch das Einnehmen der Autorenrolle erworben wird.[24] Bereits die Publikation eines Beitrags gilt als Leistung, sofern sie an einem für das Fach zentralen Ort stattfindet. In diesem Zusammenhang konstituiert Publikation die Reputation. Diese gilt umgekehrt als »kursorische Orientierung an Symptomen«, die »an die Stelle der Sache selbst tritt, die gemeint ist. Reputation wird aus Symptomen gezogen und dient selbst als Symptom für Wahrheit.« (Luhmann 1970: 155) Die von Luhmann betonte Funktion der Reduktion von Komplexität kann Reputation nur dann erfüllen, wenn sie unabhängig von der Kenntnis der Beiträge eines Autors bekannt ist. Es handelt sich dabei um eine Unterstellung (von Wahrheit), die erst durch die Lektüre überprüft werden kann. Dies findet im überwiegenden Fall nur durch einen sehr kleinen Personenkreis von Fachkollegen statt (siehe oben). Wenn aber bereits die Publikation eines Beitrags an einem prominenten Ort den Reputationserwerb verspricht, dann spricht viel dafür, davon auszugehen, dass Reputation als Medium

---

24 Franck (2002: 5) weist darauf hin, dass es unter Erfolgsgesichtspunkten nicht ausreichend ist, wissenschaftliche Entdeckungen zu machen. Es ist notwendig, diese im wissenschaftlichen Publikationssystem zu publizieren.

in einem sehr viel breiteren Sinne zirkuliert: »Reputation wird in erster Linie an Autoren verliehen, also an Personen. Aber auch Organisationen (Universitäten, Institute usw.), Zeitschriften, Verlage, ja selbst wissenschaftliche Konferenzen können davon profitieren – profitieren gleichsam im Mondlicht der Reputation, die zunächst ihren Autoren, Teilnehmern usw. zukommt.« (Luhmann 1994: 250) Luhmann gibt zwar nicht den Referenzpunkt ›wissenschaftliche Leistung‹ als Ursprung von Reputation auf, macht aber gleichzeitig deutlich, dass Reputation immer nur punktuell an sie rückgebunden ist und, einmal erworben, einen unbefristeten Wechsel auf Wahrheit darstellt (Luhmann 1970: 154).

Bezogen auf unseren Gegenstand – das wissenschaftliche Publikationssystem – lässt sich sagen, dass die einzelnen Medien wie Zeitschriften, Buchreihen und Verlagsprogramme in einer Disziplinen über einen mehr oder minder guten Ruf verfügen, der auf der Reputation der dort veröffentlichenden Autoren und ihrer Beiträge aufsetzt. Die Reputation strahlt gewissermaßen ab, wobei sich allerdings auch hier ein Bezug zu einer spezifischen Leistung zeigen lässt: Die Reputation eines Publikationsmediums gründet nicht darauf, dass es originäre wissenschaftliche Leistungen – im Sinne von wissenschaftlichen Entdeckungen oder Beiträgen zur Theorieentwicklung – selbst erbringt, sondern dass die durch das Medium veröffentlichten wissenschaftlichen Leistungen Beachtung verdienen. Die Leistung des Mediums besteht also darin, beachtenswerte Selektionen vorzunehmen. Je besser diese Leistung (neben der Attraktion von Autoren mit ›großen Namen‹) erbracht wird, desto größer ist die Reputation des Mediums.

Analog zur Verteilung von Reputation innerhalb wissenschaftlicher Gemeinschaften findet sich auch unter den Publikationsmedien eines Fachs eine starke Zentralisierung von Reputation, und zwar vermutlich aus denselben strukturellen Gründen. Zum einen hatten wir bereits festgestellt, dass vor dem Hintergrund der Fülle wissenschaftlicher Publikationen die Aufmerksamkeit wissenschaftlicher Gemeinschaften ein knappes Gut darstellt. Zum anderen hatten wir auf das Vorhandensein einer Verzerrung beim Erwerb von Reputation hingewiesen, der zufolge hoch angesehenen Wissenschaftlern unverhältnismäßig große Anerkennung für wissenschaftliche Leistungen zufällt, während es für Wissenschaftler, die sich noch keinen Namen gemacht haben, ungleich schwerer ist, Reputation zu erwerben (Merton 1985: 155).

Wie verhält es sich nun mit den Medien des wissenschaftlichen Publikationssystems hinsichtlich der Verteilung von Reputation? Es finden sich Anzeichen dafür, dass ein ähnlicher selbstverstärkender Mechanismus bei der Verteidigung von einmal erreichten Positionen existiert: Es liegt auf der Hand, dass Medien mit hoher Reputation als Publikationsorte attraktiver sind als solche mit geringer Reputation. Dies hat gleich mehrere Effekte: Erstens ist damit zu rechnen, dass Medien mit hoher Reputation in absoluten Zahlen eine größere Anzahl von Papieren anziehen; zweitens ist die Wahrscheinlichkeit größer, dass sich darunter Beiträge von hoher Qualität befinden; und drittens ist es wahrscheinlicher, dass auch Autoren mit ›großem Namen‹ diesen Publikationsort wählen werden. Diese drei Aspekte wirken in dieselbe Richtung. Durch die Selbstverstärkung von Reputation im Publikationssystem entstehen innerhalb der Disziplinen gleichgerichtete Zentrum-Peripherie-Strukturen, mit einigen wenigen Medien mit exzellentem Ruf im Zentrum und einer relativ großen Anzahl weniger renommierter Medien an den Rändern. Diese Struktur reproduziert sich aufgrund der genannten Faktoren selbst, da die Anziehungskraft auf Beiträge von Medien im Zentrum qua ihrer Reputation größer ist als die von Medien an den Rändern. Daher lässt sich davon sprechen, dass eine einmal entstandene Verteilung von Reputation strukturkonservierend oder zumindest veränderungshemmend wirkt.

Abschließend wollen wir noch auf eine entscheidende Differenz zwischen der Reputation eines wissenschaftlichen Publikationsmediums und jener eines Wissenschaftlers hinweisen: Damit eine wissenschaftliche Zeitschrift ihr Renommee aufrechterhält, muss sie ihren Ruf fortlaufend bestätigen. Die Qualität muss also ständig stimmen. Die Reputation von Wissenschaftlern verblasst hingegen sehr langsam. Reputation ist im Fall von Wissenschaftlern stärker resistent gegenüber dem Ausbleiben von Leistungen als die Reputation von Zeitschriften.[25] Eine einmal gefundene relative Position eines wissenschaftlichen Publikationsmediums in der Zentrum-Peripherie-Struktur ist also nicht für alle Tage festgeschrieben.

5 Wissenschaftliche Publikationsmedien – die organisationale Dimension

Eine weitere Analyseebene eröffnet sich, sobald man der Frage nachgeht, wo der Ort ist, an dem – wie im Fall der Massenmedien – die Konstruktion einer Realität durch Beobachtung stattfindet oder – wie im Fall des wissenschaftlichen Publikationssystems – mitgeteilte Informationen selegiert wird. Dann geraten Redaktionen, Mitgliedschaften, berufliche Rollen, wie die von Journalisten, Korrespondenten, Redakteuren, Editoren, Mitgliedern des Editorial Boards, sowie die spezifische Form der auf ein Ziel gerichteten Arbeitsorganisation in

---

25 Das gilt insbesondere unter den derzeitigen Bedingungen: Verlage beobachten fortwährend die Entwicklung des ›impact‹-Faktors der Zeitschriften und orientieren daran die Vergütungen für die Editoren. Dieses Maß wird wiederum von staatlichen Wissenschaftsverwaltungen eingesetzt, um die ›Qualität‹ wissenschaftlicher Publikationen zu bewerten. ›Impact‹-Faktoren verändern sich selten dramatisch, aber es reichen kleine Verschiebungen, um den Rangplatz einer Zeitschrift im Vergleich zu Konkurrenten zu beeinflussen.

den Blick. Wir bewegen uns dann nicht mehr auf der Ebene der Medien, die basierend auf spezifischen Operationen mit bestimmten Folgen für das System Kommunikation publizieren, sondern beschäftigen uns mit den darunter liegenden, die Medien tragenden Organisationen.

Bei Organisationen handelt es sich um soziale Systeme, deren basale Operationen die Kommunikation von Entscheidungen sind (Luhmann 2006: 63). Im Fall der Redaktionen von wissenschaftlichen Fachzeitschriften beziehen sich die wichtigsten Entscheidungen auf Publikationen. Was soll wann in welchem Zusammenhang erscheinen – das sind typische Problemstellungen, die nach einer Entscheidung der Redaktion verlangen, und hier sind die Selektoren des wissenschaftlichen Publikationssystems operativ verankert.

Die Regelmäßigkeit, mit der diese Entscheidungen kommuniziert werden, macht einen Unterschied zu anderen Organisationen des Wissenschaftssystems aus. Mit Blick auf Organisationen, in denen Forschungsaktivitäten stattfinden, stellt Luhmann fest, sie könnten in einem nur sehr eingeschränkten Maße von »Organisationstechnologien« wie »organisationsspezifische Programmierung« und »Auflösung des Geschehens in verantwortbare, synchronisierbare, koordinierbare Einzelentscheidungen« Gebrauch machen (Luhmann 1994: 678). Dies gilt für die Organisationen, die die wissenschaftlichen Publikationsmedien tragen, nun gerade nicht. Hier wird die Komplexität des Geschehens durchaus erfolgreich und unter den Bedingungen klarer interner Zurechenbarkeit von Entscheidungen und Entscheidungsfolgen dekomponiert, auch wenn die für eine Zurechnung von Entscheidungen auf Personen notwendigen Informationen gerade nicht an Dritte mitgeteilt werden.[26]

Wie oben ausgeführt haben wissenschaftliche Publikationsmedien eine große Bedeutung für das wissenschaftliche Reputationssystem, da Publikationen Reputation begründen. Für die Organisationen, die die Publikationsmedien einer Disziplin tragen, ist dies folgenreich. Durch die Entscheidungen über Publikation und Nicht-Publikation wird disziplinäre Aufmerksamkeit auf bestimmte Autoren gelenkt, anderen hingegen vorenthalten. Durch ihr Vermögen, Aufmerksamkeit dorthin zu lenken, wo bislang keine war, fungieren sie insbesondere aus der Perspektive von Nachwuchswissenschaftlern als Gate-Keeper zu wissenschaftlichen Karrierenchancen. Entdramatisiert wird die Gate-Keeper Rolle dadurch, dass sich innerhalb einer Disziplin zumeist mehrere Publikationsmedien mit einer gewissen Zentralität finden lassen, so dass mehrere alternative ›Gates‹ zu Aufmerksamkeit, Reputation und Karrierechancen existieren.

---

26 Zum Beispiel bildet die Anonymität der Gutachter Voraussetzung für die Äußerung von fachlicher Kritik ohne Zurückhaltung und ist gleichzeitig Schutz für die Herausgeber im Fall von negativen Publikationsentscheidungen.

Interessant ist nun, ob diese herausgehobenen Sonderrollen, die die Organisationen des wissenschaftlichen Publikationssystems bereithalten, durch Reputation gedeckt sind, ob hier ausschließlich von einer Zirkulation von Reputation zu sprechen ist, oder ob noch andere Faktoren ins Spiel kommen. Ganz offensichtlich existiert ein Zusammenhang zwischen der Reputation eines Publikationsmediums, der Reputation, die mit dem Einnehmen einer Rolle innerhalb dieser Organisation verbunden ist und der Reputation der Personen, die zur Besetzung dieser Rollen als Kandidaten in Frage kommen.

Neben dem Zuwachs an Reputation, der mit dem Einnehmen dieser Rolle verbunden ist, hat die Rolle noch einen zweiten Effekt. Die Entscheidungsbeteiligung als Mitglied mit klaren Zuständigkeiten innerhalb einer Organisation, die durch ihre Entscheidungen Aufmerksamkeiten einer Disziplin lenkt, Reputationserwerb ermöglicht und damit wissenschaftliche Karrierechancen verteilt, lässt sich nicht mehr allein über die Zirkulation von Reputation verstehen. Hier geht es vielmehr auch um Einfluss auf Entscheidungen, Entscheidungsfolgen und Einfluss auf Anschlussentscheidungen (auch anderer Organisationen). Dieser Einfluss existiert unabhängig davon, ob man ihn auszuschließen versucht oder nicht. Er ist eine nicht zu vermeidende Nebenwirkung der Ausübung der Rolle in einer (nicht nur wissenschaftlichen) Organisation.

Luhmann scheint sich dessen, was wir hier Entscheidungseinfluss nennen, durchaus bewusst zu sein, wenn er im Zusammenhang der Universitäten darauf hinweist, dass rollenmäßige Alternativen zur auf Reputation zielenden Forschungsaktivität existieren, indem man »im Bereich der Organisation Verdienste erwerben, Geschäftsführerinstinkte entwickeln, Beschaffungsfunktionen erfüllen, zeremonielle Repräsentanz zelebrieren und auch damit auf eine Weise etwas für die Gesamtheit tun« kann (Luhmann 1994: 678). Luhmann belässt es aber bei verstreuten Bemerkungen und vermeidet es, diesen Aspekt zu einem zentralen Theoriebestandteil zu entwickeln, vermutlich nicht zuletzt aufgrund seiner im späten Werk zunehmend hervortretenden Distanz zu rollentheoretischen Konzeptionen.[27]

Wir schlagen hingegen vor, den sich aus der rollenmäßigen Position innerhalb einer Organisation ergebenden *Einfluss auf Entscheidung* von *Reputation* zu unterscheiden.[28] Die Einnahme einer solchen Position ist im Fall von Wissenschaft zwar an das Vorhandensein einer auf wissenschaftliche Leistung verweisenden Reputation als Bedingung geknüpft. Es ist jedoch nicht einmal unüblich,

---

27 Siehe z.B. Luhmann 2006: 82.
28 Eine theoretische Alternative soll hier nicht verschwiegen werden: Von der Anlage her ähnlich zu unserer Unterscheidung zwischen Entscheidungseinfluss und Reputation ist die Unterscheidung zwischen dem reinen wissenschaftlichen Kapital und dem institutionellen Kapital bei Bourdieu. Siehe hierzu Bourdieu 1998 und 1988.

dass wissenschaftlicher Ruf und rollenmäßiger Einfluss auf Entscheidungen auseinanderfallen. Dies gilt wie bei jeder anderen wissenschaftlichen Organisation auch für die Organisationen der wissenschaftlichen Publikationsmedien.

6 Open Access – quo vadis, Wissenschaft?

Ausgehend von den aktuellen Entwicklungen im Bereich des wissenschaftlichen Publikationssystems ging es uns darum, eine medientheoretische Perspektive auf Wissenschaft zu entwickeln. Der Beitrag war dabei in mindestens zweierlei Hinsicht beschränkt: Zum einen richtet sich die hier entwickelte Perspektive ausschließlich auf das Innenverhältnis von Wissenschaft. Zum anderen fokussiert sie wissenschaftliche Kommunikation, die öffentlich zugänglich und im Medium Schrift fixiert ist. Private Kommunikation, die ebenfalls an der Leitdifferenz wahr/unwahr orientiert sein kann (beispielsweise in Briefen oder Emails) oder wissenschaftliche face-to-face Kommunikation im Rahmen von Encounter-Öffentlichkeiten (Goffman 1961, Gerhards/Neidhardt 1991: 50) – beispielsweise wissenschaftliche Kolloquien oder wissenschaftliche Konferenzen – sind hier nicht gemeint.

Wir wollen mit der Frage abschließen, welche Problemstellungen hinsichtlich der eingangs skizzierten aktuellen Entwicklungen aus der hier entwickelten theoretischen Perspektive gewonnen werden können. Innerhalb des entfalteten theoretischen Rahmens lässt sich der mit Open Access verbundene Wandel auf unterschiedlichen Ebenen reflektieren: Eine erste Präzisierung können wir in Bezug auf den Begriff ›Medienwandel‹ vornehmen. In Bezug auf das wissenschaftliche Publikationssystem meint ›Medienwandel‹ eine Veränderung der medialen Ausstattung des Wissenschaftssystems. Genauer: Das Hinzutreten neuer Formen von Publikationsmedien zu den klassischen Typen. Hierzu zählen:

- elektronische Zeitschriften (Abkömmlinge von gedruckten Zeitschriften oder Neugründungen),
- pre-Print-Archive (also Vorabveröffentlichungen von später in anderen Medien erscheinenden Papers, überwiegend für Zeitschriftenartikel),
- elektronische Bibliotheksarchive für unterschiedliche Typen von Publikationen,
- Archive von wissenschaftlichen Einrichtungen zur Sammlung der Publikationen ihrer Mitarbeiter,
- Veröffentlichungen auf persönlichen Websites von Wissenschaftlern.

Mit diesen neuen Formen bewegen wir uns auf der Analyseebene der in den *Kommunikationsprozess eingeschobenen Techniken* und untersuchen die damit verbundenen Folgen. An dieser Stelle seien – ohne Anspruch auf Vollständigkeit – zwei Aspekte erwähnt, die zum Gegenstand einer Reflexion des Medienwandels werden können.

Die neuen internetbasierten Publikationsmedien übernehmen einige Eigenschaften der Vernetzungstechnik, auf der sie basieren. Hier ist erstens das elektronische Format der Publikation zu nennen. Zwar basieren diese Publikationsmedien ebenfalls auf dem Medium Schrift, aber mit der Nutzung von Schrift *in elektronischen Formaten* kommt ein wesentliches Merkmal abhanden: die mit dem Medium Schrift über Jahrhunderte in Verbindung gebrachte Eigenschaft der Fixierung von Kommunikation. An die Stelle der Fixierung durch Schrift ist im Zeitalter elektronischer Medien die Revidierbarkeit getreten. Mit Blick auf diese Entwicklung lässt sich die Anschlussfrage stellen, welche Folgen Revidierbarkeit für wissenschaftliche Kommunikation hat. In den Fokus der Aufmerksamkeit geraten dann Problemstellungen wie beispielsweise die Frage, wie eine Aufrechterhaltung von Verweisstrukturen durch Zitationen möglich ist, wenn damit zu rechnen ist, dass ältere bereits veröffentlichte Texte sich auch verändern können.

Einen zweiten Aspekt, den wir in Zusammenhang mit den in den Kommunikationsprozess eingeschobenen Techniken hervorheben wollen, bezieht sich auf die Vernetzungstechnik des WWW und die durch sie bereitgestellte Hypertextualität. Durch Verlinkung einer elektronischen Publikation mit anderen elektronischen Publikation ist ein direkter Zugriff möglich, insbesondere dann, wenn, wie im Fall von Open Access, der Zugriff nicht auf eine Nutzergruppe beschränkt ist, die über eine entsprechende Zugangslizenz verfügt. Analog zum WWW ist es dann möglich, sich quer zur Sequentialität der einzelnen Texte zu bewegen. Zwar weisen wissenschaftliche Texte mit ihren Zitaten, Fußnoten- und Endnotenapparaten generell hypertextuelle Eigenschaften auf. Die Unmittelbarkeit des Zugriffs im Fall elektronischer bzw. Open Access Medien lässt aber eine neuartige Form der Lektüre zu: Wenn ›Verstehen‹ sich nicht mehr entlang eines Texts und vermittels sequentieller Lektüre orientiert, sondern das hypertextuelle, quer zu den Texten hindurchgehende ›Verstehen‹ zum Regelfall wird, ist zu vermuten, dass dies Konsequenzen für die Wissenschaft hat. Es stellt sich die Frage, ob und wenn ja mit welchen Mitteln Kommunikationsadressen identifiziert und Leistungen und Reputation personal zugerechnet werden. Wir können festhalten: Durch die in den Kommunikationsprozess eingeschobenen Techniken entstehen neue Möglichkeiten der Lektüre, die im Spannungsverhältnis zu den Anforderungen des Reputationssystems stehen. In welche Richtung sich diese Spannung auflösen wird, ist heute noch nicht abzusehen, aber zumindest sind zwei Entwicklungstendenzen denkbar: Entweder entwickeln sich Formen der Mitteilung von Kontextinformationen, die auch bei hypertextueller Lektüre Zurechnungen auf ›Autoren‹ zulassen, oder aber die Möglichkeiten einer hypertextuellen Verknüpfung von zunehmend größer werdenden Informationsbeständen werden aufgrund der Ansprüche des wissenschaftlichen Reputationssystems nach Leistungszurechnung nicht ausgeschöpft.

Ein zweiter großer Themenkomplex, der durch die hier entwickelte Perspektive in den Blick kommt, bezieht sich auf die Frage nach den Strukturen, die die Dynamik des Medienwandels beeinflussen. Unsere theoretische Einordnung verweist darauf, dass bei der Erklärung des Wandels mindestens zwei Ebenen berücksichtigt werden müssen: Das wissenschaftliche Reputationssystem und die Ebene der Organisation.

Die oben entwickelte Perspektive auf das wissenschaftliche Reputationssystem legt es nahe, zu überprüfen, ob und inwieweit die Verteilung von Reputation innerhalb eines Fachs auf die Dynamik des Medienwandels Einfluss nimmt. Wir hatten festgestellt, dass hinsichtlich der Verteilung von Reputation nicht nur in Bezug auf die Personen, sondern auch hinsichtlich der wissenschaftlichen Publikationsmedien eine Zentrum-Peripherie-Struktur existiert, die unterschiedlich stark ausgeprägt sein kann. Die Gründung neuer Publikationsmedien stellt unter diesen Gesichtspunkten nichts anderes dar, als die Schaffung neuer Zurechnungsadressen für Reputation, denen allerdings zum Zeitpunkt ihrer Gründung innerhalb der Disziplin (noch) keine Reputation zugerechnet wird. Dieser Umstand erschwert die Gewinnung von Personen mit hoher Reputation für die Besetzung von Rollen (wie Editor, Editorial Board, Reviewer) und sorgt für eine schlechte Ausgangslage bei der Konkurrenz mit etablierten Publikationsmedien um qualitativ hochwertige Beiträge. Die empirisch zu überprüfende Hypothese lautet hier: Je stärker Reputation in einem Fach zentralisiert ist, desto schwieriger ist es, neue Publikationsmedien zu gründen und desto langsamer wird sich die Entwicklung in Richtung ›Open Access‹ gestalten.

Auf der Analyseebene ›Organisation‹ bedeutet die Schaffung von neuen Publikationsorten zunächst einmal eine Vergrößerung der Anzahl von Organisationen, die Entscheidungen über Publikationen treffen. Die etablierten Publikationsmedien bekommen also Konkurrenz insofern, als dass bei der erfolgreichen Etablierung eines neuen Mediums eine weitere Option zum Gewinn von Reputation, zur Aufmerksamkeitsattraktion und letztlich auch zur Vergrößerung der Karrierechancen entsteht. Dies bedeutet aber nichts anderes als eine Verringerung des Einflusses der Rollenträger bestehender Organisationen, die die Publikationsmedien organisieren, auf die Anschlussentscheidungen der Organisationen eines Fachs.

Wenn aber gilt, dass Organisationen immer von den Ressourcen aus der Organisationsumwelt abhängig sind, liegt die Überlegung nahe, dass ›Einfluss‹ einen Faktor darstellt, der den Erfolg von Neugründungen mit bedingt. Die Erfolgswahrscheinlichkeit von Gründungsversuchen würde dann davon abhängig sein, ob die organisationale Umwelt und die Rollenträger in zentralen Positionen neu geschaffene Organisation als Konkurrenz oder Bedrohung des eigenen Einflusses wahrnehmen oder nicht. Von dieser Einschätzung dürfte der Grad der Unterstützung mit abhängig sein.

Ein dritter Komplex bezieht sich auf die Folgen des Medienwandels für das wissenschaftliche Reputationssystem. Hier kommen Fragen in den Blick, ob, und wenn ja wie, sich Zuschreibungen gegenüber unterschiedlichen *Formen* von Publikationsmedien verändern. Bislang scheint zumindest in den Geistes- und Sozialwissenschaften zu gelten, dass online-Publikationen als Veröffentlichungen zweiter Klasse wahrgenommen werden, sie also für ihre Autoren in deutlich geringerem Maße reputationsförderlich sind, während es anderen Disziplinen deutlich leichter fällt, positive Zuschreibungen gegenüber den neuen Publikationsformen zu entwickeln (DFG 2005: 49). In Bezug auf diesen Befund wäre die Frage nach den Rahmenbedingungen zu stellen, die zu einer Veränderung der Zuschreibung gegenüber Typen von Publikationsmedien führen.

Eine zweite Fragestellung, die sich auf die Folgen für das Reputationssystem bezieht, richtet die Aufmerksamkeit vorrangig auf Disziplinen, in denen die Publikationsmedien hohe durchschnittliche Ablehnungsquoten haben. Hohe Ablehnungsquoten werden häufig nicht durch die niedrige Qualität der Beiträge gemessen an fachlichen Standards, sondern auch mit Verweis auf die Begrenztheit des Platzes für Beiträge durch das Format der Publikationsmedien erklärt. Sofern ›Platz‹ tatsächlich einen limitierenden Einflussfaktor darstellt, der in größerem Umfang zur Ablehnung von Beiträgen führt, sorgt er für Verzerrungen bei der Zuweisung von Reputation. Im Zusammenhang mit Open Access entstehen aber Publikationsmedien, die nicht mehr wie Zeitschriften, Sammelbände und Proceedings über bestimmte Begrenzungen des Formats verfügen, sondern in denen Beiträge veröffentlicht werden, sobald sie das Peer Review Verfahren durchlaufen haben. Hier wäre zu prüfen, ob das Selektionskriterium ›Platz‹ an Bedeutung verliert und es hierdurch zu einer leistungsgerechteren Verteilung von Reputation kommt.

Die hier knapp skizzierten Fragestellungen zeigen: Die Art und Weise, wie innerhalb der Wissenschaft Information mitgeteilt wird, ist folgenreich für die Wissenschaft. Dies sollte innerhalb der Wissenschaftssoziologie auch an einem prominenten Ort reflektiert werden. Ein Vorschlag hierzu wurde in diesem Beitrag gemacht. Unabhängig davon, ob er im Einzelnen überzeugt, sollte klar geworden sein, dass eine moderne Theorie der Wissenschaft nicht mehr an medientheoretischen Anleihen vorbei kommt.

Literatur

Antelman, Kristin (2004): Do Open-Access Articles Have a Greater Research Impact? In: College & Research Libraries News 65. 2004. 372-382. Als Online-Dokument: http://eprints.rclis.org/archive/00002309/, (Stand 08/2008)
Bourdieu, Pierre (1988): Homo Academicus. Frankfurt: Suhrkamp
Bourdieu, Pierre (1998): Vom Gebrauch der Wissenschaft. Für eine klinische Soziologie des wissenschaftlichen Feldes. Konstanz: UVK
Brody, Tim (2004): Citation Analysis in the Open Access World. Als Online-Dokument: http://eprints.ecs.soton.ac.uk/10000/1/tim_oa.pdf, (Stand 08/2008)
Broman, Thomas (2000): Periodical literature. In: Frasca-Spada, Marina/Jardine, Nick (2000): 225-237
Campbell, Robert/Wates, Edward (2007): Open Access aus Sicht eines subskriptionsbasierten Publikationsmodells. In: Deutsche UNESCO-Kommission (2007): 89-93
Deutsche UNESCO-Kommission (Hrsg.) (2007): Open Access. Chancen und Herausforderungen. Ein Handbuch. Köln: Gebrüder Kopp GmbH &CO.KG
DFG (Deutsche Forschungsgemeinschaft) (2005): Publikationsstrategien im Wandel? Ergebnisse einer Umfrage zum Publikations- und Rezeptionsverhalten unter besonderer Berücksichtigung von Open Access. Weinheim: Wiley-VCH
European Commission (2006): Study on the economic and technical evolution of the scientific publication markets in Europe. Final Report January 2006. Brussels: European Commission, DG Research. Als Online-Dokument: http://ec.europa.eu/research/science-society/pdf/scientific-publication-study_en.pdf, (Stand 08/2008)
Franck, Geory (2002): The scientific economy of attention: A novel approach to the collective rationality of science. In: Scientometrics 55. 2002. 1. 3-26
Franzen, Martina (im Erscheinen): Torwächter der Wissenschaft oder Einfallstor für die Massenmedien? In: vom Bruch, Rüdiger (im Erscheinen): ohne Seitenzahl
Frasca-Spada, Marina/Jardine, Nick (Hrsg.) (2000): Books and the Science in History. Cambridge et al.: Cambridge University Press
Gerhards, Jürgen/Neidhardt, Friedhelm (1991): Strukturen und Funktionen moderner Öffentlichkeit: Fragestellungen und Ansätze. In: Müller-Doohm, Stefan/Neumann-Braun, Klaus (1991): 31-88
Goffmann, Irving (1961): Encounters: Two Studies in the Sociology of Interaction. Indianapolis: Bobbs-Marrill
Hagstrom, Warren (1965): The Scientific Community. New York/London: Basic Books
Harnad, Stevan (Hrsg.) (1982): Peer Commentary on Peer Review. A Case Study in Scientific Quality Control. Cambridge et al.: Cambridge University Press

Harnad, Stevan/Brody, Tim (2004): Comparing the Impact of Open Access (OA) vs. Non-OA Articles in the Same Journals. D-Lib Magazin 10. 2004. 6. Ohne Seitenzahl. Als Online-Dokument: http://www.dlib.org/dlib/june04/harnad/06harnad.html, (Stand 08/2008)

Hartmann, Ilse/Neidhardt, Friedhelm (1990): Peer Review at the Deutsche Forschungsgemeinschaft. Scientometrics 19. 1990. 5-6. 419-425

Hirschauer, Stefan (2002): Die Innenwelt des Peer Review. Qualitätszuschreibung und informelle Wissenschaftskommunikation in Fachzeitschriften. Expertise im Rahmen der Förderinitiative Wissen für Entscheidungsprozesse. Als Online-Dokument: http://www.sciencepolicystudies.de/dok/expertise-hirschauer.pdf, (Stand 08/2008)

Hirschauer, Stefan (2005): Publizierte Fachurteile. Lektüre und Bewertungspraxis im Peer Review. In: Soziale Systeme 11. 2005. 1. 52-82

Hornbostel, Stefan (1997): Wissenschaftsindikatoren. Opladen: Westdeutscher Verlag

Hutchinson, Alvin (2005): Federal Repositories: Comparative Advantage in Open Access? Issues in Science and Technology Librarianship. 2005. Ohne Seitenzahl. Als Online-Dokument: http://dlist.sir.arizona.edu/1007/, (Stand 08/2008)

Kopp, Hans (2000): Die Zeitschriftenkrise als Krise der Monographienbeschaffung. In: Bibliotheksdienst 34. 2000. 11. 1822-1827

Luhmann, Niklas (1970): Die Selbststeuerung der Wissenschaft. In: ders.: Soziologische Aufklärung 1. Opladen: Westdeutscher Verlag

Luhmann, Niklas (1994): Die Wissenschaft der Gesellschaft. 2. Aufl. Frankfurt: Suhrkamp

Luhmann, Niklas (1997): Die Gesellschaft der Gesellschaft. 2 Bd. Frankfurt: Suhrkamp

Luhmann, Niklas (2004): Die Realität in den Massenmedien. 3. Aufl. Wiesbaden: VS Verlag

Luhmann, Niklas (2006): Organisation und Entscheidung. 2. Aufl. Wiesbaden: VS Verlag

Merton, Robert K. (1957): Priorities in Scientific Discovery. In: ders. (1973): The Sociology of Science. Theoretical and Empirical Investigations. Chicago/London: The University of Chicago Press

Merton, Robert K. (1968): The Matthew Effect in Science. The reward and communication systems of science are considered. Science 159. 1968. 56-63

Merton, Robert K. (1985): Entwicklung und Wandlung von Forschungsinteressen. Frankfurt: Suhrkamp

Müller-Doohm, Stefan/Neumann-Braun, Klaus (Hrsg.) (1991): Öffentlichkeit, Kultur, Massenkommunikation. Beiträge zur Medien- und Kommunikationssoziologie. Oldenburg: bis

Peters, Douglas, P./Ceci, Stephen, J. (1982): Peer-review practices of psychological journals: The fate of published articles, submitted again. In: Harnad, Stevan (1982): 3-11

Pringle, James (2004): Do Open Access journals have impact? Nature (Web Focus) http://www.nature.com/nature/focus/accessdebate/19.html, (Stand 08/2008)

Reinhardt, Werner (1999): Zeitschriftenpreise 1999 – Offener Brief. Bibliotheksdienst 33. 1999. 2. 311- 313

Shinn, Terry, Whitley, Richard (Hrsg.) (1985): Expository Science: Forms and Functions of Popularisation. Yearbook Sociology of the Sciences Vol IX. Dordrecht: D. Reidel Publishing Co.
Sichweh, Rudolf (1994): Wissenschaft, Universität, Profession: Soziologische Analysen. Frankfurt: Suhrkamp
Staab, Joachim Friedrich (1993): Entwicklung der Nachrichtenwert-Theorie. In: Willke, Jürgen (Hrsg.): 161-172
Taubert, Niels C. (2006): Produktive Anarchie? Netzwerke freier Softwareentwicklung. Bielefeld: transcript
Taubert, Niels C. (2008): Balancing Requirements of Decision and Action: Decision-Making and Implementation in Free/Open Source Software Projects. Science, Technology & Innovation Studies 4. 2008. 1. 69-88. Als Online-Dokument: http://www.sti-studies.de/fileadmin/articles/taubertstivol4no1.pdf, (Stand 08/2008)
van Raan, Anthony F. J. (2004): Sleeping Beauties in Science. In: Scientometrics 59. 2004. 3. 467-472
vom Bruch, Rüdiger (Hrsg.) (im Erscheinen): Das Genre Wissenschaftszeitschrift. Wissenschaft, Politik und Gesellschaft (Band 2). Stuttgart: Steiner
Ware, Mark (2006): Scientific Publishing in Transaction: An Overview of Current Developments. Als Online-Dokument: http://www.zen34802.zen.co.uk/ Scientific_journal_publishing_-_STM_ALPSP_White_Paper_140906.pdf, (Stand 08/2008)
Weingart, Peter (2003): Wissenschaftssoziologie. Bielefeld: transcript
Weingart, Peter (2005): Die Stunde der Wahrheit? Zum Verhältnis der Wissenschaft zu Politik, Wirtschaft und Medien in der Wissensgesellschaft. Studienausgabe. Weilerswist: Velbrück Wissenschaft
Weingart, Peter, Carrier, Martin, Krohn, Wolfgang (Hrsg.) (2007): Nachrichten aus der Wissensgesellschaft. Analysen zur Veränderung der Wissenschaft. Weilerswist: Velbrück Wissenschaft
Weingart, Peter/Schwechheimer, Holger (2007): Institutionelle Verschiebung der Wissensproduktion. Zum Wandel der Struktur wissenschaftlicher Disziplinen. In: Weingart, Peter, Carrier, Martin, Krohn, Wolfgang (2007): 41-54
Weingart, Peter/Winterhager, Matthias (1984): Die Vermessung der Forschung. Theorie und Praxis der Wissenschaftsindikatoren. Frankfurt/New York: Campus
Whitley, Richard (1985): Knowledge Producers and Knowledge Acquirers: Popularisation as a Relation Between Scientific Fields and Their Publics, In: Shinn, Terry/Whitley, Richard (1985): 3-28
Willke, Jürgen (Hrsg.) (1993): Fortschritte der Publizistikwissenschaft. Freiburg/München: Alber

„Numerische Inklusion" – Wie die Medien ihr Publikum beobachten

Josef Wehner

1 Einleitung

Das Auffällige wie Herausfordernde der neuen elektronischen Medien wird gegenwärtig – im Vergleich zu den vertrauten Massenmedien – vor allem in den Eingriffs- und Mitwirkungsmöglichkeiten gesehen, wie sie durch aktuelle medientechnologische Innovationen („*Web 2.0*") hervorgebracht werden. Das Internet ist längst nicht mehr nur ein großes Archiv für Informationen aller Art, sondern auch eine vielfältige Kommunikations- und Unterhaltungsplattform. Im Internet wird eingekauft und gearbeitet, werden persönliche Daten verwaltet und öffentliche Debatten geführt, lernt man andere Teilnehmer kennen und sich selber zu präsentieren. Auf diese Entwicklung soll im Folgenden Bezug genommen werden. Dabei wird es jedoch weniger um die häufig aus einer Teilnehmerperspektive beschriebenen Möglichkeiten gehen, sich in das mediale Geschehen einzumischen oder sich mit anderen Teilnehmern zu vernetzen, als vielmehr darum, dass all die hier angesprochenen Aktivitäten dadurch, dass sie im Internet stattfinden, sich für (nicht)teilnehmende Dritte beobachtbar und analysierbar machen. Der Trend einer Verlagerung alltäglicher wie beruflicher Tätigkeiten in den virtuellen Raum macht aus dem Internet eine immer mächtiger sprudelnde Datenquelle für all diejenigen, die gern mehr wüssten über die unterschiedlichen Gewohnheiten, Meinungen und Interessen seiner Nutzer.

Die Erschließung und Auswertung dieser Datenquelle ist jedoch alles andere als einfach. Denn es geht nicht allein darum, die Vielfalt vorhandener Objekte, wie etwa die Millionen von Textdokumenten, Fotos und Videos, die im Netz zugriffsbereit vorliegen, zu klassifizieren und zu ordnen. Auch der Umgang mit diesen Objekten gilt als aufschlussreich für das bessere Verstehen des Geschehens im Internet. Angesprochen sind damit zum einen solche Beiträge, die sich auf vorhandene Objekte im Web beziehen und in kommunikativer Absicht verfasst werden. Hierbei handelt es sich beispielsweise um Kommentare, Bewertungen oder Klassifikationen, wie sie in sog. virtuellen Tagebüchern („*Weblogs*") oder in elektronischen Diskussionsforen zu finden sind. Darüber hinaus sind all jene Nutzeraktivitäten von Interesse, die in den meisten Fällen weder als Beiträge verstanden noch als solche erkannt werden dürften und deshalb unbeachtet bleiben: hier ist beispielsweise an das Suchen von Objekten und Navigieren auf Web-Seiten zu denken oder an das Anklicken und Herunterladen von Texten und Filmen im Netz. Zusammengenommen bilden diese teils sichtbaren und Aufmerksamkeit fordernden, teils unsichtbaren und unbemerkt bleibenden Webaktivitäten ein aufschlussreiches Datenmaterial für die Analyse der Internetnutzung. Allerdings erzeugen sie eine Komplexität, die jeden noch so professionellen Netzteilnehmer mit der (regelmäßigen) Verfolgung und Auswertung für ihn relevanter Daten selbst dann überfordern würde, wenn er sich auf wenige ausgesuchte Quellen beschränken würde (z.B. auf die Beiträge in ausgesuchten Weblogs zu politischen Ereignissen). Der wachsenden Attraktivität des Internets als Informationsquelle – bezogen auf das Teilnehmerverhalten – stehen deshalb sich immer höher auftürmende Datenerfassungs- und Analyseprobleme gegenüber.

Eine Lösung dieser Probleme versprechen computerunterstützte Verfahren des sog. *„Web Minings"*. Damit sind statistische und computerlinguistische Programme angesprochen, die Muster im Zugriffsverhalten auf Webseiten erkennen, Verlinkungen von Objekten und deren Veränderungen verfolgen oder Webinhalte auf Gemeinsamkeiten und Unterschiede hin absuchen können (vgl. Mehler/Wolff 2005). Solche Programme sollen helfen, das Verhalten der Netzteilnehmer besser zu verstehen, das heißt Unterschiede und Gemeinsamkeiten in den Informations- und Kommunikationsgewohnheiten als solche sichtbar zu machen und zu analysieren, um daran anschließend die Suche von Dokumenten oder Adressen ebenso die Erreichbarkeit anderer Teilnehmer im Netz verbessern zu können. Netzaktivitäten werden dabei sicherlich nicht in der Weise analysiert, wie man es einem menschlichen Teilnehmer unterstellen würde, der beispielsweise Beiträge eines Blogs liest und darauf mit einem eigenen Kommentar reagiert, aber – und das macht sie nicht nur für Internetspezialisten, sondern auch für Soziologen interessant – sie übernehmen bereits jetzt schon die Rolle eines weitgehend unbemerkten Vermittlers und Förderers netzspezifischer Informations- und Kommunikationsverhältnisse, die ohne ihre Mitwirkung nicht entstehen könnten. Das Erfassen, Vergleichen und Auswerten von Nutzerbewegungen und -beiträgen – angefangen von einfachen Klicks über das Navigieren auf Online-Plattformen bis hin zum gemeinsamen Erstellen, Verändern und Bewerten von Objekten – ermöglicht in der Form von Diagrammen, Verlaufskurven oder Listen extrem komprimierte Selbstbeschreibungen des Internets, die nicht nur an interessierte unbemerkte Dritte weitergereicht, sondern auch den zuvor beobachteten Teilnehmern zurückgespiegelt werden können. Diese können hierdurch zu Anschlussaktivitäten motiviert werden, die wiederum protokolliert und analysiert werden können.

Solche quantifizierenden Darstellungen sind möglich, weil Aktivitäten im Netz – welche Bedeutung sie für die jeweiligen Teilnehmer auch immer haben mögen – numerisch codierbar sind. Dies qualifiziert sie nicht nur für die Bearbeitung durch Computerprogramme generell, sondern auch für weiterführende computerisierte Mess- und Analyseverfahren (vgl. Brosziewski 2003). Ob nun Seiten im *Word Wide Web* (*WWW*) aufgerufen, Beiträge in einem Forum geschrieben oder Online-Bestellungen aufgegeben werden – stets werden dabei immer auch Daten erzeugt, die von entsprechenden Programmen statistisch verwertet werden können. Darin liegt zwar eine starke Reduzierung dessen, was seitens der Computersysteme als Nutzerverhalten erfasst und verarbeitet werden kann, jedoch auch, wie noch zu zeigen sein wird, eine wirksame Erweiterung der Möglichkeiten, das Verhalten von Medienteilnehmern als eine zahlenförmig darstellbare und damit auch messbare Größe zu behandeln. Dies belegen die vielen statistisch operierenden Monitoring- und Analysesysteme, die das Netzgeschehen einer ständigen Beobachtung unterziehen – etwa um die Resonanzfähigkeit von unternehmerischen Image-Kampagnen im Internet zu prüfen, um über thematische Schwerpunkte in politischen Foren und Blogs zu informieren oder um den Teilnehmern einer Online-Plattform mitzuteilen, wer von den übrigen Teilnehmern ähnliche Interessen hat wie sie und mit wem sie Kontakt aufnehmen sollten.

Im Folgenden werden einige Aspekte dieser Internetvermessung aufgegriffen und diskutiert, wobei versucht werden soll, sie in einen erweiterten mediensoziologischen Zusammenhang zu stellen, wie er vor allem im Umfeld der Systemtheorie entwickelt wurde. So lässt sich medientechnologischer Wandel als ein sukzessiv voranschreitender Entkopplungsprozess verstehen, der das Zusammenwirken von Information, Mitteilung und Verstehen betrifft und demzufolge jedes weitere (Verbreitungs-)Medium für die Kommunikation mit zusätzlichen Kontingenzsteigerungen verbunden ist (Luhmann 1997, 190-412). Stellte sich bereits bei den Massenmedien die Frage, wie aufgrund der raumzeitlichen Entkopplung Mitteilende und Adressaten zueinander finden, so wäre erst recht beim Internet zu klären, wie angesichts der stetigen Erweiterung von Eingriffs- und Mitwirkungsoptionen Kommunikation zustande kommen kann. Die neuen elektronischen Medien bewirken – entgegen den vielen euphorischen Vernetzungs- und Vergemeinschaftungsphantasien – keineswegs eine Entspannung in der Frage des Zustandekommens kommunikativer Beziehungen, sondern eher eine Verschärfung, insofern als durch den ungehinderten Zustrom von Kommunikationsofferten die Wahrscheinlichkeit, dass diese bemerkt, die Aufmerksamkeit anderer Teilnehmer binden und beantwortet werden, immer weiter sinkt (vgl. Luhmann 1997, 309; Esposito 1993). Die These des vorliegenden Beitrags ist, dass Lösungen dieses Problems sich den neuartigen Möglichkeiten der Vermessung von Medienaktivitäten verdanken. Bereits die Massenmedien lassen erkennen, dass zur Sicherstellung kommunikativer Anschlüsse Formen der Publikumsvermessung gehören. Medienanbieter und Mediennutzer werden füreinander beobachtbar und adressierbar, indem sie auf entsprechende Mediennutzungsdaten („*Quoten*") und entsprechende symbolische Aufbereitungen (z.B. Höchst- und Tiefstwerte von Sendungen in Form von kommentierten Quoten-Hitlisten) zurückgreifen können (vgl. dazu die Beiträge in Schneider/Otto 2007). Das Internet schließt an diese Entwicklung an, insofern als das mit der Computerisierung der Kommunikation verbundene Problem einer Kontingentsetzung der Teilnehmerbeziehungen dadurch kompensiert wird, dass zwischen zunächst unverbundenen Teilnehmern Möglichkeiten wechselseitigen Referierens auf der Basis zuvor errechneter Übereinstimmungen in den Informations- und Kommunikationsgewohnheiten und entsprechender symbolischen Repräsentationen erschlossen werden.

Die Beweisführung für diese These greift in einem ersten Schritt etwas weiter aus und geht auf Studien zur soziologischen Relevanz von Praktiken des Zählens, Messens und Vergleichens ein. Hierbei soll deutlich werden, dass durch Quantifizierungen Beobachtungs- und Steuerungsmöglichkeiten im Lichte vorgegebener Optimierungsvorgaben erschlossen werden können. Zahlenbasierte Klassifizierungs- und Vergleichssysteme fördern Prozesse der Positionierung und Verflechtung, aber auch Wettbewerbs- und Konkurrenzbeziehungen, wie sie für die moderne Gesellschaft charakteristisch sind (2). Diese Entwicklung, so das Argument im zweiten Schritt, wird durch die elektronischen Medien entscheidend beeinflusst. Am Beispiel der Massenmedien wird gezeigt, wie zum einen durch mediale Verbreitungstechniken Messwerte und Zahlensysteme in Umlauf gebracht werden, die für das Zusammenspiel gesellschaftlicher Funktionssysteme von Bedeutung sind, wie zum anderen aber auch das Mediensystem selbst auf Messwerte (Quoten) angewiesen ist, um sich sowohl intern zu koordinieren als auch extern über die Erwartungen des Publikums zu informieren (3). Schließlich wird auf die Frage eingegangen, welche Impulse vom gegenwärtigen medialen Wandel für den hier skizzierten Zusammenhang zwischen medientechnisch unterstützten Messverfahren und auf Messwerten beruhenden wechselseitigen Assoziierungs- und Positionierungsmöglichkeiten zu erwarten sind. Im Mittelpunkt wird hierbei die Beobachtung stehen, dass im Internet die Einheit von Mitteilung und Verstehen nicht, wie befürchtet wird, gänzlich verloren gehen muss, da über die Verrechnung von Gemeinsamkeiten und Unterschieden der Teilnehmeraktivitäten nachträglich Referier- und Adressierungsmöglichkeiten erschlossen und thematische Zusammenhänge zwischen den Teilnehmern gestiftet werden (4).

2 Zahlen und Sinn

Technologien und Praktiken des Zählens und Vermessens gehören zu den allgegenwärtigen Phänomenen der modernen Gesellschaft. Bilanzen, Kennzahlen, Rankings, Audits werden vor allem auf den Feldern der Ökonomie und Politik immer wichtiger bei der Informations- und Wissensgewinnung, für Prozesse der Planung und Entscheidung wie für Selbstdarstellungen und Abstimmungsprozesse. Unternehmen haben sich bereits sehr frühzeitig darauf eingestellt, interne Leistungserwartungen und Steuerungsbedarfe mit Hilfe von Zahlensystemen und entsprechenden kalkulatorischen Praktiken zu kommunizieren und umzusetzen; ebenso zeigen sie eine starke Tendenz, ihre Außenbeziehungen im Lichte numerischer Systeme und darin eingeschriebener Vergleichsmöglichkeiten zu planen und zu koordinieren. Und auch der Staat hatte immer schon ein starkes Interesse an statistischen Verfahren, weil für ihn erst mit ihrer Hilfe die Bürger in Gestalt von Sozialstatistiken und anderen Taxonomien beobachtbar und für Programme und Steuerungsmaßnahmen adressierbar werden. Folgt man Peter Wagner (1995, 162-182), dann haben Messverfahren und die mit ihnen verbundenen Möglichkeiten der Klassifizierung, sozialen Grenzziehung und Steuerung den Prozess der gesellschaftlichen Modernisierung von Anfang an begleitet (vgl. auch Bowker/Starr 1999; Bowker/Starr et al. 2000, Power 1997; sowie Hopwood/Miller 1994). Mittlerweile finden Verfahren der numerischen Kodifizierung in Gestalt von Musikcharts, Beststellerlisten, Notenspiegeln, Hochschulrankings, Sporttabellen, Körperwerte, um nur einige Beispiele zu nennen, auch in anderen Bereichen der Gesellschaft Verbreitung. Statistisch aufgespannte Vergleichsräume für Informations- und Steuerungszwecke zu nutzen, darin sich selbst zu verorten, um Anregungen für veränderte Selbstentwürfe und Handlungsstrategien zu gewinnen, ist offenbar zu einem gesellschaftsweiten Trend geworden. Umso erstaunlicher ist, dass die Beschäftigung mit diesem Thema in der Soziologie immer nur ein Schattendasein führte. Offenbar fehlte der Soziologie, wie Miller (2007) am Beispiel des Rechnungswesens ausführt, über viele Jahrzehnte hinweg die Überzeugung, dafür überhaupt zuständig zu sein. Seit einiger Zeit mehren sich jedoch Beiträge aus verschiedenen Sektionen der Soziologie, in denen diese Zurückhaltung aufgegeben und die Diskussion der sozialstrukturellen und kulturellen Bedeutsamkeit von Zahlenwerken und kalkulativen Praktiken wieder aufgenommen wird (vgl. dazu die Beiträge in Mennicken/Vollmer 2007). In ihnen werden Entwicklungen der Marktgesellschaft, der modernen Demokratie oder des Wissenschaftssystems in einem engen Zusammenhang gebracht mit der Verbreitung von Zähl-, Registrier- und Rechenapparaturen.

Soziale Sachverhalte zu vermessen bedeutet zunächst einmal, Beobachtungen in ein entsprechendes numerisches System zu übersetzen. Am Anfang stehen also Übersetzungsleistungen, durch die empirische Phänomene in messbare und skalierbare Einheiten überführt werden können (Wimmer 2004, 9-48). Einzelne Vorkommnisse oder trendartige Entwicklungen werden dabei nicht einfach nur wiedergegeben, sondern dadurch, dass sie in messbare bzw. vergleichbare Einheiten zerlegt und zu einer definierbaren Menge wieder zusammengefasst werden, einer von ihnen unabhängigen Form der Betrachtung und Erkenntnisgewinnung unterworfen. Angesichts dieser durch die Entwicklung und Anwendung von Messverfahren erzeugten Konstruktionsaufwände verliert die Vorstellung an Überzeugungskraft, bei Rechenpraktiken und ihrer Institutionalisierung – etwa in Gestalt des modernen Rechnungswesens, der Verwaltungskameralistik oder amtlichen Statistik – handle es sich um eine Methode der neutralen, unparteiischen Nachbildung vorgegebener ökonomischer oder verwaltungsspezifischer Sachverhalte. Kalkulatorische Praktiken bilden eigensinnige Formen der Weltaneignung und -erzeugung, die zuvor noch partikulare, individuelle Objekte in abstrakte Merkmalsträger transformieren. Sie verhelfen einer immer undurchschaubarer werdenden Welt zur Beobachtbarkeit und Übersichtlichkeit – freilich nur für den, der fähig und willens ist, die entsprechenden Darstellungen auch zu decodieren und in die eigene Lebenspraxis zu übersetzen (Vormbusch 2007). In diesem Versprechen, komplexe (gesellschaftliche) Verhältnisse auf eine unabhängige, keinen besonderen Beobachterstandpunkt bevorzugende und daher auch leichter Akzeptanz sichernde Weise in eine übersichtliche Ordnung zu überführen, liegt ein wesentlicher Grund der Faszination und Legitimität, die von Methoden der Quantifizierung ausgehen (Porter 1995; vgl. auch Miller 1992).

Attraktivität gewinnen Messungen zusätzlich dadurch, dass sie soziale Phänomene, indem sie diese beobachtbar und skalierbar machen, zusätzlich auch als intervenierbar und optimierbar erscheinen lassen. Ob es sich dabei nun um Personen, Organisationen oder ganze Nationen handelt – immer sollen durch entsprechende Messverfahren, Zielgrößen und Erfolgsparameter Vergleichs- und Entwicklungsräume erschlossen werden, die dazu auffordern, aktuell eingenommene Positionen zum Besseren hin zu korrigieren. So beschreibt beispielsweise Hendrik Vollmer (2004), wie Bilanzen, Benchmarks, Kostenaufstellungen, Zeitkonten in die Erwartungshaltungen der Beschäftigten von Unternehmen einwandern, indem sie diese dazu anzuhalten, ihre Selbstwahrnehmung und ihr Handeln nach Maßgabe dieser Vorgaben zu deuten und zu orientieren. Umgekehrt gehen Unternehmen bzw. deren Abteilungen und Mitarbeiter dazu über, ihre Aktivitäten so zu strukturieren, dass sie für zahlenorientierte Beobachtungs- und Bewertungstechnologien erfassbar und analysierbar werden. Während auf diese Weise beispielsweise Controllingverfahren und Wettbewerbsbeziehungen unterstützt werden, die den betriebsinternen Alltag mit Möglichkeiten der Selbst- und Fremdsteuerung versorgen, werden zusätzlich durch veröffentlichte Zahlenwerke wie Bilanzen Formen der Dokumentation der eigenen Leistungsstärke und des Vergleichs mit anderen konkurrierenden Unternehmen gewonnen, deren Verlauf wiederum unternehmensintern dem Management zu Maßnahmenentwicklungen und Strategiekorrekturen Anlass geben können – immer mit dem Ziel vor Augen, den Verrechnungssystemen, die ein ständiges Updating der Profile und Bilanzen leisten, Berechnungs- und Bewertungsgrundlagen zu bieten, die eine Aufwärtsentwicklung erkennen lassen. Auch andere statistisch erhobene Leistungsprofile wie etwa die Beliebtheitsrankings von Spitzenpolitikern, die Drittmittelquoten von Forschungsabteilungen und Fakultäten, die Leistungskurven von Sportlern oder die Notenspiegel einer Schulklasse erzeugen Vergleichs- und Bewertungssystematiken, die nicht nur Möglichkeiten der Selbst- und Fremdverortung eröffnen, sondern auch die Bereitschaft und Fähigkeit voraussetzen, diese Optionen zu nutzen, das heißt die eigene Situation anhand messbarer Indikatoren zu deuten und Wege der Selbstveränderung und -optimierung zu finden. Prozesse der zahlenförmigen Kodifizierung blieben also wirkungslos ohne die Komplementärkompetenz, die jeweiligen Resultate auch „lesen", sich selbst – ähnlich dem Lesen einer Landkarte – in einem vergleichsweise abstrakten Bezugssystem verorten und dies zur Grundlage von Selbstthematisierungen machen zu können. Der quantifizierende Umgang mit einer vorgegebenen Welt schließt also den quantifizierenden Umgang mit sich selbst und ein daraus sich ableitendes Vermögen zur Informations- und Wissensgewinnung sowie die Bereitschaft zur Selbstveränderung ein.[1] Wenn beispielsweise Andreas Reckwitz (2006, 571, H.i.O.) beschreibt, wie unter sog. post-

---

1 Uwe Vormbusch (2007) verbindet deshalb mit der Einübung in eine zahlenorientierte Beobachtung der Gesellschaft den Erwerb einer modernen Kulturtechnik. Die Quantifizierung sozialer Wirklichkeit trägt maßgeblich bei zur Verbreitung eines relationalen Kulturverständnisses, fordert sie doch dazu auf, sich dem fortlaufenden Vergleich mit anderen zu stellen und daraus Rückschlüsse auf die eigene Situation zu ziehen. Sie verbindet sich so mit der für die moderne Kultur charakteristischen Erfahrung der Kontingenz und Veränderungsfähigkeit der eigenen Lebensform (vgl. dazu auch Baecker 2000). Allerdings werden Messverfahren und Zahlensysteme selbst gern vom „Kulturverdacht" ausgenommen (vgl. Manhart 2008). Was vermessen wird, gilt als wahr, lässt sich nur schwer widerlegen, und wenn, dann nur durch andere Zahlen. Erst recht werden die Verfahren und Apparaturen des Messens als alternativlos behandelt. Der quantifizierende Blick gilt als objektiv und unbestechlich. Dafür gibt es, wie Bettina Heintz (2007) ausführt, verschiedene Gründe: Zahlenförmige Darstellungen sind nicht objektiv, ihnen wird Objektivität zugeschrieben. Diese Zuschreibung fällt den meisten leicht, weil die methodische Selektivität und Konstruktivität des Messens in der Regel unbeobachtet bleibt. Ferner sorgen Absicherungen wie z.B. die internationale Gültigkeit und Akzeptanz von Maßeinheiten oder die Vereinheitlichung von Methoden und apparativen Verfahren dafür, dass Zahlen wie Tatsachen behandelt werden.

modernen Bedingungen „der Körper ... zum >Projekt< [avanciert], indem seine Ernährung, seine sportliche Bewegung, seine sichtbaren Formen, aber auch die Form einzelner Köperteile zu Gegenständen kontingenter Entscheidung und bewusster Strategiebildung werden, eine Strategiebildung, die sich im postmodernen Persönlichkeitsberatungsdiskurs niederschlägt", dann spielen in diese Ratgeberprodukte und entsprechenden Körperdiskurse immer auch Messverfahren und Zahlensysteme hinein. Zahlenförmige Vergleiche eignen sich beispielsweise gut dazu, normative Vorgaben (z.b. „Leben Sie gesund") zu operationalisieren und zu verstärken. Sie dienen als Basis für Techniken der Selbstbeobachtung und des Selbstmanagements und für die daraus hervorgehenden verhaltensregulierenden Maßnahmen, die beispielsweise die täglich erlaubte Kalorienmenge festlegen und in einen Ernährungsplan umsetzen. Darüber hinaus begründen körperbezogene Messindikatoren (z.b. durch den sog. *„Body-Mass-Index"*, bei dem es sich um eine Maßzahl für die Bewertung des Körpergewichts eines Menschen handelt) und entsprechende Kategorisierungen einen Vergleichsraum mit normativen Implikationen. So wenn beispielsweise Personen sich „Risikogruppen" (wie z.b. die der sog. „Fettleibigen" und „Magersüchtigen") zuordnen, sich darin positionieren und aufgefordert sehen, ihre bisherigen Ernährungs- und Bewegungsgewohnheiten aufzugeben zugunsten eines messbar „gesünderen" Lebensstils, von dem behauptet wird, er belaste das medizinische Versorgungssystem und damit auch die Gesellschaft weniger.

Solche auch unter dem Schlagwort der „Normalisierung" behandelten Prozesse einer Selbstpositionierung im Hinblick auf durchschnittliche bzw. abweichende (Mess-)Werte sowie daraus ableitbare Orientierungen zur Selbstoptimierung in Richtung normativ ausgezeichneter Werte (vgl. dazu auch Link 1997) relativieren die Annahme, Messverfahren begründeten eine die Realwelt auf nur wenige Kriterien reduzierende und damit simplifizierende Praxis der Beobachtung. Gegen diese populäre These der Vereinfachung und Unterdrückung gegenstandsadäquater Beobachtungen ist einzuwenden, dass sie zu irrigen Schlussfolgerungen verführt, solange unberücksichtigt bleibt, dass dort, wo Zahlensysteme erzeugt werden, Wirklichkeiten nicht nur vereinfacht, sondern gleichzeitig immer auch Wirklichkeiten im Sinne der Erschließung neuer (Selbst-)Beobachtungsmöglichkeiten und Beziehungssysteme hinzugewonnen werden. Dass Methoden der Vermessung mit abstrahierenden Effekten verbunden sind und Zahlensysteme diejenigen Verhältnisse, auf die sie sich beziehen, vereinfachen, muss also nicht bestritten werden. Aber darin allein erschöpft sich nicht ihre Bedeutung. Denn gleichzeitig eröffnen sie Vergleichs-, Irritations- und Mobilisierungspotentiale, die ohne sie nicht verfügbar wären, werden Indikatoren für die Nachvollziehbarkeit von ökonomischen, politischen oder wissenschaftlichen Zusammenhängen und Trends gewonnen, die ohne sie gar nicht feststellbar, geschweige denn beeinflussbar wären, werden identitätsrelevante Selbstbezüge herstellbar und Sachverhalte erkennbar, die ohne entsprechende messtechnische Verfahren nicht zugänglich wären (Vollmer 2004, 454; Vormbusch 2007, 54). Nur dadurch, dass sie Sachverhalte bzw. Zugänge vereinfachen, entfalten Vermessungstechnologien ihre Sinnbildungsreserven erschließende Funktion.

3 Messverfahren und Medien

Was an der Debatte zur Vermessung der Moderne auffällt, ist ihre Zurückhaltung gegenüber der Frage, in welchem Verhältnis die Medientechnologien, insbesondere die neuen digitalen Medien, zu den numerisch basierten Systemen wechselseitiger Referier- und Adressierungen stehen. Dabei lassen sich doch bereits die modernen Massenmedien als Katalysatoren einer quantifizierenden Weltsicht verstehen. Bekanntermaßen zeigten Fernsehen, Radio und Zeitungen von Anfang an eine ausgesprochene Vorliebe für zahlenförmig aufbereitbare Inhalte. Vorkommnisse, die sich den einschlägigen Rubriken der Berichterstattung zuordnen und sich dann auch noch in Zahlen ausdrücken und vergleichen lassen, verfügen bekanntermaßen über einen hohen Nachrichtenwert. Aus diesem Grunde tragen Massenmedien dazu bei, dass das Weltgeschehen im Spiegel zahlenbasierter Darstellungsformen die Zuschauer, Hörer und Leser erreicht – dies um so nachhaltiger, wie ihnen die Funktion zukommt, eine gesellschaftsweite Vorverständigung über relevante Ereignisse und Themen zu organisieren (Luhmann 1996).

In Funktionssystemen wie der Politik oder der Wirtschaft hat dieser medial forcierte Trend einer numerischen Codierung der Gesellschaft die bereits vorhandenen Präferenzen für quantifizierende Umweltbeobachtungen verstärken können. So haben sich politische Parteien längst darauf eingestellt, die Meinungen und Erwartungen ihrer Wähler in Gestalt von Umfragewerten und Beliebtheitsrankings zu rezipieren. Geht es um Fragen der Einschätzung der Wettbewerbschancen am politischen Stimmenmarkt, führt für die Parteien kein Weg an solchen Publikumsvermessungen und deren mediale Vermittlung vorbei (vgl. Stichweh 2005). Dabei ist die Rolle der Medien nicht so zu verstehen, als würden sie lediglich weitergeben, was auch auf anderen Wegen zugänglich gemacht werden könnte. Print- und Funkmedien übernehmen die Übersetzung der Umfrageergebnisse in kollektivierungsfähige Darstellungen, um zuvor noch abstrakte Zahlensysteme für die Politik und ihr Publikum gleichermaßen anschlussfähig zu gestalten (vgl. dazu Thiele 2007). Hinzu kommt, dass vor allem die Massenmedien die Messergebnisse und deren Repräsentationen für alle interessierten Akteure wie auch für ein unbegrenztes Publikum gleichzeitig sichtbar machen. Auf diese Weise kann ein virtueller Beobachtungsraum entstehen, in dem auf der Basis verständlich gemachter Zahlenwerke, wie sie zuvor von der Meinungsforschung generiert wurden, Parteien und Verbände in entsprechende Konstellationen überführt und dazu aufgefordert werden, Stellung zu beziehen und sich zu positionieren. Aber auch die Beziehungen des politischen Systems zu anderen Systemen wie Wirtschaft und Wissenschaft werden durch die Veröffentlichung quantifizierender Formen der Darstellung gesellschaftlicher Ereignisse und Trends (z.b. Arbeitslosenquote, Staatsverschuldung, Inflationsrate, Wirtschaftswachstum etc.) nachhaltig geprägt. Offenbar verdanken Systeme wie die Politik ihre operative Eigenständigkeit auch den Möglichkeiten, ihre Beziehungen zum Publikum wie zu anderen Funktionssystemen mit Hilfe von medial vermittelten Zahlensystemen zu organisieren – so wie politische Akteure umgekehrt, ebenfalls medial unterstützt, sich für andere in Gestalt quantifizierbarer Größen und entsprechender Repräsentationsformen beobachtbar machen. Deshalb mögen Parteien zwar in vielen nicht-öffentlichen Gremien und Ausschüssen sich ihrer Standpunkte gegenüber anstehenden politischen Problemen und damit auch gegenüber der politischen Konkurrenz versichern – die entsprechenden Überlegungen dürften jedoch stets mitgeprägt sein von Einschätzungen der Auswirkungen entsprechender Entscheidungen und öffentlicher Selbstdarstellungen auf die Wählergunst, wie sie durch Umfrageergebnisse und Beliebtheitsrankings in Funk- und Printmedien dargestellt und vermittelt werden.

Auch ihre eigene Publikumsbeobachtung machen die Massenmedien von Serviceleistungen solcher Unternehmen abhängig, die sich auf Publikumsbeobachtung und -vermessung spezialisiert haben. In besondere Weise verdeutlichen dies die Fernsehsender, die auch gern als „Quoten-Medien" bezeichnet werden. Damit ist gemeint, dass mittlerweile private wie öffentlich-rechtliche Fernsehsender und deren Produktionsfirmen nur in Ausnahmefällen versuchen, die Motive des Publikums, bestimmte Sendungen zu verfolgen und andere nicht, zu verstehen, stattdessen sich damit begnügen zu kontrollieren, wie lange beispielsweise Zuschauer vor dem Bildschirm verharren oder Hörer das Radio eingeschaltet lassen, und welche Programme und Sendungen sie dabei sehen bzw. hören (vgl. Meyen 2004, 53-104). Sender interessieren sich für den relativen Anteil der Sehdauer ihrer Sendungen und Programme an der Gesamtsehdauer der Sendungen und Programme in einem definierten zeitlichen Rahmen. Ihre ganze Aufmerksamkeit widmen sie deshalb den täglichen Ergebnissen der Ermittlung der Sehdauer-Relationen zwischen den Sendern in festgelegten programmabhängigen Zeitfenstern. Die Massenmedien, so ließe sich auch in Anlehnung an Tilmann Sutter (2005) formulieren, eignen sich ihr Publikum – ähnlich wie die Wirtschaft ihre Kunden oder die Politik ihre Wähler

– vorrangig als numerische Größe an. Die Aufgabe, herauszufinden, was das Publikum von den Medienangeboten hält, erscheint zunächst als unlösbar, solange die Beziehungen zum Zuschauer, Leser oder Hörer „dort draußen" einseitig organisiert sind und in den allermeisten Fällen für immer anonym bleiben werden. Sender können sich bei der Beantwortung der Frage der Bewertung ihrer Angebote auf keine Gewissheiten berufen. Sie müssten sich stattdessen ausschließlich mit Vermutungen und Projektionen begnügen, gäbe es nicht die Möglichkeit, die Beziehung zum Publikum mit Hilfe statistischer Messverfahren und daraus hervorgehender Sehbeteiligungen und entsprechender Marktanteile zu deuten – was den Medien offenbar vollkommen ausreicht, insofern als es für sie gar nicht darum gehen kann, in mühsamer hermeneutischer Kleinarbeit Einsichten in die komplexen Motivstrukturen und Handlungsgewohnheiten Einzelner zu gewinnen, sondern darum, täglich sich über Konstanten und Veränderungen in den Sehgewohnheiten eines Millionenpublikums zu informieren (vgl. die Beiträge in Schorr 2000).[2]

Quoten erlauben offenbar, auch große Zuschauermengen auf eine regelmäßige und exakte Weise zu beobachten. Sie genießen deshalb im Medienmanagement – nicht nur der privaten, sondern mittlerweile auch der öffentlich-rechtlichen Anbieter – höchste Priorität. Im Gegensatz zum „Bauchgefühl" der Entscheider gelten die errechneten Zuschaueranteile pro Sender als objektive Darstellung des Zuschauerverhaltens. Ferner erlauben sie einen kontinuierlichen, mitunter globalen Vergleich zwischen heterogenen, sich ständig wieder verändernden soziokulturellen Kontexten der Medienrezipienten. Der quantifizierende Blick der Publikumsmessung richtet sich stets auf das Gemeinsame und Vergleichbare im Partikularen und Heterogenen der Medienrezeption. Das heißt, der Zuschauer wird nicht länger als Individuum oder Vertreter eines sozialen Milieus

---

2 Solche Zusammenhänge sind der mediensoziologischen Forschung selbstverständlich nicht verborgen geblieben. Allerdings wurden messtechnische Verfahren der Publikumsanalyse immer wieder dafür verantwortlich gemacht, die komplexe Wirklichkeit des Zuschauerverhaltens nicht angemessen wieder zu geben und – darin dem in das System der Massenmedien eingebauten Zwang zur Trivialisierung gehorchend – das Verhalten der Rezipienten und deren soziokulturelles Umfeld auf wenige messbare Kriterien zu reduzieren (vgl. Neumann-Braun 2000). Statt sich mit unterschiedlichen Motiven der Medienrezeption zu befassen, wird diese nach abstrakten Merkmalen wie Verweildauer vor dem Fernseher pro Zeiteinheit, Senderwahl etc. klassifiziert, um sie objektivierbar, vergleichbar und für Werbemaßnahmen beeinflussbar zu machen. Folgerichtig wird die Publikumsmessung auch in Hinblick auf die Beziehungen der Medienunternehmen stark kritisiert. Denn sie fordert diese dazu auf, sich in einen, vor allem für (kleine) Qualitätsanbieter ruinösen Verdrängungswettbewerb zu begeben, bei dem nur derjenige sich behaupten kann, der hohe Quoten erzielt. Und hohe Quoten lassen sich nun einmal, so beispielsweise Pierre Bourdieu (1998) in seiner Anklageschrift gegen das Fernsehen, nur durch solche Angebote erzielen, die auf den schlechten und daher abzulehnenden Massengeschmack zugeschnitten sind.

wahrgenommen, sondern als Teil einer nach Merkmalen wie Alter, Geschlecht, Haushaltsstand oder Bildung klassifizierbaren und vermessbaren Zielgruppe, die sich mit anderen Zielgruppen vergleichen lässt. Schließlich führen Quotenmessungen auf effiziente Weise alle relevanten Sender, Sendungen und Zuschaueranteile in einen fortlaufenden Vergleich und verhelfen zu wichtigen Anhaltspunkten für Entscheidungen im Rahmen strategisch relevanter Prozesse wie Qualitätssicherung und Produktinnovationen. Dem Medienmanagement werden also nicht nur Einblicke in die Mediengewohnheiten des Publikums gewährt. Ihm wird auch geholfen, sich selbst und andere Medienunternehmen besser zu verstehen. Indem täglich neu die Zuschaueranteile der Sendungen vermessen, veröffentlicht und verglichen werden, können sich die jeweiligen Anbieter im komplexen Feld der Medienproduktion und -konkurrenz leichter verorten und aufeinander beziehen. Marktanteile und ihre Verteilung („*Quotenhits* vs. *Quotenkiller*"), gemessen in Zuschauerquoten, erzeugen ein relativ klares Bild von kommerziell erfolgreichen und weniger erfolgreichen Produkten und Sendern. Sie bilden die Grundlage für Prognosen und Erfolgsaussichten eigener wie fremder Produkte und nehmen so Einfluss darauf, wie die Sender sich untereinander wahrnehmen und welche (Werbe- und Marketing-)Maßnahmen sie ergreifen, um ihre Anteile am Zuschauermarkt positiv zu beeinflussen.[3] Indem Quotenverteilungen und Quotendruck eine Art Qualitätsurteil für das einzelne Medienunternehmen und dessen Angebote begründen, schaffen sie gleichzeitig die Voraussetzung für Positionskämpfe und Positionierungen im medienindustriellen Wettbewerb. Sie eröffnen den Beteiligten wechselseitige Beobachtungs- und Beurteilungsmöglichkeiten, lassen durch eine Praxis des ständigen Vermessens Adressen für Werbemaßnahmen kondensieren und nehmen Einfluss auf Nachahmungs- und Diffusionsprozesse hinsichtlich neuer Produkte und Produktionsstrukturen (vgl. Hasse/Wehner 2005).

Die numerische Inklusion des Publikums verspricht den Medienunternehmen – vergleichbar der Relevanz von Umfragewerten für Parteien oder Kundenprofile für Unternehmen – noch weitere Vorteile: Die Errechenbarkeit des Zuschauerverhaltens suggeriert immer auch dessen Berechenbarkeit. Als statistische Größe wirkt der Zuschauer beeinflussbar und in seinem Mediennutzungsverhalten korrigierbar. Ähnlich wie sich für das Aufkommen des modernen

---

3   Hier zeigt in besonderer Weise, warum ein Medienunternehmen es sich gar nicht leisten kann, auf Methoden und Ergebnisse der Publikumsbeobachtung und -vermessung zu verzichten. Mit Hilfe quantifizierender Methoden publikumsrelevante Informationen zu gewinnen und Produktentscheidungen zu begründen gilt – im Vergleich zu anderen Formen der Informations- und Wissensgewinnung als rational (vgl. Ang 2001). Sie erfüllen also immer auch legitimatorische Funktionen gegenüber unternehmensinternen wie -externen Erwartungshaltungen und lassen sich so gesehen – im Sinne von Meyer/Rowan (1977) – als „institutionalisierte Mythen" der Medienökonomie verstehen.

Staats mit seinen bürokratischen Machtapparaten zeigen lässt, dass die Gesellschaft, indem sie statistisch beschreibbar wird, auch als politisch intervenierbar gilt (Wagner 1995, 162ff.), so wird auch im Falle des Mediensystems ein „Ordnungs- und Regulierungswille" im Sinne Foucaults erkennbar: Indem das zunächst noch unvergleichliche, unverbundene und unzugängliche Verhalten der Zuschauer in Zielgruppen mit entsprechenden Sehgewohnheiten und Programmvorlieben formatiert und lesbar gemacht wird, lassen sich nicht nur Entscheidungen für oder gegen Programmstrukturen und Sendungen besser begründen, sondern auch Marketingstrategien und Werbekampagnen adressieren, die Aufmerksamkeiten für ein neues Produkt mobilisieren und die Entscheidungen der Zuschauer beeinflussen sollen. Zuvor Unvergleichbares wird vergleichbar gemacht, unverbundene Motivstrukturen und Aktivitäten werden in einen Zusammenhang gebracht und zu größeren übersichtlicheren Aggregaten – Ien Ang (2001) spricht hier von „*Taxonomien*" – verschmolzen, die wiederum zum Gegenstand strategischer Maßnahmen erhoben werden können – dies macht die Quote zu einer Technologie der Intervention (vgl. auch Wehner 2008).

Selbst dem Publikum bieten Quoten – journalistisch aufbereitet zu Bewertungen oder Tagestipps (sog. „*Blockbuster*") in den Programmzeitschriften – Orientierungshilfen (vgl. Thiele 2006). Fernsehnutzungsdaten und ihre Übersetzung im Rahmen entsprechender Vergleichssysteme informieren – ähnlich der Bedeutung von Verkaufszahlen und -listen und deren Repräsentationsformen für den Kauf von Büchern und Zeitschriften – immer auch über zuschauerrelevante Qualitäten der Medienanbieter und beeindrucken die Auswahl von Medienangeboten. Gleichzeitig bieten sie Anhaltspunkte für die Einschätzung und Bewertung der eigenen Mediengewohnheiten. Mit Blick auf Quotenrankings des Fernsehens, aber natürlich, auch auf numerische Darstellungsweisen anderer Medienanbieter, wie etwa Musikcharts der Radiosender oder Bestsellerlisten der Verlage, kann jeder sich für oder gegen Unterhaltungstrends entscheiden und seine Vorlieben mit denen anderer in den jeweiligen Rezeptionsfeldern (Fernsehen, Literatur, Zeitungen Zeitschriften etc.) vergleichen und beurteilen (siehe Adelmann 2006; Stauff/Thiele 2007). Es werden also nicht nur die Medienrezipienten, sondern auch die Medienproduzenten durch einige wenige quantitative Bezugsgrößen in Vergleichssysteme gerückt. Zahlenbasierte Infografiken und Begleittexte zum Mediengeschehen können deshalb als wichtige zusätzliche Orientierungsquelle für die Zuschauer gewertet werden, die sich im Verständnis der Rezipienten dessen, was Fernsehen, Radio oder Zeitungen charakterisiert, aber auch im eingenommenen Verhältnis zu anderen Rezipienten und deren Rezeptionsstile sowie in den – wiederum messbaren – Zugriffsmodalitäten auf die Medienangebote zu erkennen gibt.

So gesehen eröffnen Publikumsvermessungen und Publikumskonstruktionen – indem sie medial aufbereitet und allen zugänglich gemacht werden – Sendern wie Publikum Möglichkeiten der wechselseitigen Einsichtnahme und Bezugnahme (vgl. auch Stauff/Thiele 2007, 264). Was ohne sie unsichtbar und zugänglich bliebe, wird jetzt beobachtbar und adressierbar. So wie für die Sender mit Hilfe messtechnischer Verfahren erkennbar wird, welche Publikumsgruppen zu welchen Zeiten welche Medienkonsumgewohnheiten aufweisen, und auf diese Weise Anhaltspunkte für zukünftige produkt- und werberelevante Entscheidungen gewonnen werden, so wird umgekehrt durch dieselben Verfahren für die Rezipientenseite verständlicher, welche Ansprüche die Sender verfolgen, in welchen (Konkurrenz-) Beziehungen sie zueinander stehen und welche Produktqualitäten für sie charakteristisch sind. Produktions- und Rezeptionsseite finden mit Hilfe eines zahlenbasierten und medial vermittelten Feedbacksystems wechselseitige Referiermöglichkeiten, die dann jeweils intern weiterführende Anpassungsleistungen ermöglichen.

4 Nutzerprofile und Online-Kollektive

Welche Relevanz gewinnen nun die neuen digitalen Medien in dem hier diskutierten Zusammenhang? Welche Veränderungen im Hinblick auf die aufmerksamkeitssteuernden und relationierenden Effekte medialer Vermessungsverfahren sind vom Internet zu erwarten? Um hier zu etwas genaueren Einschätzungen zu kommen, empfiehlt es sich, einen Blick in solche Studien zu werfen, die den unabgeschlossenen Charakter medialer Objekte – gemeint sind vor allem elektronisch archivierte und abrufbare Texte, Filme oder Fotos – in den Vordergrund stellen. Objekte im *World Wide Web* (*WWW*) sind grundsätzlich fortlaufend gestaltbar und veränderbar – dies unterscheidet sie von medialen Erzeugnissen wie Zeitschriften- und Zeitungsartikel, Bücher oder Fernsehsendungen. Reinhard Keil-Slawik (2000) spricht in diesem Zusammenhang auch von einer „*aktiven Typografie*" und meint damit, dass im Vergleich zu älteren Kommunikationsmedien wie der Schrift oder dem Buchdruck digitale Medien auf ungewöhnliche Weise Eingriffsmöglichkeiten für die Teilnehmer mit Protokollier- und Speichermöglichkeiten kombinieren. Digitalisierte Objekte sind nicht statisch, nicht „monumental", wie Hartmut Winkler (2004, 115ff.) mit Blick auf alte Medien, wie etwa die in Stein gemeißelte Schrift oder auch große Bauwerke, wie die Pyramiden, bemerkt, sondern transitorisch und variabel. Sie befinden sich zu keinem Zeitpunkt ihres Erscheinens in einem fertigen, abgeschlossenen Zustand, wie er von den Objekten der modernen Massenmedien her bekannt ist, wo Produktion, Auslieferung bzw. Veröffentlichung und Rezeption von Büchern, Zeitungsartikeln oder Fernsehsendungen distinkte Phasen mit jeweils eigenen Rollen und Aktivitätsmustern darstellen, die der immer wieder kritisierten Aufspaltung in die kleine Gruppe derjenigen, die eine Produzentenrolle einnehmen, und der großen Menge derjenigen, die sich mit der Rezeption vorgefertigter Inhalte begnügen müssen, entgegenkommen.[4]

Digitale Objekte können (von verteilten Standorten aus) synchron oder asynchron, von einzelnen Teilnehmern oder Teilnehmergruppen bearbeitet werden – wobei es sich hier um virtuelle, sich ständig erweiternde Tagebücher („*Weblog*") handeln kann, ebenso um elektronische Lexika wie *Wikipedia*, die sich bereits dadurch immer wieder verändern, dass immer mehr Beiträge verfasst und miteinander verlinkt werden, oder um Beiträge in elektronischen Foren, die von ihren Autoren mehrfach umgeschrieben werden können. Von Objektmodifikationen wird jedoch auch dann gesprochen, wenn bereits erstellte Objekte zwar in ihrem Zustand belassen werden, dafür aber mit zusätzlichen (Meta-) Daten versehen werden, um sie für andere Teilnehmer leichter auffindbar, verständlicher und interessanter zu machen. In dieser metakommunikativen Einstellung werden beispielsweise Objekte von einem oder mehreren Teilnehmern mit Kommentaren bedacht. Oder es werden Objekte mit Schlagworten versehen („*Tagging*"), um sie zu klassifizieren und übersichtlicher zu gestalten. Selbst Besuche einer Webseite und das Anklicken von Objekten sind von Bedeutung, da bereits solche Aktivitäten immer auch etwas über die Relevanz dieser Seiten für die Besucher verraten. Häufiges Anklicken einer Seite kann beispielsweise als eine im Netz sichtbare Qualifizierung behandelt werden, die andere Netzteilnehmer auf diese Seite aufmerksam machen kann (vgl. Möller 2006). Ähnlich der Situation, in der Menschenanhäufungen auf einem öffentlichen Platz die Aufmerksamkeit weiterer Passanten auf sich ziehen, da vermutet wird, dass dort gerade etwas Aufregendes geschieht, so signalisieren auch verstärkte Aktivitäten im Netz anderen Teilnehmern, dass es für sie interessant sein könnte, eine entsprechende Plattform zu erkunden, einen Blog anzuklicken, oder ein Forum zu besuchen.

---

4   Dass die Massenmedien in Fragen der Content-Produktion hierarchische Verhältnisse begründen, hat also nicht nur, wie immer wieder behauptet wird, organisatorisch-technische Gründe. Nicht weniger entscheidend dürfte sein, dass an massenmedialen Erzeugnissen, insbesondere an Objekten nicht-digitaler Schriftlichkeit, wie etwa dem zu Papier gebrachten Brief, dem gedruckten Buch oder dem veröffentlichten Zeitungsartikel, Veränderungen zwar möglich sind, diese allerdings einen relativ hohen Aufwand erzeugen, da nicht dasselbe Erzeugnis korrigierbar ist, sondern jede Veränderung stets ein neues Objekt durch Um- bzw. Neuschreiben erforderlich macht. Dagegen lassen sich digitale Medienobjekte ohne einen Wechsel des Mediums immer wieder neu editieren, so wenn beispielsweise ein Text als elektronische Datei vorliegt und sowohl vom Inhalt wie auch von der Darstellungsform her beliebig oft bearbeitet und korrigiert werden kann.

Aktivitäten wie das Navigationsverhalten im Netz lassen jedoch nicht nur Rückschlüsse auf die Aufmerksamkeitswerte von Objekten zu. Sie informieren auch über die Informations- und Kommunikationsgewohnheiten der Teilnehmer selbst. Jeder Klick, jeder Besuch einer Plattform, jeder Kaufakt kann genutzt werden, um Aktivitätsmuster von Internetnutzern zu erstellen. Selten geht es dabei allein um die Profile einzelner Internetnutzer. Viel interessanter noch sind Gemeinsamkeiten und Unterschiede im Netzverhalten großer Mengen von Teilnehmern, um Aussagen über vergleichbare Interessen und Mediengewohnheiten größerer Nutzergruppen machen zu können. Ein solches, bereits auf der Basis von Häufigkeitsverteilungen von Seitenklicks durchschnittliches oder abweichendes Nutzerverhalten ermittelndes „Profiling" ist nur möglich, weil jede Aktivität im Netz Daten(spuren) erzeugt, die mit Hilfe geeigneter Programme „gelesen" werden können. Dieses „Spurenlesen" wird dadurch erleichtert, dass jede Aktivität im Netz ein numerisch codierbares und messtechnisch verarbeitbares und damit auch skalierbares Datum darstellt. Ein weiterer Grund, warum das Schreiben eines Textes und dessen Kommentierung am Computer nicht so verstanden werden sollte wie das herkömmliche Schreiben eines Textes mit Hilfe von Schreibgerät und Papier, ist deshalb darin zu sehen, dass unter digitalen Bedingungen jeder Schreibvorgang eine Operation darstellt, die aufgrund ihrer *„numerischen Repräsentation"* (Manovich 2001, 27ff.) archivierbar und wiederherstellbar sowie mit vorgängigen Aktivitäten desselben Teilnehmers wie auch mit denen anderer Teilnehmer vergleichbar ist. Es geht also nicht nur darum, dass Objekte im Internet gern benotet, mit bestimmten auszählbaren Zeichen belegt werden, oder deskriptive oder analytische Anmerkungen zu einem Objekt durch statistische Verfahren (z.B. Verfahren des sog. *Textmining*) nachträglich noch einmal ausgewertet werden können. Auch jede noch so geringfügige und beiläufige Aktivität, wie das Eingeben eines Begriffs in eine Suchmaschine, bildet eine verrechenbare Einheit und ist für zusätzliche Speicher-, Auswertungs- und Darstellungsverfahren grundsätzlich verfügbar. Das Internet ist deshalb auch mehr als nur ein Distributionsmedium für numerische Darstellungsformen, so wie dies weiter oben für die Massenmedien festgestellt wurde. Das Netz leistet dies sicherlich auch, aber eben noch etwas mehr, insofern als gleichzeitig die den numerischen Darstellungen vorgängigen Vermessungen der Teilnehmeraktivitäten gleich mitübernommen werden. Während üblicherweise Quantifizierungen der Mediennutzung mehrere distinkte Phasen durchlaufen, insofern als bereits erfolgtes Nutzungsverhalten in einem nachträglichen Schritt mit Messdaten überzogen wird, wie etwa Zuschauerzahlen oder Wählermeinungen, um anschließend gedeutet und in Maßnahmen übersetzt zu werden, außerdem Messungen auf die Kooperationsbereitschaft der zu Messenden angewiesen sind, scheinen hier nun die zu vermessenden Aktivitäten im Netz – unabhängig von der Bereitschaft, sich vermessen zu lassen – immer schon als messbare Größen vorzuliegen. Mediennutzung und entsprechende automatisierte Verdatung finden nun im selben Medium statt. Der Vorgang des Messens folgt wie ein Schatten jeder Medienaktivität; er wird gewissermaßen zum Bestandteil der Mediennutzung.

Es liegt auf der Hand, dass Vermessungen und Auswertungen der Nutzeraktivitäten im Internet von den Teilnehmern selbst nicht vorgenommen werden können. Dies ist jedoch auch gar nicht erforderlich, weil die numerische Darstellbarkeit sämtlicher Netzaktivitäten es auch Maschinen erlaubt, nach Maßgabe einprogrammierter Vorgaben nicht nur einmal erstellte Objekte im Netz zu bearbeiten und zu arrangieren, sondern darüber hinaus auch die Aktivitäten von Teilnehmern zu protokollieren, zu vergleichen und analysieren (vgl. Linder 2005; Mehler/Wolff 2005). Elektronische Monitoring- und Analyseprogramme durchstreifen unermüdlich das Netz und werten dabei eine Fülle von Userbewegungen aus. Auf vergleichsweise einfache Weise geschieht dies, wenn beispielsweise die Häufigkeiten benutzter Links bzw. Dokumente ermittelt und davon ausgehend (fortlaufend) entsprechende Umgruppierungen und Sortierungen der Dokumente vorgenommen werden. Such-, Filter- und Analyseprogramme können sich jedoch auch mehr auf die Teilnehmer selbst konzentrieren, etwa um Profile für einzelne Teilnehmer anzulegen, um Gemeinsamkeiten zwischen verschiedenen Teilnehmern oder Unterschiede zwischen Teilnehmergruppen zu erkennen (vgl. Geissler 2007).

So können beispielsweise Seitenaufrufe gezählt und Nutzerbewegungen *„getrackt"* (verfolgt) werden, um daraus Rückschlüsse auf geteilte Gewohnheiten und Interessen zu gewinnen. Komplizierter wird es, wenn mit Hilfe entsprechender „*(Web-)Miningverfahren*" eine Vielzahl von Beiträgen (etwa in elektronischen Foren oder Blogs) erfasst und ausgewertet werden sollen. Hier werden die Beiträge in statistisch relevante Bestandteile zerlegt und auf thematische Unterschiede und Gemeinsamkeiten hin abgesucht. Auch wenn diese Entwicklungen noch ganz am Anfang stehen, weil es sich stets um Auswertungsverfahren handelt, die den Funktionskreis statistischer Auswertungsverfahren nicht verlassen, und den Analysemöglichkeiten der computerunterstützten statistischen Behandlung von digitalisierten Objekten immer noch enge Grenzen gesetzt sind, so werden doch erste Einblicke in die Mediengewohnheiten und in die Verteilung von Meinungen und Aufmerksamkeiten von Internetnutzern gewonnen – so wenn beispielsweise herausgefunden wird, wie häufig im Netz eher positive und eher negative Beiträge zu einer Person oder einem Unternehmen oder einer Kampagne geäußert wurden und wie sich diese Verhältnisse über einen definierten Zeitraum verändern.

Effekte solcher Auswertungen zeigen sich, so Sabrina Geissler (2007), wenn beispielsweise durch fortlaufende Auswertungen der Teilnehmeraktivitäten Anordnungen von Objekten oder gar Funktionen auf einer Webseite sich zu verändern bzw. den zuvor errechneten Teilnehmerinteressen und Nutzerprofilen sich anzupassen beginnen. Entsprechende Programme wirken hier wie Sortier- oder Filtersysteme, die nur solche Objekte passieren lassen bzw. empfehlen sollen, die den Interessen der jeweiligen Adressaten entsprechen. Lev Manovich (2001) spricht in diesem Zusammenhang von „*offener Interaktion*" und meint damit, „... that every visitor to a Web site automatically gets her own custom version of the site created on the fly from database" (Manovich 2001, 42). Internetbasierte Filtersysteme verstärken so verstanden den Trend einer Vervielfältigung kommunikativer Interessen und Unterhaltungsbedürfnisse. Sie verfestigen offenbar jene in den letzten Jahren vielfach beschriebene experimentelle, explorierende *User*-Einstellung, derzufolge die Teilnehmer durch ihre Entscheidungen die Überfülle von möglichen Angeboten auf ihre Informations- und Unterhaltungsinteressen hin zu reduzieren, dadurch jedoch auch fortlaufend Spuren der Mediennutzung erzeugen, die von entsprechenden Such- und Assistenzsystemen im Sinne einer Interessens- und Geschmacksverstärkung verwertet werden können.

Tatsächlich begründen die Möglichkeiten des (Rück-)Verfolgens und Vergleichens von Netzaktivitäten jedoch nicht nur ungewöhnliche Nutzerfreiheitsgrade und Explorationsgelegenheiten, sondern ermöglichen gleichzeitig immer auch Annäherungen zwischen den Teilnehmern und wirken damit einer ungebrochenen Personalisierung der Mediennutzung entgegen. Indem nicht nur die Aktivitäten einzelner Teilnehmer, sondern größerer Teilnehmermengen erfasst, verglichen und ausgewertet werden – um beispielsweise Profile der Nutzer zu erstellen, Veränderungen dieser Profile über die Zeit sowie Gemeinsamkeiten und Unterschiede zwischen Profilen zu erkennen – werden niemals nur für einen einzigen Teilnehmer bestimmte Webansichten gefiltert, sondern immer nur für Gruppen von Teilnehmern mit ähnlichen Profilen. Wird dem Teilnehmer eines Online-Radio-Anbieters, um ein populäres Beispiel aus dem Unterhaltungsbereich zu wählen, ein Musiktitel vorschlagen, dann richtet sich die Auswahl immer auch nach der Zugehörigkeit dieses Teilnehmers zu einer Gruppe von Hörern mit einer vergleichbaren Geschmacksrichtung (vgl. Wehner 2008a). Die Vermessung von Medienaktivitäten und deren Auswertungen wirkt sich hier ohne zwischengeschaltete Deutungs- und Aneignungsleistungen direkt auf weitere medienrezeptionelle Aktivitäten aus, insofern als die über die Köpfe der Teilnehmer hinweg vollzogenen Eingruppierungen und die damit korrespondierenden Objektanordnungen – hierbei kann es sich beispielsweise um eine Liste mit den aktuell beliebtesten Musiktiteln eines Online-Radioanbieters handeln –

Assoziationen zwischen den Teilnehmern im Sinne einer Art Synchronisierung von Aufmerksamkeiten herstellen: Aufgrund errechneter Übereinstimmungen in den musikalischen Präferenzen eingruppierte Teilnehmer bekommen eine Auswahl bestimmter Objekte vorgeschlagen, ohne dass sie sich vorgängig im Rahmen mehr oder weniger komplexer Aushandlungsprozesse darauf hätten einigen müssen.[5]

Die Zirkularität von Teilnehmer-Gruppierungen und Objektanordnungen sollte jedoch nicht so verstanden werden, als würden sich, um beim Beispiel der Online-Musikanbieter zu bleiben, die computergenerierten Vorschläge immer genauer den vorgegebenen unveränderlichen musikalischen Vorlieben der Teilnehmer nähern. Tatsächlich bilden Objektanordnungen eher Momentaufnahmen eines dynamischen, rekursiven Annäherungsprozesses zwischen Teilnehmern und den jeweils in Frage stehenden Objekten, der durch Veränderungen der Teilnehmerzahlen, durch Variationen in den individuellen Präferenzen und durch die Hereinnahme bislang unbeachteter Objekte (Titel, Interpreten) immer wieder in eine andere Richtungen getrieben werden kann. Der Reiz, im Internet Radio zu hören, dürfte jedenfalls für viele nicht allein darin bestehen, den eigenen Geschmack bestätigen zu lassen, sondern auch Neues zu entdecken und auszuprobieren sowie sich mit anderen Hörern zu vergleichen.[6] Auch sollte die Lust am „Austricksen" elektronischer Verrechnungssysteme nicht unterschätzt werden, so wenn immer wieder Wege gefunden werden, möglichst häufig für eine Lieblingsband votieren zu können, um deren Ranking zu beeinflussen (Krönig 2008). All dies bewirkt eine immer wieder einsetzende Variation und anschließenden Rejustierung des Verhältnisses von Teilnehmeraktivitäten und (computertechnisch berechneten) Angebotsstrukturen.

---

5   Ähnliches beobachten Ludwig Jäger et al. (2008), wenn sie von „Transkriptionsmechanismen" sprechen: „Eine Transkription wird zu dem Zweck durchgeführt, unlesbare oder aufgrund einer Veränderung des Kontextes unlesbar gewordenes kulturelles Wissen für einen bestimmten Adressatenkreis wieder lesbar zu machen" (Jäger et al. 2008, 22). Siehe auch Bruno Latour, der Objekte und Techniken in der Rolle von „Mittlern" sieht, die am Zustandekommen sog. „hybrider Kollektive" mitwirken, die sich aus menschlichen und nicht-menschlichen Aktanten zusammensetzen: „Mittler übersetzen, entstellen, modifizieren und transformieren die Bedeutung oder die Elemente, die sie übermitteln sollen" (Latour 2007, 70).

6   Diese Tendenz, die Teilnehmer immer tiefer in die Angebotsstrukturen hineinzuziehen, erinnert an Studien von Karin Knorr Cetina (2007) zu sog. „postsozialen Beziehungen". Die Autorin diagnostiziert darin einen Bedeutungsverlust sozialer Prinzipien und Strukturen zugunsten einer Expansion von „objektorientierten" bzw. (medien-)technisch vermittelten Beziehungen. Diese zeichnen sich dadurch aus, dass Dinge bzw. symbolische Artefakte ihre menschlichen Betrachter bzw. Benutzer durch ihre Unabgeschlossenheit und eine nach innen wie nach außen gerichtete Verweisungsstruktur auf eine niemals enden wollende Entdeckungsreise schicken und sie dabei am Gewebe einer „interobjektiven Sozialität" (Knorr Cetina 2007, 288) aktiv mitwirken lassen

Protokollier- und Analyseprogramme dienen jedoch nicht allein einer zielgruppengerechten Vorauswahl von Objekten, sondern auch der Erstellung von Ansichten und Funktionen, die den Teilnehmern Überblicke über ihre bisherigen Aktivitäten bieten. Beispiele wie Charts, die darüber informieren, welche Musiktitel auf einer Plattform wie häufig gehört wurden, Listen, die festhalten, wer sich mit wie vielen Beiträgen in welcher Zeit in einer online geführten Debatte zu Wort gemeldet hat, Anzeigen, die Aktivitätsniveaus in benachbarten Foren auf einer Plattform sichtbar machen (sog. *„Awareness"*), Balkendiagramme, die über Häufigkeitsverteilungen von Beiträgen zu bestimmten Fragen oder Themen Auskunft geben – all diese mehr oder weniger dynamisch sich anpassenden zahlenbasierten Darstellungsformen verschaffen auf entsprechenden Webseiten und Online-Plattformen in kompakter und leicht erfassbarer Weise einen an bestimmten Parametern orientierten Überblick über Nutzeraktivitäten im Netz. Mit ihrer Hilfe werden die Teilnehmer mit den (Zwischen-)Resultaten der vergleichenden Auswertung ihrer bisherigen Aktivitäten konfrontiert und können ihre persönlichen (z.b. musikalischen) Vorlieben und Interessen wie in einem Spiegel reflektieren, verstärken oder variieren.

Neben solchen Fremd- und Selbstverortungsmöglichkeiten werben immer mehr Online-Plattformen damit, ihre zunächst einander unbekannten Besucher in einen elektronischen Austausch zu bringen und zu vernetzen. So wenn beispielsweise auf Plattformen für die Vermittlung von geschäftlichen oder privaten Beziehungen die Teilnehmer ihre entsprechenden persönlichen Profile ausstellen können, in der Erwartung, von anderen Teilnehmern mit vergleichbaren oder komplementären Interessen kontaktiert zu werden (vgl. die Beiträge in Hass/Walsh/Kilian 2008); oder wenn auf Online-Musikplattformen Hörer eine Liste der zuletzt von ihnen gehörten Titel veröffentlichen, um andere Teilnehmer mit ähnlichen musikalischen Vorlieben zu finden und sich mit ihnen auszutauschen (vgl. Wehner 2008a). Mit Hilfe sog. *„Social Networking Features"* kann beispielsweise jeder Nutzer über das Internetradio die Listen ähnlicher Hörer-Profile einsehen und Titel auswählen, die er hören möchte.[7] Angeboten wird sogar die Möglichkeit, den Grad der Übereinstimmung des eigenen Geschmacks mit dem anderer Hörer prüfen zu lassen (*„Taste-O-Meter"*) und sog. *„Nachbarlisten"* erstellen zu lassen. Sind auf einer solchen Radio-Plattform ausreichend viele Daten über einem Nutzer gesammelt und ein Profil angelegt, kann

---

[7] Solche Möglichkeiten weisen darauf hin, dass im Internet neben den Protokollier- und Analysesystemen und damit verbundenen Adressierungen immer auch individuelle Einstellmöglichkeiten bestehen, um die eigene Adressabilität im Netz zu steigern. Im einfachsten Fall geht es dabei um persönliche Filtereinstellungen (z.B. „Spamfilter"), die nur noch bestimmte Daten passieren lassen. Andere Beispiele sind Abonniersysteme (z.B. „RSS Feed"), die es ermöglichen, sich regelmäßig über neue Beiträge auf zuvor ausgewählten Informationsquellen (z.B. Weblogs) informieren zu lassen.

dieser sich – ähnlich wie in Partnerbörsen – „musikalische Nachbarn" vorstellen lassen, die über ein internes Mailingsystem kontaktiert werden können. Während also computergesteuerte Filtersysteme und entsprechende Objektanordnungen eher unbemerkt Verbindungen zwischen Teilnehmern einer Plattform herstellen bzw. verstärken, werden hier nun über Listen, Rankings und Nutzerprofile die Teilnehmer direkt angesprochen und aufgefordert, mit Gleichgesinnten sich auszutauschen und Hörergemeinschaften zu bilden.

All dies macht das Internet, ob nun im Unterhaltungsbereich, in Bereichen des Konsums oder der politischen Information, auch für nichtteilnehmende Dritte interessant. Denn ähnlich der weiter oben beschriebenen, über Quotensysteme sich herstellenden Beziehungen zwischen Medienanbietern und Medienpublikum vermitteln auch Nutzerprofile, von den Teilnehmern erstellte Rankings und andere Formen der vergleichenden Auswertung von Internetaktivitäten Einblicke in die Verteilungen, Schwerpunkte und Trends von Informations- und Kommunikationsgewohnheiten. Man erfährt beispielsweise, welche (Musik-)Produkte in einer immer stärker sich aufspreizenden und rascher verändernden Welt der Lebensstile, Geschmäcker und Moden Nachfrage finden, oder, um ein anderes Feld anzusprechen, welche Meinungen und Themen(schwerpunkte) in einer sich immer stärker differenzierenden, gleichzeitig globalisierenden und immer weniger an (parteilich) vorgegebenen Schematisierungen orientierenden politischen Kommunikationskultur des Internets zirkulieren.[8] Online-Plattformen, Foren oder Blogs und darauf gerichtete Monitoringverfahren mit entsprechenden Statistiken und Rankings stehen also auch für ein Transparenzversprechen. Denn sie vermitteln Einblicke in die Welt der Konsumgewohnheiten vor allem jüngerer Käuferschichten oder in die Teilöffentlichkeiten politisch interessierter, jedoch parteilich ungebundener Wähler, die sich mit Hilfe der Massenmedien immer weniger ansprechen lassen. Ähnlich den errechneten Zuschauerquoten oder Leserzahlen im Umfeld der Massenmedien helfen sie dabei, Rezeptionsstrukturen, Präferenzverteilungen und Selbstbeschreibungen in ganz unterschiedlichen Feldern der Unterhaltung, der politischen Information

---

8   Treffen diese Beschreibungen zu, dann bleibt zu untersuchen, ob das Internetradio – wenn schon keine völlige Vereinzelung der Mediennutzer – dann doch immerhin einen Trend der Parzellierung und nischenförmigen Abschottung von Hörergruppen mit jeweils eigenen musikalischen Vorlieben unterstützt. Diedrich Diederichsen (2009) sieht darin eine ernstzunehmende Herausforderung für das „Öko-System Pop" generell, das sich aus seiner Sicht nur dadurch erhalten kann, wenn sich in ihm nicht nur musikalische Genres mischen, sondern auch unterschiedliche alltagskulturelle, politische und künstlerische Praktiken. Indem das Internet im Bereich der Popmusik vor allem Prozesse der immer weiteren Verzweigung und Vernischung von Geschmäckern fördert, dagegen die produktive Konfrontation mit dem Andersartigen und Ungewöhnlichen tendenziell verhindert, verliert der Pop, so Diederichsen, seine kritische Funktion.

und Kommunikation oder des Konsums zu erkennen und sichtbar zu machen, darunter auch solche, die für die auf ein breites Publikum ausgerichteten Sensoren der Massenmedien unsichtbar bleiben müssen.[9] Diese Mitwirkung an einer kollektiven Lösung, in diesem Falle einer Kartografierung von zum Teil nischenförmigen Unterhaltungs- oder Konsumgewohnheiten, muss den Beteiligten nicht einmal bewusst sein. Es handelt sich hier um Aggregierungen und Auswertungen einer zunächst unverbundenen Fülle an Aktivitäten. Die Teilnehmer lassen sich ihre persönlichen Hörerwünsche bedienen, berücksichtigen dabei zunächst einmal nicht, oder nur in Ausnahmefällen, was andere interessiert bzw. hören, und erzeugen als unbeabsichtigte und unbemerkte – gleichsam kollektive – Folge ihres Tuns fortlaufend sich aktualisierende Reportings zur quantitativen Verteilung musikalischer Vorlieben einer in die Millionen gehenden Online-Hörergemeinde.[10]

---

9   Es wäre zu prüfen, inwieweit auch Anbieter von Online-Plattformen, Blogs oder Unternehmen, die Plattformen und Foren unterhalten, um dort ihre Produkte zu verkaufen oder aber etwas über die Meinungen und Erfahrungen ihrer Kunden zu erfahren, ebenfalls durch fortlaufendes Monitoring einem ständigen Vergleich unterworfen und in entsprechende Rankings gebracht werden, die wiederum Anhaltspunkte liefern für wechselseitiges Beobachten und Strategien, die einer positionellen Verbesserung dienen. Anzeichen für Positionskämpfe zwischen Online-Plattformanbietern gibt es durchaus: Ein gutes Beispiel sind solche Plattformen, die der Erstellung von Bestenlisten im Musikbereich dienen. Diese sind darauf angewiesen, möglichst große Teilnehmerzahlen bzw. Votings zu erreichen, da „Page Impressions" der betreffenden Seiten generell Einfluss nehmen auf die Bereitschaft, Online-Plattformen zu besuchen, und Seitenaufrufzahlen – ähnlich der Senderverweildauer bei den Massenmedien – wiederum ein wichtiges Kriterium für die Vergabe von Werbegeldern darstellen. Entsprechend kommt es nicht nur zu einem Ranking von Musiktiteln und Interpreten, sondern auch der Zugriffszahlen und der jeweiligen Plattformen, die dies ermöglichen. Auch Internet-Plattformen erzielen also Quoten, die wiederum Vergleiche und Positionieren im Gefüge vergleichbarer Anbieter ermöglichen

10 Der kritische Mediendiskurs sollte sich deshalb auch nicht auf die Frage beschränken, ob alle interaktiven Möglichkeiten des Internets ausgereizt werden bzw. welche Interessen und Machtkonstellationen die Ausschöpfung von Web 2.0 Potentialen verhindern (vgl. Leggewie 2007). Gerade dort, wo versucht wird, diese Potentiale tatsächlich umzusetzen, werden nicht nur die Eingriffs- und Mitwirkungsmöglichkeiten erweitert und vertieft, sondern auch gesteigerte Erträge bei der Auswertung des entsprechenden Informations-, Kommunikations- oder Bewegungsverhaltens erwartbar. Hier deutet sich an, wie auch das Internet, von dem doch immer wieder behauptet wurde, es würde die kommunikationsstrukturell begründeten Asymmetrien der Massenmedien überwinden und eine Ära kommunikativer Freiheiten und Gleichheit begründen, zu einem Zeitpunkt, wo dieses Versprechen durch die Web 2.0-Wende nach Meinung vieler weit reichend eingelöst wird, eigene Ungleichheiten entstehen lässt. Die Teilnehmer tragen, ohne dies zu wissen, durch ihre Netzaktivitäten zur Entstehung von Profilen, Clustern, Taxonomien bei, in die sie häufig keine Einblicke nehmen können, von denen sie nicht wissen, für welche Zwecke sie benutzt werden, ja, deren Vorhandensein ihnen in den meisten Fällen nicht einmal bekannt sein dürfte

Festzuhalten bleibt, dass die hier beschriebenen elektronischen Protokollier-, Analyse- und Filtersysteme für das Netzgeschehen als Adressier- und Vermittlungsmechanismen fungieren, durch die eine Vielzahl zunächst unverbundener und flüchtiger Aktivitäten im Netz nach Maßgabe zuvor festgelegter Kriterien in Beziehung gebracht und Anschlussaktivitäten motiviert werden. Die entsprechenden Programme dienen der Beobachtung, Analyse und Visualisierung von Aktivitäten im Netz, aber auch anderer elektronisch erfass- und verwertbarer digitaler Spuren, wie sie beispielsweise im Bereich der Mobilität durch die Nutzung von Mobilfunk- oder Navigationsgeräten erzeugt werden, die sich zu sog. „Bewegungsprofilen" verrechnen lassen. Prozesse der Verdatung verkörpern dabei nicht nur immer deutlicher ein von den Intentionen, Deutungen und der Kooperationsbereitschaft der Mediennutzer unabhängiges Geschehen. Die automatisierten Aufzeichnungs- und Analyseverfahren bzw. die jeweiligen aufbereiteten Ergebnisse der statistischen Vergleiche bleiben den beobachteten Geschehnissen nicht äußerlich, vielmehr kommt es zu Rückkopplungseffekten, so wenn die Objekte bzw. Objektanordnungen auf Online-Plattformen sich zu verändern beginnen bzw. Teilnehmer und deren Aktivitäten in Beziehung gebracht werden – etwa dadurch, dass Teilnehmer einer Plattform dieselben Fotos gezeigt bekommen, dieselben Musikvorschläge erhalten oder auf dieselben Kontaktmöglichkeiten aufmerksam gemacht werden. Zahlenfundierte Darstellungsformen wie beispielsweise Listen oder Diagramme wirken dabei wie Spiegel, die dem Einzelnen nicht nur Möglichkeiten der Selbstverortung im Hinblick auf die errechneten durchschnittlichen und abweichenden Gewohnheiten und Interessen all der anderen Teilnehmer, sondern ebenso unaufhörlich Anreize zur Selbstkorrektur liefern – und dadurch zu Aktivitäten auffordern, die im übernächsten Schritt per Tastenklick wieder erfasst und ausgewertet werden können. Auf diese Weise greifen Verfahren der Verdatung, der Datenanalyse und ihrer (populär-)kulturellen Aufbereitung konstitutiv in das zu Vermessende ein, werden rekursiv voranschreitende, sich selbst stabilisierende, jedoch niemals finalisierbare Prozesse in Gang gesetzt, die einerseits mit Synchronisierungs- und Fokussierungseffekten einhergehen, andererseits für die Teilnehmer Aufforderungen zur Selbstbeobachtung und Abweichung von vorangegangenen Gewohnheiten beinhalten.

5 Resümee

Den neuen elektronischen Medien wurde lange Zeit eine Tendenz zur Dissoziierung der Medienteilnehmer und Fragmentierung öffentlicher Kommunikationsräume unterstellt. Dieser Annahme wurde in der letzter Zeit vor allem durch

Studien zu den Vernetzungspotentialen des Internet widersprochen (vgl. Jäckel/Mai 2005; Thiedeke 2003). Die im vorliegenden Beitrag unternommene Argumentation sollte erkennen lassen, dass sich noch weitere Formen der Relationierung und Abstimmung von Medienaktivitäten beobachten lassen, deren Besonderheit darin zu liegen scheint, dass hierbei Verfahren der zahlenförmigen Codierung und statistischen Analyse eine entscheidende (Vermittler-)Rolle übernehmen. Im Internet bildet jeder Klick, jeder Download und jeder Kommentar eine verrechenbare und damit protokollierbare und analysierbare Aktivität. Die soziologische Relevanz dieser neuen Verrechnungsmöglichkeiten ließe sich darin sehen, dass diese nicht nur zusätzliche Möglichkeiten wechselseitigen Referierens und Adressierens erschließen, die sich als weitere Kontingenzsteigerung in der Medienkommunikation deuten ließen, sondern gleichzeitig auch zur Kontingenzreduktion bzw. zum Wahrscheinlichwerden der Kommunikation beitragen. So wenn verrechnete und miteinander verglichene Aktivitäten von Teilnehmern einer Plattform sich in teilnehmergruppenspezifischen Objektanordnungen zu erkennen geben, wenn Teilnehmer ihre Vorlieben und Aktivitäten im Spiegel von Listen oder Tabellen reflektieren, die über (zahlenförmig dargestellte) Verteilungen sämtlicher Aktivitäten auf einer Online-Plattform informieren, und dabei zu Selbst- und Fremdverortungen angeregt werden, die wiederum zu Anschlusshandlungen motivieren und vorhandene Präferenzen verstärken können, oder wenn Teilnehmer durch listenförmige Darstellungen von Vorlieben bzw. Aktivitäten anderer Teilnehmer erfahren, Zugang zueinander finden und aufgefordert werden, Kontakt nicht zu allen möglichen, sondern zu besonderen Teilnehmern aufzunehmen und dadurch Hörergruppenbildungsprozesse angestoßen werden können. In diesen Fällen deutet sich an, wie die ursprünglich mit der Computertechnik in Verbindung gebrachte Kontingentsetzung der Beziehungen zwischen den Teilnehmern durch Einschränkungen möglicher Anschlussaktivitäten der Teilnehmer wieder zurückgenommen wird. Zwar bewirken das Internet bzw. die vielen Programme, die zwischen Daten eingebenden und Daten entnehmenden Teilnehmern vermitteln, dass sich jene Sinneinheit auflöst, die noch unter Massenmedien angenommen werden kann, jener zwischen Mitteilenden und Adressaten stabil bleibende Medieninhalt, infolgedessen jeder Adressat sehen, hören oder lesen kann, was auch die anderen Adressaten lesen, hören oder lesen können. Wenn jetzt weder Mitteilende und Adressaten noch die Adressaten untereinander einen thematischen Fokus teilen, erzeugt dies unweigerlich eine weitere Herauslösung aus vorgegebenen Bindungen, eine Steigerung von Wahlmöglichkeiten und damit auch ein Unwahrscheinlichwerden der Kommunikation. Gleichzeitig werden jedoch durch eben jene zahlenförmigen Vergleiche und darauf basierenden Adressierungen Prozesse der Wiedereingliederung in assoziative Geflechte, der (fragilen) Relationierung und Bündelung von Medienaktivitäten und der Bildung gemeinsamer Referenzen angestoßen, die die Annahmewahrscheinlichkeit des zuvor Mitgeteilten – und sei es auch nur der Vorschlag eines Musiktitels – erhöhen. Wir haben es hier mit Hinweisen auf ein medial gesteigertes Auflösungs- und Rekombinationsvermögen zu tun, das genauer zu entschlüsseln und in Beziehung zu setzen zur massenmedialen Form der Publikumsbeobachtung eine lohnenswerte soziologische Aufgabe darstellen dürfte.

Literatur

Adelmann, Ralf (2006): Schwarm oder Masse? Selbststrukturierung der Medienrezeption. In: In: Adelmann, R./Hesse, J-O./ Keilbach, J./Stauff, M./Thiele, M. (Hrsg.), Ökonomien des Medialen. Tausch, Wert und Zirkulation in den Medien- und Kulturwissenschaften. Bielefeld: Transcript, 283-303.
Ang, Ien (2001): Zuschauer, verzweifelt gesucht. In: Adelmann, R./Hesse, J.O./Keilbach, J./Stauff, M./Thiele, M. (Hrsg.), Grundlagentexte zur Fernsehwissenschaft. Konstanz: UVK 454-483.
Baecker, Dirk (2000): Wozu Kultur? Berlin: Kulturverlag Kadmos.
Bourdieu, Pierre (1998): Über das Fernsehen. Frankfurt/M.: Suhrkamp.
Bowker, Geoffrey C./Starr, Susan Leigh (1999): Sorting Things Out: Classification and Its Consequences. Mass.: MIT Press.
Bowker, Geoffrey C./Starr, Susan Leigh et al. (2000): Invisible Mediators of Action: Classification and the Ubiquity of Standards. In: Mind, Culture, and Activity, Vol. 7, Issue 1&2.
Brosziewski, Achim (2003): Aufschalten. Kommunikation im Medium der Digitalität. Konstanz: UVK Verlagsgesellschaft.
Diederichsen, Diedrich (2009): Musik ist mehr als Musik. In: Süddeutsche Zeitung, Nr. 1, 11.
Esposito, Elena (1993): Der Computer als Medium und Maschine. In: Zeitschrift für Soziologie, Jg. 22, Heft 5, 338-354.
Foucault, Michel (1974): Die Ordnung der Dinge. Frankfurt/M.: Suhrkamp.
Geissler, Sabrina (2007): Mediale Destillation als innovative Qualität sozialer Software. Ein informationstechnischer und medientheoretischer Ansatz zur Erschließung softwarebasierter Medien. (Unveröff. Dissertation).
Hass, Berthold/Walsh, Gianfranco/Kilian, Thomas (2008): Web 2.0. Neue Perspektiven für Marketing und Medien. Heidelberg: Springer Verlag.
Hasse, Raimund/Wehner, Josef (2005): Innovation und Wettbewerb im Mediensystem – eine netzwerktheoretische Perspektive. In: Medienwissenschaft – Science des Mass Médias Suisse, 23-33.

Heintz, Bettina (2007): Zahlen, Wissen, Objektivität: Wissenschaftssoziologische Perspektiven. In: Mennicken, A./Vollmer, H. (Hrsg.), Zahlenwerk. Kalkulation, Organisation und Gesellschaft. Wiesbaden: VS Verlag, 65-87.

Hopwood, Anthony G./Miller, Peter (Hrsg.) (1994): Accounting as Social and Institutional Practice. Cambridge: Cambridge University Press.

Jäger, Ludwig/Jarke, Matthias/Klamma, Ralf/Spaniol, Marc (2008): Transkriptivität: Operative Medientheorien als Grundlage von Informationssystemen für die Kulturwissenschaften. In: Informatik Spektrum, Nr. 1, 21-29.

Jäckel, Michael/Mai, Manfred (Hrsg.) (2005): Online-Vergesellschaftung? Mediensoziologische Perspektiven auf neue Kommunikationstechnologien. Wiesbaden: VS Verlag.

Keil-Slawik, Reinhard (2000): Zwischen Vision und Alltagspraxis: Anmerkungen zur Konstruktion und Nutzung typografischer Maschinen. In: Voß, G.G./Holly, W./Boehnke, K. (Hrsg.), Neue Medien im Alltag: Begriffsbestimmung eines interdisziplinären Forschungsfeldes. Opladen: Leske & Budrich, 199-220.

Knorr Cetina, Karin (2007): Postsoziale Beziehungen. Theorie der Gesellschaft in einem postsozialen Kontext. In: Bonacker, T./Reckwitz, A. (Hrsg.), Kulturen der Moderne. Soziologische Perspektiven der Gegenwart. Frankfurt/M.: Suhrkamp, 267-300.

Krönig, Franz Kasper (2008): Interaktive Kanonisierung populärer Musik. In: Helms, D./Phelps, T. (Hrsg.), No Time for Losers. Charts, Listen und andere Kanonisierungen in der populären Musik. Bielefeld: transcript, 51-62.

Latour, Bruno (2007): Eine neue Soziologie für eine neue Gesellschaft. Einführung in die Akteur-Netzwerk-Theorie. Frankfurt/ M.: Suhrkamp.

Leggewie, Claus (Hrsg.) (2007): Von der Politik- zur Gesellschaftsberatung. Neue Wege öffentlicher Konsultation. Frankfurt/M.: Campus.

Lindner, Alexander (2005): Web Mining – die Fallstudie Swarovski: Theoretische Grundlagen und praktische Anwendungen. Wiesbaden: DUV.

Link, Jürgen (1997): Versuch über den Normalismus. Wie Normalität produziert wird. Wiesbaden: Westdeutscher Verlag.

Luhmann, Niklas (1996): Die Realität der Massenmedien. Opladen: Westdeutscher Verlag (2., erweitete Auflage).

Luhmann, Niklas (1997): Die Gesellschaft der Gesellschaft. Bd. 1. Frankfurt/M.: Suhrkamp.

Manhart, Sebastian (2008): Vermessene Kultur. Zur Bedeutung von Maß, Zahl und Begriff für die Entstehung der modernen Kultur. In: Baecker, D./Kettner, M./Rustemeyer, D. (Hrsg.), Über Kultur. Theorie und Praxis der Kulturreflexion. Bielefeld: transcript, 191-220.

Manovich, Lev (2001): The Language of New Media. Cambridge, Mass: MIT Press.

Mehler, Alexander/Wolff, Christian (2005): Einleitung: Perspektiven und Positionen des Textmining. In: Zeitschrift für Computerlinguistik und Sprachtechnologie. Band 20, Heft 1, 1-18.

Mennicken, Andrea/Vollmer, Hendrik (Hrsg.) (2007): Zahlenwerk. Kalkulation, Organisation und Gesellschaft. Wiesbaden: VS Verlag.

Meyen, Michael (2004): Mediennutzung. Mediaforschung, Medienfunktionen, Nutzungsmuster. 2., überarbeitete Auflage. Konstanz: UVK

Meyer, John W./Rowan, Brian (1977): Institutionalized Organizations: Formal Structures as Myths and Ceremony. In: American Journal of Sociology, 83 (2/1977), 344-360.
Miller, Peter (1992): Accounting and Objectivity: The Invention of Calculating Selves and Calculable Spaces. In: Annuals of Scholarship 9, 61-86.
Miller, Peter (2007): Wie und warum das Rechnungswesen in der Soziologie in Vergessenheit geriet. In: Mennicken, A./Vollmer, H. (Hrsg.), Zahlenwerk. Kalkulation, Organisation und Gesellschaft. Wiesbaden: VS Verlag, 19-42.
Möller, Erik (2006): Die heimliche Medienrevolution. Wie Weblogs, Wikis und freie Software die Welt verändern. Hannover: Heise.
Neumann-Braun, Klaus, (2000): Publikumsforschung – im Spannungsfeld von Quotenmessung und handlungstheoretisch orientierter Rezeptionsforschung. In: Neumann-Braun, K./ Müller-Doohm, S. (Hrsg.), Medien- und Kommunikationssoziologie. Eine Einführung in zentrale Begriffe und Theorien. Weinheim: Juventa, 181-204.
Porter, Theodore M. (1995): Trust in Numbers. The Pursuit of Objectivity in Science and Public Life. Princeton: Proinceton University Press.
Power, Michael (1997): The Audit Society: Rituals of Verification. Oxford: Oxford University Press.
Reckwitz, Andreas, (2006): Das hybride Subjekt. Eine Theorie der Subjektkulturen von der bürgerlichen Moderne zu Postmoderne. Weilerswist: Velbrück Wissenschaft.
Schneider, Irmela/Otto, Isabell (Hrsg.) (2007): Formationen der Mediennutzung II. Bielefeld: transcript.
Schorr, Angela (Hrsg.) (2000): Ergebnisse der Publikums- und Wirkungsforschung. Westdeutscher Verlag: Wiesbaden.
Stauff, Markus/Thiele, Matthias (2007): Mediale Infografiken. Zur Popularisierung der Verdatung von Medien und ihrem Publikum. In: Schneider, I./Otto, I. (Hrsg.), Formationen der Mediennutzung II. Bielefeld: transcript, 251-267.
Stichweh, Rudolf, (2005): Zur Theorie der politischen Inklusion In: ders., Inklusion und Exklusion. Bielefeld: transcript, 67-82.
Sutter, Tilmann (2005): Vergesellschaftung durch Medienkommunikation als Inklusionsprozess. In: Jäckel, M./Mai, M. (Hrsg.), Online-Vergesellschaftung? Mediensoziologische Perspektiven auf neue Kommunikationstechnologien. Wiesbaden: VS Verlag, 13-33.
Thiedecke, Udo (Hrsg.) (2003): Virtuelle Gruppen. Charakteristika und Problemdimensionen. 2., überarbeitete und aktualisierte Auflage. VS Verlag: Wiesbaden.
Thiele, Matthias (2006): Zahl und Sinn. Zur Effektivität und Affektivität der Fernsehquoten. In: Adelmann, R./Hesse, J-O./Keilbach, J./Stauff, M./ Thiele, M. (Hrsg.), Ökonomien des Medialen. Tausch, Wert und Zirkulation in den Medien- und Kulturwissenschaften. Bielefeld: transcript, 305-330.
Vollmer, Hendrik (2004): Folgen und Funktionen organisierten Rechnens. In: Zeitschrift für Soziologie, Jg. 33, Heft 6, 450-470.
Vormbusch, Uwe (2007): Die Kalkulation der Gesellschaft. In: Mennicken, A./Vollmer, H. (Hrsg.), Zahlenwerk. Kalkulation, Organisation und Gesellschaft. Wiesbaden: VS Verlag, 43-64.
Wagner, Peter (1995): Soziologie der Moderne. Frankfurt/M.: Campus.

Wehner, Josef (2008): „Taxonomische Kollektive" – Zur Vermessung des Internet. In: Willems, H. (Hrsg.), Weltweite Welten – Internet Figurationen aus wissenssoziologischer Perspektive. Wiesbaden: VS Verlag, 363-382.

Wehner, Josef (2008a): Social Web – Rezeptions- und Produktionsstrukturen im Internet. In: Jäckel, M./Mai, M. (Hrsg.), Medien und Macht. Frankfurt/M.: Campus Verlag, 197-218.

Wimmer, Ulla, (2004): Kultur messen. Zählen, Vergleichen und Bewerten im kulturellen Feld. Logos Verlag: Berlin.

Winkler, Hartmut (2004): Das Modell. Diskurse, Aufschreibesysteme, Technik, Monumente – Entwurf für eine Theorie kultureller Kontinuierung. In: Pompe, H./ Scholz, L. (Hrsg.), Archivprozesse. Die Kommunikation der Aufbewahrung. Köln-Dumont, 297-315.

Die Infrastruktur der Blogosphäre. Medienwandel als Wandel von Interobjektivitätsformen.

Jan-Hendrik Passoth

In diesem Beitrag werde ich versuchen, mich dem Problem der soziologischen Analyse medientechnischer Transformationen aus einer ungewohnten Perspektive zu nähern. Anstatt harten Medienwandel als Start zu nehmen, um die weichen sozialen Prozesse der Produktion, Verbreitung und Rezeption von Inhalten im Anschluss daran zu untersuchen, werde ich die Einrichtung, Etablierung, Nutzung, Umnutzung, Historisierung und Abschaltung medientechnischer Infrastrukturen selbst als komplexe soziale Prozesse der Ermöglichung und Einschränkung je aktuell möglicher Praxisformen beschreiben. Dabei werde ich auf konzeptionelle und heuristische Arbeiten aus dem Bereich der Wissenschafts- und Technikforschung zurückgreifen, insbesondere der relationalen, operativen und pragmatistischen Techniksoziologie.

Dazu werde ich einige Elemente jener Perspektive skizzieren. Um nicht die ganze Heterogenität des Feldes zu rekonstruieren, in dem sich nach einer langen Zeit des Hin und Her zwischen technizistischen und kulturalistischen Techniktheorien (vgl. Passoth 2007) jene Elemente der Relationalität, Operativität und Materialität als zentrale Elemente einer soziologisch anspruchsvollen Technikanalyse aus ganz unterschiedlichen Theorietraditionen herausgebildet haben, stütze ich meine Darstellung auf die radikalste Version, in der sie formuliert wurde: die Aktor-Network-Theorie (ANT). Zuvor aber werde ich den dort (mit einem Augenzwinkern) vorgeschlagenen Begriff der Interobjektivität als Sammelbegriff für all jene materiellen Umstände, die es ermöglichen, den je lokalen Rahmen von Interaktion zu überschreiten, in die mediensoziologische Debatte einbetten. Am Beispiel der RSS Technologie, die als Infrastruktur der populären Blogosphäre eine zentrale Rolle bei deren Ausweitung gespielt hat, werde ich dann diese abstrakten und für die Soziologie auch nach fast drei Jahrzehnten ungewohnten Überlegungen zum Mitwirken von Dingen, Artefakten und Techniken an jenen Praktiken, die wir üblicherweise als menschliche Handlungen verstehen, empirisch interpretieren. Entgegen der oft geäußerten Annahme werden im Zuge der Einrichtung dieser medientechnischen Infrastruktur nicht in erster Linie mehr Menschen größere Möglichkeiten eingeräumt, sich an der Produktion und Verbreitung von Inhalten zu beteiligen, sondern vor allem nicht-menschlichen Akteuren: Suchalgorithmen, Aggregatoren und Klassifkationsautomaten.

1 Interobjektive Interaktionsvermeidung

Was Medien für die moderne Gesellschaft leisten, hat am radikalsten Niklas Luhmann formuliert: Ein Funktionssystem der Massenmedien entsteht für die moderne Gesellschaft dann und genau dort, wo Interaktion durch die Zwischenschaltung von Technik vermieden wird (Luhmann 1996). Nur auf den ersten Blick erscheint das wie eine Fortsetzung jener so bekannten Vorstellung vom Abstrahieren von der „echten", verständigungsorientierten Nahkommunikation, die in mediensoziologischen Ansätzen im Sinne der Theorie kommunikativen Handelns einerseits gepflegt wird und wie eine Analogie zu Stufenmodellen der medialisierten Kommunikation wie der von McQuail (1972, 2008) andererseits. Tatsächlich ist das, was Luhmann so formuliert, viel radikaler: die moderne Gesellschaft stellt sich, so die eigentliche These, darauf ein, dass sie ihr Informations-/Redundanzproblem nicht mehr in Interaktionen bewältigen kann und vermeidet genau diese, indem sie Techniken – funktionierende Simplifikationen (Luhmann 1997) – an deren Stelle setzt. Komplexe Sozialität beruht geradezu darauf, dass sie von Interaktion abgekoppelt ist; das ist die These, auf der Luhmann (1984, 1997) seine Annahmen über die Emergenzbedingungen moderner Gesellschaft aufbaut. Techniken reduzieren kommunikative Komplexität – außer, während sie eingerichtet werden, wenn sie kaputt gehen oder sie kreativ und subversiv genutzt werden. Als eine evolutionäre Errungenschaft moderner Gesellschaften sind Techniken jeder Art strukturproduktiv: auf den in ihnen realisierten Komplexitätsreduktionen entfalten sich ganz neue Formen möglichen Komplexitätsaufbaus (vgl. auch Halfmann 2003).

Genau diese Möglichkeiten des technisierten Komplexitätsaufbaus hat Latour im Sinn, wenn er das Konzept der Interobjektivität (Latour 1996) – wohlgemerkt mit einem gewissen Augenzwinkern so benannt – als Ergänzung des soziologisch altbekannten Interaktivitätsbegriffes vorschlägt. Es ist Ergebnis des Versuchs, das sozialtheoretisch zentrale Problem von lokaler Realisierung des Sozialen und der beständigen Überschreitung lokaler Interaktionen mit dem konzeptionellen Repertoire der Wissenschafts- und Techniksoziologie zu bearbeiten. Gegen jede Form strukturalistischer oder holistischer Soziologie positionieren bekanntermaßen viele mikrosoziologische Handlungstheorien eine radikal interaktionistische Analyse hochkomplexer Phänomene moderner Gesellschaften. Den Sprung, den holistische Theorien von den Mikroereignissen zu Strukturen, Gruppen, Gemeinschaften, Wissen, Kultur, Subsystemen oder Institutionen machen, versuchen sie zu vermeiden, indem sie annehmen, alle diese Phänomene könnten nur dann in Interaktionen wirksam werden, wenn sie jeweils vor Ort neu hervorgebracht, angezeigt oder anderweitig ins Spiel gebracht werden. Dass das die Position ist, die mit deutlich weniger metaphysischem oder „magischem" Gepäck auskommt, ist eine schlüssige These, auch wenn damit die mikrosoziologisch so fein begründeten Positionen makrosoziologisch vor die bekannten Erklärungsprobleme laufen.

Fundierend für soziologische Theorie kann nur ein basales Geschehen sein, dessen tatsächliches Passieren alle weiteren sozialen Phänomene realisiert. Jede Annahme einer Ontologie von makrosozialen Phänomenen kann nur metaphorisch funktionieren, wenn die daraus folgende Theorie nicht an ihrer Basis eine Annahme haben soll, die nur mit einem schulterzuckenden Eingeständnis zu halten ist. Umgekehrt aber ist es jene Vermutung, die die Soziologie seit Durkheim als Fach eigentlich erst konstituiert hat: Soziale Phänomene überschreiten das lokale Geschehen beständig. Moderne Gesellschaft ist geradezu dadurch gekennzeichnet, dass sie Unmengen von Situationen bereithält, in denen Sozialität nicht immer wieder und je wieder frisch hergestellt wird, in denen Bestimmtes und Bestimmbares eben gerade nicht wieder neu hervorgebracht wird. In Organisationen etwa wird nicht jedes Mal, wenn eine Entscheidung getroffen wird, der gesamte Apparat an vorherigen Entscheidungen, an Entscheidungsprämissen, an Mitgliedschaftsregelungen und an Organisationskultur wieder neu erzeugt. Die Behandlung von Knappheit in modernen Wirtschaften legt die Kriterien der Erzeugung von Preisen nicht jeweils neu fest. Politische Entscheidungen binden jene Kollektive, für die sie gelten, nur in den seltensten Fällen immer wieder neu.

Genau an dieser Stelle setzt das Konzept der Interobjektivität an: Während Interaktion zur Strukturierung ihres Fortganges vor allem auf die Leistungen der beteiligten Körper angewiesen sind, auf deren Wahrnehmungen, deren kognitive Möglichkeiten und deren habituelles Wissen, sind andere Formen sozialer Strukturierung auf bestimme Umstände angewiesen. Bestimmte Umstände sind aber keine hintergründigen Strukturierungsgeneratoren, keine abstrakten Metastrukturen. Umstände sind – wie Knorr Cetina (1981) es so treffend ausdrückte – die Dinge, die herum stehen. Was in jeder einzelnen lokalen Situation, in der das Soziale aktualisiert wird, tatsächlich anwesend ist, sind die Körper und die Dinge, die sie umgeben. Interobjektivität bezeichnet nun genau jene Relationen zwischen den beteiligten Dingen, Artefakten, Techniken, Materialien, die Interaktionen tatsächlich einen Rahmen geben (Latour 2007). Dabei reiht das Konzept sich, wie Gustav Roßler gezeigt hat, in eine ganze Reihe von aktuellen Ansätzen ein, die mit so unterschiedlichen Begriffen wie „Quasi-Objekten, Hybriden, Medien, epistemischen Dingen, Wissensobjekten oder nicht-menschlichen Akteuren" (Roßler 2008: 76) Dinge und Objekte begreifen wollen. Gemeinsam mit Serres Begriff der Quasi-Objekte (Serres 1992), jener zirkulierenden Dinge, die im Vollzug erst Situationen zu bestimmten Settings werden lassen, steht das Konzept der Interobjektivität für die sich beständig verändernden und verschiebenden Zuhandenheiten (Heidegger), die aber als Dinge zugleich real und stabil als auch sozial immer in Bewegung sind. Autos sind gute Beispiele für ein solches Dingverständnis[1], ebenso aber auch Fußbälle (wie im Beispiel Michel Serres (1987: 346f)) oder Transistorradios. Unbenutzt, nicht zuhanden also, ist ein Auto nichts – nicht einmal Schrott, denn das ist bereits ein Hinweis auf komplexe Netze der Konsumption, der Verwertung, der Ressourcenknappheit und der Beurteilung des Wertes unterschiedlicher Rohstoffe. Verbunden mit anderen in Bewegung befindlichen Körpern und anderen Artefakten ist ein Auto hingegen ein Fortbewegungsmittel, ein Ärgernis, ein Stauerzeuger, ein Unfallwrack, ein Liebesnest oder ein Mittel der Symbolisierung individueller Freiheit. „Objekte werden stabilisiert (in ihrer Entwicklung, Entstehung, Konstruktion, Benutzung) und dienen, sind sie fertiggestellt, als Institution der Stabilisierung des Sozialen" (Roßler 2008: 87).

Was Luhmann für das Funktionssystem der Massenmedien unter den Bedingungen medialer Interobjektivitäten der 1990er Jahre treffend formuliert hat, lässt sich so noch einmal aufgreifen. Wenn sich die moderne, funktional differenzierte Gesellschaft unter dem Eindruck jener Verwebungen, die der Buchdruck ermöglicht, darauf einstellt, ihr Informations-/Redundanzproblem mittels einer eigenen spezifischen Einrichtung – dem Funktionssystem der Massenmedien – zu bearbeiten, um nicht länger von lokalen Interaktionen abhängig zu sein, dann kann man das als Ausbildung einer bestimmten interobjektiven Infrastruktur zur Verknüpfung differenter Settings beschreiben. Jene Interobjektivitäten des Massenmedialen sind nutzbare, interpretierbare und veränderbare Einrichtungen der modernen Gesellschaft zur Zirkulation von ähnlichem Sicht- und Hörbarem, von Texten, Bildern, Büchern, Tondokumenten, Hörbeiträgen, Sendungen. Sie versorgen je lokale Situationen mit der Möglichkeit, bestimmtes (also nicht beliebiges) Anderes als das gerade Anwesende zu berücksichtigen. So hat der Anstieg gedruckter Texte seit dem 16. und gedruckter Bilder seit dem 19. Jahrhundert nur scheinbar besonders viel mit dem Verfahren des Buchdrucks oder der Lithographie zu tun. Vielmehr sind eine ganze Reihe zusätzlicher Tech-

---

1   Nicht nur Heidegger (1975) hat darauf hingewiesen, dass die Etymologie des Wortes Ding auf das „Versammeln" zurückführt, zu sehen auch noch am skandinavischen Gebrauch des „ting" oder „thing" als Bezeichnung für Parlamente. Dinge – das Wort bietet sich eigentlich mehr an als das des Objektes – verweisen auf Prozesse der Versammlung, der Verdinglichung. Objekte hingegen sind Dinge, die Subjekte sich zum Objekt machen. Vielleicht sollte man deshalb auch besser von Interdinglichkeit sprechen – aber das ist noch ungelenker als Interobjektivität.

nologien, Prozeduren und Apparate daran beteiligt, gewillte Leser mit Gedrucktem zu versorgen: Distributionsverfahren und logistische Infrastrukturen, ein verlässliches, schnelles und bezahlbares Post-System, Bibliotheken und öffentliche Büchersammlungen, Kataloge und Archive, Zettelkästen und Gelehrtenhervorbringungseinrichtungen. Was wäre außerdem das Fernsehen ohne Kameras, Ton- und Bildarchive, Agenturen und ihre Ticker, Schnittgeräte, Bildregieräume, Fernsehtürme und Kabelnetzverteiler, Medienbeobachter und Medienregulatoren und schließlich ohne die quantifizierenden Zuschauermesstechniken wie die Einschaltquote. Es sind diese Infrastrukturen, diese Einrichtungen von stabilen, in den Hintergrund tretenden Interobjektivitäten, die das massenmediale Überschreiten der Interaktionen ermöglichen, ganz reale und tatsächlich zuhandene Ensembles materialer Techniken.

2 Vom Öffnen schwarzer Kisten

Dass technische Artefakte und materielle Dinge sich auf der einen Seite nicht als kausale Determinationskräfte in technizistischen Erklärungen zugrunde legen lassen, weil, wie man auf der anderen Seite kulturalistisch argumentieren kann, diese selbst immer in Abhängigkeit von jenen Problemdefinitionen, Möglichkeitsdeutungen und von jeweiligen wissenschaftlichen und alltäglichen Wissensformen abhängen, die sie hervorgebracht haben, hat sozialwissenschaftliche Techniktheorien in den letzten 150 Jahren immer wieder vor konzeptionelle wie methodische Probleme gestellt. In den letzten drei Jahrzehnten aber, nachdem sich beide Erklärungsvarianten so sehr auseinander entwickelt hatten, dass sie kaum noch Berührungspunkte hatten, wurde in ganz unterschiedlichen Formen eine neue Form soziologisch anspruchsvoller Wissenschafts- und Techniktheorie ausprobiert, die streng empirisch jene Etablierung, Nutzung, Umnutzung und Ersetzung von wissenschaftlichem Wissen ebenso wie von technischen Artefakten als tatsächliche, reale Praxis von Forschern in Laboren, Ingenieuren in Planungsbüros und Nutzern im Alltag zu beschreiben versuchte. Zuerst in Abgrenzung zur klassischen Wissenschaftssoziologie Mertons (1973) formuliert, die Wissenschaft als jenen institutionalisierten Teilbereich moderner Gesellschaften begriff, der sich nach einem mehr oder weniger gut realisierten Ethos der Wissenschaft richtete und in ebensolcher Abgrenzung von klassischen wissenschaftstheoretischen Vorstellungen, die in Wissenschaft jenes Streben nach verifizierbaren, zumindest aber nicht falsifiziertem Wissen sah, begannen empirische Wissenschaftsforscher wie Latour & Woolgar (1979) oder Knorr Cetina (1981, 1983), die tatsächliche Arbeit der Wissenschaftler in den Blick zu nehmen. Wissenschaft – später auch technische Innovationsprozesse – sollte nicht als Institution, nicht als Form des Wissens und nicht als normativer Rahmen zur Errichtung von Institutionen oder zur Erzeugung von Wissen und Fortschritt begriffen werden, sondern als Praxis in Laboren und an Schreibtischen. Dabei stellten besonders jene, deren Ansätze später unter dem Titel der Akteur-Netzwerk-Theorie (ANT) zusammengebracht wurden, fest, dass die materiellen Infrastrukturen von Forschung – Messgeräte, Kameras, Laboreinrichtungen und große wissenschaftliche Geräte bei der tatsächlichen Arbeit eine entscheidende Rolle spielten. Ohne sie und die „Einschreibungen" (Akrich 1992), die sie produzierten, wären die meisten Tätigkeiten der Wissenschaftler ziemlich unverständliche Aktivitäten. Über ihre Einrichtung, ihre Justierung, ihre Inbetriebnahme, über mögliche Störungen und vor allem über die Auslegungen jener Visualisierungen, die sie beständig auf Papier brachten, drehten sich ein Großteil der Dispute und Verhandlungen der Wissenschaftler. Wissenschaft – so der radikale Schluss der Laborstudien – ist ein kontinuierlicher Prozess der Vermittlung, der Übersetzung und der Transformation unterschiedlicher Inskriptionen. Und die meisten dieser Inskriptionen und Übersetzungen wiederum werden nicht interaktiv realisiert, sie werden vielmehr an Apparate, Geräte und Dinge delegiert.

Die Akteur-Netzwerk-Theorie entsteht daraufhin als Antwortversuch auf die allgemeine sozialtheoretische Frage, welche Beiträge all diese nicht-menschlichen Entitäten zu sozialen Phänomenen leisteten. Sie setzt dazu an der These an, dass man das Symmetrieprinzip Bloors (1976; 1983) verallgemeinern und auf die an den kollektiven Prozessen beteiligten menschlichen wie nicht-menschlichen Akteure ausweiten muss. Man kann nur dann davon sprechen, dass menschliche und nicht menschliche Akteure gleichermaßen Beiträge zu kollektiven Prozessen leisten, wenn mit dem Begriff Akteur keine intentional handelnde Individuen bezeichnet werden: „Ein ‚Akteur' in dem Bindestrichausdruck Akteur-Netzwerk-Theorie ist nicht der Ursprung einer Handlung, sondern das bewegliche Ziel eines riesigen Aufgebots von Entitäten, die zu ihm hin strömen." (Latour 2007: 81) Ein Akteur (oder in semiotischem Vokabular: Aktant) ist kein Exemplar einer sozialtheoretisch definierten Klasse von a priori bestimmbaren Entitäten. Vielmehr ist das Konzept des Akteurs eine Suchheuristik für die Identifikation von Beteiligten an kollektiven Zusammenhängen, die sich strikt an die Beiträge hält, die sie für diese Zusammenhänge spielen. Deshalb fallen oft auch nicht-menschliche – vor allem technische – Entitäten als Akteure in das Suchraster, denn es kommt für die Identifikation ihres Handlungsbeitrags überhaupt nicht darauf an, ob sie wissen oder wollen, was sie zur Handlung beitragen. Trotz der etwas unglücklichen Zusatzbezeichnung des Ansatzes der ANT als „symmetrischer Anthropologie" (Latour 1995) sollen nicht alle Aktanten als menschenähnlich behandelt werden, also als intentional handelnde Entitäten mit eigenem und bewusstem Willen, Wünschen und Bedürfnissen. Nicht die Dinge sollen wie Menschen behandelt werden, sondern menschliche wie andere Entitäten in konkreten Untersuchungen mit der gleichen Frage: Welchen Beitrag leisten sie dazu, dass etwas so passiert, wie es passiert?

Ein paradigmatisches Beispiel für das damit verbundene Konzept von Handlung ist Latours (1994) Beschreibung einer Hotelrezeption. Dort steht man beständig vor dem Problem, dass die Gäste bei Abreise oder bei Verlassen des Hotels vergessen, ihren Schlüssel abzugeben. Was kann dagegen getan werden? Möglich wäre, dass die Bediensteten des Hotels jeden einzelnen Gast immer wieder bitten, den Schlüssel abzugeben. Möglich wäre auch, ein Schild aufzustellen, auf dem diese Bitte in schönen und unmissverständlichen Worten geschrieben steht. Oder aber man ergänzt die Schlüssel um ein größeres, unförmiges und besonders zu Taschen unfreundliches Objekt. Und schon geben die Gäste von sich aus beide ab – einfach, um sie nicht mit sich herumzutragen oder um sich nicht die Hosentaschen zu zerreißen. Die Handlung „Schlüssel abgeben" ist deshalb kein basales soziales Ereignis, dessen Quelle ein einzelner Akteur ist. Vielmehr leisten Hotelier, Schild und Schlüsselanhänger unterschiedliche, aber vergleichbare Beiträge. Gast-Schlüssel-Hotelier, Gast-Schlüssel-Schild und Gast-Schlüssel-Anhänger bilden unterschiedlich geformte Akteur-Netzwerke wechselseitigen Aufeinanderwirkens.

Dieses Aufeinandereinwirken kann man auch mit dem Begriff der Übersetzung bezeichnen, wie er von Callon im Anschluss an die semiotischen Arbeiten Serres (Callon 1986) gebraucht wurde. Übersetzung meint in diesem Sinne immer Verschiebung und Veränderung, nicht verlustfreie Übertragung. Die so zustande kommenden Netzwerke werden durch unterschiedliche Beiträge sehr verschiedener Akteure zu dauerhaften Formen stabilisiert und auch die Akteure selbst sind deshalb immer Produkt einer solchen situativen Stabilisierung – der Akteur „Schlüssel abgebender Gast" ist zum Beispiel Ergebnis des Zusammenwirkens der Akteure „Schlüssel", „Gast", „Hotelier" und „Anhänger". Bei jedem Element eines solchen Netzwerkes kann gefragt werden, welches Netzwerk von Handlungsbeiträgen dieses als den Akteur stabilisiert hat, der in einem anderen Netzwerk wieder einen Beitrag leistet. Dinge und Artefakte – die oben charakterisierten Interobjektivitäten – haben auf mögliche Stabilisierungen einen deutlichen Einfluss: Sie ermöglichen durch ihre Materialität eine „Härtung" (Latour 1991). Während die Aufforderung des Hoteliers, den Schlüssel abzugeben, immer wiederholt werden muss, ist die Aufforderung des Anhängers schon in ihn eingeschrieben – man könnte sagen, sie ist dauerhaft an ihn delegiert. Solcherart stabilisierten Netzwerken sieht man die Beiträge nicht mehr unbedingt an, die sie stabilisiert haben.

Beide Begriffe, Akteur und Netzwerk, sind voneinander nicht zu trennen: Etwas ist Akteur nur in einem Netzwerk von vielfältigen Beiträgen. Diese wiederum sind ohne die tatsächlichen Akteure inhaltsleer. Ein Akteur, der nichts bewirkt, ist kein Akteur. Ein Netzwerk, das keine Akteure verbindet, kein Netzwerk. Obgleich man vielleicht auf der einen Seite sagen könnte, dass der Netzwerkbegriff der ANT im Gegensatz zu dem der soziologischen Netzwerkanalysen recht weit ist, ist er zugleich ziemlich bestimmt und exklusiv. Keines der Elemente eines der von der ANT nachgezeichneten Netzwerke ist lediglich ein verbindendes Element insofern, dass es nur die Verknüpfung von zwei anderen, stärkeren Elementen vornimmt. Keines der Elemente ist ein Zwischenglied, ein Intermediär – die ANT beschreibt tatsächlich nur Mediatoren: Übersetzer, Veränderer, Verschieber, Transformatoren (Latour 2007: 107f). Darunter kann man alles Mögliche verstehen: unter Anderem eben nicht nur Menschen und Schlüsselanhänger, sondern auch Texte, Maschinen, Körper, Wände, Institutionen und große Handlungskollektoren wie Wirtschaft, Politik oder Wissenschaft. Und wenn ein Element lediglich als Zwischenglied erscheint, sucht die ANT nach der unglaublichen Menge an Arbeit, die notwendig war, um es zu einem zu machen.

Damit ist ein allgemeines, nicht nur ein eingeschränkt wissenschafts- oder techniksoziologisches Programm verbunden: Anstatt die ANT auf eine Soziologie der Objekte zu reduzieren, die neben menschlichem Dazutun auch noch die jeweils eine Situation bestimmende Konstellation von materiellen Dingen berücksichtigen will, geht die Forderung nach einem symmetrischen Vokabular einen großen Schritt darüber hinaus. Alle beitragenden Aktanten – ob nun gute soziologische Bekannte wie menschliche Akteure, Organisationen, Institutionen oder Ideen und Interessen oder bisher weniger Berücksichtigte wie Maschinen, Häuser, Muscheln oder Müll – sie alle sind nicht von Beginn an unbestrittene Tatsachen (matters of fact), sondern umstrittene Tatsachen (matters of concern) (Latour 2004). Soziologische Forschung setzt nach der Akteur-Netzwerk-Theorie genau hier an: Sie öffnet die Blackbox eines solchen Handlungsnetzes und macht die vielschichtigen Prozesse ihres Zusammenwirkens und Zustandekommens deutlich. Sie beschreibt die Handlungsbeiträge, die in die Situationen und Umstände eingeschrieben sind, sie fertigt Deskriptionen der Inskriptionen.

3 Dienende Rechner und HTML Formalien

Bowker und Star (1999) haben in ihren Arbeiten zu Klassifikationsinfrastrukturen wie die ICD (International Classification of Diseases) gezeigt, dass es eine der zentralen Eigenschaften von Infrastrukturen ist, sich in den Hintergrund zu schieben. Sie wieder in den Vordergrund zu holen, bedarf einiges an Arbeit, dennoch ist es, das haben die Infrastrukturstudien (Bowker, Baker, Millerand & Ribes 2007; Bowker & Star 2000; Mackenzie 2003, 2005; Star 1999) bisher gezeigt, ein fruchtbares Unterfangen. Aktuelle Medienentwicklungen lassen sich gerade dabei beobachten, Infrastrukturen zu werden. An ihnen wird empirisch deutlich, dass Einrichtungen interobjektiver Zusammenhänge als Infrastrukturen hochdynamische und komplexe Prozesse sind, in denen um die Selektivität späterer Anschlussmöglichkeiten gerungen wird, in denen also gerade jene Eigenschaften von Medientechniken, die man in der mediensoziologischen Forschung zum Ausgangspunkt für Analysen gemacht hat, erst hervorgebracht werden. Wenn man medientechnische Infrastrukturen als jene Interobjektivitäten beschreiben möchte, die dem Vollzug interaktiven Geschehens einen realen Rahmen geben, dann beschränkt sich das nicht auf eine Aufzählung und Charakterisierung all jener Dinge, die um eine Interaktion so herumstehen. Vielmehr muss es darum gehen, sie als Ergebnisse vielfältiger Prozesse der Versammlung und Verknüpfung ganz heterogener Elemente im Verlauf ihrer Konstruktion und ihrer Benutzung zu begreifen. Sie sind in konkreten Situationen des operativen Vollzugs von Sozialität anwesende Verweisungs- und Relationierungsmöglichkeiten zu jenem Geschehen, das den lokalen Kontext der Interaktion überschreitet. Im Folgenden werde ich versuchen, die Einrichtung einer dieser medientechnischen Infrastrukturen empirisch zu rekonstruieren.

Das, was wir heute „Social Software" nennen, ist undenkbar ohne eine Technologie, mit der Inhalte von Rechner zu Rechner, von Server zu Server gebracht werden können, ohne immer gleich den ganzen Ballast der Informationen über ihre Darstellung mitzuschleppen. Eine der bekanntesten Anwendungen für diese Technologie der so genannten Syndikation sind sicherlich Weblogs. Vor allem auch der Umstand, dass zum Schreiben eines Blogeintrages eben gerade keine Kenntnisse darüber nötig sind, wie genau die jeweilige Blog-Plattform mit den Inhalten umgeht, um sie darzustellen, aber auch um sie mit anderen Weblogs zu verknüpfen, hat Blogs ihre Popularität beschert. Dennoch ist es gerade diese Infrastruktur, diese standardisierte Interobjektivitätsform, die es überhaupt ermöglicht, dass sich Blogschreiber auf das reibungslose Mitspielen ihrer Plattformen verlassen können. Weil ihnen Rechner das Aufbereiten, das Propagieren, das Verbreiten, das Verknüpfen und in Beziehung setzen ihrer Beiträge mit ganz anderen Beiträgen und auch mit ganz anderen Plattformen abnehmen, ist die Blogosphäre heute jenes verwobene Netz, dem wir es zutrauen, sogar für die Zukunft des Journalismus verantwortlich zu sein.

Was aber genau jeder einzelne Mitspieler im Geflecht der Weblogs und Syndikationsflüsse machen darf und kann, welche Rolle Nutzer einnehmen können und welche Aufgaben ihnen abgenommen werden, ist auch heute noch nicht wirklich entschieden. Noch ist diese medientechnische Infrastruktur nicht stabilisiert, zumindest drei unterschiedliche Ansätze liegen aktuell vor: RSS 1.0, RSS 2.0 und Atom. Die meisten Blog-Plattformen verstehen zwar inzwischen die unterschiedlichen Formate und Standards, aber eigentlich in einer Variante der kleinsten Gemeinsamkeiten. In die unterschiedlichen Projekte der Einrichtung neuer interobjektiver Interaktionsvermeidung jenseits der massenmedialen Bedingungen sind völlig verschiedene Strukturen der Arbeitsteilung zwischen Menschen und Software eingeschrieben. Welche neuen Formen der Informations- und Redundanzversorgung der modernen Gesellschaft mit der so gerade im Aufbau befindlichen medientechnischen Infrastruktur verbunden sein werden, hängt zu einem großen Teil von der Kontroverse über die Projekte ihrer Einrichtung ab.

Die bekannte Gründungsgeschichte des Internetzeitalters erzählt, dass 1989 am CERN in der Schweiz ein System entstand, um Wissenschaftler auf der ganzen Welt zu vernetzen, ihnen Publikationen und Ergebnisse, Daten und Materialien zugänglich zu machen. Dass das Netz alle, die an ihm mitweben wollten, verbindet und sich daraus geradezu revolutionäre Veränderungen in der Wissenschaft, der Bildung, der Informationsvermittlung, der Unterhaltung, der Wirtschaft und der Politik ergeben werden, eben gerade weil die so Verbundenen sich nicht mehr passiv in ihren Fernsehsesseln der zentralen Berieselung aussetzen würden, ist die bekannte These aller Internet-Apostel. Zentral formuliert Mitte der 1990er (also gerade wenige Jahre nach dem Launch der ersten Webseite 1991) in Barbrooks und Camerons „Califonian Ideology" (1995) und in der Magna Charta for the Knowledge Age (Dyson, Gilder, Keyworth & Toffler 1994) wurde sie zur Leitmelodie des aktuellen Medienwandels, heute noch immer aktuell in den Debatten um Bürgerbeteiligung durch ePartizipation und eGovernment.

Aber schon vor jetzt 20 Jahren ging es zwar auch um Forscher, vor allem aber mussten Rechner vernetzt werden, nicht Menschen. Das Papier, das Tim Berners-Lee am CERN einreichte, bezog die Notwendigkeit der Etablierung eines Hypertext-Projektes explizit auf das Problem, dass die Einbindung nur temporär anwesender Forscher in größere und sich beständig verändernde Projekte durch das Zusammenbringen der richtigen Leute allein eigentlich nur verwundern kann. „The introduction of the new people demands a fair amount of their time and that of others before they have any idea of what goes on", heisst es dort in der Einleitung, „All things considered, the result is remarkably successful, despite occasional misunderstandings and duplicated effort." Schon der erste Entwurf dessen, was wir heute als Web bezeichnen, geht demgegenüber einen ganz anderen Weg: „The system we need is like a diagram of circles and arrows, where circles and arrows can stand for anything." Besonders am CERN, dessen Laboratorien auf schweizerischem wie auf französischem Gebiet angesiedelt waren, stellten unterschiedliche Rechnersysteme und komplexe Netzinfrastrukturen eine besondere Herausforderung dar. Daten und Programme waren auf verschiedenen Rechnern und Rechnertypen inkompatibel gespeichert, der Zugriff auf sie war – wenn überhaupt erreichbar – von komplizierten Übersetzungsleistungen, maschinellen wie menschlichen, abhängig.

Die HTML (Hypertext Markup Language), in der Webseiten seit 1991 geschrieben und angesehen werden können, ist einer, wenn auch nicht der erste Versuch, Dokumente sowohl für Menschen lesbar zu machen als auch von sehr unterschiedlichen Maschinen verarbeiten zu lassen. Menschlichen wie maschinellen Lesern des HTML Textes kommt die Speicherung in klarem ASCII Format entgegen, einem Standard des American National Standards Institute (ANSI) X3.4 Committee zur Codierung von Schriftzeichen, der bereits 1963 auf dem Teletype ASR 33 Fernschreiber genutzt wurde und seit 1981 als Codierungsstandard auf IBM PC. Um den maschinellen Lesern – also den HTML Parsern und den Webbrowsern WorldWideWeb, später dann Mosaic und Netscape – zu ermöglichen, zwischen dem für sie irrelevanten Inhalt und den für die Darstellung notwendigen zu unterscheiden, greift HTML ebenfalls auf Entwicklungen der späten 1960er Jahre zurück. Das Problem unterschiedlicher Dateiformate war nämlich schon Thema, als das Graphics Communications Association Composition Commitee 1967 in einem Treffen mit dem Canadian Government Printing Office auf die Idee kam, die Informationen über Inhalte eines Dokuments von den Informationen über seine Darstellung zu trennen. 1969 entstand mit GML der Versuch, formal definierte Dokumenttypen zu entwickelt, die die nutzbaren Darstellungs- und Strukturierungsinformationen festlegten. Ende der 1970er wurden von der ANSI Standards dafür entwickelt, seit den frühen 1980er Jahren dann beschäftigte man sich in der International Organization for Standardization (ISO) mit der Festlegung einer Regelung für Dokumentstandards. Die daraus entstandene Metasprache SGML (Standardized Generalized Markup Language) fand weite Anwendung, unter anderem im amerikanischen Department of Defense. HTML schließlich band genau diese Techniken zur Formatierung von Dokumenten ein. Die so in standardisierte Regeln gegossene Arbeitsteilung zwischen Menschen und Maschinen – die einen waren für die Inhalte, die anderen für Verbreitung und Darstellung zuständig, wurden mit dem CERN W3C httpd (der ersten Webserver Software), vor allem aber mit der Browsersoftware Mosaic festgezurrt. Dass die Arbeitsteilung wirksam war, erkennt man auch an einer der populären Formen von Webseite der frühen 1990er Jahre: Linklisten, z.B. die von Justin Hall (links.net), deren 1994er Version auch heute noch online ist[2] oder David Filos und Jerry Yangs „Jerry and David's Guide to the World Wide Web", das im gleichen Jahr als Yahoo.com über eine Millionen Aufrufe verzeichnete.

Inmitten der großen Wellen der „Browserkriege" zwischen Netscapes Navigator und Microsofts Internet Explorer während der Jahre 1995-1998, in denen Webbrowser mit unzähligen Zusatzspezifikationen ausgestattet wurden, wurde SGML – jene Technik zur Standardisierung von Dokumenten, die schon die erste Version von HTML hervorbringen half, erneut zu einem zentralen Mitspieler. Aus diversen Gründen hatte sich die Arbeitsteilung verschoben: auch wegen der vielen Modifikationen am HTML Format, die einige Browser verstanden, andere nicht, und die Crawlerbots und Spider der Suchmaschinen wieder ganz anders. Um eine Webseite in jedem Browser gleich darzustellen, musste ein Webdesigner der späten 1990er Jahre ein ganzes Arsenal an Tricks beherrschen – und dann mussten in dem Gewirr von HTML und Javascript Code, das so entstand, Suchmaschinen auch noch ihren Weg finden. Weil Browser und Suchmaschinen immer mehr eigene Möglichkeiten bei der Verarbeitung von HTML erlangten, konnten sich die menschlichen Mitspieler nicht mehr auf den Inhalt allein konzentrieren, sondern mussten sich verstärkt mit der Antizipation der Darstellung beschäftigen. XML (eXtendend Markup Language), eine Spezialisierung der altbekannten SGML wurde so zum „Magic Problem Solver (...)"[3] „Oh XML! The panacea that cures all compatibility ills."[4]

4 Helft den Rechnern mit XML und Metadaten

Die erste Webseite, die neben einer HTML Variante zusätzlich eine XML Version brachte, war kurz vor Weihnachten 1997 Dave Winers „Scripting News"[5]. Gestartet als kleines Projekt einer der wenigen XML Begeisterten (zu denen aber auch schon die Hersteller der großen Browser gehörten), entwickelte sich hier der Start einer Entwicklung, die die Arbeitsteilung zwischen Menschen und Rechnern verändern sollte. Andere Entwicklungen, die mit dem Einsatz von XML auf Webseiten begannen, etwa die Respezifikation von HTML zu XHTML etwa oder die Semantic Web Initiativen um die Repräsentationsformate OML und RDF nehmen ebenfalls hier ihren Ausgangspunkt. Das scriptingNews-Format ist deshalb Quelle einer besonderen Verschiebung des Kräfteverhält-

---

2 http://links.net/vita/web/start/original.html
3 http://www.shirky.com/writings/xml_no_magic.html (Publiziert am 15.9.2000)
4 http://www.scripting.com/davenet/1998/01/14/xmlRpc.html (Publiziert am 14.1.1998)
5 http://www.scripting.com/davenet/1997/12/15/scriptingNewsInXML.html (Publiziert am 15.12.1997)

nisses zwischen menschlichen Web-Nutzern und ihren maschinellen Kollegen, weil es das, was z.b. die Suchmaschinencrawler so mühsam tun mussten, an die Seitenbetreiber (und ihre maschinellen Mitstreiter, ihre Webserver und die Browser ihrer Nutzer) delegierte. „Why should a search engine struggle to find this information when we can easily generate it? There's no need."[6] Mehr noch: XML, wie es das scriptingNews Format nutzte, war ein Format, das zwar lesbar für Menschen ist, weil es ja noch immer auf den ASCII und GML Standards aufbaute, aber eigentlich für diese gar nicht bestimmt ist: „In this case, human beings never see the XML, it's generated by software, and on the other end, it's turned into database structures, again by software."[7] Damit war die zuvor mit HTML eingerichtete Asymmetrie zwischen den menschlichen Nutzern und ihren Rechnerkollegen endgültig in Frage gestellt.

Auch die großen Browserprogrammierer Microsoft und Netscape waren in diesen Jahren auf XML aufmerksam geworden und beide versuchten im Wettlauf um den meistgenutzten Browser, unterschiedliche Wege zu gehen. Auch wenn Netscape nach 1999 die Entwicklung maßgeblicher prägte, so war doch Microsofts Versuch, die Rechner der Nutzer stärker einzubeziehen, der frühere. Mit dem Channel Definition Format (CDF), das im Übrigen noch heute im Einsatz ist, um die bunten Miniprogramme in Windows Vista und Windows 7 mit Inhalten zu versorgen, legte der Betriebssystemhersteller bereits vor scriptingNews im Oktober 1997 einen Entwurf vor. CDF Dateien waren für den Einsatz zur Verbreitung von Inhalten an Endgeräte, „from any web server for automatic delivery to compatible receiver programs on PCs or other information appliances"[8] gedacht, was schon daran zu erkennen ist, dass das Format Felder zum Messen von Nutzeraktivitäten und zur Angabe von optimalen Größen zur Anzeige auf Monitoren enthält. In Microsofts Versuch, den Webbrowser stärker mit dem Betriebssystem zu verzahnen, nehmen die mit dem CDF verbundenen Dienste Active Desktop, Active Channels und Offline-Bookmarks zentrale Rollen ein. Im CDF und in diesen Diensten steht die Aufwertung der Rolle des Heimrechners des Nutzers im Mittelpunkt und dieser erste Versuch, XML als so genanntes „Syndication Format"[9], also als Format zur Lieferung von Inhalten an Rezipienten zu nutzen, ist zugleich ein Projekt der Etablierung einer massenmedialen Rollenseparation. HTML und httpd waren zu Beginn der 1990er als eine Art egalitäres Format gedacht, bei dem abgesehen von der Arbeitsteilung

---

6 http://www.scripting.com/davenet/1997/12/15/realWorldXml.html (Publiziert am 15.12.1997)
7 http://www.scripting.com/davenet/1997/12/13/xml.html (Publiziert am 13.12.1997)
8 http://www.w3.org/TR/NOTE-CDFsubmit.html (Publiziert am 3.10.1997)
9 Die Referenz der Bezeichnung „Syndication" auf die in der Organisation von Nachrichtenagenturen, Sendernetzwerken und Redaktionen gängige Technik der „News Syndication", bei der vorproduzierte Inhalte in das Programm-, Sende- oder Seitenschema des jeweiligen Medienproduktes unbearbeitet eingebunden werden, ist bezeichnend.

zwischen Menschen und Rechnern – die Einen schreiben und lesen Inhalte, die Anderen übernehmen Weiterleitung und Darstellung – keine Unterschiede zwischen den Netzteilnehmern gemacht wurden. Der Internet Explorer (zumindest in Version 4 und 5) hingegen war als Rezeptionsapparatur gebaut, ganz im Gegensatz zu Netscapes Navigator. Der enthielt nämlich mit dem Composer auch ein Programm zur Erstellung und Bearbeitung von HTML Seiten. Mit dem Internet Explorer, insbesondere aber mit dem Syndikationsformat CDF waren die Rollen verteilt: Hier die Netzbetreiber, die Webseitengestalter, die Webmaster und die Suchmaschinenbetreiber, dort die konsumierenden Websurfer.

Netscape auf der anderen Seite legte nach einem fehlgeschlagenen XML Experiment, dem „What's related" Feature im Navigator 4.5, mit dem zu jeder eingegebenen Webseite ähnliche Seiten aus den Surfprofilen der Nutzer mittels der Alexa Datenbank erzeugt wurden. Deren Aggregationspraxis hatte wegen allzu starker Datenschutzverletzungen derart viel Protest ausgelöst, dass auch alle damit verbundenen Dienste keine besondere Popularität erlangen konnten. Netscapes zweiter Versuch aber im März 1999 stieß eine Entwicklung an, ohne die die Welt der Social Software heute nicht denkbar wäre. Viel schlanker als das scriptingNews Format, also mit weniger Inhalten zu jedem so formatierten Eintrag, aber gerichtet an ganz andere Leser als das CDF, veröffentlichte Nescape die erste Spezifikation der RSS Technologie. Im heute für die Web 2.0 Projekte so Identität stiftenden „Beta" Status kam die RSS Technologie als Version 0.9 heraus. Die Leser, die das RSS Format vor Augen hatte, waren nicht unbedingt die Heimrechner der Nutzer, sondern in erster Linie die personalisierten Startseiten, die Netscape im My Netscape Network anbot, also Seiten, die auf den Webservern je aktualisiert erzeugt wurden. RSS war die Abkürzung für RDF Site Specification, wobei RDF (Resource Definition Framework) selbst das Ergebnis eines Scheiterns war. Auch als Reaktion auf Microsofts CDF im Browserstreit hatte Netscape zuvor 1997 eine eigentlich ältere Entwicklung eines neuen Netscape Mitarbeiters beim W3C Consortium eingereicht, das Meta Content Framework MCF. Mit RSS war es möglich, in diesem Format definierte Inhalte auf der einen Seite über Netscapes Webserver zu den Nutzern zu bringen.

Damit war das Gewicht erneut verschoben. Netscape hatte den Browserstreit offiziell verloren: 1998 war der Code unter einer Open Source Lizenz veröffentlicht worden und damit nicht mehr im Wettstreit mit Microsofts Internet Explorer, obwohl Netscape, von AOL gekauft, am jetzt nur noch Mozilla genannten Projekt noch bis 2003 mitarbeitete, bis aus Mozilla die heute populären Firefox und Thunderbird Applikationen hervorgingen. Webserver waren spätestens seit 1993 zu immer selbsttätigeren Maschinen geworden, die nicht mehr nur Dateien standardisiert auslieferten, sondern Software nutzten, die immer neue Versionen von Dokumenten auch in Abhängigkeit von Eingaben des Nutzers in seinem Browser erzeugten. Webserver waren zu wichtigeren Mitspielern im Gefüge der Akteure im Netz geworden, denn sie lieferten nicht mehr nur von Menschen eingetippte Dokumente an Browsersoftware aus. Webseitenprogrammierer bestimmten nicht mehr vorrangig die Inhalte, sondern in erster Linie die Regeln und Prozeduren zur Verarbeitung unvorhergesehener Inhalte, die nun von Nutzerseite, von anderen Servern, aus Datenbanken oder aus anderen Quellen kommen konnten.

5   Zurück zur Arbeitsteilung? RSS 0.91, 0.92, 1.0, 2.0...

RSS aber öffnete auch für das Hinzutreten von neuen Mitspielern die Tür. Der erste entsteht bei einem alten Bekannten: scripting.com, jener Ort, an dem das scriptingNews Format entstand, war so etwas wie ein Weblog (ohne dass es so hieß), das die Entwicklung der Softwareschmiede Userland, einer Firma, die vor allem durch ihr Redaktionssystem Manila bekannt geworden ist, begleitete. Auf my.userland.com entstand im März 1999 der erste News-Aggregator, dem die Herkunft und die Inhalte der RSS Daten völlig egal war, jedenfalls ging er online ohne formelle Nutzungsrechte: „What you choose to say to your readers thru my interface is between you and them. But it's also at-will. Either of us can opt-out at any time."[10] Das war im März – im Juni und Juli des gleichen Jahres lieferten sich Netscape und Userland dann eine kleinere Auseinandersetzung über das Format selbst. Userland hatte für my.userland.com das damals selbstentwickelte scriptingNews Format zurückgestellt und gegen das schlankere RSS Format eingetauscht. Im Juni veröffentlichte Userland eine überarbeitete Variante des alten „fetten"[11] Formats (Version 2.0b1) auf der Basis von Netscapes RSS 0.90 und brachte damit eben diese dazu, ihrerseits RSS 0.91 zu entwickeln und vom alten RDF Format abzurücken. Die Beispiele in der Spezifikation dieses Formats verweist direkt auf Scripting News[12], eine Art Friedensangebot, das Userland Ende Juli auch so annimmt. Mit der Übernahme von Netscape durch AOL entbrennt ein neuer Wettstreit. AOL stellte die Entwicklung von RSS ein, warf die RSS Unterstützung sogar von der My Netscape Seite. Eigentlich wäre das kein Problem, hatten sich doch inzwischen genug Server und Endnutzer-Applikationen auf RSS eingestellt. Trotzdem zerbrach danach die Entwicklung in zwei Stränge: auf der einen Seite wurden bei Userland aus RSS 0.91 erst RSS 0.92,

---

10   http://www.scripting.com/davenet/1999/03/27/submission.html (Publiziert am 27.3.1999)
11   http://my.userland.com/stories/storyReader$11 (Publiziert am 15.6.1999)
12   http://web.archive.org/web/20001204093600/http://my.netscape.com/publish/formats/rss-spec-0.91.html (Spezifikation nicht mehr online, verfügbar über die Wayback-Machine unter http://www.archive.org, hier die Version vom 12.4.2001, ursprünglich publiziert am 10.7.1999)

dann RSS 2.0, das seit 2003 unter einer freien Creative Commons Lizenz beim Berkman Center for Internet & Society at Harvard Law School liegt. Auf der anderen Seite entstand eine unabhängige Entwicklungsinitiative, die, zurückgehend auf die ursprünglichen Spezifikationen von Netscape das RDF Format wieder aufnahm[13] und zu RSS 1.0 und RSS 1.1 weiterentwickelte. Seit 2003 ist mit dem Atom Format eine dritte Alternative im Spiel. Obwohl sich also mit RSS 0.91 ein Standard für XML basierte Content-Syndication etabliert hat, steht heute ein ganzer Strauß unterschiedlicher Formate zur Verfügung, die miteinander nicht kompatibel sind und nur mittels Übersetzungssoftware ineinander transformiert werden können. Was war passiert?

Um eine lange Geschichte kurz zu fassen: Der Grund für die Aufgliederung in erst zwei, später drei Formate (Google nutzt seit einiger Zeit auch ein viertes, eigenes Modell) liegt in sehr unterschiedlichen Möglichkeiten, bestimmte Mitspieler zu beteiligen. Während RSS auf der einen Seite vor allem menschlichen RSS-Erzeugern das Leben leichter machen sollte – es sollte ein wirklich einfaches Syndikationsformat sein, schließlich steht RSS in den Spezifikationen 0.91 bis 2.0 jetzt für „Real Simple Syndication" – sollte es auf der anderen Seite Anderen – z.B. Suchmaschinen, Browsern und anderen Applikationen – eine auswertbare und möglichst detaillierte Zusammenfassung von zusätzlichen Daten zu den Inhalten geben. In der RSS 1.0 Spezifikation steht RSS auch wieder, wie schon in der ersten 0.90 Version von Netscape, für RDF Site Summary. RDF, ein alter Bekannter, ist der zentrale Unterschied zwischen beiden Entwicklungen. Die eine Seite setzt auf einfache Nutzung; darauf, dass möglichst viele Webseitenbetreiber RSS für die Verbreitung und Verwertung nutzen und besteht deshalb darauf, das Format möglichst mit vielen Inhalten, aber mit wenig Metadaten zu füllen. RDF hingegen „is infended for situations in which this information needs to be processed by applications, rather than being only displayed to people."[14] Mit der Alternative RSS 1.0 und dem Rückgriff auf RDF, mit dem schon Netscape vor allem Serversoftware, weniger Nutzer ansprach, ist hingegen das Projekt verbunden, Software wie auch menschliche Websurfer zu legitimen Nutzern eines standardisierten Formats zu machen. Man könnte auch sagen: Während RSS 0.91-2.0 die alte Rollenteilung zwischen Nutzern und Software, zwischen Menschen und Maschinen wieder herzustellen suchte, ist RSS 1.0 der Versuch, sie aufzuheben.

---

13 http://web.resource.org/rss/1.0/spec (Publiziert am 14.8.2000)
14 http://www.w3.org/TR/2003/PR-rdf-primer-20031215/ (Publiziert am 15.12.2003)

6 Medienwandel und Mediensoziologie

Es gehört zu den Gründungsgeschichten der Mediensoziologie, dass ein Verständnis der modernen Gesellschaft ohne ein Verständnis des sie begleitenden, wenn nicht gar hervorrufenden, zumindest aber absichernden Wandels der medialen Bedingungen nicht zu erreichen ist. Mit dieser These setzten schon Benjamin und Adorno in je unterschiedlicher Weise an, Habermas hat darauf seine Analysen zum Strukturwandel der Öffentlichkeit aufgebaut und für Luhmann steht jede zum Primat gewordene Differenzierungsform der Gesellschaft in einem nicht näher bestimmten Verhältnis zur Ausbildung jener evolutionären Errungenschaften, die als Kommunikationsmedien die Unwahrscheinlichkeiten kommunikativer Anschlussoptionen in Wahrscheinlichkeiten transformieren. Schrift, Buchdruck, Massenmedien, neue Medien – vier große Leitmedien beschäftigen Mediensoziologie ebenso wie auch die Medien- und Kommunikationswissenschaften. Und spätestens seit Marshall McLuhan vor über 40 Jahren das Ende der Gutenberg-Galaxis ausgerufen hat (McLuhan 1964), suchen wir nach Anhaltspunkten dafür, welcher Art der dieser Wandel sein könnte und welche Konsequenzen er für die moderne (oder gewandelt, aber noch unverstanden: postmoderne) Gesellschaft hat.

Wie man den umrissenen Medienwandel aber so begrifflich fassen kann, dass der vermutete Zusammenhang mit dem Wandel moderner Gesellschaft beschreibbar und begründbar wird, bleibt unklar. Statt dessen hat sich die mediensoziologische Begriffsbildung – wie ein großer Teil der medien- und kommunikationswissenschaftlichen Theorien auch – darauf beschränkt, ihn als nur in ihren Konsequenzen spezifizierbare Abfolge epochaler Brüche zu verstehen. Für empirische Arbeit zu Produktionsformen, Rezeptionsformen und Anschlusskommunikationen ist das eine brauchbare Heuristik, denn mit ihr ließen sich zumindest bei den meisten der so genannten Massenmedien die Eigenschaften der sie stützenden Technik vereinfacht beschreiben – der Buchdruck liefert große Mengen identischer Kopien, das Fernsehen entfernt jede Rückkopplungsmöglichkeit, bindet aber an das Zeitschema der Programme und an die Asymmetrie von Sender und Publikum. Der aktuelle Medienwandel entzieht sich einer solchen Beschreibung allerdings hartnäckig. Das lässt sich nicht zuletzt ablesen an den vielen unbefriedigenden Versuchen, ihn auf bestimmte einzelne Eigenschaften der Medien zurückzuführen: geht es um ein mehr an Interaktivität? Um Multimedia? Um Digitalisierung? Um Realzeitlichkeit? Um Hypertextualität? Worauf soll man sich konzentrieren? Auf die Eigenarten der Vernetzungen? Die aber sagen nichts darüber, was vernetzt wird. Auf die Eigenschaften der Endgeräte? Aber davon gibt es zu viele verschiedene. Auf die Formen der Präsentation der Inhalte? Spätestens das Internet zeigt uns heute die Grenzen dieser

Reduzierbarkeit, transportiert es doch Datenpäckchen über Kupfer und Glasfasern, mittels Satelliten und per Funk zu mikroelektronisch unterfütterten Heim-PCs, Server-Farmen, Handheld-Computern, seit längerem nun auch zu Fernsehern, Stereo-Anlagen und Kühlschränken.

In der hier vorgeschlagenen Perspektive sind es diese interobjektiven Relationen, die unauffällig Regelungen, Konventionen und Standardisierungen in den technisch als immer wieder verlässlich realisierten infrastrukturellen Hintergrund einbetten. Medienwandel ist vielleicht ein Wandel von Interaktionsformen, vielleicht ebenfalls ein Wandel der ökonomischen und symbolischen Kräfteverhältnisse zwischen Rezipienten und verschiedenen Produzenten, vor allem aber ein Wandel jener Verwebungen, Assoziationen, Assemblagen von Techniken, Prozeduren und Routinen. Medienwandel ist ein Wandel von Interobjektivitätsformen.

Literatur

Akrich, M. (1992). The De-Scription of Technical Objects. In W. E. Bijker & J. Law (Hrsg.), Shaping Technology, Building Society. Studies in Sociotechnical Change (S. 205-224). Cambridge: MIT Press.

Barbrook, R. & Cameron, A. (1995). The Californian Ideology. Mute, 3.

Bloor, D. (1976). Knowledge and Social Imagery. London/Boston: Routledge & Kegan Paul.

Bloor, D. (1983). Wittgenstein. A Social Theory of Knowledge. New York: Columbia University Press.

Bowker, G. C., Baker, K. S., Millerand, F. & Ribes, D. (2007). Towards Information Infrastructure Studies: Ways of Knowing in a Networked Environment. International Handbook of Internet Research.

Bowker, G. C. & Star, S. L. (1999). Sorting Things Out: Classification and Its Consequences. MIT Press.

Bowker, G. C. & Star, S. L. (2000). Invisible Mediators of Action: Classification and the Ubiquity of Standards. Mind.

Callon, M. (1986). Some Elements of a Sociology of Translation. Domestication of the Scallops and Fishermen of Sr. Brieuc Bay. In J. Law (Hrsg.), Power, Action and Belief: A New Sociology of Knowledge (S. 196–233). London: Routledge.

Dyson, E., Gilder, G., Keyworth, G. & Toffler, A. (1994). Cyberspace and the American Dream: A Magna Charta for the Knowlegde Age. Full Insight, 1(2).

Halfmann, J. (2003). Technik als Medium. Von der anthropologischen zur soziologischen Grundlegung. In J. Fischer & H. Joas (Hrsg.), Kunst, Macht und Institution. Frankfurt am Main: Campus.

Heidegger, M. (1975). Die Frage nach dem Ding. zu Kants Lehre von d. transzendentalen Grundsätzen (2. unveränd. Aufl.). Tübingen: Niemeyer.

Knorr-Cetina, K. (1981). The manufacture of knowledge. An essay on the constructivist and contextual nature of science. Oxford/New York: Pergamon Press.
Knorr-Cetina, K. (1983). Science observed. perspectives on the social study of science. Thousand Oaks: Sage.
Latour, B. (1991). Technology is Society made Durable. In J. Law (Hrsg.), A Sociology of Monsters: Essays on Power, Technology and Domination (S. 103–131). London/New York: Routledge.
Latour, B. (1994). Der Berliner Schlüssel. Berlin: Wissenschaftszentrum für Sozialforschung.
Latour, B. (1995). Wir sind nie modern gewesen. Versuch einer symmetrischen Anthropologie. Berlin: Akademie-Verlag.
Latour, B. (1996). On Interobjectivity. Mind.
Latour, B. (2004). Why Has Critique Run Out of Steam? From Matters of Fact to Matters of Concern. Critical Inquiry (Special issue on the 'Future of Critique'), 25-48.
Latour, B. (2007). Eine neue Soziologie für eine neue Gesellschaft: Einführung in die Akteur-Netzwerk-Theorie (1. Aufl.). Frankfurt am Main: Suhrkamp.
Latour, B. & Woolgar, S. (1979). Laboratory life. The social construction of scientific facts. Thousand Oaks: Sage.
Luhmann, N. (1984). Soziale Systeme. Grundriss einer allgemeinen Theorie (1). Frankfurt am Main: Suhrkamp.
Luhmann, N. (1996). Die Realität der Massenmedien (2 erw. Aufl.). Opladen: Westdeutscher Verlag.
Luhmann, N. (1997). Die Gesellschaft der Gesellschaft. Frankfurt am Main: Suhrkamp.
Mackenzie, A. (2003). These Things Called Systems: Collective Imaginings and Infrastructural Software. soc stud sci, 33(3), 365-387.
Mackenzie, A. (2005). Untangling the Unwired: Wi-Fi and the Cultural Inversion of Infrastructure. Space and Culture.
McLuhan, M. (1964). Understanding media. The extensions of man. London: Routledge & Kegan Paul.
McQuail, D. (1972). Sociology of mass communications: selected readings. Harmondsworth: Penguin Books.
McQuail, D. (2008). McQuail's mass communication theory (5.). London {[u.a.]: Sage.
Merton, R. K. (1973). The sociology of science. Theoretical and empirical investigations. Chicago: University of Chicago Press.
Passoth, J.-H. (2007). Technik und Gesellschaft. Sozialwissenschaftliche Techniktheorien und die Transformationen der Moderne. Wiesbaden: VS Verlag.
Roßler, G. (2008). Kleine Galerie neuer Dingbegriffe: Hybriden, Quasi-Objekte, Grenzobjekte, epistemische Dinge. In G. Kneer, M. Schroer & E. Schüttpelz (Hrsg.), Bruno Latours Kollektive (S. 76-107). Frankfurt/M.: Suhrkamp.
Serres, M. (1987). Der Parasit (1. Aufl., [1. Dr.].). Frankfurt am Main: Suhrkamp.
Serres, M. (1992). Hermes III. Übersetzung. Berlin: Merve.
Star, S. (1999). The Ethnography of Infrastructure. American Behavioral Scientist, 43(3), 377-391.

Die Entstehung einer positionalen Struktur durch Konflikt und Kooperation bei Wikipedia: Eine Netzwerkanalyse[1]

Christian Stegbauer & Elisabeth Bauer

Zusammenfassung

Im vorliegenden Aufsatz wird an einem Beispiel, der Diskussion um einen Artikel zu einem moralisch aufgeladenen Thema, die Struktur von Kooperation und Auseinandersetzungen in der Wikipedia mit den Mitteln der Netzwerkanalyse nachgezeichnet. Bei der Betrachtung der Dynamik der Beziehungsstruktur zeigt sich, dass sich unterschiedliche Kommunikationsstrukturen abwechseln. Je nachdem, in welcher Phase sich die Struktur befindet, ergeben sich unterschiedliche Beteiligungsmöglichkeiten. In dem betrachteten Beispiel musste erst ein starker und über mehrere Monate dauernder Konflikt beendet werden, bevor sich eine stabilere Struktur mit der Position eines „Artikelkoordinators" ergab. Der Konflikt selbst ist durch ein Einwirken von zugeschriebenen äußeren Identitäten geprägt. Aus der Analyse lassen sich Konsequenzen für die Erstellung der Inhalte in Wikipedia ablesen. Welche Inhalte in den Artikeln stehen, ist zu einem guten Teil von der Kräftekonstellation in der Beziehungsstruktur rund um die jeweiligen Artikel abhängig.

1 Koordination der Artikelerstellung

Das Verfassen einer Enzyklopädie in einem Wiki, d.h. einer Website, deren Seiten jeder direkt bearbeiten kann, ist auf Organisation und Koordination angewiesen. Da Wikipedia selbst nur auf eine vergleichsweise schwache formelle Organisationsstruktur zurückgreifen kann, haben wir es mit einer Art „invisible hand" zu tun, durch die die Organisation „Wikipedia" entsteht. Notwendig für diese Koordination sind zum Einen Konventionen, zum Anderen aber auch Zuständigkeiten, die sich durch Interaktionen und Auseinandersetzungen mit

---

[1] Für Mitarbeit und Hilfe danken wir Alexander Rausch.

Gleichgesinnten, Gegnern, organisatorischen Schwierigkeiten, rechtlichen Problemen und anderen positiven wie negativen Einflüssen ergeben.

Blicken wir auf den Bereich, der den meisten Benutzern von Wikipedia am besten vertraut ist, die Erstellung von Artikeln, so finden wir sowohl Verhaltenskonventionen, als auch Rollenmuster. Meist ohne eine formelle Abstimmung haben sich solche Konventionen bei der Erstellung von Artikeln durchgesetzt. Eine dieser Konventionen besagt, dass die Autoren kurz über ihre Änderung an einem Artikel informieren sollten. Es gibt verschiedene Möglichkeiten, die anderen Beteiligten über das eigene Tun zu informieren. Jeder Änderung kann eine Zusammenfassung mitgegeben werden, mit der sie begründet und kommentiert werden kann. Diese wird in der Versionsgeschichte, einer speziellen Seite, die alle Änderungen am Artikel auflistet, angezeigt. Obwohl die Länge dieses Kommentars von der Software begrenzt wird, werden diese „Betreffs" von den Artikelautoren oft bereits zur Kommunikation und zu limitierten Diskussionen genutzt.

Eine weitere Möglichkeit, den anderen Teilnehmern etwas über das Tun und die Absichten in einer etwas längeren Form mitzuteilen, sind die zu den Artikeln zugehörigen Diskussionsseiten. In der MediaWiki-Software ist zu jedem Artikel eine eigene Diskussionsseite implementiert, auf der Änderungen besprochen und Fragen geklärt werden können. Hier finden die eigentlichen Auseinandersetzungen um die Inhalte der Artikel statt. Daneben werden gelegentlich auch Benutzerdiskussionsseiten, die persönlichen Nachrichtenseiten der Autoren, für Nachfragen speziell an einen bestimmten Autor genutzt. Weitere Diskussionen zu Artikeln finden zentral im Wikipedia-Namensraum, dem Organisationsbereich der Wikipedia, statt. Zum Beispiel fällt die Entscheidung, ob ein Artikel gelöscht werden sollte, auf „Wikipedia:Löschkandidaten". Auf „Wikipedia:Review" können Interessierte zu dort gelisteten Artikeln ein Review verfassen und auf „Wikipedia:Kandidaten für exzellente Artikel" ihr Votum abgeben, ob ein Artikel als besonders gelungen ausgezeichnet werden soll.

Im vorliegenden Beitrag analysieren wir an dem Beispiel einer Diskussionsseite, wie die Kooperation und die Auseinandersetzung um einen umstrittenen Artikel strukturiert ist. Unser theoretischer Rahmen wird vom neueren Strukturalismus gebildet. Dieser wurde vor allem von Harrison White entwickelt und ausführlich in seinem Werk „Identity and Control", welches 1992 erschien, dargelegt. Die Ideen von White beruhen auf einer Reihe geistesgeschichtlicher Wurzeln, bzw. weisen starke Parallelen zu Vorläufern auf. Neben der formalen Soziologie, für die vor allem Simmel (1908) und von Wiese (1924) stehen, sind dies die Rollentheorie (hier vor allem in der Fassung des austro-britischen Anthropologen Siegfried Nadel 1954); und die britisch/amerikanische (E. Bott 1957) und die französische Ethnologie (Levi-Strauss 1983).

In verschiedenen Aufsätzen setzt sich White oft sehr kritisch mit diesen Vorgängern auseinander. Die wichtigste Kritik von White an den Rollen- und Positionenmodellen, wie sie im Bereich der Rollentheorie entwickelt wurden, betrifft deren mangelnde Flexibilität. Zwar gibt es tatsächlich bestimmte stereotype Rollenvorstellungen, die auch bis zu einem gewissen Grad von den beteiligten Personen als handlungsleitend angesehen werden. Man denke nur an das in diesem Zusammenhang oft strapazierte Beispiel des Arzt-Patientenverhältnisses, bei dem durch das Wirken von Erwartungs-Erwartungen die Handlungsspielräume für beide Seiten stark eingeschränkt und die Verhaltensweisen uniformiert sind. Bei einer Rollentheorie, die solche Vorstellungen vertritt, wird jedoch die Tatsache unterschlagen, dass sich in allen Bereichen, in denen Menschen zusammenkommen, sehr schnell soziale Strukturen herausbilden, für die es oft gar keine „Rollenvorbilder" mit etablierten Erwartungs-Erwartungen gibt. In diesem Fall entsteht durch die Art und Weise, wie die beteiligten Personen agieren, eine neue eigene positionale Struktur.

Allerdings werden die neuen und in Aushandlungen und Auseinandersetzungen geborenen positionalen Strukturen nicht auf einem leergefegten Tisch verhandelt. Für die Entstehung einer neuen positionalen Struktur sind neben den situativen Komponenten vor allem Übertragungen aus anderen Bereichen auf die dort vorgefundene Sachlage von Bedeutung. Kieserling (1999) hat solche Übertragungen als „Typenprogramme"[2] für Interaktion bezeichnet. Dies mag für die Strukturierung der Positionen in Wikipedia zu weit gehen, was man jedoch beispielsweise immer wieder findet, ist, dass Teilnehmer eine Leitungsstruktur erwarten. Offenbar kann man sich, auch aufgrund von Erfahrungen aus anderen gesellschaftlichen Bereichen, die reine Selbstverantwortlichkeit kaum vorstellen. An vielen Beispielen könnten wir belegen,[3] dass Administratoren in eine solche Leitungsposition auch von den Teilnehmern gedrängt werden, obgleich auf den entsprechenden Wikiseiten ausdrücklich betont wird, dass diese keine Sonderstellung einnehmen.[4]

Dennoch kann man nicht sagen, dass dort, wo es Rollenvorbilder gibt, diese von vornherein in einer bestimmten Weise determiniert wären. Auch wenn Erwartungen von Außen an Positionen herangetragen werden, sind sie „verhan-

---

2   Kieserling (1999: 18) "Beispiele für Interaktion wären demnach: eine Party, eine gemeinsame Autofahrt, die mündliche Verhandlung vor Gericht, Vertreterbesuche mit oder ohne Vorankündigung, ein Rendezvous, ein Gottesdienst, eine Hinrichtung. In all diesen Fällen gibt es Typenprogramme für die Durchführung der Interaktion. Dies erleichtert auch eine sprachlich eindeutige Bezeichnung z.B. Party und eine gewisse Vorverständigung über den allgemeinen Sinn der Zusammenkunft, sodass diese nicht erst noch ausgehandelt werden muss."
3   Das tun wir aber in diesem Beitrag noch nicht, weil es über das hier behandelte Thema hinausgeht.
4   http://de.wikipedia.org/wiki/Wikipedia:Administratoren (08.08.2007, 9:40).

delbar", sie unterliegen sozialen Aushandlungsprozessen. Die alte Rollentheorie hat oft zu Missverständnissen von weitreichender Bedeutung geführt. So spricht Goffman (1973) dort von Rollendistanz, wo die Beteiligten ein eigenes Arrangement getroffen haben, welches mit dem „hinlänglich erwarteten Rollenbild" nicht übereinstimmte. Habermas (1973) nahm die Figur der Rollendistanz auf, um die Freiheit des Individuums mittels „Freiheitsgraden" im Rollensystem zu begründen. In seiner Theorie des kommunikativen Handelns wurde diese Argumentationsfigur prominent.

Von unserem Ausgangspunkt aus gesehen nimmt eine solche Sicht zu wenig die Entwicklungsmöglichkeiten eines positionalen Systems in den Blick. Die Rollensysteme werden dort entweder nur auf einer allgemeinen gesellschaftlichen Ebene anerkannt oder vom Individuum als Rollenträger (beispielsweise Dahrendorf 1959) aus betrachtet. Wir hingegen untersuchen eine mittlere Ebene, bei der die Entstehung der positionalen Struktur ins Zentrum gerückt wird. White hat bei der Entwicklung der Blockmodellanalyse, die als Methode zur Aufdeckung der positionalen Struktur entwickelt wurde, gezeigt, dass in allen sozialen Beziehungen Rollenstrukturen entstehen. Dabei handelt es sich um Arrangements, die in Auseinandersetzung mit den anderen entstehen. In diese Arrangements fließen auch stereotype Rollenbilder ein, aber die konkrete Ausgestaltung der Beziehungen unterliegt der Auseinandersetzung mit den beteiligten unterschiedlichen Teilnehmern. Das bedeutet, dass die getroffenen Arrangements variieren. Allerdings finden sich häufig auch strukturelle Ähnlichkeiten, die durch verschiedene gleichartige Restriktionen und das Wirken von groben Rollenvorbildern entstehen mögen.

In unserem Beitrag ist wichtig, dass White eine Begründung dafür liefert, Beziehungen mit Hilfe einer positionalen Analyse zu untersuchen. Wenn die Struktur von Beziehungen nicht so uniform ist, wie sie durch die Rollentheorie zu erwarten ist, dann lohnt sich ein genauer Blick auf die Struktur, die sich in den einzelnen Kontexten herausbildet.

Dies wollen wir im Zusammenhang mit der Erstellung von Artikeln in der Wikipedia tun. Eine der bereits genannten Prämissen bei dieser Untersuchung ist, dass sich überall, wo Menschen aufeinander treffen, Beziehungsstrukturen herausbilden. Seit den Überlegungen und Untersuchungen (Davis 1977) zur Balance-Theorie wissen wir, dass negative Beziehungen stark strukturierend wirken. Das bedeutet, dass wir das strukturierende Moment besonders gut an einem Beispiel untersuchen können, in dem Konflikte mit starken Auseinandersetzungen zu erwarten sind. Dies ist der Fall bei kontroversen Themen, die unterschiedliche Sichtweisen unter den beteiligten Personen zulassen.

Wo finden nun die Auseinandersetzungen um die Artikelinhalte statt? In den Artikeln kommt es manchmal zu sog. „Editwars", bei denen eine von einem

Teilnehmer vorgenommene Änderung von einem anderen Teilnehmer zurückgesetzt wird. Der Teilnehmer, dessen Beitrag auf diese Weise gelöscht wird, reagiert darauf, dass er wiederum die Rücksetzung rückgängig macht, usw. Editwars und andere inhaltliche Auseinandersetzungen um Artikelinhalte finden bei Wikipedia meist auch ihren Niederschlag auf den zu den verschiedenen Artikeln zugehörigen Diskussionsseiten. Das bedeutet, dass man durch eine Analyse von Diskussionsseiten die Auseinandersetzung um die Inhalte eines Artikels einfangen kann. Wir haben uns für die Untersuchung der Diskussion um den Artikel „Massaker von Srebrenica" entschieden.

2 Überblick

Im Folgenden werden wir kurz auf die Charakteristika von Diskussionsseiten in der Wikipedia eingehen und die von uns angewandte Methode zur Abbildung der Beziehungsnetzwerke, die sich auf solchen Seiten bilden, vorstellen. Daran schließt sich eine genauere Analyse des Fallbeispiels, der Diskussion um den Artikel „Massaker von Srebrenica" an, bei der wir zunächst den Werdegang des Artikels und der Diskussion im zeitlichen Verlauf darstellen und anschließend genauer die verschiedenen, bei der Analyse zu Tage getretenen Strukturmerkmale präsentieren.

3 Diskussionsseiten

Technisch betrachtet, sind Diskussionsseiten normale Seiten im Wiki, die genau wie andere Seiten bearbeitet werden können. Erreichbar sind sie über einen Link in der Reiterleiste auf jeder Seite, als Seitennamen tragen sie den Titel der Bezugsseite mit dem Präfix „Diskussion:". Es wird allerdings längst nicht zu jedem Artikel tatsächlich eine Diskussion geführt. Im Februar 2007 zählten wir bei einem Stand von 559327 Artikeln 171597 Diskussionsseiten (31%). Ein Zufalls-Sample aus 2754 Artikeln im Oktober 2006 ergab einen Anteil von 28% Diskussionsseiten mit durchschnittlich 9,6 Bearbeitungen und einem Median von 3. Viele Beiträge ziehen erwartungsgemäß die Diskussionsseiten zu kontroversen Themen an (vgl. Tabelle 1).

Man kann sagen, dass auf den Diskussionsseiten zwar Auseinandersetzungen um die Artikel geführt werden, allerdings kommen die meisten Artikel offenbar ohne eine solche Diskussion zustande. Oft sind dann nur wenige Autoren im Spiel und/oder die beschriebenen Kurzmitteilungen über vorgenommene

Änderungen, die auf der Versionen-/Autorenseite gespeichert werden, reichen für die Koordination aus.

Seite	Anzahl der Änderungen
Hauptseite	9153
Libanonkrieg_2006	3139
Jesus_von_Nazaret	3121
Homöopathie	2558
Junge_Freiheit/Archiv_5	2140
Studentenverbindung	1909
Informationsdienst_gegen_Rechtsextremismus	1901
Sexueller_Missbrauch_von_Kindern/Archiv_9	1849
Völkermord_an_den_Armeniern/Archiv5	1724
Scientology	1478

Tabelle 1: Diskussionsseiten mit den meisten Änderungen in Wikipedia (Oktober 2006)

Auf den Diskussionsseiten haben sich, seit es Wikipedia gibt, eine Reihe von Konventionen herausgebildet. So ist es üblich, Diskussionsbeiträge zu „unterschreiben". Diese Unterschriftskonvention wird von erfahrenen Teilnehmern oft rigoros durchgesetzt: Kennt ein Neuling diese Norm nicht oder vergisst er zu unterschreiben, tragen andere seine Unterschrift nach und ermahnen ihn. Neue Themen werden üblicherweise unter einer neuen Überschrift ergänzt. Antworten werden eingerückt unter den vorherigen Beitrag gesetzt. Manchmal findet sich auch ein Teilnehmer, der die Diskussion ordnet, indem er die Diskussionsbeiträge bestimmten Themen zuordnet. Während Artikel Kollektivgut sind, das jederzeit von jedermann redigiert werden darf, hat sich die Norm durchgesetzt, dass Beiträge von anderen auf Diskussionsseiten nicht verändert werden sollen.

4 Methode

Für die vorliegende Untersuchung beschränken wir uns auf die Analyse von Artikeldiskussionsseiten. Aus einem Zufalls-Sample von 4400 Stichwörtern wurden 30 Artikeldiskussionen mit mehr als 20 Beiträgen ausgewählt und manuell kodiert. Eine direkte Antwort auf den Beitrag eines Diskussionsteilnehmers ergab eine gerichtete Beziehung zwischen den Teilnehmern. Nahm der Diskussionsteilnehmer auch auf andere Beiträge Bezug, wurden diese ebenfalls als Beziehung kodiert. Dabei notierten wir nicht nur die Quantität, sondern auch die Qualität von Beziehungen. Neben der allgemeinen, nicht qualifizierten Beziehung wurden erhoben:

- Unterstützung, Lob, Dank
- Belehrung, Ermahnung, Hinweise auf Fehler
- Arbeitsauftrag
- Erfüllung eines Arbeitsauftrags/Änderungswunsches
- Kritik, gegensätzliche Position
- Negative Beziehung (Beleidigung, persönlicher Angriff)
- Einlenken, Nachgeben

Ein zusätzliches Tie für eine Diskussion „Von Gleich zu Gleich", mit der kollegiales Verhalten aufgezeichnet werden sollte, stellte sich beim Kodieren der Beiträge als schwer interpretierbar heraus, so dass es im Folgenden nicht in die Analyse mit einfließt. Mehrfachzuordnungen waren möglich. Die daraus gewonnenen Beziehungsnetzwerke wurden anschließend mit Attributen kombiniert, z. B. dem Status der Benutzer (Administrator, angemeldeter Benutzer, anonym) oder der Zahl der zum jeweiligen Artikel geleisteten Beiträge.

Als besondere Schwierigkeit erwies sich bei der Kodierung der Umgang mit nicht angemeldeten Autoren, die unter wechselnden IP-Adressen an der Diskussion teilnahmen. Hier wurden, soweit aus dem Kontext erkennbar, Beiträge derselben Personen zusammengefasst.

5 Fallbeispiel „Massaker von Srebrenica"

Zahlreiche der von uns untersuchten Diskussionsseiten weisen nur schwache Beziehungsstrukturen auf, da trotz der Beschränkung auf ein Mindestmaß an Auseinandersetzung nur wenige Teilnehmer oft unabhängig voneinander zur Debatte beitrugen. Häufig war kaum ein Zusammenhang zwischen den einzelnen Beiträgen erkennbar, da diese in größerem zeitlichen Abstand zueinander erfolgten und man nicht den Eindruck hatte, dass es häufig vorkam, dass frühere Diskutanten auf eine Reaktion zu ihrem Beitrag wieder in den Diskurs einstiegen. Einige Diskussionen waren in der Hinsicht ergiebiger, als dort Auseinandersetzungen geführt wurden und eine klare Positionsstruktur erkennbar wurde.[5] Die Diskussion zu dem Artikel „Massaker von Srebrenica" wurde ausgewählt, da diese mit 215 Beiträgen zu den umfangreichsten im Sample gehört. Es wurden 42 Teilnehmer erfasst, davon 22 angemeldete Nutzer, drei Administratoren und ein Bot (ein Account, der automatisiert Wartungsaufgaben erfüllt).

Wir erwarteten, dass bei dem umstrittenen Thema eine deutliche Strukturierung in den Auseinandersetzungen erkennbar sein müsste. In der Tat finden wir heftige Auseinandersetzungen: Insbesondere gilt dies für den Zeitabschnitt zwischen Februar 2006 bis in den Spätsommer des gleichen Jahres. In diesem Zeitraum werden Zahlen angezweifelt, Belege gefordert, der Tonfall ist unfreundlich und oft sogar beleidigend. Ein Beispiel:

"Und außerdem haben Sie mir immer noch keine triftigen Beweise geliefert, dass in Bosnien genauso viele serbische Zivilisten von Bosniern massakriert worden sind wie umgekehrt. Entweder sind Sie der deutschen Sprache nicht mächtig, können nicht richtig lesen oder haben schlichtweg keine."

Unter den Diskussionsteilnehmern sind mehrere Bosnier und Serben, oft wird die Nationalität und der persönliche Hintergrund der Teilnehmer in den Diskussionen auch thematisiert, wie im folgenden Beitrag über einen Kommentar des Teilnehmers KA[6]:

"Wer fordert das, wer ist KA, ohne Wikifizierung? Wo soll etwas nicht neutral sein? Welche Nationalität besitzt KA?"

Ein Edit-War entsteht, als ein Teilnehmer Details zu seiner Familiengeschichte aus dem Beitrag eines anderen löschen will.

5.1 Die Bedeutung der Zeitverlaufs

Ab etwa Mitte Oktober 2006 ist der Konflikt beendet. Ab diesem Zeitpunkt werden Textentwürfe disziplinierter diskutiert und der Artikel verbessert. Der Artikel wird seit dieser Zeit im Wesentlichen von einem Hamburger Politologen (Teilnehmer AT) betreut. Obgleich es sich um einen Anfänger in der Wikipedia handelt, wird der Artikel von diesem Teilnehmer durch die Institutionen der

---

5   Das bedeutet nicht, dass im Umkreis anderer Artikel mit geringer ausgeprägter Diskussion nicht auch eine positionale Struktur vorhanden wäre. Allerdings lässt diese sich nicht unbedingt an einem einzelnen Artikel beobachten. Um Positionen im Umkreis von Themengebieten zu untersuchen, muss man mehrere Artikel zu bestimmten Themen untersuchen.
6   Alle Teilnehmernamen wurden anonymisiert.

Wikipedia geschleust. Zuerst stellt er den Artikel vom 17. bis 28. November 2006 ins Review, an dem sich aber nur eine Person beteiligt. Die Institution des „ins Review Stellens" bedeutet, dass damit eine größere Anzahl an Lesern auf den Artikel aufmerksam werden und sich an der Verbesserung des Artikels beteiligen soll.[7] Ein erfolgreiches Review gilt auch als eine der Voraussetzungen für eine Lesenswert- oder Exzellenz-Kandidatur.

Tatsächlich stellt der Teilnehmer AT direkt im Anschluss an diesen Prozess den Artikel auf die Seite, auf der lesenswerte Artikel gekürt werden.[8] Dort können andere Teilnehmer den Artikel bewerten. Am 5. Dezember wird der angestrebte Status mit ausschließlich Pro-Stimmen erfolgreich erreicht. Sogleich wird die nächste Auszeichnung angepeilt: Am 7. Dezember folgt die Exzellenz-Kandidatur, die der Artikel ebenfalls erfolgreich am 27. Dezember 2006 beendet. Die vorher auf der Artikeldiskussionsseite aktiven Teilnehmer beteiligen sich allerdings nicht an diesen Auswahlprozessen und geben auch keine Stimme ab.

Im Folgenden beschreiben wir den Zeitablauf noch einmal anhand der Beziehungsstruktur der Diskussion und analysieren, wie es zunächst zu dem Streit und später zur Beilegung weitgehend durch einen einzelnen Teilnehmer kommen konnte. Hierzu zerlegen wir die Diskussion in vier Zeitabschnitte. Die Zeitabschnitte wurden nicht als fixe Perioden bestimmt, sondern die Gesamtzahl der Teilnehmer wurde durch die angestrebte Zahl an Perioden (4) geteilt. Die Einteilung in Perioden wurde dann nach der Zahl der in diesem Zeitraum sich neu beteiligten Teilnehmer vorgenommen. Hierdurch wurde die in der Abbildung gekennzeichnete Periodeneinteilung erreicht.

Abbildung 1 verdeutlicht, was wir auch bei den anderen 30 untersuchten Diskussionsseiten festgestellt haben, nämlich dass die Zeit als ein wesentliches Strukturierungsmoment angesehen werden kann. Es zeigt sich, dass die Teilnehmer sich meist nur über einen bestimmten Zeitraum an der Auseinandersetzung beteiligen. Kaum ein Teilnehmer ist kontinuierlich anwesend. Die Diskutanten sind klar in unterschiedliche soziale Formationen auftrennbar, die nach Zeitabschnitten geordnet sind. Besonders die Teilnehmer der ersten „Gruppe" (Kreise) rechts unten, die intensiv untereinander diskutieren, tauchen später im Geschehen nicht mehr auf.

Lediglich über einen Teilnehmer (MH) ist diese erste Formation mit den Teilnehmern des zweiten Abschnitts verbunden. Tatsächlich findet man hier das strukturelle Merkmal einer Clique. In einer Clique ist jeder mit jedem verbunden. Zwar sind auch hier Teilnehmer zu finden, auf die sich mehr Aufmerksamkeit richtet als auf andere – im Verhältnis zu unseren Forschungserfahrungen in ande-

---

7   http://de.wikipedia.org/wiki/Wikipedia:Review (08.08.2007, 10:50).
8   http://de.wikipedia.org/wiki/Wikipedia:Kandidaten_für_
    lesenswerte_Artikel (08.08.2007, 10:54).

ren Feldern der internetbasierten Kommunikation (Stegbauer 2001; Stegbauer & Rausch 2006) und zu den anderen in diesem Artikel beobachteten Perioden finden wir hier eine sehr ungewöhnlich hohe gegenseitige Verbundenheit. Zwischen der ersten und zweiten Phase kommt der Diskurs für eine Zeit zum Stillstand. Es tritt eine zweimonatige Pause ein. Die zweite Phase, deren Teilnehmer mit Quadraten gekennzeichnet ist, zeichnet sich durch sehr starke Auseinandersetzungen aus. Hierauf gehen wir im weiteren Verlauf des Aufsatzes noch näher ein. In der dritten Phase (Dreiecke) bricht die Struktur weitgehend zusammen, wodurch strukturell das Feld bereitet wird für das „neutrale" Wirken von Teilnehmer AT in der vierten Phase (gekreuzte Quadrate), welches bereits in Ansätzen beschrieben wurde.

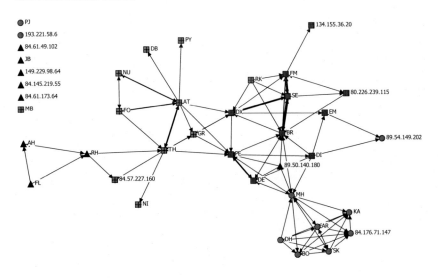

Abbildung 1: Beziehungsnetzwerk nach Zeitabschnitten.
Kreis: Juni 05-Februar 06, *Quadrat:* Februar 06-Mai 06, *Dreieck:* Mai 06-August 06, *Gekreuztes Quadrat:* August 06-Dezember 06

Den Verlauf kann man als ein sich „Totlaufen" des Streits beschreiben. Die im zweiten Abschnitt entstandene Struktur bricht zusammen und obgleich sich in der dritten Phase (in der Abbildung als Dreiecke zu sehen) eine Reihe von Teilnehmern mit Diskussionsbeiträgen einmischt, kommt kaum eine wirkliche Auseinandersetzung auf. Man kann sagen, dass einige der im zweiten Zeitabschnitt beteiligten Teilnehmer resigniert aufgegeben haben. Nach dem Strukturzerfall bricht mit der dritten Phase eine Zeit an, in der es nur zu wenig Kontakt zwischen den Beteiligten an der Diskussion kommt. Dies ist daran zu erkennen, dass im Graphen nur einige Teilnehmer miteinander verbunden sind und sehr viele der jetzt hinzugetretenen isoliert bleiben. Wenn, wie in diesem Zeitabschnitt keine klare Kommunikationsstruktur erkennbar ist, dann handelt es sich um eine Phase, in der vieles offen ist. Wir finden keine klare Positionierung, keinen dominierenden Teilnehmer und auch keine klare Scheidung zwischen Zentrum und Peripherie.

An anderer Stelle haben wir eine solche Situation mit schwacher Strukturierung als Gelegenheit bezeichnet, in der die Chance für ein Eintreten in das Zentrum eröffnet wird (Stegbauer & Rausch 2006: 194). Tatsächlich kommt es in der darauf folgenden vierten Phase wieder zu einer Restrukturierung. Diese Phase ist durch die Dominanz eines aus zwei Personen gebildeten Zentrums gekennzeichnet. Nachdem die Auseinandersetzungen nach der zweiten Phase an ein Ende gekommen sind, ist für diese beiden Teilnehmer das Feld bereitet. Man kann sagen, dass ein „strukturelles Vakuum" entstanden ist. Hierdurch bestand die Möglichkeit, den hochumstrittenen Artikel sogar auf ein Niveau zu bringen, der mit dem Exzellenzstatus honoriert wurde.

Mit unserem Projekt unterliegen wir dem Zwang, die Untersuchung zu einem definierten Zeitpunkt enden zu lassen. Dieser liegt im betrachteten Fall beim Jahreswechsel 2006/2007. Wir erlauben uns aber an dieser Stelle einen Blick über diese Begrenzung hinaus: Im weiteren Verlauf zeigt sich, dass einer der beiden zentralen Teilnehmer (AT) seine Stellung als Koordinator des Artikels festigen kann. Mittlerweile hat er diese Position schon über den längsten Zeitraum inne, in dem ein einzelner Akteur der Diskussionsgeschichte aktiv war.

Wir können an der Strukturgeschichte ablesen, wie Öffnungs- und Schließungsperioden einander abwechseln. Wir können davon ausgehen, dass während der ersten Phase eine relative Gleichheit mit der Möglichkeit zur Beteiligung bestand. In der zweiten Phase war eine neutrale Beteiligung wohl kaum möglich, zu sehr unterlag die Auseinandersetzung einer Polarisierung. Die Chance einer erneuten Öffnung kam durch das Zusammenbrechen der polarisierten Positionen in der dritten Phase zustande. Diese wurde in der vierten Phase hauptsächlich von dem einen Teilnehmer genutzt, der bis heute als „Artikelbesitzer" agiert. In diese Position kam er durch die Bestätigungen, die er als neuer Teilnehmer in der Phase der Offenheit mit der scheinbar gelungenen Streitbeilegung (obgleich dieser sich ja bereits totgelaufen hatte) und der erfolgreichen Exzellenzkandidatur erhalten hatte.

Bei seinem Wirken bekommt Teilnehmer AT bereits für seinen ersten Diskussionsbeitrag, bei dem er eine Änderung der Einleitung vorschlägt, Lob von dem erfahrenen Teilnehmer TH zu hören:

„Mach mal. Dein Vorhaben dürfte eine deutliche Verbesserung des Artikels bedeuten." (am 17.10.2006)

Später bekommt er von diesem Teilnehmer ein besonderes Lob und eine Ermutigung zu hören:

„Glückwunsch, sehr gute Arbeit.

"Gegenteilige Darstellungen" sind allerdings immer Zweifel und Relativierungen, daher sollte diese Überschrift bleiben, die hat sich auch in den anderen Artikeln auf WP eingebürgert." (am 26.10.2006).

Der Zuspruch und das Lob von einem erfahrenen Teilnehmer, der selbst vergleichsweise wenige Änderungen am Artikel vornimmt, die Beiträge von Teilnehmer AT aber positiv kommentiert, lassen sich als Schlüssel für die Übernahme der Leitungsposition an dem Artikel ansehen. Die späteren Erfolge sind eine weitere Ermutigung für den in die Rolle des Verantwortlichen hineingewachsenen Teilnehmer AT, weiterhin auf diese Weise zu agieren. Wie wir mit dem Blick über die Untersuchungszeitgrenze hinaus gesehen haben, beginnt damit allerdings strukturell wieder eine Schließungsperiode. Seitdem dürfte es anderen Teilnehmern schwer fallen, sich gleichberechtigt zu beteiligen.

An diesem Beispiel kann man zeigen, wie die Übernahme einer zentralen Position funktioniert. Zunächst sind bestimmte strukturelle Gegebenheiten dafür Voraussetzung. Dies war nach dem Zusammenbruch des Streits der Fall, der „Artikel war auf der Suche" nach jemandem, der sich um ihn kümmert. Ein guter Beitrag oder ein guter Vorschlag für eine Änderung reicht auch in dieser Situation offenkundig nicht aus, es muss die Ermutigung durch erfahrenere Teilnehmer hinzukommen. Bei diesem Prozess scheint es ebenfalls wichtig zu sein, dass der neue Teilnehmer darin bestärkt wird, seinen Beitrag auch gegen Widerstände durchzusetzen. Die Positionsübernahme erfolgt, wenn diese Voraussetzungen gegeben sind, in einer „enormen" Geschwindigkeit, denn es reichen offenkundig wenige Kommunikationssequenzen hierfür aus.

5.2 Die Bedeutung von formalen Positionen

In unserem von der DFG geförderten Forschungsprojekt, welches sich mit der Konstitution und dem Erhalt von Kooperation bei der Wikipedia beschäftigt, finden wir bei verschiedenen Analysen immer wieder, dass bei Auseinandersetzungen der formale Status der Beteiligten ein wesentliches Kriterium für die Vorhersage des Ausgangs von Streitigkeiten ist. Im hier behandelten Beispiel sind die Administratoren die einzigen, die deutlich von den „normalen" Teilnehmern aufgrund ihres formalen Status unterscheidbar sind. Um bei Wikipedia Administrator zu werden, durchläuft man eine Art von Wahlverfahren, bei dem erfahrene und bereits längere Zeit aktive Teilnehmer für oder gegen den Mitstreiter votieren. Bei der Mehrzahl der „Wähler" handelt es sich ebenfalls um Administratoren. Als Ergebnis bekommen die Administratoren Zugang zu zusätzlichen Software-Funktionen, zum Beispiel der Möglichkeit, Artikel zu löschen oder gegen Bearbeitung zu schützen und Benutzer zu sperren. Wer Administrator werden will, muss sich meist durch eine intensive und längere Beteiligung an der Wikipedia, insbesondere auch als Autor ausgezeichnet haben. Aufgrund dieser Tatsachen würden wir vermuten, dass einer oder mehrere Administratoren bei der Betrachtung der Kommunikationsstruktur um den Artikel „Massaker von Srebrenica" ebenfalls als Akteure zu finden sein müssten und aufgrund der Übertragbarkeit von positionalen Attributen in diesem Artikel ebenfalls von herausragender Bedeutung sein könnten.

Dies ist, wie in Abbildung 2 gezeigt, nicht der Fall. Tatsächlich finden wir auch hier mehr Administratoren unter den Teilnehmern der Diskussion um unseren Beispielartikel als aufgrund ihres Anteils an den gesamten Wikipedia-Teilnehmern zu erwarten gewesen wäre.[9] Allerdings sind die Administratoren im diskutierten Zusammenhang keineswegs, wie wir geglaubt haben, in zentralen Positionen. Sie gehören vielmehr der Peripherie an und sind kaum an den Auseinandersetzungen beteiligt.

Wenn also an dieser Stelle die Übertragung von positionalen Attributen auf die Struktur der Diskussion des Artikels nicht stattfindet, dann kann man daraus schließen, dass die positionale Struktur auf der Diskussionsseite des Artikels „Massaker von Srebrenica" auf eine andere Weise entsteht. Diesen Prozess werden wir nun näher untersuchen.

---

9   Zum Untersuchungszeitpunkt waren etwa 200 Administratoren bei 400.000 angemeldeten Teilnehmern aktiv. So beeindruckend dieser Vergleich auch ist, er ist nicht ganz gerechtfertigt, da bei den angemeldeten Teilnehmern viele Mehrfachanmeldungen mitgezählt werden.

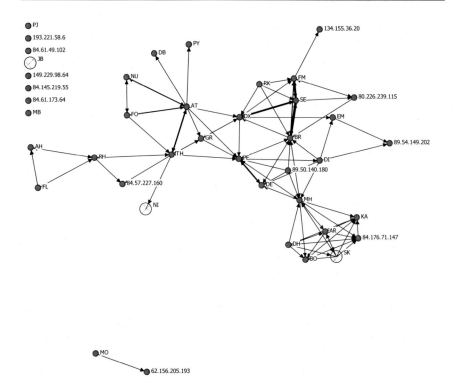

Abbildung 2: Diskussionsnetz nach Status.
Administratoren (große Kreise) nehmen eine Randposition ein.

5.3 Die Beschreibung von Positionen, die um die Auseinandersetzung um den Artikel entstehen

Um ein genaueres Bild vom System der unterschiedlichen Positionen zu bekommen, analysieren wir mit der Methode der Inhaltsanalyse die qualitativen Beziehungen der Diskussionsteilnehmer. Die Kategorien, nach denen alle Kommunikationssequenzen kodiert wurden, sind bereits oben beschrieben worden. Auf diese Weise ist es möglich, die Beziehungen zwischen den Teilnehmern zu qualifizieren. Wir tun dies, indem wir klassifizieren, ob in der Diskussionssequenz Kritik, eine negative Beziehung, Ermutigung etc. mitschwingt bzw. offen zu Tage tritt. Diese kategoriale Analyse lässt sich auch quantifizieren, wenn man

Netzwerkanalyse: positionale Struktur bei Wikipedia

die Beziehungsdichte in die unterschiedlichen Kategorien aufspaltet.[10] Hierdurch ist es möglich, mit geringem Aufwand anhand eines Vergleichs der Netzwerkdichten (siehe Tabelle „Beziehungsdichten") die Diskussion zu typisieren: Die höchste Dichte weist der Beziehungstyp „Kritik" auf, gefolgt von „Negative Beziehung". Während Kritik der Standpunkte zur normalen Auseinandersetzung gehört, kann man insbesondere durch die Erfassung des Typs der negativen Beziehungen auf den Verlauf der Konfliktlinien zurückschließen. „Unterstützung" ist in der Diskussion eher spärlich verteilt. Der seltenste Beziehungstyp ist die „Erfüllung eines Arbeitsauftrags", der bei einer gefestigten hierarchischen Struktur häufiger zu erwarten gewesen wäre.

In der Tabelle ist dem zweiten Zeitabschnitt eine eigene Spalte gewidmet. Dort werden die Anteile der Kommunikationsdichten abgetragen, die nur auf die zu diesem Zeitabschnitt zugehörigen Teilnehmer untereinander entfallen. Wäre die Kommunikation zwischen allen Teilnehmern gleich verteilt, müsste etwa ein Viertel der verschiedenen Dichtekategorien auf diesen Zeitabschnitt entfallen. Wir sehen aber, dass ein sehr viel höherer Anteil der Kommunikationsdichte des gesamten Untersuchungszeitraums auf diese Periode entfällt. Dass die Auseinandersetzung besonders diesen Zeitraum betrifft, kann daran abgelesen werden, dass 9/10 der Kommunikationssequenzen, in denen negative Beziehungen zum Ausdruck gebracht werden, aus diesem Abschnitt stammen. Darüber hinaus werden auch überdurchschnittlich viele Arbeitsaufträge erteilt, diese aber nicht in gleichem Maße abgearbeitet. In weit höherem Maße, als es zu erwarten gewesen wäre, findet sich Nachgeben, bzw. Einlenken in dieser Phase.

Kategorie	Dichte[11]	Davon entfällt auf die Teilnehmer des zweiten Zeitabschnitts untereinander	Anteile, die auf Teilnehmer des zweiten Abschnitts entfallen
Ingesamt	0.1185	0.0621	52%
Kritik	0.0267	0.0128	48%
Negative Beziehung	0.0157	0.0139	89%

---

10 Die Summe der einzelnen Kategorien ergibt nicht ganz den Wert der „overall density", da nicht alle Kommunikationssequenzen in eine der speziellen Kategorien fallen und zudem Mehrfachkodierungen möglich waren.
11 Die Dichte wurde nicht, wie sonst oft üblich dichotomisiert berechnet. Die Werte können also nicht als Anteile realisierter an den möglichen Beziehungen interpretiert werden. Da in die Berechnung auch Mehrfachbeziehungen einflossen, kann man von Mehrfach-Dichten (Stegbauer 2001: 207) sprechen. Auf diese Weise wird es möglich, die Dichten in Anteile an der Kommunikation für bestimmte Gruppen aufzuteilen, wie in der Tabelle geschehen.

Nachgeben, Einlenken	0.0110	0.0081	74%
Unterstützung	0.0105	0.0023	22%
Arbeitsauftrag	0.0093	0.0064	69%
Belehrung, Ermahnung	0.0087	0.0052	60%
Erfüllung eines Arbeitsauftrags	0.0046	0.0012	26%

Tabelle 2: Kommunikationsdichten nach Beziehungskategorien

In der folgenden Abbildung 3 sind negative Beziehungen abgetragen. Die Dicke der Kanten entspricht der Zahl an Kommunikationssequenzen dieses Beziehungstyps. Es wird im Einklang mit der Theorie (hier besonders die Überlegungen zur strukturellen Balance, siehe Davis, Leinhardt etc.) deutlich, dass die Strukturierung, besonders im zweiten Zeitabschnitt, durch negative Beziehungen erfolgt. Die Darstellung belegt noch einmal den Konflikt in Phase 2. In dem von dieser Phase abgedeckten Zeitraum finden die Auseinandersetzungen vor allem zwischen SE auf der einen Seite und FM, DX und BR statt. Im Gegensatz zu den anderen aufgezeichneten negativen Beziehungen, die auch in anderen Zeiträumen registriert wurden, sieht man an der Dicke der die Streitenden verbindenden (Simmel 1908) Kanten, dass die negative Beziehung über mehrere Kommunikationssequenzen bestätigt wurde.

Als weitere Möglichkeit, die Beziehungen zu charakterisieren, betrachten wir die Anzahl der eingehenden und ausgehenden Beziehungen der verschiedenen Teilnehmer. Hierdurch ist es möglich, die Hauptakteure in der Diskussion zu bestimmen.[12] Da wir die Beziehungen gerichtet erfasst haben, können wir zwischen eingehenden und ausgehenden Beziehungen unterscheiden. Von den 42 Teilnehmern haben sechs eine höhere Summe als 10 sowohl bei den eingehenden, also auch bei den ausgehenden Beziehungen. Diese Akteure werden von uns als Hauptakteure definiert. Der Durchschnitt liegt bei 4,8, das Maximum vereinigt Teilnehmer SE auf sich. Es beträgt 37 ausgehende bzw. 32 eingehende Beziehungen.

Die ein- und ausgehenden Beziehungen der durch die Kategorialisierung gewonnenen Beziehungsnetzwerke für die sechs Hauptakteure sind in Tabelle 3 aufgeführt. Mit ihnen lassen sich die Positionen der Akteure genauer bestimmen.

---

12 Eine solche Bestimmung der individuellen Stellung im Netzwerk mittels der Messung der Beziehungen wird auch beim Netzwerkmaß des Degree (Freeman 1979) vorgenommen.

Netzwerkanalyse: positionale Struktur bei Wikipedia 247

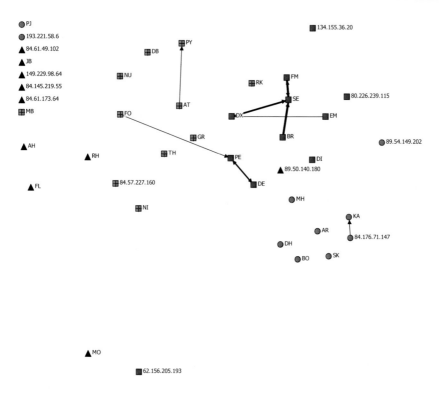

Abbildung 3: Negative Beziehung

Wir betrachten die Tabelle zunächst in Bezug auf die zeitgebundene Analyse. In der ersten Phase ist das Muster der Kommunikationsbeteiligung relativ ausgewogen. Hier sind die Kommunikationsbeziehungen relativ schwach. Daher findet sich aus der ersten Phase auch kein einziger Teilnehmer unter den Hauptakteuren. Aus der Perspektive des gesamten Diskussionsnetzwerkes fällt die zweite Phase mit den stärksten Auseinandersetzungen besonders auf; daher gehören die Hauptkontrahenten dieses Abschnitts, SE, FM, DX und BR auch insgesamt zu den Hauptakteuren. In der dritten Phase, dem Zeitraum des weitgehenden Zusammenbruchs der Kommunikationsstruktur findet sich ebenfalls keiner der Hauptakteure. In der letzten Phase, die man mit „Wiederaufbau" nur unzureichend beschreiben kann, kommen zwei weitere Hauptakteure hinzu, nämlich TH und AT.

Wie aus Abbildung 3 ersichtlich verlaufen Konflikte hauptsächlich zwischen SE auf der einen Seite und seinen Hauptgegnern FM, DX und BR. Man kann sagen, dass der Teilnehmer SE aufgrund seiner abweichenden inhaltlichen Position, die mit seiner Herkunft zu tun hat, ausgegrenzt wird. Teilnehmer SE erhält kein Lob, muss sich dafür fünfmal Ermahnungen, elfmal Kritik und neunmal sogar Beleidigungen anhören. Er selbst hält sich mit Kritik (8) und Beleidigungen (8) allerdings auch nicht zurück. Lediglich einmal schafft er es, einen Standpunkt durchzusetzen, zehnmal dagegen ist er derjenige, der aufgrund der Konstellation in der Auseinandersetzung zum Nachgeben gezwungen ist.

Teilnehmer	Ermahnung	Kritik	Negativ	Nachgeben	Auftrag	Ausführung	Lob
SE	0/5	8/11	8/9	10/1	0/6	2/0	1/0
BR	4/0	2/3	1/0	0/5	4/0	0/2	1/2
FM	0/0	5/5	5/6	1/3	2/0	0/0	0/1
DX	2/2	4/1	3/3	0/3	2/0	0/0	0/0
TH	2/2	4/5	0/0	1/1	3/2	1/3	2/2
AT	2/1	8/5	1/0	2/2	1/3	4/0	3/3

Tabelle 3: Eingehende und ausgehende Beziehungen nach Kategorien. Vor dem Schrägstrich stehen die ausgehenden Beziehungen, nach dem Schrägstrich die eingehenden Beziehungen.[13]

Von seinen Hauptgegnern FM und DX stammen die Angriffe und Kritik, die sich gegen SE richten. Teilnehmer BR, von dem wir als einzigem unter den Streitenden wissen, dass er über weitergehende Wikipediaerfahrungen verfügt, nimmt dagegen eine Art Moderatorrolle ein: Er verteilt Ermahnungen (viermal) und Arbeitsaufträge (viermal), die auch in zwei Fällen ausgeführt werden. Er selbst wird jedoch nicht im Artikel aktiv, indem er Änderungswünsche ausführt. Seine Autorität wird akzeptiert – in fünf Fällen wird ihm nachgegeben. Zweimal erhält er Unterstützung oder Lob von anderen.

Teilnehmer AT ist am ehesten bereit, Arbeitsaufträge, die meist von dem erfahrenen Teilnehmer TH kommen, zu erfüllen. Viermal erfüllt er Wünsche bzw. beseitigt beanstandete Mängel im Artikel.

---

13 Lesehilfe: Teilnehmer SE, Kategorie Ermahnung. SE ermahnt keinen anderen Teilnehmer, wird aber selbst 5-mal von anderen Teilnehmern ermahnt.

Hinsichtlich der Beziehungsprofile unterscheiden sich die Teilnehmer AT und TH von denjenigen, die in den Streit verwickelt waren. Beide haben erst nach dem Zusammenbruch der Auseinandersetzungen den Kommunikationsraum betreten, in deutlichem zeitlichem Abstand von den Hauptakteuren, die den Beiden vorangingen. Auch aufgrund ihrer Stellung im Netzwerk weisen die Teilnehmer AT und TH (Abb. 1) strukturelle Ähnlichkeiten auf. Bei einer groben Analyse würde man sie als zur gleichen Position zugehörig betrachten. Allerdings fallen bei der Feinanalyse der ein- und ausgehenden Beziehungen doch einige Unterschiede im Binnenverhältnis auf. Und tatsächlich ist es Teilnehmer TH, dem die Kooptierung des Teilnehmers AT zuzuschreiben ist.

Der sehr schnell in die Position des „Artikelkoordinators" hineingewachsene Teilnehmer AT agiert so, wie er es durch Teilnehmer TH im Umgang mit ihm selbst zu Beginn seiner Beteiligung erfahren hatte: Er lobt eher als andere und erhält reziprok von den anderen Teilnehmern Unterstützung; ähnlich verhält es sich mit dem Nachgeben. Mit Kritik hält er nicht hinterm Berg, wird im Gegenzug auch selbst kritisiert, doch die Auseinandersetzungen verlaufen zivil, lediglich einmal vergreift er sich im Ton.

Wären beide zu einem früheren Zeitpunkt hinzugekommen, hätte man erwarten müssen, dass sie mit in den Streit hineingezogen worden wären. Das bedeutet, dass die Einflussmöglichkeiten in starkem Maße vom Stand der Strukturierung in einem Kommunikationsraum abhängig sind.

5.3.1 Positionen des Streits und der Beilegung von Konflikten

Wie bereits diskutiert, kann man sagen, dass Übertragungen von Rollenbildern, etwa was Erwartungen an Positionen angeht, immer wieder von Bedeutung sind. Zwar bilden sich in den Auseinandersetzungen um die Artikelinhalte strukturelle Positionen heraus. Unter „strukturelle Position" wird hier verstanden, dass sich Gegnerschaften und Koalitionen herausbilden. Zwar kann man aufgrund der geringen Zahl der in den jeweiligen Zeitabschnitten aktiven Teilnehmer nur begrenzt von strukturell äquivalenten Positionen sprechen, bei denen die Positionen auch dann bestehen blieben, wenn einzelne Teilnehmer verschwänden. Solche strukturellen Äquivalenzen finden sich im betrachteten Beispiel zunächst nur auf einer ganz groben Betrachtungsebene, bei der man lediglich eine Unterscheidung zwischen Zentrum und Peripherie vornimmt. Eine solche Unterscheidung erscheint aber im hier betrachteten Fall, abgesehen von der Analyse der Bedeutung der Administratoren als nicht so bedeutsam. Ansonsten finden wir unterschiedliche Kommunikationsstrukturen je nach betrachteter Phase. Während sich in der letzten Phase das von uns an anderen Beispielen häufig beobachtete und daher auch am ehesten erwartete Strukturmodell des einen oder in manchen Fällen auch mehrerer Artikelbesitzer/-koordinatoren durchsetzt, finden sich zwischenzeitlich ganz andere strukturelle Konstellationen. Am herausragendsten ist die Phase der Auseinandersetzungen. Hier können wir am ehesten noch von strukturell äquivalenten Gegnern des Teilnehmers SE ausgehen, wobei die Gegner durchaus voneinander unterscheidbar sind. BR etwa hat eher die Rolle eines Vermittlers inne.[14] Dieser beziehungsstrukturell erkennbare Graben zwischen den Teilnehmern drückt sich in sich eben auch in unversöhnlich gegenüberstehenden inhaltlichen Positionen aus.

Welche Erklärungen gibt es nun für diese Unterschiede, zumal wir davon ausgehen, dass sich die Positionen in der Auseinandersetzung mit den anderen Beteiligten ausbilden? Der „Beziehungsraum" Diskussionsseite zum Wikipedia-Artikel „Massaker von Srebrenica" befindet sich nicht im luftleeren Raum. Die beteiligten Akteure sind, ganz im Sinne des von Georg Simmel vermittelten Bildes der sich überlagernden sozialen Kreise in eigene soziale Kreise eingebunden. In diesen eigenen sozialen Kreisen fanden ebenfalls Auseinandersetzungen statt, die zu einer Zugehörigkeit zu einer Position führten. Ein Teil dieses „Mechanismus" wird als Sozialisation bezeichnet. Diese Prozesse spielen sich zum größten Teil hinter dem Rücken der Beteiligten ab, was bedeutet, dass dies nur zu einem ganz geringen Teil einer Reflexion zugänglich ist. Es fand eine Identitätsentwicklung statt, mit der auch inhaltliche Positionen übernommen wurden. Solche inhaltlichen Positionen werden in den Bezugsgruppen über persönliche Kontakte, aber auch über die Medien vermittelt, bestimmte Aspekte werden aufgewertet und andere gar nicht thematisiert. Dadurch entsteht für eine Bezugsgruppe ein Stück weit eine Homogenisierung der Wahrnehmung. Diese unterscheidet sich zwischen den Bezugsgruppen - insbesondere dann, wenn, wie dies im vorliegenden Beispiel der Fall ist, die Schuld an einem Massaker mit einer Volksgruppe verbunden werden kann.

Im Sozialraum der Diskussion prallen nun die unterschiedlichen sozialen Kreise mit ihren teilweise entgegengesetzten Wahrnehmungen und Interpretationen aufeinander. Die Kreise überschneiden sich und die Teilnehmer sind gezwungen, ein Ergebnis in Form eines sachlichen Artikels über ein moralisch hochaufgeladenes Thema mit unterschiedlichen Interpretationen fertigzustellen. Durch den gegenseitigen Kontakt und die Auseinandersetzungen im Diskussionsraum entsteht eine eigene Identität, die von den Teilnehmern geteilt wird. Wenn die von einzelnen Teilnehmern mitgebrachte und an anderen Stellen vermittelte soziale Identität mit der an dieser Stelle entstandenen Gruppenidentität absolut nicht in Einklang zu bringen ist, dann bleibt diesem Teilnehmer nur der

---

14 Dies ist nicht ungewöhnlich, denn die zur gleichen Position zugehörigen Teilnehmer konkurrieren untereinander (White 1992).

Rückzug. Man kann noch weitergehen und behaupten, dass im betrachteten Fall die gemeinsame Identität mit einer aneinander ausgerichteten Sichtweise, also einer Gruppenidentität der Gegner des aus Serbien stammenden Teilnehmers SE an der Auseinandersetzung und der Ausgrenzung mit diesem erst errichtet und von den Teilnehmern und Außenstehenden wahrnehmbar wurde.

Jedes moralisch hochaufgeladene Thema kennt Urteile und Vorurteile. So ist es auch hier. Vorurteile sind Zuschreibungen. Solche Zuschreibungen wirken von Außen in den Diskussionsraum hinein – mit der Herkunft etwa sind Erwartungen verbunden, wer in welcher Weise einen Standpunkt vertreten wird. Tatsächlich finden wir die erwarteten Konfliktlinien, die schon im Bosnienkrieg eine Rolle spielten, übertragen auf die Auseinandersetzung um den Artikel über das Massaker. Das bedeutet, dass in dem Artikel die Struktur der Bürgerkriegsauseinandersetzung im Kleinen aufscheint. Sie ist dabei gebrochen durch die Wikipedia-eigenen Regeln, durch die Wirkung der die Konflikte umgebenden Technik, der sozialen Infrastruktur von „neutraleren" Teilnehmern, von Administratoren und konflikterfahrenen Teilnehmern, etc.

Wir können also erwarten, dass um die Formulierungen im Artikel ein Stellvertreterkonflikt zwischen Serben und muslimischen Bosniern, welche die Opfer des Massakers waren, stattfindet.

Aus verschiedenen Quellen, wie der Auseinandersetzung um den Artikel selbst, wie auch der Selbstdarstellung der Teilnehmer auf ihrer Benutzerseite und den Einträgen aus dem Sperrlogbuch lassen sich Informationen gewinnen, um zu schauen, ob die Hauptakteure tatsächlich eine vermutete Übertragung von Positionen von außen in den Sozialraum Wikipedia hinein vornehmen.

Teilnehmer	Hintergrund
SE	Serbe aus Belgrad
DX	Bosnier
BR	Österreicher aus Wien
FM	Verm. Deutscher oder Österreicher
TH	Verm. Deutscher oder Österreicher mit „Wahlheimat" Jugoslawien
AT	Deutscher aus Hamburg

Tabelle 4: Hintergrund der Hauptakteure

Tatsächlich verläuft der Hauptkonflikt entlang der erwarteten ethnischen Zuschreibungen und Identitäten. Teilnehmer SE ist Serbe aus Belgrad und befindet sich nicht nur zahlenmäßig in der Minderheit, seine zugeschriebene Position als „Vertreter derjenigen Volksgruppe", der das Massaker zugerechnet wird, bedeutet, dass er sich moralisch in der Defensive befindet. Dem „Vertreter der Opfergruppe", Teilnehmer DX, dagegen wird die Unterstützung der sich als neutral betrachtenden, aber aus moralischen Gründen auf Seiten der Opfer stehenden Teilnehmern zuteil.[15] Eine relativierende Haltung eines Serben ist vor diesem Hintergrund nur schwer zu dulden. Teilnehmer SE ist zuvor offenbar noch nicht in der Wikipedia aktiv gewesen. Sein erster Beitrag galt dem Artikel, bzw. der Diskussionsseite zum Massaker von Srebrenica. Diese Position des Unerfahrenen mag zusätzlich zu der Zuschreibung als auf der moralisch „falschen Seite" stehend, eine Schwächung der Durchsetzungsmöglichkeiten herbeigeführt haben. Nach der Diskussion zum Massaker leistet der zwischenzeitlich auch einmal wegen des Edit-Wars für zwei Stunden gesperrte Teilnehmer SE nur noch vereinzelt Beiträge mit langem zeitlichem Abstand. Im November 2006 leert er seine Benutzer- und Diskussionsseite, was das in der Wikipedia übliche Signal für einen Ausstieg aus dem Projekt ist.

Der bosnische Teilnehmer DX, einer der Hauptgegner von SE, beteiligte sich bisher nur mit wenigen Beiträgen in der deutschen Wikipedia, gibt sich aber auf seiner Benutzerseite als Administrator der bosnischen Wikipedia zu erkennen. In der Rolle eines „Bürokraten"[16] ist er auch in den bosnischen Ausgaben der Wikipedia-Schwesterprojekte Wikibooks und Wikisource aktiv. Er dürfte damit als erfahrener Wikipedianer gelten.

Nicht ganz so klar ist die Herkunftszuordnung des zweiten starken Gegners von SE, des Teilnehmers FM. Er schreibt anonym, daher lassen sich seine Beiträge nicht über einen längeren Zeitraum verfolgen, zur Vorstellung muss uns reichen, was er in der Diskussion von sich preisgibt. Dem Namen nach, mit dem er unterzeichnet, ist er Deutscher oder Österreicher. Ihn bewegt in der Diskussion um das Massaker die Frage der Menschenrechte:

> „Voreingenommen bin ich keineswegs, nur ekelt es mich einfach nur an, wenn ich im serbischen Fernsehen Mladic-/Karadzic-/Milosevic-treue Journalisten sehe, die versuchen, Völkermord dadurch zu rechtfertigen, dass vor Jahrhunderten Osmanen menschenverachtende Taten an der serbischen Bevölkerung/Aufständischen begangen haben."

Teilnehmer BR ist seit Juni 2005 aktiv und kann bereits mehrere hundert Beiträge vor dem Eintritt in die Diskussion um den Beispielartikel auf seinem Konto verbuchen. Durch den Themenkreis, in dem er Beiträge leistet, wird sein Inte-

---

15 Die zuordnenden Begriffe bitten die Autoren dieses Aufsatzes nicht als eine inhaltliche Stellungnahme in die eine oder andere Richtung zu interpretieren. Sie dienen lediglich einer Veranschaulichung der Zusammenhänge.

16 "Bürokraten" heißen in Wikipedia Teilnehmer mit den Rechten, anderen Benutzern Administratorechte zu verleihen.

resse an Balkan-Themen bestätigt. Auf Todo-Listen führt er die Artikel auf, die er noch schreiben oder überarbeiten will. Er ist ein Österreicher aus Wien und vertritt trotz struktureller Gegnerschaft zu SE eine vornehmlich moderate Rolle, die den Zuschreibungen im Zusammenhang mit seiner Herkunft durchaus entsprechen mögen.

Der Teilnehmer, der im vierten Zeitabschnitt zum „Artikelkoordinator" aufsteigt, beginnt seine Karriere als Wikipedianer mit den Beiträgen zum betrachteten Artikel. Der Einstieg dürfte ihm leicht gefallen sein, da er aufgrund seiner „Entfernung" mit Hamburg als Herkunftsort Neutralität ausstrahlte und den richtigen Zeitpunkt für ein Eingreifen erwischte (die wesentlichen Auseinandersetzungen waren ausgetragen und die anderen Beteiligten streitmüde geworden). Durch den Erfolg (exzellenter Artikel und gelungene Moderation) wurde er bestärkt und in die Gemeinschaft der Wikipedianer so weit integriert, dass er seit seiner Teilnahme an der Diskussion zum Massaker von Srebrenica über 1000 Beiträge leistete, und auch wesentlich zu mehreren Artikeln, von denen einige auch ausgezeichnet wurden, beitrug. Er wurde mittlerweile als Juror für den Wikipedia-Schreibwettbewerb vorgeschlagen und hat einige Nominierungen für diesen Wettbewerb eingereicht.

6 Ergebnis

Wie haben gesehen, dass unterschiedliche Beziehungsstrukturen in ein und demselben Artikel im Zeitverlauf möglich sind. Obgleich dies den Anschein erweckt, als sei die Art und Weise, wie Auseinandersetzungen um die Artikel erfolgen, grundsätzlich offen, so ist ein stabilerer Zustand erst erreicht, nachdem die Koordination des Artikels auf einen Teilnehmer übergegangen ist. Diese Konstellation besteht nun schon längere Zeit auch über den eigentlichen Untersuchungszeitraum hinaus. Dieses Ergebnis passt weit besser als die anderen in den betrachteten Zeitabschnitten vorgefundenen Strukturen zu unserer Erfahrung, dass in internetbasierten Kommunikationsräumen fast immer eine Zentrum-Peripherie Struktur (Stegbauer 2001; Stegbauer & Rausch 2006) entsteht.

Die Analyse verdeutlicht darüber hinaus aber auch, dass die Dynamik der Auseinandersetzung ein wesentliches Moment dafür ist, welche Beteiligungsmöglichkeiten sich eröffnen. Das bedeutet, dass der Zeitpunkt, an dem jemand in den Kommunikationsraum eintritt, dafür von Bedeutung ist, ob jemand die Chance erhält, in die „Gemeinschaft" der Wikipedianer aufgenommen zu werden, oder nicht. Nur wer zum richtigen Zeitpunkt am richtigen Ort ist, bekommt überhaupt die Gelegenheit, sich zu bewähren. Diese Tatsache ist der sozialen Eigendynamik geschuldet, die sich aus Auseinandersetzungen und Diskussionen an einzelnen Artikeln gelegentlich entzündet. Interessant, wenngleich nicht besonders überraschend ist dabei, dass die auftretenden Konfliktlinien zu einem großen Teil von Außen in den Diskussionsraum hineingetragen werden. Die Beziehungen dort unterliegen zwar einer eigenen Dynamik, bei der „Gruppenidentitäten" entstehen und eine gemeinsame Sichtweise erzeugt wird. Bei diesem Prozess der gegenseitigen Annäherung im Sozialraum „Diskussionsbereich" werden allerdings auch andere, damit inkompatible Haltungen und mit ihnen die Personen, die diese vertreten, ausgeschlossen.

Gleichwohl sind die an der Auseinandersetzung mit einem „Gegner" entstehenden Beziehungen im betrachteten Fall nicht so stark, dass dabei längerfristige Bindungen entstünden, die für uns in der weiteren Entwicklung des Artikels beobachtbar gewesen wären. Es scheint gar so zu sein, dass mit dem Wegfall des Gegners auch die soziale Formation, die sich im Widerstand gegen die „falschen" Behauptungen bildete, auseinander fällt.

Der Verlauf der um die Diskussion entstehenden Beziehungen zeigt, dass je nach der dort sich entwickelnden Konstellation unterschiedliche Positionen benötigt werden. Im Streit haben Vermittler nur dann eine Chance, wenn die Auseinandersetzung nicht zu sehr polarisiert ist. Am deutlichsten wird die Strukturabhängigkeit der Position aber, nachdem die Auseinandersetzung sich totgelaufen hatte. Erst ab diesem Zeitpunkt ist die Position des Koordinators offen.

Auf den Enzyklopädietext bezogen, bedeutet dieses Ergebnis, dass, obgleich kaum ein anderer Artikel dermaßen mit Belegen für alle Behauptungen gespickt ist, dieser dennoch gleichzeitig auch moralischen Wertungen unterliegt, in der ein Minderheitenstandpunkt nur geringe Durchsetzungschancen hat. Bezogen auf Wikipedia kann man im Anschluss an die hier vorgetragenen Überlegungen fragen, inwieweit die Inhalte letztlich eben auch von der Beziehungskonstellation um einen Artikel abhängig sind. Man kann etwa darüber nachdenken, wie der Streit ausgegangen wäre, wenn der aus Serbien stammende Teilnehmer von anderen Serben Unterstützung erhalten hätte. Ebenso ist es einer Überlegung wert, inwiefern durch solche Prozesse auch moralische oder politische Einflüsse trotz des Neutralitätsgebotes für Wikipediaartikel wirken. Wie auch immer solche Gedankenexperimente ausgehen, bei Wikipedia lässt sich, wie hier gezeigt wurde, die Auseinandersetzung darum verfolgen und es ist grundsätzlich möglich, die Entstehung der inhaltlichen Positionen anhand der Konflikte darum zu untersuchen.

Literatur

Bott, E. (1957): Family and Social Network. London: Tvistock Publications.
Davis, J. A. (1977): Clustering and Structural Balance in Graphs. In: S. Leinhard (Ed.): Social Networks. A Developing Paradigm. New York u.a.: Academic Press, S. 27-34
Dahrendorf, R. (1959): Homo Sociologicus. Ein Versuch zur Geschichte, Bedeutung und Kritik der Kategorie der sozialen Rolle. Köln und Opladen: Westdeutscher Verlag.
Freeman, L. C. (1979): Centrality in Social Networks: Conceptual clarification. In: Social Networks 1, S. 215-239.
Goffman, E. (1973): Interaktion: Spaß am Spiel, Rollendistanz. München: Piper (Orig.: 1961, Encounters. Indianapolis: Bobbs-Merril).
Habermas, J. (1973): Kultur und Kritik. Verstreute Aufsätze. Frankfurt: Suhrkamp.
Kieserling, A. (1999): Kommunikation unter Anwesenden. Studien über Interaktionssysteme. Frankfurt: Suhrkamp.
Levi-Strauss, C. (1983): Die elementaren Strukturen der Verwandtschaft. Frankfurt: Suhrkamp.
Nadel, S. F. (1957): The theory of social structure. New York: Free Press.
Simmel, G. (1908/1992): Soziologie. Untersuchungen über die Formen der Vergesellschaftung. Georg Simmel Gesamtausgabe Bd. 11. Frankfurt: Suhrkamp.
Stegbauer, C. (2001): Grenzen virtueller Gemeinschaft. Strukturen internetbasierter Kommunikationsforen. Wiesbaden: Westdeutscher Verlag.
Stegbauer, C.; Rausch, A. (2006): Moving Structure: Möglichkeiten der positionalen Analyse von Verlaufsdaten am Beispiel von Mailinglisten. In: dies: Strukturalistische Internetforschung. Netzwerkanalysen internetbasierter Kommunikationsräume. Wiesbaden: VS, S. 169-198,
Stegbauer, C.; Rausch, A. (2006): Strukturalistische Internetforschung. Netzwerkanalysen internetbasierter Kommunikationsräume. Wiesbaden: VS.
White, H.C. (1992): Identity and Control. A Structural Theory of Social Action. Princeton (New Jersey): Princeton University Press.
Wiese, L. von (1968): System der Allgemeinen Soziologie als Lehre von den sozialen Gebilden der Menschen (Beziehungslehre). Berlin: Duncker & Humblot (4. überarbeitete Auflage, Original von 1924).

Über die Entstehungsbedingungen von technisch unterstützten Gemeinschaften

Michael Hahne & Corinna Jung

1 Einleitung

Allgemein wird mit Web 2.0 ein neuer Höhepunkt des Wandels von Kommunikationsmedien verbunden. Anders als im klassischen Internet bieten die zugrunde liegenden Technologien auch Laien[1] die Möglichkeit, eigene Ideen und Inhalte einer globalen Leser- und Kritikerschaft zur Verfügung zu stellen und über diese miteinander in Kontakt zu treten. Dabei hat jeder die Möglichkeit, das für ihn geeignete Publikum und die entsprechenden Informationen zu finden. Statt lediglich Konsument massenmedialer Einheitsprodukte oder Mitglieder einer Gemeinschaft zum Austausch von Meinungen zu sein, haben die neuen technischen Angebote das Spektrum der Partizipationsmöglichkeiten erweitert. Die daraus resultierenden neuen Gemeinschaften sprechen eine Vielzahl neuer Nutzer an.

Vor dem Hintergrund dieser Beobachtungen war die zentrale Frage unserer Untersuchungen, welche Bedingungen erfüllt sein müssten, um sozialen Wandel auf der Basis neuer Medien zu ermöglichen. Konkret ging es uns in Bezug auf den Wandel um die Frage, wie neue Technologien zur Bildung von Gemeinschaften einen Beitrag leisten können.

Dieser Artikel basiert auf den Ergebnissen eines Forschungsprojekts, in dem wir die Entwicklung und Einführung eines Systems begleitet haben, das auf die Unterstützung von Gemeinschaften abzielte. Dieses System namens PIA + COMM (Personal Information Agent + Community) ist eine Informations- und Interaktionsplattform, die Sozialität im Bereich wissenschaftlicher Communities mitgestalten will, indem sie vorhandene Gemeinschaften unterstützt und die Entstehung neuer fördert.

Das zentrale Ergebnis der Untersuchung ist, dass mit technischen Medien verbundener Wandel nur dann zustande kommt, wenn die angebotenen techni-

---

1 Aus Gründen der besseren Lesbarkeit und der Tatsache geschuldet, dass wir bei unseren Untersuchungen im Fachbereich der Informatik der TU Berlin zu mehr als 90% mit Männern und männlichen Probanden zu tun hatten, verwenden wir in unserem Artikel immer die männliche Form.

schen Funktionalitäten des Mediums mit drei Bedingungen ihrer Umwelt in Einklang gebracht werden können: (1.) mit bereits etablierten Handlungs-, Deutungs- und Bewertungspraktiken der potenziellen Nutzer, (2.) mit den an die Innovation gerichteten Erwartungen und schließlich (3.) mit den infrastrukturellen Gegebenheiten der potenziellen Nutzungssituation. Unabhängig davon bedarf es einer Gruppe von Akteuren, die ein Interesse an der Etablierung und Verwendung des neuen Mediums haben. Nur dann, wenn es diesen Akteuren gelingt, eine *Passung* zwischen der technischen Innovation und den Bedingungen herzustellen, kann das Medium zu einem Wandel von Gemeinschaft oder Interaktionen beitragen.[2] Im Weiteren soll daher unter dem Begriff der Passung jenes Zusammenspiel der drei Bedingungen mit einer Innovation verstanden werden, das eine effektive Nutzung und damit verbundenen sozialen Wandel nach sich zieht.

Theoretisch verorten wir unser Vorgehen in praxistheoretischen (für einen Überblick vgl. Reckwitz 2003) und pragmatistischen Konzepten (Dewey 1922; Dewey 1960/1938; Mead 1967/1934). Wir knüpfen an die Vorstellung an:

„dass 'Handlungen' nicht als diskrete, punktuelle und individuelle Exemplare vorkommen, sondern sie im sozialen Normalfall eingebettet sind in eine umfassendere, sozial geteilte und durch ein implizites, methodisches und interpretatives Wissen zusammengehaltene *Praktik* als ein typisiertes, routinisiertes und sozial 'verstehbares' Bündel von Aktivitäten." (Reckwitz 2003: 289 kursiv d.A.)

Gemeinschaften sollen im Anschluss daran als Bündel von Praktiken verstanden werden, das von einer Menge von Individuen auf der Basis eines gemeinsamen Wissens geteilt wird. Im Sinne Meads nehmen diese Individuen an einem gemeinsamen sozialen Prozess teil, in dem sie wechselseitig aufeinander Bezug nehmen und gerade dadurch sowohl zu einer Konvergenz als auch zu einer wechselseitigen Abstimmung ihrer Haltungen und Handlungsweisen kommen (vgl. Mead 1967/1934: 144).

Unklar bleibt jedoch, welche Praktiken im Einzelnen eine Gemeinschaft auszeichnen und wo die konkreten Grenzen von Gemeinschaften liegen. In Meads Werk finden sich dazu keine klaren Aussagen; vielmehr werden eine Vielzahl unterschiedlich großer und unterschiedlich abstrakter Gebilde besprochen. Auch ein Blick in die gängige Gemeinschaftsliteratur liefert nur wenig

---

2 Dies gilt selbst in jenen Fällen, in denen Wandel durch sozialen oder physischen Druck erzwungen wird. Die Nutzer werden sich nur in dem Sinne ändern, wie es ihnen ihre Vorstellungskraft, vermittels der drei genannten Bedingungen, ermöglicht. Wo eine solche Passung trotz Zwangs nicht zu erreichen ist, besteht die Gefahr, dass die Nutzer an den erzwingenden Kräften scheitern, was sich z.B. als Konkurs eines Unternehmens, dem Auftreten von sozialen Unruhen oder einer Ehescheidung äußern kann.

Klärung (vgl. exemplarisch: Grundmann et al. 2006; Schaefer 1998; Schlüter and Clausen 1990). So verwundert es auch nicht, dass Grundmann et al. im Fazit zu ihrem Herausgeberband „Soziale Gemeinschaften" folgende sehr allgemeine Begriffsbestimmung vorschlagen:

> „Gemeinschaft wird als für Menschen wesentlicher und von Menschen gewollter Beziehungsmodus verstanden. Zum Gegenstand der Gemeinschaftsforschung werden soziale Bindungen zwischen Akteuren aufgrund einer gemeinsamen Lebensführung und die Verfestigung von sozialen Beziehungen in Vergemeinschaftungsprozessen, also deren Entstehung, Verdichtung und ,Vergesellschaftung'." (Grundmann et al. 2006: 189)

Im Rahmen unserer Untersuchung sind wir daher davon ausgegangen, dass es eine Vielzahl unterschiedlicher Gemeinschaftstypen gibt. Jeder dieser Typen wird dabei durch unterschiedliche Ausprägungen charakterisiert, die durch eine Reihe typischer, konstitutiver Praktiken seiner potenziellen Mitglieder entstehen. In der Mehrheit praxistheoretischer Theorien (vgl. Reckwitz 2003: 289ff.) beinhalten Praktiken neben geteilten Handlungs-, Deutungs- und Bewertungsschemata immer auch unterschiedliche Technologien, ohne die die Realisierung dieser Schemata in konkreten Handlungen nicht möglich wäre. Dabei bringen Schemata und Technologien gerade erst durch ihre wechselseitige Bezogenheit aufeinander bestimmte Praxisformen und diese entsprechende soziale Gebilde hervor. Unklar bleibt jedoch, was genau die jeweiligen Artefakte in die Praktiken einbringen und wie die Akteure sich auf diese Materialität beziehen.

Wenn wir daher im folgenden feststellen, dass die von den Medien zur Verfügung gestellten *Funktionalitäten* einen wichtigen Beitrag zur Konstitution der Praktiken und damit verbundenen Gemeinschaften leisten, sind wir uns bei der Verwendung des Funktionalitätsbegriffs darüber im klaren, dass es sich hierbei weder um ein objektiv gegebenes Bündel von Eigenschaften, noch um das Ergebnis eines konstruktivistischen Aushandlungsprozesses handelt. Vielmehr wird im Anschluss an techniksoziologische und pragmatistische Konzepte (Dewey 1960/1938; Pickering 1995; Rammert 2003; Rammert 2007) davon ausgegangen, dass jenseits allen Sprechens über Technik sich Funktionalität letztlich im experimentellen Umgang bewähren muss. Dabei wird das Artefakt auf seine möglichen Verwendungsmöglichkeiten hin getestet, inwiefern es in der Lage ist, in Abhängigkeit von anderen Artefakten und Akteuren zur Lösung bestimmter Aufgaben beizutragen.[3] Was am Ende dieses Prozesses als

---

3 Hier besteht auch eine große Parallele zur Akteur-Netzwerk-Theorie. Dort beschreibt Latour, dass Artefakte sich durch bestimmte „performances" (Latour 1987) auszeichnen, die das Ergebnis eines Netzwerkes unterschiedlicher anderer Artefakte und Akteure ist, die diese Leistungen erst ermöglichen.

Funktionalität verstanden wird, ist dabei allerdings stets beschränkt durch die Handlungs-, Deutungs- und Bewertungsschemata, über die der jeweilige Nutzer verfügt.

Eine Erschließung der unterschiedlichen Gemeinschaftstypen und ihrer konstitutiven Bedingungen erforderte es, das Zusammenspiel von Gemeinschaftspraktiken und technologischen Möglichkeiten zu untersuchen. Um dabei das Wandlungspotenzial bzw. die damit verbundenen Probleme bei dem Versuch der Herstellung einer Passung in den Blick zu bekommen, galt es, den Status quo der Praktiken und Technologien zu erheben, die zu einem bestimmten Zeitpunkt vor der Einführung einer Innovation vorgelegen haben. Im Anschluss daran war es erforderlich, diesen Status quo mit dem aktuellen Zustand der Vergemeinschaftung in Bezug auf die untersuchte Technologie zu vergleichen.

Dazu haben wir zur Rekonstruktion 23 Leitfaden gestützte Interviews mit Informatikern[4] der TU-Berlin durchgeführt. Zur Erstellung des Leitfadens wurden zunächst aus soziologischer und sozialpsychologischer Literatur Praktiken abgeleitet, die mit abweichender Häufigkeit und Verteilung in unterschiedlichen Gemeinschaftstheorien als konstitutiv für Gemeinschaften angesehen werden. Diese haben wir zu einem forschungsleitenden Modell zusammengefasst, das wir als *gradualisiertes Communitymodell* bezeichnen. Es wurde im Zuge des Auswertungsprozesses auf der Basis der empirischen Ergebnisse kontinuierlich überarbeitet. In diesem Modell wurden verschiedene Gemeinschaftstypen gebildet. Für jeden Typ wurden real existierende Gemeinschaften, damit verbundene Aufgaben und Tätigkeiten, sowie technische Unterstützungsfunktionen, erfragt. Das gradualisierte Communitymodell sowie die Ergebnisse der zugehörigen Erhebung werden im zweiten Abschnitt beschrieben.

Im Zuge dieser Untersuchung hat sich gezeigt, dass nicht alle Technologien von allen Befragten gleichermaßen verwendet werden. Offensichtlich passen nicht alle angebotenen Unterstützungsfunktionen in gleichem Maße zu den Praktiken der potenziellen Nutzer. Am Beispiel zweier ausgewählter Technologien haben wir daher die Mechanismen eines Passungsprozesses rekonstruiert. Dazu haben wir die Interviewpartner im Laufe der Interviewerhebung zu zwei Technologien, Email und kollaborativer elektronischer Terminkalender, näher befragt. Es hatte sich nämlich gezeigt, dass im Falle von Email – wenig erstaunlich – alle Befragten diese Technologie verwenden und dies eine Auswirkung auf die entsprechenden Gemeinschaften hatte. Beim elektronischen Terminkalender war das Gegenteil der Fall. Zwar hatten viele der Befragten Erfahrungen damit gesammelt, trotzdem konnten wir kaum eine dauerhafte Verwendung finden. Eine Veränderung der Gemeinschaften hat folglich in diesem von uns unter-

---

4 Unter den 23 befragten Personen waren nur zwei Frauen.

suchten Fall (noch) nicht stattgefunden. Dies wird im dritten Abschnitt ausführlicher beschrieben.

Die Erläuterungen der Befragten aus den Interviews zeigen, dass die Verwendung einer bestimmten Technik und damit einhergehend die Möglichkeiten der Entstehung einer neuen Gemeinschaft nicht einzig von den sozialen Praktiken und technischen Funktionalitäten abhängig gemacht werden dürfen, sondern ebenso wichtig ist, mit welchen Erwartungen sich die Nutzer einer neuen Technologie zuwenden und wie diese Technologie infrastrukturell eingebettet ist. Dieser Zusammenhang wird im vierten Abschnitt zusammengefasst und theoretisch reformuliert. Schließlich folgt ein Ausblick auf den zukünftigen Forschungsbedarf in diesem Bereich.

2 Das gradualisierte Communitymodell

Die Auseinandersetzung mit gruppen- und gemeinschaftssoziologischer sowie pragmatistisch sozialpsychologischer Literatur verdeutlicht schnell, dass der Gemeinschafts- oder Communitybegriff – die beide im Folgenden synonym verwendet werden sollen[5] – seit der ursprünglichen Definition durch Tönnies (1991/1887) einer kontinuierlichen Verwässerung unterworfen war. Verschiedene Autoren haben unterschiedliche Aspekte in den Vordergrund gestellt, andere ignoriert oder ausgeblendet. Unserer Überzeugung nach ist es daher wenig sinnvoll, sich einer der vielfältigen Positionen alleine anzuschließen. Vielmehr gehen wir davon aus, dass die meisten der auf dem soziologischen Markt gehandelten Theorien für bestimmte Phänomenbereiche ihre Berechtigung haben. Das gradualisierte Communitymodell zieht daher aus verschiedenen Theorieansätzen die Praktiken heraus, die von den Autoren für die Entstehung des von ihnen beschriebenen Gemeinschaftsphänomens als notwendig betrachtet wurden. Es stellt sich dabei unter anderem heraus, dass die Reichweite, die unterschiedliche Autoren dem Phänomen Gemeinschaft zugestehen, unterschiedlich groß ist.[6] Entsprechend gehen wir davon aus, dass Gemeinschaft kein

---

5 Das zugrunde liegende interdisziplinäre Forschungsprojekt hatte virtuelle Gemeinschaften zum Gegenstand, die in der Informatik in der Regel als Communities bezeichnet werden. Die synonyme Verwendung der Begriffe ist also vor allem der interdisziplinären Zusammenarbeit geschuldet. Die in der Soziologie vorhandene größere Reichweite des englischen Begriffs ist uns bekannt, kann jedoch an dieser Stelle nicht erörtert werden (vgl. dazu ausführlich Wellman 1979, Wellman & Leighton 1979).

6 Die Beschreibung der Gemeinschaften erfolgt nicht in allen von uns verwendeten Theorien in einer auf Praktiken ausgerichteten Sprache. Da wir jedoch davon ausgehen, dass alle sozialen Gebilde das Ergebnis von auf Dauer gestellten sozialen Handlungen (Praktiken) sind (vgl. dazu Hahne et al. 2007b), haben wir uns bemüht, die von den Autoren genannten Bedingungen auf

diskreter Zustand, sondern ein Kontinuum von Phänomenen mit unterschiedlichen Graden an Komplexität ist. Diese Komplexität variiert hinsichtlich der notwendigen Praktiken, die erfüllt sein müssen, damit eine Gemeinschaft tatsächlich entstehen kann. Das gradualisierte Communitymodell ordnet diesen Gemeinschaften unterschiedliche Gemeinschaftstypen zu, die hinsichtlich Art und Anzahl der notwendigen Praktiken hinreichend ähnlich sind.

Zwei Ordnungsdimensionen haben sich dabei zur Definition der Gemeinschaftstypen empirisch bewährt. Zum einen der Interaktionscharakter, der in der jeweiligen Gemeinschaft verhandelt wird. Die erhobenen Gemeinschaften werden von den Teilnehmern entweder eher zum Wissensaustausch oder eher zur kollaborativen Zusammenarbeit genutzt. Zum anderen ist der Dichtegrad der Beziehungen innerhalb der Gemeinschaften ein wichtiges Differenzierungskriterium. So finden sich eine Reihe eher loser Beziehungen sowie Beziehungen, die eher als dicht beschrieben wurden und häufig stark ortsgebunden und informell ausgerichtet waren. In der Kombination ergeben sich aus den beiden Dimensionen vier unterschiedliche Gemeinschaftstypen, entlang derer die Gradualisierung des Modells erfolgt.

Darüber hinaus weist schon Tönnies (1991/1887) darauf hin, dass es eine für alle Gemeinschaften basale Grundvoraussetzung gibt: das Vorhandensein eines Pools von Akteuren mit gemeinsamen Interessen. Diese müssen bereits existieren, bevor sich die potenziellen Teilnehmer überhaupt wechselseitig wahrnehmen. Dieser Pool von Akteuren soll quasi als fünfter Gemeinschaftstyp als „potenzielle Gemeinschaft" bezeichnet werden und legt damit die Basis für alle weiteren Gemeinschaftstypen.

Mithilfe des gradualisierten Communitymodells, das uns als heuristisches Modell diente, konnten wir die Ergebnisse unserer Erhebung strukturiert mit verschiedenen Gemeinschaftstypen in Verbindung bringen. Das Modell war eine wertvolle Unterstützung bei der Formulierung des Interview-Leitfadens und wurde gleichzeitig durch die Erhebungsergebnisse kritisch hinterfragt sowie fortwährend überarbeitet und erweitert. Die Erfassung der einzelnen Gemeinschaftstypen, die mithilfe der Interviews konkretisiert werden konnte, ermöglichte eine umfassende Beschreibung der konstitutiven Praktiken und Bedingungen dieser Gemeinschaften.

Insgesamt wurden 23 Mitglieder der Fakultät Elektrotechnik und Informatik der TU-Berlin interviewt.[7] Die überwiegende Mehrheit der Befragten waren

---

die ihnen zu Grunde liegenden Praktiken zurückzuführen, wie sie meist auch in den Texten beschrieben werden.

7 Die Interviews waren Teil der zweiten Iterationsphase des Evaluationsprozesses zu PIA+COMM von insgesamt drei Iterationen und wurden nach der Einführung einer ersten Testversion des Systems, vier Monate nach Projektbeginn, durchgeführt.

wissenschaftliche Mitarbeiter, da diese als Hauptbenutzergruppe des Systems avisiert waren. Zusätzlich wurden einige Studierende befragt, um die Übertragbarkeit auf andere Nutzergruppen zu prüfen, bzw. unterschiedliche Nutzungspraktiken zu identifizieren. Die Interviews dauerten zwischen 60 und 90 Minuten. Sie wurden aufgezeichnet, transkribiert, und nach Vorschlägen von Philipp Mayring zur Qualitativen Inhaltsanalyse ausgewertet (Böhm et al 1992, Flick 1999, Flick 2002, Flick et al 2000, Mayring 1983, Mayring 2000, Strauss & Corbin 1990).[8]

Das gradualisierte Communitymodell, das wir hier vorstellen, basiert auf den Ergebnissen unserer empirischen Untersuchung.[9] Die beschriebenen Gemeinschaften mitsamt ihren Gemeinsamkeiten und Unterstützungstechnologien wollen wir im Weiteren vorstellen und die verschiedenen Praktiken, die für die Gemeinschaftstypen konstitutiv sind, besprechen.

Abbildung 1 gibt einen Überblick über die verschiedenen identifizierten Gemeinschaften sowie ihre Zuordnung zu den beiden Dimensionen. Es ist erkennbar, dass im Arbeitsalltag von Wissenschaftlern Gemeinschaften vor allem hinsichtlich des Austauschs von Wissen und Informationen gepflegt werden, während es nur wenige Gemeinschaften gibt, die auf Zusammenarbeit ausgelegt sind.

Es zeigt sich aber auch, dass eine exakte Zuordnung zu den vier Gemeinschaftstypen, welche sich aus den beiden Dimensionen ergeben, nicht möglich ist. So variieren im Bereich der dichten Austauschbeziehungen die identifizierten Gemeinschaften durchaus hinsichtlich des Dichtegrads. Hier sind die informellen internen Austauschbeziehungen besonders hervorzuheben, da sie von allen beschriebenen Gemeinschaften die höchste Dichte aufweisen. Auch die Gemeinschaften mit Vorgesetzten bilden eine Ausnahme. Sie sind nicht eindeutig einem der vier Typen zuordenbar, sondern bilden – auch inhaltlich – ein Bindeglied zwischen den Austausch- und den Kooperationsgemeinschaften. Vorgesetzte sind im wissenschaftlichen Bereich sowohl für den Wissensaustausch als auch für alle Formen von Zusammenarbeit wichtig.

---

8   Zur Erhebung haben wir uns gegen völlig offene Interviews entschieden, da mit diesen das Problem verbunden ist, dass viele Praktiken unausgesprochen bleiben. Das gradualisierte Communitymodell erlaubt es hingegen, die Befragten strukturiert mit diesen Praktiken zu konfrontieren, die anderweitig außerhalb ihrer Wahrnehmung gelegen hätten. Indem man die Nutzer um eine Einschätzung und Erläuterung der verschiedenen Aspekte bittet, lassen sich die im Modell angenommenen Merkmale einer kritischen Prüfung unterziehen sowie weitere Merkmale identifizieren.
9   Wie bereits beschrieben, wurde zunächst ein theoretisches Modell entwickelt, das als Basis für den Leitfaden verwendet wurde. Eine detailliertere Beschreibung des Überarbeitungsprozesses, vom theoretischen zum empirisch informierten Modell kann hier nicht erfolgen. Jedoch findet sich eine entsprechende Aufarbeitung in Hahne et al. (2007a).

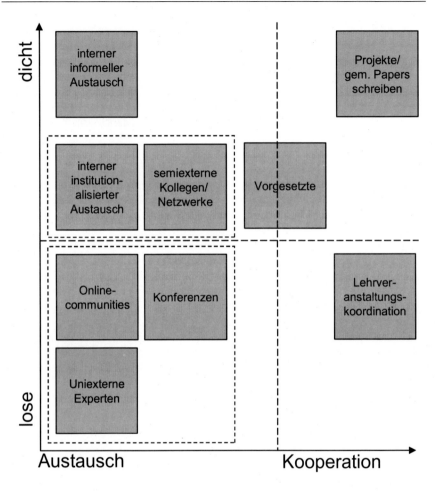

Abbildung 1: Einordnung der identifizierten Gemeinschaften in das gradualisierte Communitymodell. Die gestrichelte Einrahmung eines Teils der Gemeinschaften weist darauf hin, dass sich diese auf einem ähnlichen Gemeinschaftsniveau befinden, zur besseren Darstellung aber nebeneinander platziert wurden. Ferner markieren die beiden gestrichelten Achsen die Zuordnung zu den vier Gemeinschaftstypen.

Die beschriebenen real existierenden Gemeinschaften, die wir unter den *losen Austauschbeziehungen* zusammengefasst haben, sind Konferenzen, Onlinecommunities und der Austausch mit universitätsexternen Experten. Entsprechend der beiden Dimensionen wurden uns diese Gemeinschaften als vor allem auf den Austausch von Informationen und Wissen ausgerichtet beschrieben. Darüber hinaus wurde der lose Charakter betont, der jedoch keineswegs bedeutet, dass diese Gemeinschaften für die Befragten einen geringen Stellenwert haben, sondern lediglich, dass die Zahl der Kontakthäufigkeit in der Regel relativ gering ist.

Für jede dieser Gemeinschaften wurde eine Reihe von Technologien genannt, die zur Unterstützung des Gemeinschaftsprozesses verwendet werden. Allgemein lassen sich die Funktionen dieser Technologien dahingehend beschreiben, dass sie sich auf die Identifizierung potenziell interessanter Austauschpartner, die Anbahnung von Kontakten, die Organisation von Treffen oder virtuellen Interaktionskanälen sowie die Abwicklung des Austausches beziehen.

Entsprechend sind bei den Beschreibungen dieser Gemeinschaften zwei Praktiken erkennbar, die nicht ausschließlich konstitutiv für lose Austauschbeziehungen sind, aber in höchstem Maße grundlegend für alle Gemeinschaftstypen, da sie bereits auf der Stufe des untersten Gemeinschaftstyps genannt werden. Im gradualisierten Communitymodell kommen somit auf der Stufe der losen Austauschbeziehungen die *Organisation der wechselseitigen Wahrnehmung* (Praktik 1) und die *Bestimmung des Interaktionscharakters* (Praktik 2) erstmals als notwendige Praktiken hinzu. Wie bereits erwähnt setzt auch dieser grundlegende Gemeinschaftstyp eine potenzielle Gemeinschaft voraus.

Die Organisation der wechselseitigen Wahrnehmung („Awareness") wird von Dourish & Bellotti (1992) in Übereinstimmung mit den Aussagen der Befragten als Organisation von Informationen über Existenz, Kontaktmöglichkeiten und geteilte Gemeinsamkeit mit anderen Akteuren beschrieben. Der lose Charakter dieses Gemeinschaftstyps legt eine Verwendung von Technologien nahe, die den Akteuren genau diese Organisation abnimmt. Daher werden Personensuchmaschinen, wissenschaftliche Publikationsdatenbanken und Websites von Experten als praktisch verwendete Beispiele computergestützten Technologieeinsatzes beschrieben.

Bei unserer Befragung hat sich hinsichtlich der Festlegung auf einen bestimmten Interaktionscharakter gezeigt, dass sich aus Sicht der Befragten ihre Gemeinschaften durch Austausch von Informationen und kollaborative Zusammenarbeit unterscheiden. Da sich bei keiner anderen Praktik eine derart auffällige Dichotomie gezeigt hat, haben wir uns dazu entschlossen, den Charakter der Interaktion als eine der beiden Ordnungsdimensionen festzulegen. Nichtsdestotrotz müssen die Akteure bei der Herstellung einer neuen Gemeinschaft diesen Charakter stets als erstes erschaffen. Da es sich auch hierbei um eine besonders basale Praktik der Gemeinschaftserzeugung handelt, findet sie sich ebenfalls bereits auf der Ebene der losen Austauschbeziehungen. Der Austauschcharakter ist hier konstitutiv, während bei den Kollaborationsbeziehungen der Charakter der Zusammenarbeit zentral ist.

Auf die Notwendigkeit eines bestimmten Interaktionscharakters weisen auch eine Vielzahl der von uns konsultierten Autoren hin (Durkheim 1977/1893, Mead 1967/1934, Streeck & Schmitter 1985), wobei insbesondere Mead (Mead 1967/1934) hervorzuheben ist, der analog zu unseren Forschungsergebnissen „Tausch und Hilfe" als Ordnungsprinzipien von Gemeinschaften feststellt.[10]

In den Befragungen hat sich ferner gezeigt, dass für unterschiedliche Interaktionscharaktere unterschiedliche Kommunikationsmedien verwendet werden. So wird für den Informationsaustausch oft auf Foren, Newsgroups und Mailinglisten zurückgegriffen, während die Organisation kollaborativer Zusammenarbeit, wo sie nicht face-to-face abgewickelt wird, über Email oder Telefon erfolgt. Dem Medium Email kommt dabei in Wissenschaftlerkreisen ein besonderer Stellenwert zu, da es sich hierbei um das einzige Medium handelt, das quasi universell für jeden Gemeinschaftstyp zur Abwicklung der Interaktion eingesetzt wird.

Die bisher geschilderten Praktiken (1 & 2) sind auch für alle weiteren Gemeinschaften eine notwendige Bedingung. Die im Folgenden beschriebenen Gemeinschaften, die wir unter dem Typ der *dichten Austauschgemeinschaften* zusammengefasst haben, erfordern darüber hinaus noch zwei weitere Praktiken: *Kontinuierliche Interaktion* (Praktik 3) und *Ausbildung eines positiven Gemeinschaftsgefühls* (Praktik 4).

Die Ausbildung eines positiven Gemeinschaftsgefühls ist dabei insbesondere mit der Ausbildung von wirksamen Konfliktmanagementroutinen und einer gemeinsamen Sprache verbunden, die ihrerseits auch die Grundlage für kontinuierliche Interaktion ist. Auch hinsichtlich dieser beiden Praktiken haben sich unsere theoretischen Annahmen bewährt (vgl. Goffman 1975/1963, Krappmann 2000/1969, Mead 1967/1934, Schäfers 1994, Tajfel 1978, Tajfel 1982a, Tajfel 1982b).

Beispiele für dichte Austauschnetzwerke im wissenschaftlichen Umfeld sind informelle interne Kontakte zu Kollegen, Kolloquien und ähnliche organisierte Zusammenkünfte sowie semiexterne Kollegennetzwerke, bei denen für den Informationsaustausch häufig Kollegen konsultiert werden, die man zwar in

---

10 Auch in der Netzwerksoziologie finden sich entsprechende Parallelen. So beschreibt bspw. Bonacich (1987) Kommunikations- und Tauschnetzwerke als zwei voneinander verschiedene basale Netzwerktypen.

regelmäßigen Abständen trifft, die aber nicht permanent zugegen sind. Ein letztes Beispiel ist der Austausch mit Vorgesetzten, auch wenn es sich hierbei um einen Spezialfall handelt, da zu diesen in vielen Fällen auch eine Kooperationsbeziehung besteht.

Technologisch nutzen die Befragten unterschiedliche Archivfunktionen (Speichermedien, Emailarchiv, etc.), in erster Linie um die Kontinuität der Interaktion aufrecht zu erhalten. Hinsichtlich des positiven Gemeinschaftsgefühls konnten uns die Befragten hingegen keine separaten technischen Unterstützungsfunktionen nennen, obwohl in einigen Fällen die Verwendung von Videokonferenzen beschrieben wurde, wenn es sich bei den Gemeinschaftsmitgliedern um Kollegen handelt, zu denen eine intensive Beziehung besteht, jedoch z.B. wegen eines Auslandsaufenthalts kein face-to-face Kontakt möglich ist.

Während wir hinsichtlich der Austauschbeziehungen eine große Zahl real existierender Gemeinschaften gefunden haben, gibt es im Bereich der *kollaborativen Zusammenarbeit* nur wenige Gemeinschaften. Dies ist sicherlich auch der Tatsache geschuldet, dass viele der von uns befragten Wissenschaftler als feste Mitarbeiter an Lehrstühlen arbeiten und daher nicht in große Forschungsprojekte eingebunden sind. Nichtsdestotrotz waren den meisten Befragten projektförmige Arbeitssituationen vertraut, so dass sie uns die entsprechenden Gemeinschaftsformen gut aus ihrer Erfahrung beschreiben konnten.

Vor allem im Umfeld der Lehre sind viele Wissenschaftler in kollaborative Gemeinschaften eingebunden. Dort finden regelmäßig sehr umfangreiche Lehrveranstaltungen statt, die von einem ganzen Team von Mitarbeitern gemeinsam betreut werden. Obwohl diese Betreuung arbeitsteilig erfolgt, finden sich alle Beteiligten in loser Folge zu einer Koordinationsgruppe zusammen, um Ablauf und Probleme der Lehrveranstaltung zu besprechen.

Auch hier gilt: Ein gemeinsames Interesse, wechselseitige Wahrnehmung und der Interaktionscharakter (in diesem Fall der der Kooperation) sind notwendige Bedingungen, damit sich eine solche lose Kooperationsbeziehung ausbilden kann. Anders als in den dichten Austauschbeziehungen findet hingegen nur eingeschränkt eine kontinuierliche Interaktion statt und auch das Bemühen um ein positives Gemeinschaftsgefühl scheint hier keine große Rolle zu spielen. Zwar sind die Teilnehmer solcher Gemeinschaften am reibungslosen Ablauf der Kollaboration interessiert, jedoch müssen sie dazu weder zu der Koordinationsgruppe noch zu den einzelnen Mitgliedern eine positive Einstellung haben. Stattdessen leiten sich aus den beschriebenen Gemeinschaften zwei andere Praktiken ab, die für diesen Gemeinschaftstyp als konstitutiv hinzukommen. Dies sind die *auf die Gemeinschaft bezogenen Interaktionen (Praktik 5)* (vgl. hierzu Krappmann 2000/1969, Mead 1967/1934, Schäfers 1994, Tajfel 1978, Tajfel 1982a, Tajfel 1982b, Weber 1976/1922) sowie die *Orientierung an einer gemeinsamen Auf-*

gabe bzw. an einem gemeinsamen Objekt (Praktik 6) (vgl. hierzu insbesondere Mead 1967/1934). Auf die Gemeinschaft bezogene Interaktionen umfassen sämtliche Koordinations- und Abstimmungsfragen sowie Interaktionen, die auf wechselseitige Informierung und Austausch der Mitglieder unter- und übereinander abzielen. Die Orientierung an einer gemeinsamen Aufgabe ist notwendig, da durch diese der Ablauf der Zusammenarbeit wesentlich koordiniert wird. Im Unterschied zum Charakter der Interaktion zielt die Aufgabenorientierung entsprechend auf die interne Organisation der Gemeinschaft ab, während der Kollaborationscharakter die Rahmung der Interaktionssituation ermöglicht und zum Beispiel einen geeigneten Ort und geeignete Interaktionsmedien festlegt (s.o.).

Wenig verwunderlich ist, dass für die Herstellung von Kooperationsgemeinschaften Technologien verwendet werden, die Koordination unterstützen sollen. Uns wurden im Zusammenhang mit diesen Gemeinschaften Literaturdatenbanken und kollaborative Terminkalender als Unterstützungstechnologien genannt, wiewohl sich gezeigt hat, dass viele der von uns Befragten gerade mit den Möglichkeiten, die letztere bieten, nicht zufrieden sind. Wir haben uns daher dazu entschlossen, den Umgang mit dem kollaborativen Terminkalender ausführlicher darzustellen (Abschnitt 3). Inwiefern die Technologien eher für die Organisation der gemeinsamen Aufgabe oder für die Organisation der Kooperation selbst verwendet werden, konnte aus unserem empirischen Material nicht eindeutig abgeleitet werden. Auffällig ist dabei auch, dass der Einsatz von Unterstützungstechnologien nicht besonders ausgeprägt ist. Ein Befund, der sich auch bei den dichten Kooperationsbeziehungen bestätigt.

Unter diesem letzten Gemeinschaftstyp, den *dichten Kooperationsgemeinschaften*, wurden alle Projekt- oder projektförmigen Gemeinschaften zusammengefasst. Er zeichnet sich durch die größte Komplexität hinsichtlich der Praktiken aus, die notwendig für die Realisierung einer solchen Gemeinschaft sind. Entsprechend ergänzen sich hier die Praktiken sowohl der dichten Austauschbeziehungen als auch der losen Kooperationsbeziehungen. Alle bisher genannten Praktiken (1-6) kommen hier zusammen. Auch werden in Projekten alle Technologien zur Organisation und Realisierung der Projektgemeinschaft genutzt. Darüber hinaus kommen zwei weitere konstitutive Praktiken hinzu. Diese sind die *Ausbildung eines gemeinschaftsbezogenen Stereotyps (Praktik 7)* sowie die *Ausbildung eines gemeinschaftsspezifischen Rollendifferentials (Praktik 8)*.

Das gemeinschaftsbezogene Stereotyp ist eine verallgemeinerte Vorstellung, die die Mitglieder einer Gemeinschaft von dieser haben. Dieses Bild erlaubt es einerseits, sich nach außen hin von anderen Gemeinschaften zu unterscheiden, andererseits nach innen eine tragfähige Idee davon zu haben, was die eigene Gemeinschaft ausmacht (hierzu explizit Tajfel 1978, Tajfel 1982a). Das

Stereotyp ermöglicht seinen Mitgliedern eine Identifizierung mit der Gemeinschaft und erlaubt ihnen, jederzeit im Sinne der Gemeinschaft zu handeln. Dem entgegengesetzt wirkt in der Gemeinschaft die Praktik der Ausbildung eines Rollendifferenzials (Krappmann 2000/1969, Schäfers 1994). Jedes Mitglied in der Gemeinschaft findet dabei eine Rolle, die den eigenen Fähigkeiten entspricht und zum Gelingen der gemeinsamen Aufgabe beiträgt sowie das positive Gemeinschaftsgefühl zusätzlich unterstützt. Erst wenn auch diese beiden Praktiken vorhanden sind, können Projekte oder projektförmige Gemeinschaften reibungslos funktionieren. Sind diese Praktiken nicht oder nicht adäquat umgesetzt, kann es zu krisenhaften Spannungen oder sogar zum Zerbrechen der jeweiligen Gemeinschaft kommen. Dies gilt nicht nur für dichte Kooperationsbeziehungen, sondern für alle Arten von Gemeinschaften. Je komplexer diese jedoch sind, umso größer ist die Gefahr, dass es zu Konflikten kommt.

Hinsichtlich der technischen Unterstützungsmöglichkeiten wussten die Befragten von keinen spezifischen Technologien zu berichten, die sie speziell für die Ausführung der zuletzt besprochenen Praktiken verwenden. Dies bedeutet jedoch nicht, dass in dichten Kooperationsbeziehungen nicht auf Technologien zurückgegriffen wird, sondern nur, dass entsprechende Artefakte vor allem für die Realisierung der anderen ebenfalls notwendigen Praktiken (Praktiken 1-6) eingesetzt werden.

Tabelle 1 veranschaulicht, welche Praktiken den unterschiedlichen Gemeinschaftstypen zugeordnet sind. Die Komplexität der Gemeinschaften nimmt dabei mit der Anzahl der notwendigen Praktiken zu. Noch einmal hingewiesen werden soll auf die basale Notwendigkeit einer potenziellen Gemeinschaft, die stets Voraussetzung für die Ausbildung der realen Gemeinschaften ist.

Hinsichtlich unserer Annahme, dass unterschiedliche Communitytypen unterschiedliche Praktiken und unterstützende Technologien voraussetzen, hat unsere Untersuchung zweierlei gezeigt: Erstens, es gibt einen Trend, dass mit zunehmender Komplexität der Gemeinschaft, d.h. mit zunehmender Anzahl von notwendigen Praktiken, die Zahl der zusätzlich hinzukommenden Unterstützungsfunktionen abnimmt. Zweitens, Unterstützungsfunktionen existieren vor allem für lose Gemeinschaftstypen. Mit der Eigenschaft der geringen Dichte ist dabei in der Regel auch eine räumliche oder zeitliche Distanz verbunden, die durch vielfältige Unterstützungstechnologien kompensiert werden muss und so zu neuen Gemeinschaftsformen führen kann.

Ob die Abwesenheit technischer Unterstützungsfunktionen im Bereich der Kooperationsbeziehungen an einem Mangel praktisch integrierbarer technischer Unterstützungsangebote liegt oder daran, dass die von uns befragten Wissenschaftler an relativ wenigen Kooperationsbeziehungen teilnehmen, oder ob andere Gründe ausschlaggebend sind, konnte nicht abschließend geklärt werden.

Gemeinschaftstyp Konstitutive Praktiken (Ausbildung / Organisation von:)	Loser Austausch	Dichter Austausch	Lose Zusammenarbeit	Dichte Zusammenarbeit
Praktik 1: Wechselseitige Wahrnehmung	√	√	√	√
Praktik 2: Charakter der Interaktion	√	√	√	√
Praktik 3: positives Gemeinschaftsgefühl		√		√
Praktik 4: kontinuierliche Interaktion		√		√
Praktik 5: gemeinschaftsbezogene Interaktion			√	√
Praktik 6: gemeinsame(s) Aufgabe/ Objekt			√	√
Praktik 7: gemeinschaftsbezogenes Stereotyp				√
Praktik 8: Rollendifferenzial				√

Tabelle 1: Zusammenfassung der verschiedenen Gemeinschaftstypen und den jeweils notwendigen konstitutiven Praktiken.

Jedoch gehen wir davon aus, dass die erste Annahme, das Fehlen integrierbarer technischer Unterstützungsfunktionen, in jedem Fall eine entscheidende Rolle spielt. Wegen dieses Mangels werden durchaus existierende Angebote von potenziellen Nutzern nicht aufgegriffen. Entsprechend haben sich Gemeinschaftsformen im Bereich der Kooperation auch (noch) nicht wesentlich durch den Einsatz von Technik verändert. Es soll jedoch darauf hingewiesen werden, dass diese Tatsache keinerlei Schlussfolgerungen darüber erlaubt, ob eine Entwicklung von akzeptablen Unterstützungsfunktionen grundsätzlich unmöglich ist oder ob die Entwicklung in diesen Bereich noch nicht weit genug fortgeschritten ist. Im folgenden Kapitel argumentieren wir, dass einer der Hauptgründe für das Scheitern von Unterstützungsangeboten für Kooperationsbeziehungen in der mangelnden Einbettung dieser Funktionen in die bestehenden Praktiken und Erwartungen der Nutzer sowie die schlechte Abstimmung auf die vorhandene technische Infrastruktur zurückzuführen ist. Wenn sich daher viele Menschen heute nicht vorstellen können, dass Kooperationsgemeinschaften technisch unterstützt und damit verändert werden können, korrespondiert dies vor allem mit dem Problem, dass die vorhandenen Erwartungen nicht mit den angebotenen technischen Möglichkeiten zu einer Passung zu bringen sind.[11]

3 Die Entstehung soziotechnischer Passung

Für den Bereich der losen Gemeinschaften hat sich gezeigt, dass bereits eine Reihe von neuen Gemeinschaften aufgrund der Anwendung technischer Unterstützungstechnologien entstanden ist. Im Bereich der Kooperationsbeziehungen finden sich hierfür jedoch nur wenige Beispiele. Auch hat sich in diesem Bereich herausgestellt, dass nicht alle Technologien von allen Befragten gleichermaßen verwendet werden. Technologische Unterstützungsfunktionen setzen sich hier nur langsam durch. Daraus haben wir die Frage abgeleitet, welche Bedingungen im Zuge der Einführung einer neuen Technologie erfüllt sein müssen, damit sich neue soziotechnische Gemeinschaften bilden können. Um dieser Frage nachzugehen, haben wir unsere Interviewpartner zu zwei der von ihnen genannten Technologien näher befragt: Email und kollaborativer Terminkalender. Für Email sprach die weite Verbreitung und Akzeptanz, für den elektronischen Terminkalender, dass er zwar des Öfteren erwähnt, in der Regel aber von den Befragten nach kurzem Ausprobieren nicht weiter verwendet wurde.

In beiden Fällen sind wir von der Frage nach der Verwendung der jeweiligen Technologie ausgegangen. Unabhängig von der jeweiligen Antwort bestand unser Vorgehen darin, uns die Gründe für die Nutzung bzw. Nichtnutzung erklären zu lassen. Dabei haben wir schrittweise die Ursachen rekonstruiert, indem wir Begründungen für die Aussagen der Befragten erfragt haben. Wo also ein Argument auf bestimmte Vor- oder Nachteile abstellte, haben wir uns genauer erklären lassen, warum es sich dabei um einen Vor- oder Nachteil handelte. Wurden Verweise zu Vorläufertechnologien hergestellt, haben wir die Unterschiede, bzw. die Vor- und Nachteile dieser Technologien, sowie deren Verwendung erfragt. Ebenso sind wir vorgegangen, wenn uns Erwartungshaltungen und Gewohnheiten des Umgangs in Bezug auf eine Technologie genannt wurden. Ziel unseres methodischen Vorgehens war, die bestehenden Selbstverständlichkeiten der Probanden in Frage zu stellen, um die Entstehungs-

---

11 Mit diesem Umstand sahen sich jedoch viele Innovationen zu ihrer Zeit konfrontiert, die später zu großen Erfolgen wurden Vgl. zum Beispiel den Fall des Telefons (Rammert 1990), dessen Sinn sich zunächst auch vielen Leuten nicht erschlossen hat.

bedingungen der vorhandenen Verwendungspraktiken bezüglich der beiden Technologien wieder sichtbar zu machen.

3.1 Das Scheitern des kollaborativen Terminkalenders

Kollaborative Terminkalender sind Terminkalender, die von einer Gruppe von Personen gemeinsam genutzt werden. Es gibt nur eine zentrale Terminkalenderdatei, die auf einem Netzwerkserver gespeichert wird. Alle Beteiligten können auf diesen Terminkalender zugreifen, Termine eintragen oder ändern. So soll den beteiligten Nutzern immer sofort ersichtlich sein, wann z.b. der Chef auf einer Konferenz ist oder wann sich die Arbeitsgruppe XY trifft und wer daran teilnimmt.

Wie bereits erwähnt, hat unsere Befragung gezeigt, dass kollaborative Terminkalender zwar bekannt, von den wenigsten Befragten aber tatsächlich intensiv genutzt werden. Die Befragten haben angegeben, die technischen Potenziale eines innovativen, kollaborativen Terminkalenders stets mit den Potenzialen von regulären „Papierkalendern" zu vergleichen, mit denen sie positive Erfahrungen gemacht haben und die sie in der Regel bereits seit langer Zeit benutzen. Jedes Element und jede Eigenschaft des kollaborativen Terminkalenders muss sich folglich mit einem traditionellen Terminkalender messen lassen. An diesen schätzen die Nutzer seine hohe Mobilität, man kann ihn überall mit hin nehmen, seine leichte Editierbarkeit, ändert sich ein Termin, streicht man ihn schnell durch und notiert ihn an anderer Stelle, und die einfache Koordination von Terminen, die durch den guten Überblick über die eigenen Termine erreicht wird. Mit den Eigenschaften der traditionellen Terminkalender sind also keine abstrakten positiven Eigenschaften gemeint. Vielmehr verbinden die Nutzer mit diesen Eigenschaften ganz konkrete Praktiken, das heißt Handlungsabläufe: Nämlich wie Mobilität, Editierbarkeit und das Vereinbaren von Terminen abzulaufen hat.

Einer neuen Technologie wie dem kollaborativen Terminkalender begegnen die Nutzer nun auf der Grundlage dieser Praktiken mit einer Reihe von Erwartungen, an denen sie die Innovation messen. Sie gehen davon aus, dass ein kollaborativer Terminkalender die genannten Praktiken wenn nicht vollständig übernimmt, so doch zumindest Funktionalitäten anbietet, die eine schnelle Wiederaneignung dieser vertrauten und geschätzten Praktiken ermöglicht. Entsprechend haben die Nutzer zwar Verständnis dafür, dass zum Zweck der Terminkoordination der Terminkalender zunächst auf einem netzwerkfähigen PC gespeichert ist, es wird aber selbstverständlich erwartet, dass die gewohnte Funktionalität der Mobilität bei minimalem Aufwand weiterhin beibehalten werden kann. Folglich besteht die Erwartung, dass eine einfache Synchronisierbarkeit auf ein mobiles Gerät gegeben ist. Ebenso wird vorausgesetzt, dass die gewohnte einfache Editierbarkeit auch beim kollaborativen Terminkalender vorhanden ist.

Hinsichtlich der Terminvereinbarung sind die Erwartungen sogar höher als die, die an den traditionellen Terminkalender gestellt werden. Denn, so das Argument, es ist diese Funktion, in der der Mehrwert der Technologie vermutet wird. Entsprechend wurden hier die Erwartungen geäußert, dass ein kollaborativer Terminkalender eine bessere Koordination von Terminen in großen Gruppen und einen Überblick über die Erreichbarkeit von Kollegen gewährleisten sollte. Deutlich wird also, dass es für eine neue Technologie nicht ausreicht, einen relativen Vorteil gegenüber einer bewährten Technologie zu bieten, sondern dass sie auch bestehende Vorteile der alten Technologie beibehalten muss.

Wird der Nutzer mit den geschilderten Praktiken und Erwartungen nun mit der konkreten Technik konfrontiert, beginnt er diese hinsichtlich seiner Erwartungen zu überprüfen. Dabei steht die Übertragbarkeit der Praktiken im Zentrum des Ausprobierens. Im Falle des kollaborativen Terminkalenders haben die Nutzer das Fazit gezogen, dass die einfachere Bedienung und die bessere Koordinierbarkeit von Terminen zwar gegeben ist, sie aber nicht in der Lage waren, ihre gewohnten Editierpraktiken weiterhin zu verwenden. Das Editieren gestaltete sich viel aufwändiger als beim Taschenkalender. Außerdem mussten sie feststellen, dass die kollaborativen Terminkalender die Frage der Mobilität nicht genügend berücksichtigt haben. So setzt Mobilität zunächst voraus, dass ein mobiles Gerät zur Verfügung steht, auf das der ausgehandelte Terminkalender übertragen werden kann. Dort, wo ein solches Gerät vorhanden war, wurde ein sehr großes Problem in der Synchronisierbarkeit vom PC auf das mobile Gerät gesehen, mit der sich die Nutzer äußerst unzufrieden zeigten. Es traten dabei zahlreiche Probleme auf, z.B. verschwanden manche Termine einfach, andere tauchten hingegen mehrfach auf.

Diese erste Probephase hat gezeigt, dass der kollaborative Terminkalender hinsichtlich seiner von den Entwicklern angedachten Kernfunktion die Erwartungen der Nutzer zwar erfüllen kann, aber nicht bedacht wurde, dass die Innovation nicht in ein offenes Anwendungsfeld fällt, sondern bereits auf eine Vielzahl von Praktiken und Erwartungen der Nutzer trifft, die diese nicht oder nur sehr wenig verändern wollen.

Der probeweise Einsatz des kollaborativen Terminkalenders hat zusätzlich das Bewusstsein der Nutzer für weiterführende Problematiken geöffnet, derer sie sich vor der Nutzung kaum bewusst waren. So haben sie nach der probeweisen Nutzung erhebliche Bedenken hinsichtlich der Datensicherheit und der Privatsphäre ihrer Daten gesehen. Eine Trennung von privaten und geschäftlichen Terminen wurde beispielsweise gefordert und wirksame Mechanismen, um einen unerlaubten Zugriff auf im System gespeicherte Termine zu verhindern. Die Erfahrungen der Nutzer in der Probephase haben also letzten Endes zu wachsenden Erwartungen gegenüber kollaborativen Terminkalendern geführt. Die meisten Nutzer haben nach der probeweisen Verwendung den Einsatz von kollaborativen Terminkalendern wieder aufgegeben. Die potenziellen Vorteile der Technik konnten die Nachteile, die die Nutzer gesehen haben, nicht aufwiegen. Entscheidend ist hierbei, dass die Nachteile sich nicht direkt auf die technischen Funktionalitäten bezogen haben, sondern erst aus den zuvor vorhandenen Praktiken und Erwartungen konstruiert wurden. Eine *Passung* konnte sich daher nicht einstellen, da die Technologie nicht angemessen an die gegebenen infrastrukturellen und handlungspraktischen Vorgaben angepasst werden konnte. Dies war im Übrigen auch nicht von den Entwicklern vorgesehen. Abbildung 2 veranschaulicht den gescheiterten Passungsprozess:

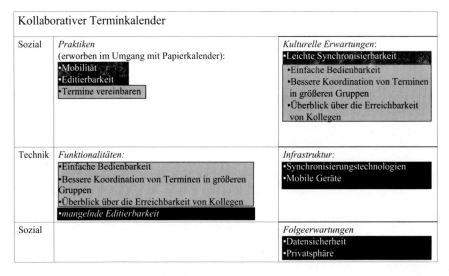

Abbildung 2: Der gescheiterte Passungsprozess des kollaborativen Terminkalenders in die Praxis der Nutzer (Schwarz unterlegt sind die Aspekte, die letztlich zum (vorläufigen) Scheitern der Innovation geführt haben. Grau unterlegt sind die Aspekte, die eine erfolgreiche Passung nahe gelegt hätten.).

3.2 Der Erfolg von Email

Email ist von allen genannten technischen Unterstützungsangeboten das mit der größten Verbreitung und kommt in allen von uns gefundenen Gemeinschaftstypen zur Anwendung. Email wird von den Nutzern als ein natürliches Element ihres Arbeits- und Gemeinschaftslebens angesehen. Eine Hinterfragung des Entstehungszusammenhangs der Verwendung ist in einem solchen Fall ungleich schwerer, da viele der ursprünglichen Nutzungsbedingungen selbstverständlich und damit dem diskursiven Bewusstsein nur schwer zugänglich sind.

Nichtsdestotrotz gilt auch für Email, dass die zugrunde liegenden situativen Praktiken, mit denen die Nutzung ursprünglich verglichen wurde, im gewohnheitsmäßigen Umgang mit anderen Medien, wie z.b. dem Schreiben von Briefen erworben wurden. Daraus leitete sich für die Nutzer die Erwartung ab, dass Email eine asynchrone Kommunikation mit einer Vielzahl von Personen ermöglicht.

Ältere Nutzer dieser Funktionalität erinnerten sich allerdings im Rahmen unserer Befragung noch daran, dass zwar die Erwartung der asynchronen Kommunikation erfüllt wurde, das Erreichen einer Vielzahl von Ansprechpartnern sich jedoch erst im Laufe der Zeit einstellte und anfangs noch keine wichtige Rolle spielte. Das Problem lag damals in der zum Teil noch geringen Verbreitung des Internets, einer basalen infrastrukturellen Voraussetzung für eine erfolgreiche Einpassung. Der Einsatz von Email war zu einem frühen Entwicklungszeitpunkt noch mit gewissen Barrieren behaftet, die sich aber mit zunehmender Verbreitung der Internetnutzung legten.

Im Gegensatz zur Vorläufer-Praktik des Briefe Schreibens erspart einem das Email Schreiben die Praktiken des Briefmarken Kaufens, des zum Briefkasten Tragens und des Wartens auf Antwort. Die neue Technik konnte schon kurz nach ihrem Bekannt werden hinsichtlich dieser Praktiken einen klaren Vorteil aufweisen, der von den Nutzern schnell als solcher erkannt und akzeptiert wurde. Gern nahmen sie die schnelle Erreichbarkeit und die geringeren Kosten an.

Die einfache Möglichkeit der parallelen Nutzung von Briefen und Email erlaubte es dieser Technologie, trotz der zunächst schlechten infrastrukturellen Einbettung, sich sukzessive einzupassen. So hatte man stets die Möglichkeit, zwischen einem Brief und einer Email zu wählen. Hierin liegt ein wesentlicher Unterschied zum Einsatz des kollaborativen Terminkalenders. Email belastet den Nutzer weniger mit redundanter Arbeit, die notwendig ist, wenn man einen traditionellen und einen kollaborativen Terminkalender parallel verwendet und dadurch entweder Termine an unterschiedlichen Orten gespeichert hat oder diese doppelt eintragen muss.

Es konnte sich eine neue soziotechnische Praktik der Emailkorrespondenz ausbilden, die neue Möglichkeiten der Vergemeinschaftung auch über größere Distanzen hervorbrachte. Überdies führte die neue Praktik zu ganz neuen Verwendungsweisen, die sich von den anfänglichen Erwartungen an Email unterschieden. Email machte nun viele Telefonate überflüssig und den Einsatz von Benachrichtigungs- oder Notizzetteln, z.B. an den Türen von Arbeitskollegen. Die Nutzer machten sich die Möglichkeiten, die die Technologie mit sich brachte, zu Eigen und leiteten daraus neue Praktiken ab. Daraus resultierten wiederum neue Erwartungen an die Weiterentwicklung der Technologie.

Aufbauend auf der schnellen Erreichbarkeit entwickelt sich beispielsweise die Erwartung nach schnelleren Antworten, die in manchen Fällen zu einer Annäherung der Emailkommunikation an synchrone Kommunikation grenzt. Ein weiteres Beispiel ist die mit der Technik einhergehende Möglichkeit, Emails an eine große Zahl von Personen gleichzeitig zu versenden. Diese Möglichkeit weckt die Erwartung, z.B. Gruppendiskussionen über Email zu führen. Insofern ist es auch nicht verwunderlich, dass in der Folge der Einführung von Email Technologien entwickelt wurden, die eben diesen beiden Erwartungen gerecht werden konnten. Entsprechend sind Mailinglisten und „Instant Messaging" Systeme heute weit verbreitet.

Email ist ein gutes Beispiel für eine gelungene Einpassung einer neuen Technologie in die Erwartungen und Handlungspraktiken der Nutzer. Außerdem veranschaulicht es die Relevanz der Infrastruktur, da in diesem Fall die heute allgegenwärtige Verbreitung auch der Tatsache geschuldet ist, dass die Verbreitung von Internet einen derart hohen Stand erreicht hat.[12] Die erfolgreiche Einpassung ist das Ergebnis des Zusammenspiels der vorhandenen Praktiken, der an die Innovation gerichteten Erwartungen, der Infrastruktur und der Potenziale, die die Technik den Nutzern angeboten hat. Dieses Zusammenspiel hat dafür gesorgt, dass Email zur Grundlage für eine Vielzahl neuer Gemeinschaften werden konnte, die ohne nur schwer oder zumindest selten denkbar sind. In den von uns geführten Interviews wurde uns der positive Einfluss von Email vor allem für lose Beziehungen zu Experten und Kollegen bescheinigt, sowie ihre grundlegende Notwendigkeit für Mailinglisten, die ihrerseits Vorläufer der meisten heute verwendeten Onlinecommunity-Technologien waren. Des Weiteren hat Email alle Formen der Kooperationsbeziehungen vereinfacht, wenngleich die Nutzer nicht sagen konnten, ob es hier spezifische Gemeinschaftsformen gibt, die vor der Einführung von Email nicht vorhanden waren. Dies liegt sicherlich auch daran, dass Email für die meisten der von uns interviewten Nutzer zum

---

12 Wobei hier nicht untersucht worden ist, in welche Richtung die Kausalität verläuft, ob es also die Versprechungen von Email waren, die zur Verbreitung des Internets geführt haben oder andersherum.

Entstehungsbedingungen technisch unterstützter Gemeinschaften 277

Zeitpunkt ihres Eintritts in die Wissenschaft bereits eine Selbstverständlichkeit war. Abbildung 3 skizziert nochmals den Passungsprozess von Email:

Email			
Sozial	*Praktiken:* •Briefe schreiben		*Kulturelle Erwartungen:* •Erwartung asynchroner Kommunikation
Technik	*Funktionalitäten:* •Asynchrone Kommunikation •Schnelle Erreichbarkeit •Kostengünstigkeit		*Infrastruktur:* •Internet
Sozial	Es entstehen neue soziotechnische Praktiken, andere werden teilweise obsolet, z.B.: •Benachrichtigungszettel hinterlassen •Telefonieren		*Kulturelle Folgeerwartungen:* •Schnelle Erreichbarkeit •Kostengünstigkeit •Annäherung an Synchronität
Technik	*Folgefunktionalitäten:* •Mailinglisten •SMS Benachrichtigung •Instant Messaging		*Folgeinfrastruktur:* •Internet •Hohe Verbreitung

Abbildung 3: Der erfolgreiche Passungsprozess von Email (Grau unterlegt sind die Aspekte, die eine erfolgreiche Passung begünstigt haben. Schwarz unterlegt sind Faktoren, die diesen Prozess behindert haben).

4 Das Modell soziotechnischer Passung

Wie bereits in der Akzeptanzforschung ausgearbeitet (exemplarisch seien genannt: Davis 1989, Goodhue 1995, Venkatesh & Davis 2000), belegen auch unsere Untersuchungsergebnisse, dass die Befragten sich nützliche Funktionalitäten für ihre konkreten Aufgaben sowie eine leichte Bedienbarkeit derselben wünschen.

Hinsichtlich beider Wünsche orientieren sich die potenziellen Nutzer aber an Praktiken, mit denen sie die entsprechenden Aufgaben bisher gelöst haben. Darüber hinaus können wir mit unseren Forschungsergebnissen belegen, dass auch der infrastrukturelle Rahmen der Technik sowie die Erwartungshaltungen, die gegenüber einer neuen Technologie bestehen, nicht in ihrer Bedeutung unterschätzt werden dürfen. Letztere, so hat sich gezeigt, leiten die Nutzer aus der Erfahrung mit früheren ähnlichen Technologien ab, von denen die neuen nicht allzu weit abweichen sollten (vgl. hierzu auch Binsack 2002).

Diese Prozesse laufen jedoch weitgehend unbewusst ab. So haben uns die Befragten zwar ohne Probleme Auskunft über die Tätigkeiten und verwendeten Ressourcen gegeben, derer sie sich in Gemeinschaften bedienen, der Entstehungszusammenhang dieser Gemeinschaften und die notwendige Einbettung in bestehende Erwartungen und Infrastrukturen wurde hingegen zunächst ausgeblendet. Erst durch systematisches Hinterfragen der Aussagen der Befragten konnten die Entstehungszusammenhänge der Technikverwendungen und Gemeinschaften rekonstruiert werden.

Die abgeleiteten Ergebnisse stehen im Einklang mit den pragmatistischen Konzepten John Deweys (1960/1938). Demnach hat der vorhandene soziale Status quo einen maßgeblichen Einfluss auf die Beurteilung neuer Technologien. Wird ein potenzieller Nutzer mit einer neuen Technologie konfrontiert, werden deren Möglichkeiten stets auf der Basis der bereits gemachten/erworbenen Erfahrungen und Handlungspraktiken beurteilt (vgl. Dewey 1960/1938). Jedoch führt die Integration der neuen Möglichkeiten auch dazu, dass sich die erworbenen/verfügbaren Praktiken und Erwartungen zu einem gewissen, von den Nutzern handhabbaren Grad verändern und so sukzessive eine Grundlage für die Ausbildung neuer Gemeinschaftsformen legen. Eine neue Gemeinschaft auf der Basis einer innovativen Idee lässt sich folglich nicht losgelöst von den Nutzern entwerfen. Ist der Grad der Innovativität zu hoch und die angebotenen Potenziale zu weit von den Bedürfnissen und Erfahrungen der Nutzer entfernt, werden diese in den meisten Fällen nichts mit der Innovation anzufangen wissen (Binsack 2002, Rogers 2003). Innovationen müssen sich daher an den lebensweltlichen Bedingungen und Abläufen der Nutzer orientieren. Ist dies der Fall, können Innovationen Schritt für Schritt in die Lebenswelt der Nutzer aufgenommen werden und dort zu einer Veränderung beitragen.

Unsere Erkenntnisse unterstreichen darüber hinaus auch Latours Annahme (1987), wonach alle Objekte und sozialen Akteure das Ergebnis eines abgestimmten Zusammenspiels einer Vielzahl heterogener Objekte und Akteure sind. In unserem Fall zeigt sich dies dadurch, dass die Ausbildung einer neuen Verwendungspraktik und die daraus resultierende Entstehung einer neuen Gemeinschaft eben nicht nur durch die Realisierung bestimmter Praktiken zustande kommen. Es ist vielmehr so, dass die neuen Gemeinschaften das Ergebnis der wechselseitigen *Passung* von Praktiken, Erwartungen, technischen Möglichkeiten und Infrastruktur sind. Und auch eine zweite Annahme Latours (ebd.) bestätigt sich in unserem Fall: Nachdem der Prozess der wechselseitigen

Entstehungsbedingungen technisch unterstützter Gemeinschaften

Passung abgeschlossen ist, verschwindet dieser aus der Wahrnehmung. Die erzeugte Ordnung erscheint als eine gegebene, selbstverständliche Einheit.

Aus unseren Ergebnissen schließen wir, dass neue Gemeinschaften nur dort entstehen können, wo herrschende Praktiken, technische Möglichkeiten, damit verbundene Erwartungen und technologische Infrastruktur zueinander in einem *Passungs*verhältnis stehen. Eine solche Passung bedeutet dabei nicht, dass es eine hundertprozentige Kompatibilität geben muss, bei der alle Elemente nahtlos ineinander greifen müssen, etwa im Sinne eines Schlüssel-Schloss-Verhältnisses. Dies ist hier zu eng gedacht. Eine bessere Metapher ist ein elastisches Band, das sich an Objekte einer gewissen Größe anpassen kann. Sind die Objekte zu klein, fällt das Band einfach herab, sind sie zu groß, reißt es. Es gibt jedoch mehrere unterschiedliche Objekte zwischen diesem zu groß und zu klein. Für eine gelungene Passung genügt es daher, wenn sich die Elemente wechselseitig genügend Raum geben und dabei einerseits die eigene Existenz nicht gefährden und andererseits dem veränderten Element ermöglichen, sich und die anderen Elemente zu verändern. Es geht also um einen gewissen Grad an Flexibilität, den sich die Elemente wechselseitig bieten müssen. In diesem Prozess bedarf es eines wechselseitigen „Zurechtrüttelns", des Ausprobierens möglicher Passungsvarianten (vgl. hierzu den "Inquiry"-Begriff nach Dewey 1960/1938), um letztlich zu einer neuen, stabilen Gemeinschaft zu gelangen. Dabei zeigt sich auch, dass nicht alle Elemente in jeder Situation im selben Maße flexibel bzw. flexibel verfügbar sind. In den meisten Situationen sind es die Akteure mit ihren Praktiken und Erwartungen, die Flexibilität zur Verfügung stellen können, selbst wenn z.B. die zunehmende Bedeutung von Usabilityfragen zeigt (vgl. ISO 1996, ISO 2006a, ISO 2006b, Nielsen 1993, Nielsen 1994), dass auch hier eine Bereitschaft zu erhöhter Flexibilität seitens der Technik entsteht. Die nachfolgende Abbildung verdeutlicht den Passungsprozess noch einmal zusammenfassend:

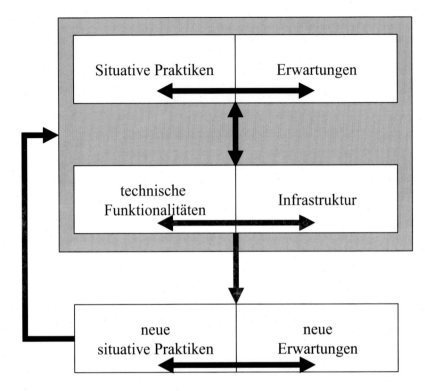

Abbildung 4: Der soziotechnische Passungsprozess (Im grauen Kasten sind die vier Bedingungen zusammen gefasst, die aufeinander abgestimmt sein müssen, damit sich eine neue situative Praktik und daraus resultierende Erwartungen ausbilden können.)

5 Fazit

Im Rahmen unseres Forschungsprojektes konnten wir in dem von uns untersuchten Feld verschiedene Gemeinschaftstypen identifizieren, die sich hinsichtlich ihrer Ausprägungen und durchgeführten Praktiken voneinander unterscheiden.

Wir haben festgestellt, dass für die Entstehung einer neuen Gemeinschaft neben vorhandenen Praktiken und dem Zurückgreifen auf technische Unterstützungspotenziale auch die Erwartungen der Mitglieder einer Community sowie die technische Infrastruktur der innovativen Technologien eine mindestens ebenso große Bedeutung für eine erfolgreiche Passung haben. Die Beispiele, Email und kollaborativer Terminkalender, zeigen exemplarisch, dass die Ausbildung von soziotechnischen Praktiken das Ergebnis eines Zusammenspiels von Nutzern und Technik ist. Lässt die Technik keinen Raum für Erwartungen und mitgebrachte Praktiken, wird keine Akzeptanz stattfinden. Wird dieser Freiraum jedoch gewährt und fügt sich die Technik in eine passende Infrastruktur ein, wie bei Email, können im Zusammenspiel aller drei Bedingungen neue soziotechnische Praktiken und Gemeinschaften entstehen.

Zu den Entstehungsbedingungen von Gemeinschaften haben wir gezeigt, dass sich diese bisher nur im Bereich der losen Beziehungen technisch unterstützen lassen. Wir vermuten, dass dies der Fall ist, weil den Nutzern die Vorstellungsfähigkeit fehlt, dass Technik in der Lage sein könnte, in diesen Bereichen Unterstützung zu leisten. Daher halten sie an bewährten sozialen Institutionen zur Erzeugung von neuen Gemeinschaften fest.

Kommen wir vor diesem Hintergrund abschließend auf unsere Eingangsfrage zurück, inwiefern gerade mit Technologien wie Web 2.0 ein Wandel von Interaktion und Gemeinschaften stattfinden kann. Das Beispiel des kollaborativen Kalenders zeigt, dass bei der Unterstützung von dichten Gemeinschaften gravierende Probleme auftreten. Die technischen Möglichkeiten und Umsetzungen sind (noch) nicht weit genug, um tatsächlich neue Gemeinschaftstypen mitzuerzeugen.

Die vorhandenen Angebote, die zur Zeit viel diskutiert werden, wie youtube, Myspace usw. verbleiben dementsprechend auch auf den Stufen der Austauschgemeinschaften unseres gradualisierten Communitymodells. Sie ermöglichen in erster Linie wechselseitige Wahrnehmung und bieten einen Interaktionskanal an. Darüber hinaus unterscheiden sie sich von anderen virtuellen Gemeinschaften durch eine höhere Anschlussfähigkeit ihrer Inhalte, da diese von den Nutzern abwechslungsreicher gestaltet werden können. In diesem Sinne tragen die neuen Angebote in gewissem Maße auch zu einer kontinuierlicheren Interaktion bei.

Der Wandel gegenüber anderen Gemeinschaftsangeboten ist dabei jedoch sehr gering. Eine wirklich neue Stufe des Wandels von Interaktion wäre erst dann tatsächlich gegeben, wenn Technologien auch komplexere kollaborative Formen von Interaktion mitgestalten könnten.

Zumindest im von uns untersuchten wissenschaftlichen Bereich findet dies jedoch nicht statt. Die angebotenen Techniken erlauben keine entsprechend akzeptable Anwendung. Schließlich sind es aber auch die Nutzer, die sich eine solche Verwendung im Moment nicht vorstellen können. Eine Passung findet somit nicht statt. Es bleibt daher festzuhalten, dass Medienwandel nur dort zu einem Gemeinschaftswandel führt, wo es Menschen gibt, die einen solchen Wandel akzeptieren.

Literatur

Binsack, M. (2002): Akzeptanz neuer Produkte. Wiesbaden: Deutscher Universitätsverlag.

Bonacich, P. (1987): Power and centralitiy: A Family of Measures. In: American Journal of Sociology 92, S. 1170-1182.

Böhm, A.; Legewie, H.; Muhr, T. (1992): Kursus Textinterpretation: Grounded Theory. Berlin: TU-Berlin, Bericht aus dem IfP Atlas, S. 92-93.

Davis, F. D. (1989): Perceived Usefulness, Perceived Ease of Use, and User Acceptance of Information Technology. In: MIS Quarterly 13, 3, S. 319-340

Dewey, J. (1922): Human nature and Conduct. New York: Random House.

Dewey, J. (1960/1938): Logic. The Theory of Inquiry. New York: Holt, Rinehart and Winston.

Dourish, P.; Bellotti, V. (1992): Awareness and Coordination in Shared Workspaces. In: J. Turner & R. Kraut (Hrsg.): Proc. of CSCW '92 - Sharing Perspectives. Toronto, Canada: ACM Press, S. 107-114

Durkheim, E. (1977/1893): Über die Teilung der sozialen Arbeit. Frankfurt/M.: Suhrkamp.

Flick, U. (1999): Qualitative Forschung Theorie, Methoden, Anwendung in Psychologie und Sozialwissenschaften. Reinbek: Rowohlt.

Flick, U.; Kardorff, E. v.; Steinke, I. (2000): Qualitative Forschung - Ein Handbuch. Reinbek: Rowohlt.

Flick, U. (2002): Qualitative Sozialforschung. Reinbek: Rowohlt.

Goffman, E. (1975/1963): Stigma. Über Techniken der Bewältigung beschädigter Identität. Frankfurt/M.: Suhrkamp.

Goodhue, D. (1995): Task-Technology Fit and Individual Performance. In: MIS Quarterly 19, 2, S. 213-236

Grundmann, M.; Dierschke, T.; Drucks, S.; Kunze, I. (Hrsg.) (2006): Soziale Gemeinschaften: Experimentierfelder für kollektive Lebensformen. Münster: LIT Verlag.

Hahne, M.; Jung, C.; Kunegis, J.; Lommatzsch, A.; Paus, A. (2007a): Ein gradualisiertes Community-Modell zur Bildung wissenschaftlicher Gemeinschaften. In: C. Müller & N. Gronau (Hrsg.): Bildung von sozialen Netzwerken in Anwendungen der Social Software. Berlin: GITO, S. 25-52.

Hahne, M.; Meister, M.; Gerstl, R.; Biniok, P. (2007b): Sequenzen-Routinen-Positionen - Von der Interaktion zur Struktur. Anlage und Ergebnisse des zweiten Interaktivitätsexperimentes des INKA-Projektes. Berlin: TU-Berlin.

ISO (1996): ISO 9241- 10. Berlin: Beuth.

ISO (2006a): ISO 9241- 110. Berlin: Beuth.

ISO (2006b): ISO 9241-11. Berlin: Beuth.

Krappmann, L. (2000/1969): Soziologische Dimensionen der Identität. Strukturelle Bedingungen für die Teilnahme an Interaktionsprozessen. Stuttgart: Klett-Cotta.
Latour, B. (1987): Science in Action. Cambridge, Mass.: Harvard University Press.
Mayring, P. (1983): Qualitative Inhaltsanalyse. Grundlagen und Techniken (2. Aufl.). Weinheim: Deutscher Studien Verlag.
Mayring, P. (2000): Qualitative Inhaltsanalyse, Qualitative Forschung - Ein Handbuch. Reinbek: Rowohlt.
Mead, G. H. (1967/1934): Mind, Self, and Society. Chicago, London: The University of Chicago Press.
Nielsen, J. (1993): Usability engineering. Boston [u.a.]: Academic Press.
Nielsen, J. (1994): Estimating the Number of Subjects Needed for a Thinking Aloud Test. In: International Journal of Human-Computer Studies 41, S. 385-397.
Pickering, A. (1995): The Mangle of Practice - Time, Agency and Praxis. Chicago: University of Chicago Press.
Rammert, W. (1990): Telefon und Kommunikationskultur. Akzeptanz und Diffusion einer Technik im Vier-Länder-Vergleich. In: KZfSS 42, 1, S. 20-40
Rammert, W. (2003): Technik in Aktion: Verteiltes Handeln in soziotechnischen Konstellationen. In: T. Christaller & J. Wehner (Hrsg.): Autonome Maschinen. Frankfurt/M.: Campus, S. 289-315.
Rammert, W. (2007): Technik – Handeln – Wissen. Zu einer pragmatistischen Technik- und Sozialtheorie. Wiesbaden: VS Verlag für Sozialwissenschaften.
Reckwitz, A. (2003): Grundelemente einer Theorie sozialer Praktiken. Eine sozialtheoretische Perspektive. In: Zeitschrift für Soziologie 32, S. 282-301.
Rogers, E. M. (2003): Diffusion of Innovations. Fifth Edition. New York u.a.: Free Press.
Schaefer, F. (1998): Alltagsarbeit und Arbeitsalltag. In: D. Lucke & M. Hasse (Hrsg.): Annahme verweigert. Beiträge zur soziologischen Akzeptanzforschung. Opladen: Leske + Budrich.
Schäfers, B. (Hrsg.) (1994): Einführung in die Gruppensoziologie. Heidelberg/Wiesbaden: Quelle & Meyer.
Schlüter, C.; Clausen, L. (Hrsg.) (1990): Renaissance der Gemeinschaft? Stabile Theorie und neue Theoreme. Berlin: Duncker & Humblot.
Strauss, A.; Corbin, J. (1990): Basics of Qualitative Research. London: Sage.
Streeck, W.; Schmitter, P. C. (1985): Community, Market, State - and Associations? The Prospective Contribution of Interest Governance to Social Order. In: dies. (Hrsg.): Private Interest Government. London: Sage, S. 1-29.
Tajfel, H. (1978): Differentation between Social Groups. London: Academic Press.
Tajfel, H. (1982a): Gruppenkonflikt und Vorurteil: Entstehung und Funktion sozialer Stereotypen. Bern [u.a.]: Huber.
Tajfel, H. (1982b): Social Identity and Intergroup Relations. Cambridge: Cambridge University Press.
Tönnies, F. (1991/1887): Gemeinschaft und Gesellschaft. Leipzig: Fues.
Venkatesh, V.; Davis, F. D. (2000): A Theoretical Extension of the Technological Acceptance Model: Four Logitudinal Field Studies. In: Management Science 46, 2, S. 186-204.

Weber, M. (1976/1922): Wirtschaft und Gesellschaft. Grundriss der verstehenden Soziologie, 5. Auflage. Tübingen: Mohr.
Wellman, B.; Leighton, B. (1979): Networks, Neighborhoods, and Communities: Approaches to the Study of the Community Question. In: Urban Affairs Quarterly 14, 3, S. 363-390.
Wellman, B. (1979): The Community Question: The Intimate Networks of East Yorkers. In: American Journal of Sociology 84, S. 1201-1231.

Autorinnen und Autoren

Elisabeth Bauer, Jg. 1977, MA Politikwissenschaft, ehemaliges Vorstandsmitglied Wikimedia Deutschland, Mitarbeiterin im Projekt „Konstitution und Erhalt von Kooperation am Beispiel von Wikipedia". Forschungsinteressen: Soziale Netze, Social Media.

Michael Beißwenger, Dr., wissenschaftlicher Beschäftigter an der Technischen Universität Dortmund, Fakultät Kulturwissenschaften, Institut für deutsche Sprache und Literatur. Arbeitsgebiete: Germanistische Linguistik, insbesondere Internetbasierte Kommunikation, Orthographie und Texttechnologie. Neuere Veröffentlichungen: Sprachhandlungskoordination in der Chat-Kommunikation. Berlin. New York: de Gruyter 2007 (Linguistik – Impulse & Tendenzen 26). (mit Angelika Storrer): Corpora of Computer-Mediated Communication. In: Anke Lüdeling & Merja Kytö (Eds): Corpus Linguistics. An International Handbook. Volume 1. Berlin. New York: de Gruyter 2008 (Handbücher zur Sprache und Kommunikationswissenschaft 29.1), S. 292-308. (Hg. zusammen mit Jannis Androutsopoulos): Data and Methods in Computer-Mediated Discourse Analysis. Special Issue of Language@Internet (Volume 5, 2008), http://www.languageatinternet.de.

Barbara Frank-Job, Dr. phil., Professorin für Kommunikationsanalyse und Linguistik romanischer Sprachen an der Universität Bielefeld. Forschungsschwerpunkte: Kommunikationsanalyse im Bereich gesprochener und geschriebener Sprache, Sprache in den neuen Medien, Sprach-Attitüdenforschung sowie Sprachkontaktforschung, diachrone Sprachwissenschaft mit dem Fokus auf der Ausgliederung der romanischen Sprachen aus dem Latein, Sprachwandeltheorie und historisch-pragmatische Textlinguistik. Neuere Veröffentlichungen u.a.: Sprachvariation und Sprachwandel. In: Gärtner, Kurt/Holtus, Günter (Hg.): Zwischen Maas und Rhein. Beziehungen, Begegnungen und Konflikte in einem europäischen Kernraum von der Spätantike bis zum 19. Jahrhundert. Beiträge zum Kolloquium am 20.-22. Juni 2001 in Trier (Trierer Historische Forschungen), Trier 2005, S. 171-193. «Putain, vivent les fautes» Le passage à l'écrit de l'immédiat communicatif dans les nouveaux médias et son impact sur les conventions du français écrit. In: Jürgen Erfurt/Gabriele Burdach (Hg.): Standardisierungsprozesse im Französischen und Spanischen im 20. Jahrhundert. Frankfurt/M. [u.a.]: Peter Lang 2008a, S. 63-81. Sprachliche Netzwerke (zusammen mit Alexander Mehler, Philippe Blanchard und Hans-Jürgen Eikmeyer). In: Stegbauer, Christian (Hg.): Netzwerkanalyse und Netzwerktheorie. Ein neues Paradigma in den Sozialwissenschaften. Wiesbaden: Verlag für Sozialwissenschaften 2008b, S. 413-427. Formen und Folgen des Ausbaus französischer Nähesprache in computervermittelter Kommunikation. In: Pfänder, Stefan/Kailuweit, Rolf/Cousin, Vanessa (Hg.): FrankoMedia: Aufriss einer französischen Sprach- und Medienwissenschaft. Berlin: Berliner Verlag (im Druck).

Michael Hahne, Jg. 1978, Dipl. soz. tech.; Mitarbeiter am Zentrum Technik und Gesellschaft und stellv. Leiter des human technology lab an der TU Berlin. Arbeitsgebiete: sozialwissenschaftliche Technikentwicklung, Partizipative und qualitative Methodenentwicklung, Techniksoziologie, Innovationssoziologie. Neuere Veröffentlichungen: Sequenzen-Routinen-Positionen - Von der Interaktion zur Struktur (mit anderen), Berlin 2007; Ein gradualisiertes Communitymodell zur Bildung wissenschaftlicher Gemeinschaften (mit anderen), Berlin 2007; Akzeptanzfähigkeit von Tagging-Systemen in benutzergenerierten virtuellen Welten (mit anderen), Berlin (im Druck).

Corinna Jung, MA, Soziologin, lebt und arbeitet zur Zeit in Wien. Arbeits- und Interessensgebiete: Science & Technology Studies, wissenschaftliche Politikberatung und Technikfolgenabschätzung, Analyse des Umgangs mit (Nicht-)Wissen bei politischen Entscheidungen, vor allem im Kontext medizinethischer Fragestellungen. Neuere Veröffentlichungen: Towards more Confidence - About the Roles of Social Scientists in Participatory Policy Making. A Workshop Commentary. In: Poiesis & Praxis: International Journal of Technology Assessment and Ethics of Science (2009); Regulierungen am Lebensende - eine Analyse der Diskussionen über Patentenverfügungen. In: Aichholzer, Bora, Bröchler, Decker, Latzer (Hg.): Technology Governance. Der Beitrag der Technikfolgenabschätzung (im Druck); „Immer wenn eins dieser essentiellen Organe kaputt geht, dann sterben Sie – so war das früher" Patientenverfügungen in Österreich und Deutschland. In: sinn-haft 22, Zeitschrift für Kulturwissenschaft und Literatur (im Druck).

Alexander Mehler, Dr., Professor für Texttechnologie und angewandte Computerlinguistik an der Universität Bielefeld. Arbeitsschwerpunkte: Texttechnologie, angewandte Computerlinguistik, kognitive Informatik, Informationsverarbeitung in den Geisteswissenschaften. Neuere Veröffentlichungen u.a.: Structural similarities of complex networks: A computational model by example of wiki graphs. In Applied Artificial Intelligence, 22(7&8): 619-683, 2008. (mit

Tilmann Sutter) Interaktive Textproduktion in Wiki-basierten Kommunikationssystemen. In Ansgar Zerfaß, Martin Welker, and Jan Schmidt (Hrsg.), Kommunikation, Partizipation und Wirkungen im Social Web – Weblogs, Wikis, Podcasts und Communities aus interdisziplinärer Sicht, (S. 267-300). Herbert von Halem, Köln, 2008. (mit Ulli Waltinger) Enhancing document modeling by means of open topic models. In Library Hi Tech 27(4), 2009. A quantitative graph model of social ontologies by example of Wikipedia. In Matthias Dehmer, Frank Emmert-Streib, and Alexander Mehler (eds.), Towards an Information Theory of Complex Networks: Statistical Methods and Applications. Birkhäuser, Boston/Basel, 2009. Structure formation in the web. A graph-theoretical model of hypertext types. In Andreas Witt and Dieter Metzing (eds.), Linguistic Modeling of Information and Markup Languages. Contributions to Language Technology, Text, Speech and Language Technology. Springer, Dordrecht, 2009.

Jan-Hendrik Passoth, Jg. 1978, Dr. phil., derzeit wissenschaftlicher Mitarbeiter der Arbeitsgruppe Mediensoziologie an der Fakultät für Soziologie der Universität Bielefeld. Arbeitsgebiete: Medien- und Techniksoziologie, Soziologische Theorie, Praxistheorie und ANT; Soziologie der Dinge. Neuere Veröffentlichungen u.a.: Actor State, Network State. Integrating Actor-Network-Theory and State Theory. International Sociology, 2009 (zusammen mit Nicholas J. Rowland, im Druck); Diskurse, Eisbären, Eisberge: Material-Semiotische Verwicklungen und der Klimawandel. In: Martin Voss (Hg.): Der Klimawandel. Soziologische Perspektiven. Wiesbaden: VS Verlag für Sozialwissenschaften, 2009; Aktanten, Assoziationen, Mediatoren. Wie die ANT das Soziale neu zusammensetzt. In: Albert, Gert; Greshoff, Rainer; Schützeichel, Rainer (Hg.) Dimensionen und Konzeptionen von Sozialität. Wiesbaden: VS Verlag für Sozialwissenschaften, 2009; Technik und Gesellschaft. Sozialwissenschaftliche Techniktheorien und die Transformationen der Moderne. Wiesbaden: VS Verlag für Sozialwissenschaften 2007.

Christian Stegbauer, Dr. phil., Privatdozent für Soziologie an der Universität Frankfurt. Forschungsschwerpunkte: Grundlagen sozialer Strukturen, Netzwerkforschung, Internetforschung. Bücher: Wikipedia: Das Rätsel der Kooperation. 2009, Wiesbaden. Netzwerkanalyse und Netzwerktheorie. 2008, Wiesbaden (als Herausgeber). Social Software. 2008, Wiesbaden (mit Michael Jäckel als Herausgeber). Geschmackssache? Eine kleine Soziologie des Genießens. Hamburg. Strukturalistische Internetforschung. 2006, mit Alexander Rausch.

Tilmann Sutter, Jg. 1957, Dr. phil.; Professor für Soziologie mit Schwerpunkt Mediensoziologie an der Fakultät für Soziologie der Universität Bielefeld. Arbeitsgebiete: Mediensoziologie, Methodologie und Methoden Qualitativer Sozialforschung, Soziologische Theorie, Sozialisationstheorie, Soziologie der Moral. Neuere Veröffentlichungen u.a.: Lese-Kommunikation. Mediensozialisation in Gesprächen über mehrdeutige Texte (mit Michael Charlton), Bielefeld 2007; Interaktionistischer Konstruktivismus. Zur Systemtheorie der Sozialisation, Wiesbaden 2009; Medienanalyse und Medienkritik. Forschungsfelder einer konstruktivistischen Soziologie der Medien. Wiesbaden (im Druck).

Niels C. Taubert, Jg. 1972, Dr. phil., derzeit wissenschaftlicher Mitarbeiter am Institut für Wissenschafts- und Technikforschung, Universität Bielefeld. Leiter des DFG-Projekts „Untersuchung der Veränderung von Beteiligungsformen am wissenschaftlichen Publikationssystem durch Open Access. Ländervergleich: Deutschland/Südafrika." Veröffentlichungen u.a.: Open Access. In: Hornbostel, Stefan/Knie, Andreas/Simon, Dagmar (Hrsg.), Handbuch Wissenschaftspolitik. Wiesbaden: VS Verlag (2009). Das Wissensministerium. Ein halbes Jahrhundert Forschungs- und Bildungspolitik in Deutschland (herausgegeben gemeinsam mit Peter Weingart). Weilerswist: Velbrück Wissenschaft (2006). Email: ntaubert@uni-bielefeld.de.

Ipke Wachsmuth, Jg. 1950, ist seit 1989 Professor für Künstliche Intelligenz an der Universität Bielefeld, dort 2002 bis 2009 Direktor des Zentrums für interdisziplinäre Forschung (ZiF) und seit 2009 Sprecher des Sonderforschungsbereichs „Alignment in Communication". Forschungsschwerpunkte: Sprachverstehen, Agentensysteme, Virtuelle Realität, Gestik, multimodale Interaktion, Emotion. Neuere Veröffentlichungen u.a.: Der Körper spricht mit, Gehirn & Geist, 2006; Embodied communication in humans and machines (Hg. zus. mit M. Lenzen u. G. Knoblich), Oxford, 2008; Modeling communication with robots and virtual humans (Hg. zus. mit G. Knoblich), Springer, 2008; Affective computing with primary and secondary emotions in a virtual human (zus. mit C. Becker-Asano), Journal of Autonomous Agents and Multi-Agent Systems, 2009.

Josef Wehner, PD Dr., Soziologe, ist wissenschaftlicher Angestellter an der Fakultät für Soziologie der Universität Bielefeld und am Fraunhofer Institut Intelligente Analyse- und Informationssysteme (IAIS) in Sankt Augustin. Forschungs- und Lehrgebiete: Medien-, Kommunikations- und Techniksoziologie. Veröffentlichungen (u.a.): Social Web – Rezeptions- und Produktionsstrukturen im Internet. In: Jäckel, M./Mai, M. (Hrsg.), Medien und Macht. Frankfurt/M., New York, Campus Verlag: 2008; „Taxonomische Kollektive" –

Zur Vermessung des Internet. In: Willems, H. (Hrsg.), Weltweite Welten – Internet Figurationen aus wissenssoziologischer Perspektive. Wiesbaden, VS Verlag: 2008; E-Participation: Tapping citizins' expertise for the qualification of planning and decision making. In: Zechner, A. (Hrsg.), E-Government Guide Germany. Strategies, solutions and efficiency. Stuttgart, Springer: 2007. Massenmedien und Moderne. Rekonstruktion einer Kontroverse. In: Becker, B./Wehner, J. (Hrsg.), Kulturindustrie reviewed – Ansätze kritischer Reflexion der Mediengesellschaft. Bielefeld, transcript: 2006.

Peter Weingart, Jg. 1941, ist seit 1973 Professor für Soziologie, Wissenschaftssoziologie und Wissenschaftspolitik an der Universität Bielefeld und Direktor des Instituts für Wissenschafts- und Technikforschung; 1983/84 Fellow des Wissenschaftskollegs zu Berlin, 1984/85 Visiting Fellow der Harvard University sowie 2000 des Getty Research Institute; 1989-1994 Direktor des Zentrums für Interdisziplinäre Forschung; seit 1994 Visiting Professor der University of Stellenbosch, seit 1998 Mitglied der Berlin-Brandenburgischen Akademie der Wissenschaften und seit 2008 der Akademie für Technikwissenschaften (acatech). Neuere Veröffentlichungen u.a.: Die Stunde der Wahrheit? Zum Verhältnis der Wissenschaft zu Politik, Wirtschaft und den Medien in der Wissensgesellschaft (2001). (Mit A. Engels, P. Pansegrau) Von der Hypothese zur Katastrophe. Der anthropogene Klimawandel im Diskurs zwischen Wissenschaft, Politik und Massenmedien (2002; Neuaufl. 2007). Wissenschaftssoziologie (2003). Die Wissenschaft der Öffentlichkeit. Essays zum Verhältnis von Wissenschaft, Medien und Öffentlichkeit (2005). (Mit J. Lentsch) Wissen – Beraten – Entscheiden. Form und Funktion wissenschaftlicher Politikberatung in Deutschland (2008).

Über neue Formen der Sozialbindung

> Theoretische und ethnografische Erkundungen

Ronald Hitzler / Anne Honer / Michaela Pfadenhauer (Hrsg.)
Posttraditionale Gemeinschaften
Theoretische und ethnografische Erkundungen
2009. 358 S. (Erlebniswelten 14) Br. EUR 24,90
ISBN 978-3-531-15731-3

Erhältlich im Buchhandel oder beim Verlag.
Änderungen vorbehalten.
Stand: Juli 2009.

Der Inhalt: Theorien zum Phänomen der posttraditionalen Gemeinschaft – Metaprozesse posttraditionaler Gemeinschaftsbildung – Situative und transsituative Vergemeinschaftung – Posttraditionalisierung von Gemeinschaft – Die Rückkehr der Biologie in der posttraditionalen Gemeinschaft

Posttraditionale Gemeinschaften weisen vielfältige thematische Fokussierungen auf, verfügen jedoch typischerweise nicht über wirksame Sanktionsmöglichkeiten zur Durchsetzung von Wichtigkeiten und Wertigkeiten bei ihren Mitgliedern. Sie können den Einzelnen weder zur Mitgliedschaft, noch im Rahmen seiner Mitgliedschaft verpflichten, sondern ihn in aller Regel lediglich verführen.

Diese „Verführung" geschieht wesentlich durch die Option zur Teilhabe an einer für die Betroffenen attraktiven Form teilzeitlichen sozialen Lebens, zu dem auch als „erlebenswert" angesehene, vororganisierte „Ereignisse" bzw. Events gehören.

www.vs-verlag.de

Abraham-Lincoln-Straße 46
65189 Wiesbaden
Tel. 0611.7878-722
Fax 0611.7878-400